W0352526

# VITA

Melania G. MAZZUCCO

# VITA

*Traduit de l'italien*
*par Philippe Giraudon*

Flammarion

Titre original : *Vita*
Editeur original : Rizzoli
© Rizzoli RCS Libri S.p.A., 2003
Pour la traduction française :
© Editions Flammarion, 2004
ISBN : 2-08-068590-2

L'Amérique n'existe pas. Je le sais, car j'y ai été.
Alain Resnais, *Mon oncle d'Amérique.*

*À Roberto, mon père.*

## *Mes lieux déserts*

Ce lieu n'est plus un lieu, ce paysage n'est plus un paysage. Il ne reste plus un brin d'herbe, plus un épi. Arbustes et haies de figuiers de Barbarie ont disparu. Le capitaine cherche des yeux les citronniers et les orangers dont lui parlait Vita – mais il ne voit aucune trace d'arbre. Tout a brûlé. Il ne cesse de trébucher dans les trous d'obus, au milieu d'un enchevêtrement de barbelés. A cet endroit, il aurait dû trouver le puits – mais les puits sont empoisonnés depuis qu'on y a jeté les cadavres des fusiliers écossais tombés lors du premier assaut lancé contre la colline. A moins qu'il ne s'agît de ceux des Allemands, ou des civils. Il règne une odeur de cendre, de pétrole, de mort. Il doit faire attention, car la route est jonchée de grenades encore intactes. Elles gisent sur la chaussée, comme des charognes au ventre gonflé. Il voit des monceaux de chargeurs vides, des fusils inutilisables. Des bazookas rouillés, des tuyaux de poêle de 88 millimètres abandonnés depuis si longtemps que les orties les recouvrent déjà. Des ânes morts, remplis d'air comme des ballons. Des grappes de projectiles évoquant des excréments de chèvres. Des os décharnés émergeant de la terre. Le capitaine met son mouchoir devant sa bouche. Ce n'est pas vrai, mon Dieu, ce n'est pas possible...

La route menant à Tufo est encombrée de véhicules incendiés – motos, camions, voitures. Portières où les balles ont ouvert des yeux innombrables, roues réduites à l'état de ferraille. Des collines d'épaves surgissent devant lui. En s'approchant, il réalise qu'il s'agit de tanks. Il les dépasse avec un sentiment de crainte, comme s'ils étaient un monument commémorant une défaite. Il ne saurait dire si ce sont les Churchill qu'ils ont perdus en janvier, ou les Tiger que les Allemands ont laissés derrière eux la première fois qu'ils ont évacué le village. Il aperçoit une aile d'avion intacte, coupée net, où l'on distingue encore l'emblème de la

Luftwaffe. La cabine a explosé dans le ravin. Il voit un arbre. C'est le premier – ou le dernier. Il presse le pas. Ses hommes avancent péniblement. Il fait chaud, le soleil est déjà haut, qu'est-ce qui t'a pris, capitaine ? *Take it easy...* L'arbre est un olivier entièrement consumé, noir comme de l'encre. Quand il le touche, il le sent s'effriter sous ses doigts. La poussière est si épaisse que, malgré ses Ray Ban, il a les larmes aux yeux. A moins que ce ne soit la fumée. Les pierres sont encore fumantes : cette vision lui fait plus d'impression que tout le reste. Il ne peut empêcher ses pensées de divaguer. D'un seul coup, il lui semble être parvenu à l'endroit qui lui était destiné.

En montant la pente, il voit s'avancer vers lui un vieillard décharné. Les cheveux raidis par la poussière, le regard vitreux, l'homme le dépasse comme s'il était un fantôme. Comme s'il ne se trouvait pas en ce lieu. Le capitaine est en sueur dans son uniforme, il s'essuie le front de la main. Ses hommes ralentissent et se mettent à plaisanter. Ce sont de jeunes soldats, tout juste arrivés pour combler les pertes du Front sud. Mais lui sait pourquoi il se trouve ici, et il a conscience d'être en retard. Il aurait dû venir plus tôt, c'est évident. Mais les images fragmentaires et involontaires qui l'assaillaient de temps en temps, surgissant d'une mémoire qui n'était pas la sienne, avaient quelque chose de pénible, comme les vestiges d'un rêve. Elles le renvoyaient à un pays perdu, incompréhensible, peuplé de visages lointains et étrangers. Dans sa peur de voir confirmée cette impression d'étrangeté, il était resté au loin.

Il a fini par venir, malgré tout. Dans d'autres contrées, ils sont entrés juchés sur des tanks, au milieu des applaudissements. Ici, cependant, ils arrivent à pied, car la route est coupée. Il a les poches pleines de cadeaux. Et il a honte d'apporter des cadeaux. Il vient avec la poussière, le bruit et la destruction. La fumée se dissipe, laissant apparaître un mur de pierre. Les voilà donc à destination : la première maison du village. Mais ce n'est plus une maison. Derrière le mur s'ouvre un précipice.

« La maison s'est effondrée en janvier », marmonne le vieillard.

C'est du moins ce que croit entendre le capitaine, car en fait il ne comprend pas ce qu'il dit. Le vieux examine son uniforme, les galons sur son épaule. A vingt-quatre ans, il est déjà capitaine. Mais le vieux ne se laisse pas impressionner. Quand le capitaine lui tend un paquet de Lucky Strike, il se renfrogne, poursuit son chemin et disparaît derrière un amas de tessons. Est-ce lui, son grand-père ?

Il est arrivé trop tard. Le village n'existe plus. Son village ? Celui de Vita ? A qui appartient-il ? Ce lieu qui n'est pas un lieu ne signifie rien pour lui. Il est né au loin, sur une autre planète, et il a l'impression de remonter le temps. L'unique route traversant Tufo était coupée par des ruelles étroites dévalant d'un côté vers le ravin et de l'autre montant à l'assaut de la colline. Ce n'est plus qu'un canyon entre deux murailles de décombres, où plane la puanteur suffocante des cadavres. Est-ce là le parfum du passé ? Celui des citronniers dont elle évoque encore le souvenir ?

« Les bombes, les bombes », répète une vieille gâteuse, recroquevillée sur une chaise de paille devant ce qui était peut-être sa maison.

Elle tricote frénétiquement. Sa maison est une porte suspendue au-dessus du néant. Des ombres poussiéreuses errent parmi les ruines. Elles ignorent qui ils sont, et elles ne veulent pas le savoir dans leur crainte qu'il ne s'agisse, une nouvelle fois, que d'un intermède. Qui sait si ces hommes sont venus pour les libérer ou pour les ensevelir définitivement. Il n'y a que des vieillards, dans le coin. Que sont devenus les enfants qui jouaient dans les ruelles ?

« Où se trouve la via San Leonardo ? demande-t-il à la vieille en essayant de retrouver les quelques mots qu'ils ont en commun.

— C'est ici, mon garçon », répond-elle avec un sourire édenté.

Comment ça, ici ? Il n'est pas dans une rue mais au fond d'un trou rempli de poussière. Ils ont tout cassé. Nous avons tout cassé... Un seul bâtiment est resté debout. Le toit effondré, la porte béante, mais debout : l'église. Sa façade jaune est criblée de projectiles, des morceaux de crépi pendent comme des pages racornies. La niche de la statue est vide. Les trois marches où Dionisia écrivait... Elles se sont fendillées, la seconde est complètement arrachée. Sa maison se trouve ici, devant... Où donc ?

Le capitaine escalade la colline de détritus. Ses brodequins soulèvent des tourbillons de poussière. Ses poumons et ses yeux sont en feu. Il marche sur des châssis de fenêtres, des lambeaux de rideaux, une porte d'armoire, un éclat de miroir fiché dans une savate. Son propre visage couvert de poussière le regarde. Il s'affale sur une poutre. Un pommeau de cuivre surgit parmi les gravats, seul vestige visible d'une tête de lit. Le capitaine pleure. Ses hommes se détournent pour ne pas le voir. Ils offrent une tablette de chocolat à la vieille qui tricote de plus belle sur sa chaise. Elle refuse, car elle n'a pas de dents. Ils insistent, lui disent de la prendre pour ses enfants.

« Je n'ai plus d'enfants, bégaie-t-elle, il n'y a plus personne. »

Les soldats ne comprennent pas ce qu'elle dit. Le capitaine lui demande brusquement :

« Connais-tu Antonio ? On l'appelait Mantu. »

La vieille lève sur lui ses yeux voilés par la cataracte. Elle pose ses aiguilles sur ses genoux et pointe le doigt vers la colline.

« Il est parti, dit-elle d'un ton qui laisse entendre qu'il ne saurait revenir.

— Et connais-tu Angela, la femme de Mantu ? »

Elle désigne le même point sur la colline, en disant qu'Angela aussi est partie. Le capitaine comprend soudain que la main noueuse de la vieille lui montre le cimetière. Mais même le cimetière a disparu. Ses murs se sont écroulés et un cratère s'ouvre à sa place, comme un ulcère. La terre est rouge, ici, d'aspect fertile – ce n'est qu'une illusion. Il n'y a pas d'eau, dans ces campagnes. L'homme qui aurait su trouver l'eau souterraine serait devenu le seigneur de cette contrée.

« Connais-tu Ciappitto ? demande-t-il en murmurant car il redoute désormais ses réponses.

— Les Américains l'ont pris, marmonne-t-elle. Ils l'ont emmené à Naples, en prison.

— En prison ? s'étonne-t-il. Un vieux boiteux de quatre-vingt-sept ans ?

— Il était fasciste, explique-t-elle avec patience. Lui aussi est parti. Les paysans lui ont jeté des pierres dessus. Il a eu tellement honte qu'il a eu une attaque sur la route de Naples. C'est ce qu'on a raconté, en tout cas. »

La poussière s'est dissipée. La colline est une bosse de cendre grise. Derrière lui, dans la plaine carbonisée, le Garigliano déroule son ruban vert, étincelant. La mer est toujours aussi bleue.

« Qu'est devenue Dionisia ? » demande-t-il enfin.

Vita veut qu'il pose cette question. C'est pour cela qu'il est ici, après tout. Cette fois, la vieille garde le silence. Elle reprend ses aiguilles, les entrecroise avec des gestes saccadés, noue et dénoue les fils. En hochant la tête, elle finit par lui désigner l'endroit où il est assis : la montagne de décombres. Le capitaine comprend alors qu'il n'y aura pas de retour. Il est assis sur le corps de la mère de sa mère.

Ces événements ont eu lieu bien des années avant ma naissance. A cette époque, l'homme qui devait être mon père était collégien et ma future mère se trouvait encore à l'école primaire. Ils ne se connaissaient pas et auraient pu très bien ne pas se rencontrer, en 1952, en suivant un cours d'anglais auquel ils s'étaient inscrits avec la conviction que la maîtrise de cette langue leur permettrait d'avoir une vie meilleure. Et le fait qu'ils préférèrent tomber amoureux et mettre au monde deux enfants plutôt que de se diplômer en anglais n'aurait en rien affecté le cours des choses. Qu'en est-il donc de ce capitaine venu combattre en Italie avec la 5e armée, sur le Front sud ? Je ne l'ai jamais rencontré et j'ignore si ses pensées furent telles que je les ai décrites, en ce jour de mai 1944 où il prit possession d'un village portant le même nom que le tuf de ses maisons, Tufo. Il y a quelques années encore, je ne savais même pas qui il était – et en vérité, je crois que je ne le sais toujours pas. Pourtant, cet homme n'est pas un étranger pour moi. Bien plus, son histoire est si étroitement mêlée à la mienne qu'elles auraient pu en fait se confondre. Je sais maintenant qu'il aurait pu être mon père, et qu'il aurait pu me raconter mille fois la scène de son retour à Tufo, le dimanche après-midi, alors que nous aurions été occupés à griller des biftecks sur le barbecue ou à tondre le gazon du jardin d'un cottage du New Jersey. Mais il ne me l'a pas racontée. L'homme qui était mon père, en revanche, m'a raconté une autre histoire. Sans se faire prier, car il aimait parler et savait que seul ce qui a été raconté est vrai. Il prenait son temps puis commençait enfin, en s'éclaircissant la voix.

« Nous avons toujours été liés à l'eau, disait-il, et nous savons la trouver dans les endroits où elle est invisible. Au commencement – en ces temps lointains où commençait notre histoire –, il y eut un sourcier. Son nom était Federico. Il parcourait les campagnes avec une baguette, à l'écoute des vibrations de l'air et de la terre. A l'emplacement où il posait sa baguette, il suffisait de creuser pour trouver la source. C'était un visionnaire, très grand et très maigre, qu'une guerre de libération avait mené dans la contrée où il avait fini par se fixer. Venu du Nord, il était resté au Sud par idéalisme, par folie, par un goût opiniâtre de la défaite... Autant de qualités ou défauts qu'il devait léguer en héritage à ses descendants.

— Et ensuite ? Continue.

— Ensuite il y eut un casseur de pierres, un orphelin aussi pauvre que vulnérable. Autant il aimait la terre parce qu'il aurait voulu la posséder, autant il haïssait l'eau et donc la mer. L'homme aux pierres traversa à deux reprises l'océan en rêvant de reconquérir la terre qu'il avait perdue, mais les pierres sont faites pour couler et à chaque fois il fut renvoyé chez lui, après qu'on eut inscrit à la craie sur son dos la croix fatale.

— Et ensuite, que se passa-t-il ?

— Un jour de printemps, en 1903, le quatrième fils de l'homme aux pierres arriva au port de Naples. C'était un garçon de douze ans, petit, rusé et curieux. Il monta à bord d'un navire appartenant à la flotte de la White Star Line, qui arborait un drapeau rouge et avait pour symbole une étoile immaculée : l'étoile polaire. Son père l'avait chargé de réaliser la vie que lui-même n'avait pu vivre. Un fardeau écrasant, mais le jeune garçon ne s'en doutait pas. Il escalada les planches rendues glissantes par le sel qui menaient aux ponts de promenade. Il était si content qu'il en oubliait d'avoir peur. Il s'appelait Diamante. »

Il n'était pas parti seul. Une petite fille de neuf ans l'accompagnait. Elle avait une abondante chevelure brune et des yeux cernés de noir, au regard profond. Elle s'appelait Vita.

PREMIÈRE PARTIE

# La ligne de feu

# Good for father

La première chose qu'il doit faire en arrivant en Amérique, c'est baisser son pantalon. En clair, il est contraint de montrer la partie la plus précieuse de son individu – ses deux bijoux pendouillant et son aine encore aussi lisse qu'une rose – à des dizaines de juges trônant derrière un bureau. Il est tout nu, debout, affligé et offensé, tandis qu'ils sont habillés, assis et arrogants. Des larmes perlent à ses yeux. Ils attendent en toussotant et en étouffant de petits rires embarrassés. Sa honte est d'autant plus cuisante qu'il porte un pantalon de son père, immense, vieux et usé, si hideux que même un prêtre n'en voudrait pas. Le problème, c'est que sa mère a cousu dans son caleçon les dix dollars nécessaires pour avoir le droit de débarquer. Elle ne voulait pas qu'on les lui vole dans le dortoir du bateau, à la faveur de la nuit. Tout le monde sait que toutes sortes de choses disparaissent dans ces dortoirs, pendant les douze nuits interminables du voyage – des économies au fromage, des têtes d'ail à la virginité –, et qu'on ne les retrouve jamais. De fait, on n'a pas volé les dollars de Diamante. Cependant, dans sa honte d'avouer aux fonctionnaires de l'île qu'ils se trouvent dans son caleçon, il a eu l'idée géniale de leur dire qu'il ne les a pas. Cet excès de pudeur a eu pour résultat qu'ils ont tracé une croix sur son dos et l'ont renvoyé au dernier rang de la file, afin qu'il retourne dans sa patrie avec le bateau. Il a donc fait un voyage inutile. Antonio, son père, et son mystérieux oncle Agnello ont dépensé une fortune pour rien. Quant à Vita, qui a déjà passé le contrôle, elle se retrouvera seule à New York et Dieu sait ce qui lui arrivera.

De l'autre côté de la fenêtre, il voit sur l'eau le reflet tremblant de la ville. Les tours effleurent le ciel, des milliers de fenêtres étincellent au soleil. Il gardera toujours en mémoire l'image de cette cité surgissant de l'eau et montant à l'assaut du ciel, si proche et si inaccessible. Devant un tel désastre, un échec aussi indigne, Diamante a éclaté en sanglots et s'est décidé à révéler à voix basse à l'interprète dans quelle cachette honteuse se nichent ses dollars. En un clin d'œil, rouge de confusion, il se retrouve avec son pantalon sur ses chevilles, en train de découdre d'une main la poche intérieure de son caleçon tout en tenant de l'autre l'objet le plus secret qu'il possède, car il ne sait où le mettre. Voilà comment il entre en Amérique, Diamante. Nu, avec son petit oiseau tremblant de froid qui redresse pourtant fièrement la tête tandis qu'il avance vers la commission, en sautillant afin de ne pas trébucher, et brandit enfin sous le nez des juges le billet décoloré et imprégné de l'odeur de ses nuits d'angoisse. Personne ne veut du billet, mais les fonctionnaires lui font signe de passer. Il a réussi à entrer. L'humiliation et la honte sont déjà oubliées. Ils l'ont déshabillé ? Ils lui ont fait baisser son pantalon ? Tant mieux. Avant même d'avoir débarqué, il a découvert qu'il ne possède ici que deux richesses, dont il ignorait jusqu'alors l'existence et l'utilité : le sexe et la main qui le tient.

Un bruit lointain – peut-être les roues d'un chariot résonnant sur les pavés – le précipite brutalement dans une obscurité fétide. Il appuie instinctivement la main sur le lit et palpe l'oreiller pour effleurer les cheveux de son frère. C'est étrange : il n'a pas d'oreiller, sa tête repose sur un matelas rugueux. Diamante se redresse. Il regarde par la fenêtre et n'aperçoit pas l'ombre de la lune. Comment la verrait-il ? La fenêtre n'est plus à l'endroit où elle se trouvait depuis toujours. Il est dans une pièce aux murs aveugles, un cagibi aussi encombré d'objets qu'un dépôt de brocanteur. Il ne connaît pas cet endroit. Par terre, des souliers cloutés d'homme s'alignent sinistrement devant le lit en face du sien, mais il serait incapable de dire à qui ils appartiennent ni où sont passés leurs propriétaires. Il lui faut un bon moment pour prendre conscience à la fois qu'il meurt de faim et ne se trouve pas chez lui. La voix d'ivrogne qui gargouille de l'autre côté du rideau n'est pas celle de son père. Son père pue la pierre, la chaux et la sueur, alors que l'inconnu sent la chaussure sale, le vin et l'urine. Des portes claquent. Des pas s'approchent, un rot sonore fait trembler les murs et le rideau séparant le cagibi du reste du bâtiment mystérieux s'écarte. Une puanteur suffocante, des rires tonitruants et un flot de lumière assaillent Diamante, qui se couche de nouveau sur le matelas en fermant les yeux. Tout est clair, maintenant. Il a encore rêvé qu'il se déshabillait devant la commission. La scène s'est déroulée deux jours plus tôt, mais il ne cesse de la revivre en songe et il en sera ainsi jusqu'à son dernier souffle. C'est sa seconde nuit américaine. On l'a emmené à Prince Street, dans une maison noire et délabrée qui semble sur le point de s'écrouler. Il se trouve dans l'un des innombrables appartements, au dernier étage, chez l'oncle Agnello. Voilà à quoi ressemble l'Amérique.

Un homme entre dans le cagibi, suivi par un autre, puis un autre. Ils sont si nombreux qu'il renonce à les compter. Quelqu'un s'affale sur le lit de camp en face du sien. Un sommier grince, des meubles sont poussés bruyamment. Il entend des soupirs, il sent l'odeur des aisselles des hommes en train de se déshabiller. Ils parlent avec animation, deux voix, dix voix se chevauchent. Ce sont des bandits ! Une bande d'assassins sans scrupule, assoiffés de sang. Ils s'expriment dans divers dialectes, parfois incompréhensibles. Ils semblent furieux contre Agnello.

« Il va falloir qu'il crache deux mille billets, sans quoi on va lui couper son nez et le lui enfoncer dans le derrière ! Il va sentir pour de bon sa morve, ce sale avare plein aux as ! »

Il est question de *polismen* qui ont trouvé une petite fille de neuf ans. Diamante retient son souffle tant il est terrorisé. Un des bandits se met à jurer et ordonne aux autres de la fermer, mais personne ne l'écoute. Leurs voix s'excitent dangereusement. Ils évoquent la poupée d'Agnello, c'est-à-dire Vita. Elle n'a que neuf ans, mais elle promet déjà de devenir une vraie beauté... Ils arrachent la couverture des mains de Diamante. Il ne peut les voir, puisqu'il ferme obstinément les paupières en faisant semblant de dormir, mais il sait qu'ils le regardent.

« Qui c'est, celui-là ? »

Il doit éveiller leur convoitise car diverses mains le palpent en quête d'un porte-monnaie avant de se retirer, déçues. Diamante dort dans ses caleçons crasseux : ils lui ont déjà volé tout le reste. Les voix se remettent à discuter des deux mille billets, d'assassins et de maîtres chanteurs. Diamante tremble comme une feuille. La couverture lui gratte le nez, si bien qu'il a envie d'éternuer. Une nouvelle fois, le rideau s'écarte. L'homme qui vient d'entrer s'assoit sur le matelas de Diamante.

« Bonne nuit, lance une voix ensommeillée. Allez vous coucher et fermez-la parce que je veux dormir, moi. Faut que je me lève tôt demain. »

Diamante sent soudain quelque chose de chaud effleurer son visage : un pied. Le nouveau venu s'est glissé dans son lit. Le pied sent mauvais, un ongle dur et pointu comme celui d'un cheval gratte la joue de Diamante. Lequel n'ose réagir, de peur que l'inconnu ne lui coupe le nez pour le lui enfoncer dans le derrière. L'homme au pied s'allonge sur le matelas et bute contre l'obstacle imprévu de son corps.

« Qui c'est, celui-là ? s'écrie-t-il.

— Un petit cadeau pour toi. Au moins, tu dormiras pas seul. La dernière fois que ça t'est arrivé, tu tétais encore ta mère ! »

L'homme jure entre ses dents et entreprend de pousser Diamante. Il parvient à le reléguer tout au bord du lit – s'il n'y avait pas le mur, Diamante tomberait par terre. Satisfait, l'homme se tient tranquille. Mais les autres n'ont aucune intention de dormir, tant ils sont excités. Quelqu'un a allumé une cigarette et des bouffées de tabac puant viennent assaillir les narines de Diamante. Il manque d'air, il manque de tout. L'obscurité plane sur lui comme une menace. Privées de corps, les voix semblent encore plus angoissantes. Au cœur de la nuit, il découvre un monde inconnu qui l'attaque alors qu'il est si désemparé, le terrifie avec ses ombres chuchotant dans les ténèbres.

La peur devient suffocante quand, aplati contre le mur, il entend les bandits disserter sur le cas d'un garçon qu'on a retrouvé dans le chantier du métro. Ils l'appellent « un beau morceau » – non que le garçon fût spécialement grand ou fort, en fait il n'avait qu'une douzaine d'années, mais il ne restait plus de lui que la tête et le tronc... On lui avait aussi coupé la langue et le petit oiseau.

« Vous allez dormir, bon Dieu ! éclate l'homme au pied.

— Occupe-toi de tes oignons.

— Chut, ça suffit maintenant ! »

Les discours reprennent de plus belle – du sang, des crimes, des mutilations... Puis ils deviennent plus incohérents. Le cadavre du chantier cède la place à un éloge convaincant des nichons d'une certaine Lena. La discussion sur l'orthographe correcte du mot « PAIE » – la lettre disait : « PEYE OU MEURE » – se confond avec le thème des billets de cent dollars – combien en faut-il pour arriver à deux mille ? Une querelle sur la technique à utiliser pour aiguiser un couteau avec un nez enfoncé dans un derrière... Les silences entre les phrases s'allongent. En moins d'une heure, les fantômes batailleurs qui hantent ces murs sont engloutis dans un profond sommeil. Un ronfleur reçoit une savate en pleine figure et est réduit définitivement au silence. Même les bruits de la rue semblent désormais assourdis, lointains. Mais Diamante n'arrive pas à s'endormir. Il tremble en pensant à une tête sans langue abandonnée dans un chantier, au pied pressé contre sa joue, aux dix brigands sans visage qui veulent tuer l'oncle Agnello. A moins qu'ils ne s'en prennent à lui, qui n'est qu'un gringalet et ne fait peur à personne... Il n'est que trop vrai qu'il est aussi gracile qu'un enfant, bien qu'il doive avoir douze ans en novembre. Il n'est pourtant pas un enfant, en réalité, il ne l'a jamais été. Devant la commission, il a même réalisé qu'il était bel et bien un homme.

Il reste éveillé, sans même oser se retourner sur le matelas rugueux, dans cette pièce humide à l'atmosphère viciée. Quand la première lueur du jour filtre de l'autre côté du rideau, il enjambe d'un bond son voisin et atterrit sur le plancher. Il se coupe en marchant sur le rebord tranchant d'une boîte de sardines ouverte et réprime un gémissement de douleur. S'inclinant sur les hommes endormis, il les examine. Leurs visages sont inquiétants : moustaches noires et hirsutes, visages brûlés par le soleil. Des rides se dessinent autour de leurs yeux, leurs cheveux sont crasseux, leurs mains énormes. S'il les rencontrait dans la rue, en plein jour, ils lui feraient aussi peur que pendant cette nuit sans sommeil. L'homme au pied est différent, cependant. Il arbore une maigre moustache en brosse et son corps long, sec et noueux lui donne l'air d'une asperge. A première vue, Diamante ne le reconnaît pas, mais il doit s'agir de son cousin Geremia. Il est parti l'année précédente.

L'appartement de Prince Street est encombré de pots, de jattes, de baquets, de sacs de farine, de barils et de malles. Diamante s'avance à tâtons entre les cages de bois où gloussent trois poules dodues et la cuvette où agonise un basilic. Il manque se casser le nez en rentrant dans une statue en plâtre de la Madone des Grâces, patronne de Minturno. La Vierge est cabossée : manifestement, d'autres ont eu encore moins de chance que lui en la trouvant sur leur chemin. Il zigzague parmi les maillots de corps, draps et chaussettes humides pendant à des fils de fer précaires qui coupent les pièces en deux et giflent le visage. Après quoi il tombe sur un vaste lit placé derrière un paravent, dans ce qui semble être la cuisine, et reste hébété en découvrant à côté de la tête huileuse d'Agnello, sur l'oreiller, la nuque pâle d'une femme, son bras et même, vision inédite qui lui coupe le souffle, une jambe nue que l'espoir d'un peu de fraîcheur a fait sortir impudemment sur les draps. Qui est cette femme ? Diamante l'ignore. Il est certain que la tête huileuse est bien celle de l'oncle Agnello, lequel est marié avec Dionisia, l'écrivain public. Mais l'épouse est restée en Italie. Elle était à la gare avec sa mère, le jour où il est parti. Elles étaient toutes deux en larmes – lui ne pleurait pas. Brûlant de curiosité, Diamante s'approche de l'inconnue, en grignotant un biscuit. Il essaie de ne faire aucun bruit mais heurte par mégarde la cage des poules, qui se mettent à caqueter en chœur. L'inconnue a les cheveux couleur de miel. Il se dit que ses yeux évoquent la couleur du vinaigre, et se rend compte soudain que s'il peut ainsi les voir, c'est que la femme s'est réveillée et le regarde. Il fait un bond en arrière, renverse la cage et s'étale de tout son long sur le carrelage.

L'appartement de Prince Street, Agnello l'a pris en location afin de rentrer dans ses frais après l'achat de son magasin de fruits et légumes. Comme il a toujours eu un goût immodéré pour les dollars, il l'a transformé en une sorte de pension. Les dormeurs aux moustaches imposantes, même s'ils ont l'air de bandits et le sont peut-être, logent chez lui en tant que pensionnaires. Ils paient le lit, l'entretien et les repas. Diamante aussi devra payer : l'oncle Agnello n'est pas du genre à faire des rabais. Il a toujours été riche et donc radin – à moins que ce ne soit l'inverse. Par cupidité, il a entassé autant d'hommes qu'il le pouvait dans ces pièces exiguës. Il a installé des lits de camp dans tous les coins, devant les fourneaux, derrière les rideaux et les malles. Diamante compte quatorze hommes, sans oublier la femme à la jambe dénudée. Mais il cherche une autre femme. Une enfant, plutôt : Vita.

La main de Vita serrée dans la sienne, humide, poisseuse de sucre, restera le seul souvenir que Diamante conservera de l'instant où le ferry a accosté aux môles de Battery Park. Tous les autres racontent combien ils ont été émus en voyant les édifices immenses de Manhattan, noirs de suie, et les milliers de fenêtres où la lumière se reflète et renvoie par intermittence comme un signal répété, étincelant et mystérieux. Des fumées couronnent les immeubles, effacent leurs contours et les transforment en une vision immatérielle, qui semble presque un rêve. Les voyageurs évoquent les cheminées des navires à quai, les drapeaux, les enseignes annonçant des bureaux, des banques, des agences, tandis qu'une foule incroyablement dense se presse dans le port. Mais Diamante est trop petit pour entrevoir autre chose de la terre promise que des derrières en haillons et des dos malingres. Il enfonce sur sa tête sa casquette – une casquette à visière rigide, trop grande pour lui, qui retombe sur ses oreilles. Puis il sautille pour assurer sur son épaule le sac qu'il porte et qui est en fait la taie d'un oreiller rayé – *son* oreiller –, où est enfermé tout son bagage. Ses brodequins aux lacets trop serrés lui font mal. Il presse la main de Vita dans la sienne, effrayé à l'idée qu'un heurt, une secousse ou simplement la force d'inertie de la foule ne finisse par les séparer.

« Reste avec moi, ordonne-t-il. Lâche pas ma main, sous aucun prétexte. »

Vita est son passeport pour l'Amérique, même si elle ne le sait pas. Un passeport fatigué et fiévreux, aux cheveux en bataille et à la robe fleurie. Elle devrait avoir à la bouche son ticket jaune, mais étrangement il semble avoir disparu. Un ticket semblable à celui qui sert à retirer les bagages – et de fait, quelqu'un doit venir les retirer comme des bagages. Le papier jaune porte des mots dont ils ignorent le sens : GOOD FOR FATHER. Vita hoche la tête et lui enfonce les ongles dans la paume de la main pour lui montrer qu'elle a compris.

Tout le monde se cherche, s'appelle en une multitude de langues pour la plupart inconnues, âpres et gutturales. Les arrivants ont tous quelqu'un venu les accueillir ou les attendant au môle, une adresse griffonnée sur une feuille – le nom d'un parent, d'un compatriote, d'un patron. La majorité d'entre eux possède aussi un contrat de travail, bien qu'ils l'aient nié farouchement. Inventer est indispensable. C'est la seconde chose que Diamante lui-même a faite en Amérique : il a raconté une histoire, alors que cela ne lui était jamais arrivé. En somme, dans un certain sens, il a menti. Voici comment ça marche. A Ellis Island, les Américains soumettent les immigrants à une sorte d'interrogatoire. L'interprète est un type perfide, un faux frère qui doit avoir fait carrière en desservant avec zèle ses compatriotes. Il leur explique qu'il faut dire la vérité et rien que la vérité, car en Amérique le mensonge est le péché par excellence, plus grave encore que le vol. Malheureusement, personne dans cette affaire n'a besoin de la vérité. Il convient donc de passer outre et de raconter la fable qu'on a préparée. Si l'on y croit, les fonctionnaires y croiront aussi. Il faut les regarder bien en face et jurer. « Je jure que je n'ai pas de contrat de travail. » (En réalité, l'oncle Agnello doit m'envoyer à Cleveland pour travailler dans les chemins de fer.) « Je jure que mon oncle pourvoira à mon entretien durant tout mon séjour à Nouillorque. » (Cette fois j'exagère vraiment, car la bourse d'Agnello est plus serrée que le cul d'une chèvre...) Mais la commission n'allait pas vérifier. Les juges étaient pressés : le

jour de son arrivée, ils devaient contrôler encore quatre mille cinq cents autres malheureux s'abattant sur l'Amérique comme les sauterelles de la Bible. Les fonctionnaires étaient à bout et on leur avait donné l'ordre d'élargir les mailles du filet. Ils écoutaient les réponses d'une oreille distraite, et lui a relevé son pantalon et les a roulés.

« Tu me fais mal, Diamà », se plaint Vita.

Il lui serre si fort le poignet que sa peau est devenue blanche.

« Reste près de moi », répond Diamante.

Avec cette casquette, il a l'air d'un soldat. Elle obéit. Ils descendent en se tenant par la main et sont aussitôt engloutis par une foule fébrile. Au milieu du fracas assourdissant des voitures, du bruit grinçant des treuils et des chaînes, du sifflement des sirènes et du vacarme des passagers, des hommes proposent un trajet jusqu'à la gare, un lit pour la nuit ou un verre d'eau fraîche. Certains s'offrent à vous indiquer la rue, d'autres sont là simplement pour vous délester de votre portefeuille. Les gamins qui fument, juchés sur des tas de charbon, semblent vouloir jouer du couteau avec le premier malheureux qui leur tombera sous la main. Diamante tient entre ses dents le passeport où un cachet atteste, à côté de son signalement, que son père consent à son expatriation. Il est tellement occupé à se frayer un chemin qu'il n'a pas le temps de se demander pourquoi il n'aperçoit plus le ticket jaune entre les lèvres de Vita. Quand les vauriens postés sur le quai se rendent compte que personne ne vient chercher ces deux esseulés, ils s'élancent vers eux et se les disputent comme une proie. Ils essaient de les aguicher, mais Diamante n'est pas dupe. Il continue d'avancer, en tirant derrière lui Vita. Elle sourit à chaque homme bien habillé qui lui sourit, en se disant qu'il s'agit peut-être de son papa...

« Parle pas aux inconnus, avait recommandé le père de Diamante. Écoute personne, reste sur l'île et attends que l'oncle Agnello vienne vous chercher. Il vous reconnaîtra. »

Diamante avait promis de s'en souvenir. Le problème, c'est qu'Agnello n'est pas venu. A moins que Vita ne se soit lassée d'attendre. Une cohue indescriptible emplissait le hall. La veille, 12 avril 1903, douze mille six cent soixante-huit voyageurs avaient débarqué sur l'île. Des navires continuaient d'accoster, en provenance de Brême, Rotterdam, Liverpool, Copenhague, Hambourg. Rien que de Naples, il en était arrivé trois. Rien que de leur navire, le *Republic,* deux mille deux cent un passagers étaient descendus. On n'avait encore jamais vu une telle invasion, et les fonctionnaires en perdaient la tête. Les divers groupes se massaient entre les passerelles, comme des troupeaux de moutons. Profitant de la confusion, Vita s'était faufilée à la suite d'une bohémienne escortée de ses dix enfants. Diamante lui avait emboîté le pas. Si elle n'attendait pas Agnello, qui était son père, pourquoi aurait-il dû l'attendre ? Sur le ferry, la bohémienne s'était rendu compte qu'elle avait deux rejetons supplémentaires, mais elle n'avait rien dit.

Inexorablement, la foule les pousse en avant. Ils ont déjà dépassé les barrières et se retrouvent devant les entrepôts de la White Star Line, où les porteurs déchargent les valises et les entassent en piles de quatre ou cinq mètres de haut. Il n'y a pas que des valises, mais aussi des paniers de toutes dimensions, des baluchons, des sacs mille fois déchirés et ravaudés. De peur d'égarer leurs bagages, certains voyageurs ont écrit dessus leur nom en grosses lettres. Et maintenant, ces noms – ESPOSITO, HABIL, MADONIA, ZIPARO, TSUREKAS, PAPAGIONIS – semblent supplier leurs propriétaires de venir les chercher afin de soustraire aux regards d'autrui la honte de leur pauvreté. Diamante joue des coudes sans retenue, car il redoute que la foule ne finisse par les piétiner. Il se retourne. L'eau a la couleur du granit, mais on n'aperçoit déjà plus l'île. A force de recevoir des bourrades, Vita voit ses tresses se défaire et retomber sur ses oreilles. Diamante essaie de les fixer de nouveau avec des épingles, mais elle ne fait plus attention à lui. Il a peut-être roulé les commissaires, mais il s'est fait rouler par elle.

La première chose que Vita a faite en Amérique, c'est un tour de magie. Elle était assise dans le hall de l'île. Après la nuit dans le canot de sauvetage, elle était fiévreuse et se sentait passablement abattue. Elle passait en revue d'un air hébété les visages des inconnus venus chercher des parents. Faciès sévères surmontés d'un *coppola*, mufles taillés dans la pierre, moustaches relevées ou en queue de souris, nez crochus, yeux noirs comme de la poix ou couleur d'aigue-marine, peaux évoquant le cuir ou l'albâtre, couvertes de boutons ou de taches de rousseur. Maris, grands-pères, beaux-pères, mères affligées. Des hommes de trente ans cherchaient l'épouse qu'ils n'avaient vue qu'en photographie, un vieillard hurlait tristement le nom de son fils. Mais pas de trace du père de Vita.

« C'est lui ? » demandait Diamante en lui indiquant un bonhomme à la barbe vénérable qui s'accordait avec l'image qu'il s'était faite de l'oncle Agnello.

Le citoyen le plus riche de Tufo, le premier à s'être rendu en Amérique, muni en tout et pour tout d'un harmonica. A présent, il faisait venir là-bas, peu à peu, tout le village. Ils étaient déjà cinquante à l'avoir suivi. Mais Vita secouait la tête. Ce bonhomme ne pouvait être son père. Son père était un monsieur. Il viendrait sur l'île avec son yacht. En la voyant, il soulèverait son chapeau haut de forme, s'inclinerait et lui dirait en saisissant sa main : « Princesse, vous devez être ma petite Vita adorée... »

Dans le hall, un homme arborait un menton tordu de vieille sorcière. Vita l'avait tout de suite remarqué, car il était habillé encore plus mal que les autres – il portait un horrible veston vert en futaine et un pantalon à carreaux tout taché. Une forêt de poils poussait sur ses mains, dans ses oreilles et son nez, et même dans l'entrebâillement de sa chemise. Il éventait son visage en sueur avec un journal et la fixait avec une insistance alarmante. Un billet d'un dollar était glissé dans le ruban de son chapeau. Il était d'une laideur effrayante. Épouvantée, elle avait serré plus fort la main de Diamante et s'était cachée derrière sa taie d'oreiller. Mais l'homme ne la quittait pas du regard.

« Ton père a le menton en galoche et son visage est aussi sombre et ratatiné qu'un grain de café. Tu te souviens de lui, n'est-ce pas ? Tu marchais déjà quand il est venu chercher Nicola. Mais si tu ne sais plus à quoi il ressemble, rappelle-toi qu'il aura un billet d'un dollar glissé dans le ruban de son chapeau. »

C'est à ce moment que le ticket jaune s'est esquivé. Vita le tenait à la main, le contemplait avec accablement – et d'un seul coup, il n'était plus là. Disparu. Volatilisé. Après quoi, elle s'est aussitôt faufilée derrière la bohémienne aux dix enfants. L'homme au dollar pourra bien brailler dans le hall d'Ellis Island qu'il a perdu sa fille. Tant pis pour lui : il n'est certes pas son père.

Cependant, maintenant qu'elle a fait disparaître le ticket jaune et que personne ne pourra plus venir la chercher, elle a envie de pleurer. Elle s'agrippe à la main de Diamante. Sur le môle de Battery Park, elle éclate soudain en sanglots. Sans doute parce qu'elle sait très bien, en fait, que l'homme au menton en galoche était son père. Ou peut-être aussi parce qu'il l'a regardée longuement, en observant les traits de son visage, les petites jambes nues sous la robe courte au motif fleuri, qu'il l'a contemplée avec tendresse, lui a souri, mais ne l'a pas reconnue.

« Ne pleurniche pas, Vita ! » s'exclame Diamante, embarrassé par ces larmes.

Il ne supporte décidément pas les gamines. Elle s'accroche à ses bretelles et commence à l'entraîner à sa suite dans la rue.

« Je ne pleurniche pas », proteste-t-elle en reniflant avec opiniâtreté.

Elle essuie la morve sur sa robe à fleurs, tout en marchant sans peur de se faire laminer sous des piliers de fer sur lesquels des trains passent à toute allure avec un bruit d'enfer. Quand la foule s'éclaircit et qu'ils se retrouvent seuls dans la rue avec un homme à cheval et une vendeuse ambulante de friandises, Diamante se retourne et ne voit plus le port. Entrepôts, môles, navires, treuils, trains suspendus, tout a disparu. Autour d'eux, il n'y a plus que des maisons, basses et décrépites, avec des façades décolorées et du linge séchant aux fenêtres. Ils se sont perdus.

Lorsque le propriétaire d'Agnello – qui est en outre banquier, recruteur de main-d'œuvre, vendeur de billets de train ou de bateau, pharmacien et épicier – lui annonce que l'équipe à laquelle devait se joindre Diamante est partie la veille pour Cleveland, Ohio, par le train de 19 h 20, Agnello assène au gamin une gifle magistrale. Il maudit sa déveine, prend à parti Dieu, la Madone, le Christ et tous les saints du calendrier. Le *boss* hausse les épaules avec indifférence. Diamante se tient à l'écart, intimidé, une main dans la poche, l'autre jouant distraitement avec ses bretelles. Il a honte car il est encore pieds nus et flotte dans une blouse trop grande qu'on lui a fournie. Même les bretelles ne sont pas à lui. Elles lui ont été prêtées par Rocco – il n'a pas encore compris s'ils sont parents ou non, mais ce matin Rocco a été le seul des quatorze habitants de Prince Street à lui dire « bienvenu ».

Un tableau d'affichage couvert d'annonces et de tickets attire le regard de Diamante. Ce sous-sol doit abriter une sorte d'agence de placement, car les annonces sont des offres de travail. On demande 50 mineurs pour le comté de Lackawanna. 500 hommes pour travailler sur les voies, Compagnie Erie près de Buffalo et Youngstown. 200 hommes pour des travaux de nivellement des routes. Paie 2,50 dollars. Un cuisinier pour une équipe d'ouvriers des chemins de fer de West Virginia. 30 terrassiers pour la Lehigh Valley Railroad. Fleurs artificielles : on recherche 20 ouvrières fabriquant des branches, Meehan 687 Broadway. 4 ouvrières pour feuilles, 2 pour branches, 26 Waverley Place. Drappers finishers binders Mack Kanner & Milius. 20 maçons, 3 charrons, 7 chauffeurs, 10 tailleurs de granit, 2 conducteurs de chaudières à vapeur. Les localités de destination ont des noms liquides, mystérieux, allusifs : Nesquehoning, Olyphant, Punxsutawney, Shenandoah, Freeland.

Quant aux paroles qu'échangent les deux adultes, Diamante n'en comprend pas un mot. Agnello et le *boss* – un homme conscient de son autorité, s'occupant fébrilement à attraper avec l'ongle effilé de son petit doigt quelque chose dans les tréfonds de son oreille – parlent dans une langue qui lui paraît familière mais reste pour lui fondamentalement étrangère. Tout ce qu'il comprend, c'est que l'équipe est déjà en route pour Clivilland. Et ce Clivilland n'est pas la porte à côté. Les chemins de fer paient le voyage – uniquement l'aller – aux *workers* et au *foreman,* mais pas aux retardataires. Comme le trajet coûte au moins soixante dollars et que Diamante n'en a pas le premier sou, l'oncle Agnello est dans de beaux draps. Le généreux oncle Agnello, qui a payé le voyage en Amérique à cet ingrat de va-nu-pieds, qui a imploré le *boss* en sa faveur et lui a obtenu un travail dans une équipe malgré son âge...

« J'ai menti pour toi, j'ai affirmé que t'avais quatorze ans et que t'étais un garçon robuste alors qu'en fait t'as même pas douze ans, t'en parais huit et t'es qu'un petit gringalet ! »

Cette fois, l'oncle s'échauffe vraiment.

« J'ai payé pour qu'un pouilleux comme toi vienne à Nouillorque au lieu de crever de faim. Je me donne un mal de chien pour ma famille, moi ! Mais écoute-moi bien, espèce de sac à puces. J'ai pas trimé comme un âne pour que tu profites de ce que j'ai gagné. Si tu te trouves pas un travail, je te casse le cou, je te fais sauter les ongles... »

Une nouvelle gifle illustre les propos d'Agnello.

« Je te laisserai crever de faim, et t'iras finir comme un maudit au cimetière... »

Abasourdi, Diamante suit Agnello dans la rue. Il trottine derrière lui, accélère le pas et se met même à courir pour ne pas le perdre de vue car il règne une telle bousculade dans cette ville qu'il ne comprend toujours pas comment on peut traverser la chaussée sans se faire écraser. La rue est encombrée de voitures de toutes les dimensions, chargées de toutes sortes de marchandises – des vieux chiffons aux ustensiles de cuisine, des huîtres aux couteaux. Elle est bordée de boutiques en tous genres, dont les enseignes sont toujours en italien, de sorte que Diamante a l'impression d'avoir repassé la frontière et d'être revenu chez lui. Il y a des mendiants, des vendeurs de lupins, des rémouleurs, des enfants nus au milieu de tas d'ordures, des gars menaçants qui titubent devant des gargotes, des restaurants à bon marché, des salles où l'on joue au trois-sept et à Dieu sait quoi d'autre, des femmes vêtues de noir, le foulard sur la tête, comme en Italie. Sans oublier une faune exotique pour le moins déconcertante : bonshommes aux cheveux frisés arborant des chapeaux coniques de magiciens ou des calottes d'aspect pontifical, ou même Chinois à la peau couleur de cire. L'oncle Agnello avance à grands pas dans cette foule aussi étrange que sinistre, comme s'il était poursuivi par le démon. Beaucoup de gens le connaissent et tous le saluent en portant la main au chapeau, car Agnello est un homme important. Ils l'appellent souvent « oncle », uniquement en signe de respect puisqu'ils ne sont certainement pas ses neveux. En y réfléchissant, Diamante ne l'est pas non plus, et ce détail n'est pas sans importance. Quelque chose lui dit qu'Agnello, n'étant pas son oncle, serait capable de le laisser bel et bien mourir de faim.

Agnello ne se retourne pas une seule fois pour voir si le garçon le suit. Que l'enfer dont il s'est échappé l'engloutisse. Ce gamin porte la poisse. Qui sait si le diable ne le lui a pas envoyé pour lui signifier que l'heure des comptes a sonné ? Depuis qu'il ne fréquente plus Dieu, cependant, Agnello a également renoncé à sa familiarité avec le diable. Malgré tout, ce n'est sans doute pas un hasard si hier, au moment où il revenait de son voyage inutile à Ellis Island, le facteur lui a porté la lettre fatidique avec en guise de signature la main noire ouverte : un redoutable maléfice, bien pire qu'une facture. Tôt ou tard, les habitants du quartier qui ont réussi la reçoivent. Et Agnello est vraiment en passe de réussir. Bien qu'il soit situé à l'angle d'Elizabeth Street, une rue mal famée, infestée de Siciliens querelleurs, dans un local guère plus accueillant qu'un tombeau, son magasin de fruits et légumes commence à se faire une clientèle stable de ménagères qui paient leurs comptes sinon tous les mois, du moins tous les trois mois. Et il rapporte désormais des bénéfices. Quant à sa pension, elle est toujours comble, jamais un lit de libre, grâce à sa femme, laquelle est courageuse et trime dix-huit heures par jour sans se plaindre. Sa femme américaine, Lena – qui d'ailleurs n'est même pas américaine... Agnello est maintenant titulaire d'un compte confortable à la banque de Mulberry et il est parvenu à faire venir à New York toute sa famille. A l'exception de son épouse légitime, qui a été refoulée car elle a une maladie aux yeux. Les Américains ne sont pas du genre à s'attendrir sur un homme qui est marié et attaché à son épouse qui a toujours fait son devoir. Ils se fichent de savoir qu'il l'attend depuis dix ans, qu'il a travaillé comme un fou pour payer son voyage et qu'il est tout heureux le jour où il va la chercher sur l'île. Ils examinent les yeux de l'arrivante, et si elle a de la chassie ou un catarrhe ils dessinent une croix sur son dos – et adieu, Dionisia. Si bien qu'il ne lui reste plus qu'à espérer que sa brave épouse aux yeux malades meure au plus tôt afin qu'il puisse se remarier et mettre fin aux bavardages sur sa femme américaine, qui pourraient miner sa réputation.

Mais il est impossible de cacher qu'on est aisé. La réussite d'Agnello a fini par se savoir dans le quartier. Il a d'abord vu arriver deux personnages louches à son épicerie. Ils ont reniflé d'un air insolent ses tomates desséchées par le gel, et ils lui ont dit de préparer deux cents dollars sans quoi ils lui brûleraient sa boutique. Agnello les a envoyés au diable et s'est acheté un fusil à chevrotine. Pendant un mois, il n'est pas sorti de ce caveau. Il dormait assis dans un coin, entre les caisses d'oranges et d'oignons, le fusil chargé entre les jambes et le doigt sur la détente. Prêt à accueillir ses visiteurs. Mais maintenant, il y a la lettre. Et la lettre – il le sait, c'est arrivé à tant d'autres – signifie que les vrais ennuis commencent. Ou tu paies, ou tu meurs. Il n'a envie ni de payer ni de mourir...

A Prince Street, le couvert est déjà mis. Le dimanche est le seul jour de la semaine où ils déjeunent tous ensemble. Empilés les uns sur les autres, quatorze récipients en verre, étain ou fer-blanc servent d'assiettes. Diamante sait compter, et il commence à s'inquiéter sérieusement en voyant qu'aucun récipient n'est prévu pour lui. Agnello s'assied, décidé à ne penser à la lettre signée d'une main noire qu'une fois le ventre plein. A cet instant, Diamante aperçoit Vita. Elle avance péniblement à côté de la femme dont il a vu la jambe nue. Elle tient une des anses d'une marmite d'où s'élève une épaisse vapeur. La femme hisse la marmite sur la table, sert Agnello, puis son fils Nicola, puis le cousin Geremia, le cousin Rocco – si du moins c'est ainsi qu'il faut appeler ce garçon au bras tatoué et au sourire dont la douceur contraste si étrangement avec sa stature imposante. Après quoi, tous les pensionnaires prennent un récipient débordant de macaronis et vont s'asseoir sur les lits, les cuvettes et les bidons, car il n'y a pas assez de chaises. Vita semble mécontente. Ses cheveux enfin peignés laissent à découvert une frimousse pâle et concentrée. Elle est vêtue d'un tablier trop grand et, comme Diamante, est encore pieds nus. En le voyant, elle lui adresse un sourire qui le dédommage des gifles, des menaces et de sa vaine course jusqu'au sous-sol de Mulberry Street. Il se sent soudain fier d'avoir manqué ce train pour Cleveland.

Nicola mord dans un macaroni et le recrache sur-le-champ dans son assiette. Le doyen des pensionnaires, un vieillard accablé d'infirmités, fait tourner sa fourchette dans les pâtes, qui ont vraiment un aspect visqueux et répugnant.

« Je paie dix dollars par mois, lance-t-il à Agnello. Si on me sert en guise de repas des rebuts dont des chiens ne voudraient pas, je vais me chercher une autre pension.

— C'est ma petite Vita qu'a cuisiné, aujourd'hui, explique Agnello en attrapant sa fille par le nœud de son tablier. Laissez-lui le temps d'apprendre, elle manque juste d'habitude. »

Les pensionnaires ne sont pas d'accord. Ce n'est pas une école, ici. Il n'a qu'à manger lui-même cette horreur. Mais Agnello n'a pas non plus l'intention de manger. A la première bouchée, le dégoût est trop fort et il recrache à son tour un morceau de pâte blanchâtre. Il pose sa fourchette. C'est décidément son jour d'épreuve. Même à la maison, il n'a pas la paix. Il regarde Vita d'un air menaçant.

« Qu'est-ce que ça veut dire ? T'es même pas bonne à faire les macaronis ? »

Blessée, Vita se mord les lèvres. Elle est si petite que son menton n'arrive même pas à hauteur de la marmite. Elle se gratte la tête d'un air hésitant, tandis que tous la regardent. Elle a l'impression d'avoir été bernée. Par ce logis de Prince Street, qui est rempli d'étrangers, au premier rang desquels son propre père. Par ce père vivant avec une inconnue qui lui manifeste le respect d'une servante et le vouvoie en l'appelant « oncle Agnello », mais qui dort dans son lit et se comporte comme si elle était ici chez elle. Par son frère qui ne se nomme plus Nicola mais Coca-Cola, qui parle un langage étrange et ne l'a pas reconnue lorsque le policier roux lui a demandé : « Da ya no tis little gherla ? » Et aussi parce qu'Agnello veut expédier Diamante à Cleveland et qu'elle ne veut pas vivre loin de lui. Le gamin aux yeux bleus est son seul ami parmi tous ces inconnus aux visages mauvais. Elle a tant de raisons de se sentir bernée que ses yeux sont brûlants quand elle y pense...

« J'ai fait exprès de mettre du sel dans l'eau, déclare-t-elle d'un air effronté. Je veux pas faire la cuisine. Je veux pas rester ici. Je veux rentrer chez moi. »

Coca-Cola éclate d'un rire ravi. Agnello attrape Vita par le poignet et Diamante commence à souhaiter ardemment que ceux qui lui ont envoyé la lettre à la main noire le tuent pour de bon. Amusés, les pensionnaires jouissent du spectacle en riant dans leurs moustaches. Aucun d'entre eux n'a jamais osé s'opposer à la volonté d'Agnello. La nuit, ils rêvent qu'il sera ruiné et redeviendra un pouilleux comme eux, mais dans la journée ils s'inclinent bien bas devant sa fortune. Vita se tait, satisfaite. Voilà, elle l'a dit. Il ne lui viendrait pas à l'idée de désobéir à son père, mais ce bonhomme au menton en galoche n'est pas son père et elle veut retourner chez Dionisia. Agnello saisit un billet de banque roulé comme une cigarette contre son oreille et l'offre magnanimement aux pensionnaires, afin qu'ils aillent à la taverne boire à sa santé. Puis il ordonne à sa femme de préparer quelque chose à manger avant que son estomac n'éclate, et il la pousse sans ménagement en direction des fourneaux.

« Et toi, lance-t-il à son fils qui joue avec un cure-dents. J'ai l'impression de voir un prêtre avachi sur cette chaise. Tu vas filer au magasin. Je veux pas qu'il reste sans surveillance aujourd'hui.

— C'est d-dimanche », bégaie Coca-Cola avec indignation.

Agnello lui assène un coup de poing sur la tête et le garçon se lève en titubant. Il se demande si, avec sa sœur, Agnello recourra à la ceinture, au chasse-mouches ou aux doigts. Avec lui, tout est bon pour son père : rouleaux à pâtisserie, clés anglaises, et même une pioche. Les Mazzucco ont toujours eu un sale caractère. Plus entêtés que les ânes, plus inébranlables qu'une montagne. Quand ils se mettent quelque chose dans la tête... Heureusement pour lui, Coca-Cola n'a rien dans la tête. Les pensionnaires sortent en hâte. Seul Diamante demeure à sa place, juché sur un bidon. Mais le regard d'Agnello ne s'attarde pas sur lui : il a décidé de remettre à plus tard cet autre problème. Ce gamin lui doit déjà deux cent soixante-dix dollars. S'il les avait, la moitié de tous ces ennuis seraient finis – mais il n'a pas un sou.

Agnello se tourne de nouveau vers Vita, la force à s'asseoir et lui met une fourchette dans la main. A voix basse, car il n'a pas envie de hurler aujourd'hui, il lui ordonne : « Mange. »

Qu'est-ce qu'elle croyait ? Qu'elle venait ici pour des vacances ? Lena était épuisée. Depuis le mois de mars, elle était en proie à l'anémie, aux nausées, aux sueurs nocturnes. Ce qui pouvait signifier deux choses. Soit elle avait attrapé la tuberculose, ce qui serait une catastrophe car s'ils l'apprenaient les pensionnaires le lâcheraient aussitôt par crainte de la contagion. Soit elle était enceinte, ce qui serait également une catastrophe, d'abord parce qu'on ne peut avoir confiance en une femme qu'on n'a pas épousée, et ensuite parce qu'il faut entretenir un enfant pendant au moins dix ans après sa naissance. Il était hors de question pour Agnello d'emmener Lena pour une consultation au Bellevue Hospital, l'hôpital gratuit de la ville, pas plus que de laisser entrer chez lui les sorcières du Comité de prévention de la tuberculose, qui font du porte-à-porte afin d'établir les statistiques de la maladie dans le district de Mulberry. Si Lena avait osé ouvrir elle-même sa porte à des étrangers, il l'aurait corrigée de telle manière qu'elle aurait dû garder le lit durant trois jours. De sorte qu'Agnello, pendant un moment, avait ignoré s'il vivait avec une phtisique ou une femme enceinte. En tout cas, il s'était abstenu de la toucher.

Maintenant, il est fixé. Lena se montre brave. Elle continue à faire les courses, la cuisine, à laver le linge et la vaisselle, à accomplir tous ses devoirs. Mais il lui arrive de ne plus tenir debout et de s'évanouir. Elle s'est décharnée, son visage est aussi blanc que la nappe qu'elle mettait sur sa tête le dimanche, quand il l'emmenait à la messe. Cela remonte à loin, car Lena ne va plus à la messe maintenant – le prêtre dit qu'elle vit en état de péché mortel et refuse de la confesser. Elle et son concubin ne pourraient se racheter qu'en finançant la construction de l'église, de sorte qu'ils se sont tous deux résignés à vivre sans sacrements. Toujours est-il que Lena a besoin d'aide. Et c'est Vita qui doit l'aider – pourquoi l'aurait-il fait venir, autrement ? Il ne l'a vue que deux fois depuis qu'elle est au monde. Mais cette fille est une déception. A neuf ans, elle devait être une femme. Du reste, c'est ce qu'avait prétendu sa menteuse de mère, pour le convaincre de la prendre chez lui : « Quant à Vita, je n'ai pas à me plaindre de la façon dont elle grandit. Elle est vive, gaie comme le soleil, et elle est devenue grande, belle et forte. » Elle l'a bien eu : en fait, la gamine est fragile, fiévreuse, hostile. Elle ne pourra jamais porter au cinquième étage le sac de charbon. Et le baquet à linge ? Il regrette déjà de l'avoir fait venir. Il aurait presque envie de la rejeter à la mer.

Agnello pousse la marmite devant Vita.

« Mange », répète-t-il en lui fourrant dans la bouche la première bouchée.

On ne jette rien, ici, on ne gaspille pas une miette. Il ne permet pas qu'on gâche le fruit de son travail.

« Tu sortiras pas de cette pièce avant d'avoir tout mangé. »

Vita lui lance un regard de défi. Elle est trop têtue pour lui présenter des excuses, trop orgueilleuse pour lui demander pardon.

« Mange, bon Dieu ! »

Pendant trois heures, Diamante reste juché sur son bidon, à grignoter des biscuits moisis. Vita continue de plonger sa fourchette dans la masse de sel, de fromage et de pâte qui est maintenant figée, glacée, écœurante. Elle mâche, avale, mâche, avale, inlassablement, jusqu'à en avoir mal aux dents et sentir son ventre si lourd et gonflé qu'il va sûrement exploser. Elle s'obstine car elle a commencé, maintenant, et elle croit encore que dans la vie il faut mener à bien ce qu'on entreprend, surtout quand l'honneur est en jeu. Elle boit un verre d'eau parce qu'un morceau semble obstruer sa gorge et ne jamais pouvoir descendre – il n'y a plus de place dans son corps –, mais elle continue, les yeux obstinément fixés sur le plat où elle plonge sa fourchette. Quand la marmite est vide, elle a l'impression d'avoir un veau entier sur l'estomac. Il lui semble qu'elle ne pourra plus jamais se lever tant elle est bourrée. Elle se redresse, s'appuie des deux mains sur la table. Diamante la regarde avec inquiétude, mais elle parvient à se tenir debout. Agnello est pensif, absorbé par le dilemme qu'il doit affronter : PAIE OU MEURS. Il fume en se demandant quel est le plus grand malheur : la mort ou la pauvreté ? Il cherche la réponse dans les anneaux de fumée qu'il souffle contre le mur.

En passant devant lui, Vita lui crie en plein visage : « De toute façon, t'es pas mon père ! »

Puisque ce type au menton à galoche n'était pas son père, Vita n'avait même pas été effleurée, la veille, par l'idée de se rendre à l'adresse de Prince Street. Elle avait erré sans hâte, sans but, agrippée à la main de Diamante, avec pour seuls guides sa joie et sa curiosité. Tout était nouveau, magique, merveilleux. Elle avait retiré ses chaussures – elle n'était pas habituée à en porter, de sorte qu'elles lui faisaient mal aux pieds – et elle marchait le nez en l'air, en regardant avec autant d'admiration que de perplexité ces immeubles si hauts qu'ils semblaient chatouiller les nuages. Elle avait cessé de pleurer depuis un moment, et souriait d'un sourire malicieux et satisfait. Elle avançait en pensant déboucher sur une place – toute ville, tout village qui se respecte a une place, que ce soient Naples, Caserte, Gaète, Minturno et même Tufo, qui n'est pourtant qu'un hameau de mille âmes où les voitures sont inconnues. Mais ici, il y avait des parcs, des carrefours, des bifurcations, des terrains vagues... tout sauf des places. Et pas d'églises non plus, ni vieilles ni neuves. Quand ils en trouvèrent enfin une, il était près de trois heures.

Enchâssé entre une église – ou ce qui ressemblait à une église, encore qu'elle n'eût pas de croix sur son toit – et une rangée d'immeubles si neufs qu'elle paraissait une intruse parmi eux, ils découvrirent un jardin. L'église s'appelait Saint Paul's Chapel, et elle était fermée. Mais la grille de fer séparant le jardin de la rue était seulement tirée. En fait, ce jardin était un cimetière, et déjeuner dans un cimetière ne porte pas bonheur. Il convient de laisser les morts en paix. Cela n'empêcha pas Diamante de laisser tomber sa taie d'oreiller et de s'asseoir sur ce qui était peut-être une tombe mais ressemblait davantage à une borne. Au zénith dans le ciel d'avril, le soleil embrasait les rues, mais dans cet enclos, à l'ombre des arbres centenaires aux épaisses frondaisons, on était au paradis. Diamante fureta dans son bagage. Il finit par en renverser sur l'herbe le contenu, qui tomba en désordre : une chemise, trois cigares toscans, une conserve de tomates, un peigne, un morceau de savon, une poignée de noix, quelques figues sèches, un petit flacon d'huile, trois piments rouges, deux mouchoirs, un chapelet de saucisses ratatinées, une lettre d'Antonio à remettre à Agnello, un morceau de fromage. Il y avait aussi un pain emballé, qui n'avait guère que de la croûte. Sa mère le lui avait donné avant son départ, mais il n'en avait pas eu besoin car il avait mangé à satiété sur le bateau – ce n'était pas pour rien qu'il avait pris un bateau anglais, seuls les naïfs voyagent sur les rafiots italiens. En treize jours, le pain était devenu dur comme pierre. Ils n'avaient pas mangé depuis la veille, cependant, et ils n'avaient guère le choix car Diamante s'était refusé catégoriquement à acheter un gâteau ou une anguille dans un magasin. Il ignorait la valeur de l'argent de ce pays et il était certain, étant d'un tempérament méfiant, qu'il se serait fait flouer. Vita mordit dans une saucisse pétrifiée, tandis qu'il s'attaquait à l'ouverture des noix. Un silence irréel régnait dans le cimetière de Saint Paul's. Diamante trouvait si étrange d'être dans un tel endroit, avec Vita. Seuls dans une ville inconnue, à l'autre bout du monde. Seul avec elle, qui souriait d'un air triomphant en découvrant qu'il y avait aussi des fourmis en Amérique. Un cortège compact et discipliné se ruait sur les restes de la saucisse. Elle en laissa une grimper sur la paume de sa main. Puis elle la tua, déçue, en déclarant qu'elles étaient exactement les mêmes qu'à la maison.

Diamante observa son visage échauffé.

« Il faut y aller », lui dit-il sans conviction.

Il se sentait obligé de le dire car Vita était fiévreuse, depuis la nuit passée dans la chaloupe, et si elle mourait, la faute retomberait sur lui.

« Tu m'embêtes, Diamante », répliqua-t-elle en riant.

Pour se venger, elle lui mordit le nez. De tous les gars du village, Diamante était le seul qui ne riait jamais. C'était un rêveur. Agile comme un chat, il s'isolait sur une branche de caroubier et du haut de cette retraite, où personne ne pouvait le rejoindre, il visait avec sa fronde les corbeaux dans les champs. Il ne ratait jamais sa cible. Il faisait éclater les crapauds en soufflant dedans de l'air avec des roseaux. Il allait pêcher les grenouilles dans les étangs du Garigliano et les tuait d'une morsure dans la tête. Il attrapait les anguilles à la main, et n'honorait pas d'un regard les gamines comme Vita. Il se tenait à l'écart et n'en faisait qu'à sa tête. Dionisia disait que Diamante était le plus intelligent de tous, le seul qui arriverait à quelque chose dans la vie. Il intimidait Vita, d'autant qu'il avait des yeux bleus, fuyants, et qu'on ne savait jamais ce qu'il pensait.

« Regarde », lança-t-elle pour l'amadouer, en indiquant le visage gigantesque d'une femme sur une affiche placardée sur le mur de l'immeuble leur faisant face.

La femme semblait les regarder en souriant de toutes ses lèvres rouges qui découvraient des dents parfaites, d'une blancheur éblouissante.

« Alors ? Qu'est-ce qu'elle dit ? » insista Vita qui n'avait jamais eu assez de temps à perdre pour apprendre à lire.

Elle disait : LET'S SMILE, WOMEN, BUY LIPSTICK KISSPROOF 1.99. Ce qui signifiait ?... Diamante ne voulait pas avouer qu'il n'en avait aucune idée. Il ajouta donc un nouveau chapitre à la longue suite de mensonges de la journée.

« Il y a un arracheur de dents, derrière l'affiche. Il est habile et fait pas mal avec ses pinces. C'est pour ça que la femme sourit. »

Vita haussa les épaules, décontenancée. Enfin, de toute façon l'affiche était belle. Cette femme souriait et paraissait heureuse. En y réfléchissant, Vita n'avait jamais vu un tel sourire. Les femmes de Tufo n'avaient pas toutes ces dents à montrer. Il leur en manquait toujours une, voire davantage ou même toutes – peut-être était-ce pour cette raison qu'elles ne souriaient jamais. Diamante posa sa tête sur la taie d'oreiller. Au-dessus d'eux, le ciel était d'un bleu irréel. Il se sentit soudain vide, léger, délivré d'un poids intolérable. Il n'éprouvait plus ni inquiétude ni culpabilité. Tout était si surprenant qu'il semblait que rien ne fût impossible. Il était plongé dans un rêve aussi bizarre qu'improbable, mais il n'avait pas envie de se réveiller. La femme souriait. Il sourit à son tour : au ciel. Il devait demander à quelqu'un où se trouvait Prince Street, cette rue dont le nom l'avait hanté pendant des mois comme l'appel d'un monde fantastique. Il ne s'y décidait pas, cependant, car il savait qu'ensuite il ne connaîtrait plus jamais un moment comme celui-ci. Il ne pourrait pas s'asseoir sur un gazon, avec dans ses mains la masse noire et rebelle des cheveux de Vita. Il ne les peignerait pas avec ses doigts, en défaisant patiemment les nœuds et en tressant de nouveau deux nattes. Il ne pourrait s'assoupir dans l'herbe, avec la tête de la petite fille sur son estomac. Ensuite, c'était son avenir – un travail d'adulte, dans une équipe d'ouvriers des chemins de fer, au fond d'une forêt de ce pays. Vita lui lança un sourire si pétillant de ruse et d'impertinence qu'il songea pour la première fois, stupéfait de ne pas y avoir pensé plus tôt, qu'elle lui manquerait quand ils seraient séparés, dès ce soir, demain au plus tard. Quand après tant de jours passés en compagnie d'une fillette il se retrouverait au milieu de solides gaillards, dans un camp de travail américain.

Ils n'avaient pas la moindre idée de l'endroit où ils se trouvaient. Ils auraient aussi bien pu être sur la lune. Après les abords du port, si sales et pittoresques, la ville était devenue plus belle. Finis les maisons décrépites en bois, les foules miséreuses et les vendeurs ambulants. Disparus les va-nu-pieds parlant des dialectes vaguement familiers, les myriades de gamins jouant aux billes dans les caniveaux. La rue était maintenant bordée d'immeubles aux façades de marbre, et les passants arboraient chapeaux melon et cannes en bambou. Les deux enfants rasaient les murs dans l'espoir de passer inaperçus. Mais il était difficile de ne pas remarquer à Broadway, sur la Trente-quatrième rue, un gamin vêtu d'un costume de coton élimé, une taie d'oreiller rayée sur l'épaule, marchant avec une petite fille pieds nus, aux cheveux noirs, dont la robe à fleurs était plus crasseuse que le trottoir. Ils se traînaient, désormais, les pieds en feu, et la ville n'en finissait plus. Elle s'interrompait par moments, ils longeaient une pelouse ou l'un des gouffres innombrables où des ouvriers édifiaient les fondations d'un immeuble, mais ensuite elle reprenait, encore plus belle, luxueuse et imposante. Il était déjà cinq heures de l'après-midi. Vita colla son nez à la vitrine d'un magasin. En fait de magasin, il s'agissait d'un bâtiment gigantesque – six étages, trois cents mètres de long –, qui occupait tout un pâté de maisons. Dans la vitrine, le mannequin d'une femme élancée, sportive, brandissait un bras nu qui tenait un engin énigmatique, évoquant une raquette comme on en utilise dans la neige. La femme souriait. Elle était fausse, mais dans cette ville même les femmes réelles n'avaient pas l'air vrai. Elles n'étaient pas vêtues de noir. Elles ignoraient le foulard sur la tête, le corsage brodé et les jupes. Maigres, blondes, immenses, elles avaient des sourires radieux, comme la femme de l'affiche du cimetière, des dents blanches, des hanches étroites et de grands pieds. Vita n'avait jamais vu de femmes de ce genre, et elle était fascinée. Peut-être deviendrait-elle ainsi, au soleil de cette ville, quand elle serait grande...

« Restons pas ici, lança Diamante en tirant sur sa robe. Tout le monde nous regarde de travers. »

Vita tira la langue en direction d'une dame qui venait de descendre d'une voiture et les désignait à un type vêtu de bleu qui restait les bras croisés près d'un carrefour.

« Qu'est-ce que ça peut nous faire ? lança-t-elle, en extase devant le mannequin. S'ils veulent pas nous voir, ils ont qu'à se crever les yeux. »

Cependant tous les passants les regardaient comme s'ils avaient volé un poulet. Et déjà un policier s'avançait vers eux, avec sa matraque battant sur sa cuisse.

« Hey, kids ! »

Le policier avait les cheveux jaunes et la peau aussi blanche que la chair d'une sole.

« Hey, come here ! »

Diamante et Vita n'éprouvaient aucune tendresse pour les forces de l'ordre. Elles n'apportaient jamais de bonnes nouvelles. Quand les autorités en grande pompe se hasardaient à s'approcher du village – qu'il s'agît d'agents de police, de carabiniers, de maires, d'hommes politiques ou de bourgeois de Minturno –, les gamins de Tufo les accueillaient à coups de pierres. En signe de profonde sympathie... Vita poussa la porte et la referma dans son dos. Ils passèrent sous une arche où était écrit MACY'S, et ils entrèrent dans le royaume de la lumière.

Vita n'avait jamais vu un endroit pareil. Elle ne devait jamais le revoir dans les années qui suivirent – elle ne dépasserait plus les confins de Houston Street. Cependant cet après-midi resta gravé dans sa mémoire, avec l'immédiateté et la vivacité d'un rêve. Ce fut une visite rapide, en accéléré, pas plus de trois minutes. Elle n'avait le temps de s'arrêter nulle part. Diamante l'entraîna dans tous les sens, puis ils se mirent à courir car le policier était entré à son tour dans le grand magasin. Il les poursuivait, un sifflet aux lèvres, et des vendeurs blonds larges comme des armoires s'avançaient de tous côtés d'un air menaçant. Ils traversèrent à toutes jambes une salle plus vaste qu'une cathédrale. Même en courant, Vita ne pouvait pas ne pas voir les pyramides de chapeaux et de gants, les montagnes d'écharpes et de foulards multicolores, les monceaux de pinces et de peignes en écaille, les innombrables bas de soie ou de coton blanc. Et tout était beau, d'une beauté merveilleuse et fascinante, et Diamante courait, Vita trébuchait, le policier hurlait : « Stop those kids ! », tout le monde se retournait pour les regarder – jusqu'au moment où ils se faufilèrent dans une pièce aux murs transparents. C'était un piège. Un homme en uniforme, qui surveillait une série de boutons de cuivre, en pressa un et les portes se refermèrent : ils étaient prisonniers. Cet homme n'était pas un policier, pourtant. Rien qu'un nègre osseux et luisant de sueur, qui sourit imperceptiblement.

Diamante n'avait jamais vu un homme à la peau aussi sombre, en dehors des spectacles pour la Conquête de l'Afrique en 1896, qui se rejouait tous les ans à Portanuova – mais dans ce cas, les soldats de Ménélik étaient en fait des élèves de Minturno, blancs comme lui, qui se noircissaient avec du goudron. Quant aux vrais nègres, il en avait aperçu parfois dans les vignettes des almanachs populaires. Loin d'être vêtus d'un uniforme aux boutons dorés, cependant, ils étaient représentés avec des os dans les cheveux et des assiettes en travers des lèvres. C'étaient des sauvages et des cannibales, alors que cet homme à l'élégance impeccable paraissait un personnage important. Soudain, la pièce aux murs transparents s'ébranla et commença à s'élever à une allure vertigineuse. Diamante, épouvanté, s'appuya contre la paroi. La pièce volait ! Le cannibale observa d'un air impassible ses brodequins poussiéreux et la taie d'oreiller sur son épaule. Ses yeux d'un noir de jais s'attardèrent sur la frimousse crasseuse de Vita. Elle s'agrippa à Diamante, car dans les histoires que lui racontait sa mère l'homme noir était un personnage terrifiant, pire que les morts vivants et les sorcières s'attaquant aux enfants : l'homme noir enlève les petites filles curieuses. Mais Diamante n'arrivait pas à lui donner du courage. Il était lui-même tremblant, car cette pièce volante vibrait et grinçait horriblement. Quand les portes s'ouvrirent, ils étaient au sommet du monde. Le policier, les vendeurs et le directeur du magasin n'étaient plus que des silhouettes minuscules, cinq étages plus bas. Le liftier les poussa dehors et appuya sur le bouton. Tandis que les portes se refermaient sur son visage déroutant, l'homme noir leur indiqua la sortie, juste devant eux : les échelles anti-incendie.

La nuit tombait quand ils furent attirés par la vue d'un bois et s'avancèrent dans un parc qui ressemblait à une campagne. Ils s'étendirent sur le gazon, devant un lac. Le parc était presque désert. Vita lava ses pieds noircis dans l'eau où nageaient des canards blancs à la mine hautaine. Ils mangèrent la dernière saucisse restée dans la taie d'oreiller et les dernières figues sèches. Ils étaient immensément heureux et auraient voulu que cette journée ne s'achève jamais. Ce fut alors que l'Italien les remarqua.

C'était un musicien ambulant. Il s'approcha en traînant derrière lui un orgue de Barbarie qui exhalait de temps en temps, en cahotant, une note isolée.

« Vous pouvez pas rester ici, mes petits, dit-il avec un sourire amical. Le parc ferme après le coucher du soleil. S'ils vous trouvent, les argousins vous mettront en prison. »

Il s'assit à côté d'eux.

« Vous venez d'arriver ?

— Oui, répondit fièrement Vita. Ce matin, avec le ferry de l'île. On a vu toute la ville.

— Vous êtes seuls ?

— Oui, s'exclama Vita en lançant une œillade complice à Diamante.

— Frère et sœur ?

— Oui, dit Diamante.

— Non, dit Vita. Mon frère, je le connais pas, pour ainsi dire. Alors que Diamante habite dans ma rue. »

Le musicien se roula une cigarette avec du tabac et un lambeau de journal. Il aspira plusieurs bouffées. Comme il était italien et jouait des chansons magnifiques sur son orgue, ils ne se méfièrent pas de lui. Après avoir passé la journée à marcher sur la lune, il était bon d'entendre la langue de chez eux et de pouvoir suivre un guide.

« Si vous venez avec moi, je vous montrerai un endroit où dormir.

— C'est loin ? demanda Diamante qui se sentait incapable d'enfiler de nouveau ses brodequins étroits.

— Non, tout près. Tu vois le Dakota ? »

Il pointa le doigt vers l'incroyable château hérissé de tours, de flèches, de pignons et de tourelles, de l'autre côté du lac.

« C'est juste derrière. »

C'était le squelette d'un immeuble en construction. Une planche manquait dans la clôture du chantier, ce qui permettait d'entrer dans une sorte de cave. Un carton tout taché servait de matelas. Un morceau de bois installé sur deux bidons tenait lieu de table. Ils étaient entourés de monceaux de boîtes de conserve rouillées et de déchets. Leur hôte poussa l'orgue de Barbarie contre le mur et les invita à s'allonger sur le carton. De son côté, il s'enveloppa dans une couverture fanée, tellement pleine de poux qu'elle marchait toute seule. Dans leur excitation, ils lui parlèrent de Tufo et de Minturno, de Dionisia que les Américains avaient refoulée à cause de ses yeux malades et qui était maintenant écrivain public, du casseur de pierres Antonio, que tout le monde appelait Mantu, l'homme le plus malheureux du village puisqu'il avait traversé l'océan à deux reprises jusqu'en Amérique pour se faire à chaque fois refouler, du frère de Vita qu'Agnello était venu chercher en 1897, des deux sœurs et des trois frères de Diamante qui étaient morts de faim. Vita lui montra même ses trésors. Sur le bateau, on lui avait offert un couteau, une fourchette et une cuiller en argent du service du restaurant de première classe. Mais elle avait encore plus précieux avec elle.

Avant de partir, elle avait glissé dans les poches de sa robe quantité d'objets magiques.

« Pour rentrer chez moi », expliqua-t-elle avec une certaine condescendance.

Une feuille d'olivier rouillée, la pince d'une écrevisse, une crotte de chèvre, les osselets d'une grenouille, l'épine acérée d'un figuier de Barbarie, un morceau du crépi de l'église (qui s'était si bien effrité au cours des derniers jours qu'il n'en restait plus qu'un peu de poussière aussi fine que du talc), une telline, un pépin de citron sucé et un citron entier, couvert d'une couche blanche de moisi. Le musicien ignora les couverts en argent et prit dans sa main tous ces objets répugnants, dont il semblait comprendre la valeur. Il les soupesa comme s'ils étaient des diamants, puis aida Vita à les envelopper de nouveau dans un mouchoir. Il était gentil et s'intéressait à leurs discours, ce qui n'arrive jamais aux adultes. Il leur offrit un verre de son vin – la seule chose qui lui restait de l'Italie. Ils ne voulaient pas boire, mais il insista. Le vin avait un vague arrière-goût de médicament. Après quoi il devint triste et leur déclara d'un ton mélancolique qu'ils n'auraient jamais dû venir.

« Ce pays est horrible, il y a rien de vrai dans tout ce qu'on raconte de l'autre côté de l'océan. La seule différence entre l'Amérique et l'Italie, c'est l'argent. Il y a de l'argent, ici. Seulement, il est pas pour nous. En fait, nous autres, nous servons qu'à enrichir un patron quelconque. Vous feriez mieux de rentrer tout de suite en Italie. Si je pouvais, je partirais aussi, mais c'est pas possible. Il est difficile de revenir en arrière, parfois. Dans mon village, tout le monde croit que je suis devenu riche. La vérité, c'est que dix ans après mon arrivée il me reste que mon orgue. »

Diamante fut si déçu par ce discours qu'il n'adressa plus la parole au musicien ambulant. Cette ville était une splendeur sans pareille. Il la préférait déjà à toute autre et était sûr que la fortune l'attendait. Il retira sa veste et en couvrit Vita.

« On voudrait dormir, maintenant, m'sieur. La journée a été longue.

— Bonne nuit, mes enfants. »

Quand il ouvrit les yeux, le soleil déclinait déjà à l'horizon. Le musicien avait disparu, de même que l'orgue de Barbarie. Mais le reste manquait aussi : ses brodequins, les chaussures de Vita, les couverts en argent, sa veste, sa chemise, sa casquette, ses bretelles. La taie rayée s'était également volatilisée avec tout son bagage. Et dans la poche de la robe de Vita, il n'y avait plus le paquet répugnant du citron moisi, de la feuille d'olivier et de la pince d'écrevisse. Pas un objet magique n'était resté. Seul son pantalon gisait encore dans un coin : trop usé pour être vendu, même à un chiffonnier. La poche intérieure qui l'avait plongé dans une telle confusion devant la commission d'Ellis Island était vide. Diamante demeura presque une heure étendu sur ce carton crasseux, en se mordant les lèvres pour ne pas pleurer. Il n'arrivait pas à croire que cet homme ait pu les voler alors qu'ils lui avaient accordé leur amitié et leur compagnie, qu'ils lui avaient confié leurs secrets. Le souffle de Vita effleurait sa joue. Il la regardait dormir, le visage tourné vers lui, les lèvres ouvertes en une expression extasiée. Il ne voulait pas la réveiller, la précipiter dans la réalité de cet immeuble en chantier, des immondices et de l'injustice des hommes.

Le policier aux cheveux couleur de rouille, aussi fins que les barbes des épis de blé, les trouva en train d'errer dans le parc, pieds nus et à moitié dévêtus. Ils ne lui dirent pas un mot. De toute façon, ils ne le comprenaient pas plus qu'il ne les comprenait. Il vociféra dans sa langue incompréhensible, tira l'oreille de Diamante si fort qu'il manqua l'arracher – rien n'y fit. Il se heurta à deux petits visages crasseux, déçus et impénétrables, deux paires d'yeux remplis de colère et de tristesse. Il les poussa vers la voiture de police stationnée à l'entrée de Central Park et consulta son collègue sur le sort à accorder à ces deux vagabonds. Le collègue haussa les épaules. Ils étaient des centaines, les gamins de ce genre, dans les rues de New York. Quand on les attrapait, on les amenait dans les maisons de charité. S'ils ne parvenaient pas à prouver qu'ils étaient capables d'assurer leur subsistance en Amérique, s'il s'avérait qu'ils vivaient à la charge des autorités municipales et constituaient ainsi un poids, une menace et un danger pour la société, on les expulsait. Ils prenaient le premier bateau en direction de leur patrie. UNINVITED STRANGERS. UNDESIRABLE ALIENS. Le policier força Diamante à monter dans la voiture. Dans sa honte, Diamante cacha son visage dans ses mains. Il ne fallait pas que les passants le prennent pour un voleur. C'était lui qu'on avait volé, au contraire – simplement, il ne savait comment le leur dire. Comment les convaincre que lui et Vita possédaient des biens dignes d'être dérobés...

« Come on, little one », dit le policier roux à Vita.

Elle ne bougea pas. Elle continuait à fouiller dans sa poche, comme si le paquet magique pouvait réapparaître. Elle ne pouvait croire que le musicien ambulant lui ait pris avec le reste ces objets qui ne signifiaient rien pour lui mais devaient lui permettre, à elle, de retrouver son foyer. Cependant le paquet restait invisible.

« Come on ! » répéta le policier.

Les yeux noirs de Vita se posèrent sur les épaules courbées de Diamante. Elles étaient nues, puisqu'il n'avait même plus de chemise. Si maigres que les os s'y dessinaient – on aurait dit des ailes. Alors elle se pencha, ramassa une brindille dans une flaque d'eau et d'une main incertaine, sous les yeux interloqués des deux policiers, elle écrivit dans la terre du parc : 18 Prince Street.

## Un voyage à New York

Au printemps 1997, j'ai été invitée aux Etats-Unis. Je devais me joindre à un groupe d'écrivains, de journalistes et de professeurs pour faire un discours à la Library of Congress de Washington, à l'occasion de l'ouverture d'une section dédiée à la littérature italienne. Je n'avais aucune envie de me rendre aux Etats-Unis. De plus, j'avais conscience de n'avoir aucune des qualités nécessaires pour représenter la littérature italienne, étant donné que je n'avais publié qu'un unique roman, l'année précédente, et que cette expérience m'avait tellement traumatisée que je redoutais le jour où je céderais à la tentation d'en publier un autre. J'avais reçu beaucoup d'éloges pour mon « jeune âge », mais j'ignorais pour mon compte ce que voulait dire « être jeune ». Malgré tout, ce voyage m'apparut comme une sorte de don. Les dons sont le fruit du hasard, et souvent révélateurs. Il ne faut pas les refuser. Je suis donc partie.

J'avais trente ans. Depuis quelque temps, j'étais en proie à diverses manies, notamment un refus pernicieux de la lumière. Les conséquences étaient comiques, en un sens : je trouvais une difficulté insurmontable à traverser une rue exposée au soleil, ou à marcher sur un trottoir dépourvu de la protection de balcons, d'arcades ou d'arbres ombreux. Je n'allais plus à la mer depuis des années, et j'avais également renoncé aux montagnes, aux déserts et aux hauts plateaux où j'avais toujours aimé vagabonder. J'étais incapable de répondre au téléphone, dont la sonnerie suffisait à me déprimer. La simple idée de rencontrer un étranger m'épouvantait. Quant à parler en public, c'était tout bonnement impensable. La publication de mon roman m'avait en quelque sorte contrainte à affronter ces problèmes. En ce printemps 1997, j'en étais même venue à pouvoir rire de mes difficultés avec Luigi, le seul qui fût au courant en dehors des médecins et des pharmaciens. Bien entendu, je désirais que mes illustres compagnons de voyage ne se rendent compte de rien. Je voulais leur plaire autant qu'ils me plaisaient. Les redoutables étrangers se révélèrent affables, courtois, vraiment sympathiques. L'éminent philosophe du langage qui constituait la principale attraction de notre groupe partageait avec moi une coupable dépendance à la nicotine, un délit gravissime dans un pays comme les Etats-Unis, qui se sont voués à une lutte sans pitié contre le tabagisme. Il nous arriva plusieurs fois de fumer ensemble nos cigarettes interdites, sur le trottoir ou dans les sous-sols : nous avions l'air de conjurés, de malfaiteurs. Jeunes écrivains, acteurs et chargés des relations publiques, petits amis et épouses contribuaient à transformer le déplacement en une sorte de voyage scolaire à l'atmosphère débridée. Nous avons discouru à la Library of Congress. La salle était comble. Pleins de bonne volonté, nous avions décidé de nous exprimer en anglais. Même moi.

J'ai toujours eu des difficultés avec l'anglais, je ne sais pourquoi. A onze ans, j'ai insisté pour m'inscrire dans la classe de français, où personne ne voulait aller. « L'anglais est la langue de l'avenir », disait mon père. (Il avait pourtant abandonné son cours d'anglais, en 1952, après avoir rencontré ma mère.) Je répondis que l'avenir ne m'intéressait pas : j'étais convaincue que je n'en aurais pas. J'appris donc le français. Comme les langues exerçaient sur moi un attrait irrésistible, je me passionnai pour le grec et le latin. J'étudiai même toute seule, armée d'un vocabulaire et d'une grammaire, le russe et l'espagnol. A dix-huit ans, je me persuadai que l'avenir avait déjà commencé, et je partis pour l'Angleterre. De mon hiver à Oxford, je me rappelle seulement les enfants agités du chauffeur de taxi, dont je m'occupais en échange du logement – une chambre tapissée d'un papier à fleurs psychédélique, dans un cottage d'un lotissement constamment embrumé de la banlieue ouvrière. Ce furent des jours de solitude sans remède, dans une ville étrangère, parmi des gens inaccessibles que je ne comprenais pas plus qu'ils ne me comprenaient. Les étudiants de la célèbre université se réunissaient dans les pubs, le soir, mais moi je restais avec la progéniture du chauffeur, car j'étais incapable de converser avec eux. Je n'avais plus de mots, ce qui était pour moi la pire des privations, me réduisait à une pauvreté absolue. Je partageai ma solitude avec un étudiant saoudien ténébreux, qui finit par me demander de l'épouser. Ce fut la première et la seule demande en mariage que j'aie reçue. Elle me fut adressée en anglais, et je la refusai dans cette même langue. Le but de mon séjour était atteint : j'avais appris à survivre.

Après le discours à la Library of Congress, nous avions trois jours libres avant la rencontre suivante, qui devait avoir lieu à New York. Nous avons pris le Metroliner et sommes arrivés à la Penn Station par une matinée d'avril. A cette époque, je projetais d'écrire un roman sur et pour Annemarie Schwarzenbach. Je mis à profit ces trois jours pour me rendre en pèlerinage aux lieux où elle avait vécu avant d'être expulsée des Etats-Unis en tant qu'« hôte indésirable ». Je vagabondai dans la ville, à la recherche d'hôtels et d'asiles, de cliniques psychiatriques et de boîtes de nuit. L'hôtel Pierre, où elle avait résidé durant l'automne 1940 avec son amie allemande, la baronne Margot von Opel, se révéla d'un luxe ostentatoire au point d'en devenir vulgaire. Le portier en livrée m'ouvrit la porte avec un sourire stéréotypé, qu'il adressait à tout le monde, par devoir et non par cordialité. Un dallage noir et blanc, glacé, conduisait à des ascenseurs revêtus de bois précieux. La chambre de Margot se trouvait dans la tour. Une tour néo-gothique, phallique, puissante. Les murs étaient imprégnés de parfum. C'est pourtant dans ces pièces aux moquettes moelleuses que le désastre s'est consommé. Ici a commencé la descente aux enfers d'Annemarie Schwarzenbach. Elle finit au Bellevue Hospital, où j'achevai mon propre périple sur ses traces, First Avenue, dans la partie basse de Manhattan.

J'errai dans les couloirs du célèbre service psychiatrique. Je parlai avec les médecins hispaniques qui soignent les malades hispaniques. Le Bellevue est toujours l'hôpital gratuit de New York, et les pauvres aujourd'hui parlent espagnol. Dans les années quarante, m'expliqua un jeune médecin, la plupart des patients étaient italiens. Les Italiens constituaient la minorité ethnique la plus misérable de la ville. Plus pauvres que les Juifs, les Polonais, les Roumains et même les nègres. Ils étaient comme des nègres qui n'auraient même pas parlé anglais. Je hochai la tête, frappée par cette comparaison brutale. Je n'y avais jamais pensé. Une scène me revint à l'esprit. A Coney Island, la veille, des vieillards aux visages de paysans nous avaient arrêtés pour tenter de lier conversation avec nous. Nous n'arrivions pas à nous comprendre. Ce qu'ils prenaient pour de l'italien était une autre langue, des dialectes qu'on parlait il y avait bien longtemps dans le Mezzogiorno. Ils nous avaient appelés leurs pays...

Ce fut ainsi, en marchant pendant des heures dans les rues interminables de *downtown,* qui semblent ne conduire nulle part, que nous nous retrouvâmes à Little Italy. Ce n'était pas un quartier habité, vivant. Plutôt une sorte de musée ou de théâtre. Il nous fit une impression déprimante. Tout était reconstitué à l'usage des touristes. Les vitrines peintes aux couleurs italiennes, les drapeaux, les restaurants aux menus pseudo-italiens – le restaurant napolitain proposait des côtelettes à la milanaise et du riz au safran... Notre guide français exhortait les visiteurs à ne pas employer le mot mafia à Little Italy. Ce n'était que du racisme, et inutile, de surcroît, puisque ce que nous voyions ici n'était pas Little Italy. Les Italiens étaient partis. Ils avaient disparu, s'étaient confondus et annihilés dans l'Amérique qui nous entourait. Aucun des barmans, serveurs et propriétaires des restaurants de Mulberry Street n'éprouvait la moindre nostalgie du passé. Ils étaient comme les gardiens des cimetières de guerre, ou des tranchées dans les Dolomites. Ils veillaient sur le souvenir d'une bataille perdue. Ils mettaient en scène l'image d'Épinal, revue et corrigée, lavée de toute trace de souffrance, de sang et de honte, d'un monde qui n'avait jamais existé. Nous voulions fuir à l'hôtel Bedford, sur la Quarantième rue, où Annemarie avait logé en même temps que les Mann et les artistes allemands exilés par le nazisme. Il était presque deux heures, cependant, et nous découvrîmes que nous avions faim. Nous achetâmes une tranche de pizza excellente dans une épicerie de Mulberry Street. Nous n'aperçûmes qu'un unique banc, contre le mur d'en face, en plein soleil. Luigi me lança un regard alarmé, mais je traversai la rue et m'assis sur le banc. Je ne m'aperçus même pas du soleil brûlant. Ma phobie me quitta ainsi, en ce jour de printemps, aussi brusquement qu'elle avait commencé.

En remontant vers la Quarantième rue, nous nous perdîmes dans les ruelles de SoHo. C'était le quartier à la mode. Un quartier « cool » – on se servait le plus souvent de cet adjectif horripilant pour le définir. Les petits immeubles à deux ou trois étages, peints de couleurs pastel et munis d'énormes échelles anti-incendie en fonte, abritaient des boutiques prétentieuses. Sur les étagères, entre les objets minimalistes et les murs d'un blanc aveuglant, les jeans et les robes en matière synthétique étaient exhibés comme des sculptures post-modernes. Les boutiques alternaient avec des cafétérias inabordables et des lofts où des galeristes ennuyés exposaient des idoles africaines, des tissus naturels et des masques aborigènes. Le quartier dictait les tendances et décrétait ce qui était inexorablement passé et démodé. Ces lieux étaient voués aux acteurs, jeunes managers, metteurs en scène, artistes, à tous ceux qui avaient du succès.

Nous nous arrêtâmes devant une agence immobilière. Les annonces étaient accompagnées de photos sur papier glacé.

*SOHO 1 br by Prince Street & West Broadway.*
*This is a real large one bedroom just off Prince Street in SoHo. It has a large private garden and is available for long-term rental. Fully furnished with all amenities (tv, vcr, telephone, full kitchen, full bath).*
*$ 2 395*

*PRINCE STREET TWO BED*
*Great clean, safe building. All new renovations.*
*Great for a share situation, especially nyu students. Lots of fun.*
*Cats are ok Dogs are ok*
*$ 2 025*

Idéal pour les étudiants... Quatre millions pour un studio ? A l'année, peut-être ? Nous échangeâmes un regard stupéfait. Mais non, voyons : les loyers étaient mensuels. Prince Street était la rue la plus en vogue du quartier.

Prince Street.

Une rue de boutiques, de galeries d'art, de restaurants au *main course* à 25 dollars, d'établissements exotiques.

Prince Street.

Pourquoi ce nom me semblait-il familier ?

L'avais-je lu quelque part ?

Je regardai les immeubles à trois étages, les fenêtres, les cours, les échelles anti-incendie.

« Le père de mon père a logé à Prince Street, dis-je à Luigi d'une voix distraite. Il est venu en Amérique quand il était adolescent.

— En quelle année ? » demanda-t-il.

Je ne m'en souvenais plus. C'était une vieille histoire, on n'en parlait plus depuis longtemps. Je n'avais jamais éprouvé grand intérêt pour l'histoire de ma famille. En fait, je n'aspirais qu'à m'en libérer. Qui n'a pas ce désir ? Nous ne fréquentions pas nos parents éloignés, et même entre nous les relations étaient distendues : nous voulions nous accorder mutuellement autant de liberté que possible. Mon père était un ami de Basaglia, imbu d'antipsychiatrie. Il soutenait que les familles sont dangereuses, qu'elles sont le théâtre des crimes les plus monstrueux, des blessures les plus incurables.

Il m'avait pourtant évoqué quelques bribes de cette histoire : à la manière d'un conte. Il en connaissait un grand nombre, et celui des Mazzucco n'était pas le moins magique ni le moins ténébreux. Je me rappelais avec une certaine sympathie le personnage de Federico, le sourcier piémontais, dépositaire d'étranges secrets de la nature, et celui du petit Diamante qui alla tout seul en Amérique, à douze ans, avec dix dollars cousus dans son caleçon. En revanche, j'éprouvais un certain embarras devant la figure tragique d'Antonio, le casseur de pierres, dont les enfants étaient morts de faim. J'avais été une fillette anorexique, et chaque fois que je refusais de manger mon père observait d'un ton sévère : « Tu laisses le riz dans ton assiette, mais les frères et les sœurs de ton grand-père sont morts de faim. » L'histoire des Mazzucco pesait sur moi comme une faute que je devais expier – en acceptant avec gratitude ce qu'on me donnait. Je les sentais lointains, étrangers, distants. C'étaient des gens durs comme pierre, inflexibles, impitoyables. Je n'étais pas ainsi : je n'avais rien de commun avec eux.

Moi, je ressemblais à Emma. J'avais ses cheveux touffus, robustes qu'on aurait dits en fer. Ses yeux. Sa passion pour la poésie. Son émotivité exubérante.

Les Mazzucco étaient des mâles – laconiques, réservés, autoritaires. Tragiquement incapables de communiquer. Des hommes de pierre.

Casseur de pierres.

Prince Street.

Le soleil se couchait. Des lueurs rougeâtres se reflétaient sur les vitrines des galeries d'art de Prince Street. Une chaude lumière se répandait dans la rue. C'était donc ici qu'était arrivé Diamante en fuyant les pierres de son village du Sud.

Mais où, quand, comment ?

Je me rendis compte que je n'en avais aucune idée.

## Welcome to America

*UNE IMMIGRATION IMPORTUNE*

*Il est gratifiant de voir un journal de grande classe comme le « Times » tirer la sonnette d'alarme face au péril des étrangers indésirables qui affluent actuellement chez nous. Cet afflux est non seulement importun mais nocif pour le bien-être de notre pays. Vous dites qu'il est de notre devoir d'ouvrir nos portes aux opprimés du monde entier, et que du moment qu'une personne est pauvre et malheureuse dans son pays natal elle peut réclamer notre hospitalité comme un droit. Mais nos lois sur l'immigration sont trop laxistes. Regardez dans nos prisons, dans les centres de détention, considérez le nombre d'homicides et de crimes quotidiens : ils sont tous commis par des étrangers. Et pourquoi ces étrangers aux mœurs sauvages et au sang chaud sont-ils tous armés de poignards ou de revolvers ? Dans nos rues, ils portent tous des armes. Il y a peu, j'ai vu un vendeur ambulant italien menacer avec un couteau un petit enfant américain qui l'avait provoqué par d'innocentes plaisanteries. J'ai cherché un policier pendant près d'une demi-heure – je précise qu'il était midi et que je me trouvais à Broadway. Je n'ai pas trouvé de policier, et l'assassin potentiel s'est échappé. Oui, il faut absolument arrêter à tout prix cet afflux chaotique. Il faut fermer notre porte pendant quarante ou cinquante ans à ce genre d'immigrés.*

*Samuel Conkey*
*(Brooklyn, 28 avril 1903)*

*NE VENEZ PAS*

*Alors que des milliers d'Italiens fraîchement débarqués se pressent à New York, ceux qui sont déjà installés ici cherchent à décourager par tous les moyens les éventuels nouveaux arrivants.*

*Les méthodes de dissuasion sont variées. Elles vont des lettres dépeignant sous des couleurs lugubres la vie dans ce pays aux articles apocalyptiques envoyés aux journaux de Naples et de Sicile. Il existe sur Mott et Mulberry Street des poètes qui chantent la dure vie attendant les immigrés : même peu élaborée, la poésie exerce une grande séduction sur les Italiens. Une de ces compositions déclare que cette terre nouvelle est au mieux une escroquerie, où professeurs et journaliers se retrouvent ensemble à creuser, une pioche à la main. Le poète conclut : jeunes gens, ne venez pas.*

*10 mai 1903*

*LETTRES AU DIRECTEUR : LES ÉTRANGERS ET LE CRIME*

*Revers, Massachusetts, 1er juillet 1903*

*Dans l'esprit de tout Américain et de toute Américaine doués d'intelligence, il ne peut faire de doute qu'une immigration étrangère sans règles et sans restrictions contribue fortement à la dangereuse croissance du crime dans ce pays. Nos prisons, nos asiles et nos maisons de correction pour mineurs sont la preuve de cette tendance. Cette question touche au fondement et à l'existence même de notre République. Pendant des années, nous avons accueilli parmi nous par centaines de milliers les rebuts de la société européenne, la lie des cités du vieux continent, les pauvres, les illettrés, les nihilistes, les anarchistes. Une petite fraction désireuse de travailler et point trop ignorante a trouvé à s'employer dans notre pays. Le reste s'est installé dans nos grandes villes, où le paresseux et le bon à rien pèsent sur l'Américain honnête qui paie ses impôts, où le vicieux et le criminel sont accueillis par leurs pairs et où les anarchistes trouvent un public prêt à entendre leurs prêches blasphématoires. Le résultat de cette immigration sauvage est grave. Les chômeurs – ils sont des centaines de milliers – ont tôt fait de succomber à cette ambiance et rejoignent les rangs des hors-la-loi. Une action immédiate peut changer beaucoup de choses. Si les Américains étaient mieux informés des dangers d'une immigration étrangère sans restrictions, ils reconnaîtraient sans aucun doute l'urgence d'une intervention au niveau législatif.*

*Eugene B. Willard*

*UN LIVRE RESPONSABLE ET ARGUMENTÉ*

*Prescott F. Hall écrit dans son livre,* Immigration *(Harry Holt & Co.) : « Cette semaine, deux mille désespérés ont débarqué d'un seul bateau. L'esprit détruit, le corps débile, ils ont pourtant passé avec succès l'examen médical. Ce phénomène est sans précédent dans l'histoire. Nous sommes témoins d'une expérience raciale qui rivalise avec celles de Burbank sur la vie des plantes. Jamais il ne se représentera une pareille opportunité pour la culture de la race humaine. Et pourtant, l'immigration est amère et pesante même pour ceux qui s'émerveillèrent des résultats incroyables obtenus par Burbank avec les plantes – quoique, si nous le voulions, nous pourrions sélectionner le type de personne correspondant à ce que sera ou devrait être un Américain. En effet, de grands changements sont en cours. Depuis que voyager est devenu plus facile et moins coûteux, les immigrants ne viennent pas ici en quête de paix ou de liberté mais pour des raisons bassement matérielles. De sorte que nous n'avons pas accueilli des gens proches de nous, que nous puissions comprendre et dont nous puissions être compris, mais des étrangers différant de nous par leur sang, leur langue, leur religion et leurs coutumes. Nous avons développé des distinctions de classe et de race, et vu fleurir des haines jusqu'alors inconnues. Nous nous sommes retrouvés avec des crimes non américains et des criminels aux noms étrangers. » Cet ouvrage est écrit sans passion et sans préjugés. C'est un livre responsable et argumenté.*

*Edward A. Bradford*

## Bad boys

Vita a un système infaillible pour classer les habitants de la pension. Elle les répartit d'après leur âge. Les vieux, c'est-à-dire tous ceux qui ont plus de vingt ans, portent la moustache, travaillent, paient le loyer, vouvoient Lena, sont pourvus d'une épouse et d'enfants dans la belle et lointaine patrie à laquelle ils pensent les larmes aux yeux – la nostalgie leur paiera le billet de retour. Ils sont toujours sortis et elle ne les rencontre que le soir, quand ils grignotent leur dîner assis sur les lits de camp, en tenant leur gamelle entre les genoux. Les jeunes ont des moustaches maigrelettes, ou pas de moustache du tout. Ils sont souvent au chômage, car ils sont les premiers à être licenciés quand l'économie va mal, et cette année elle va de mal en pis. Leur seule famille, c'est la pension. La patrie lointaine les reverra lorsqu'ils auront des dollars plein les poches, et donc pas de sitôt. Les jeunes évitent les vieux. Ils n'en tiennent pas compte, ils vivent leur vie séparément et se déplacent toujours en bande. Bien qu'elle n'ait pas de moustache ni de famille de l'autre côté de l'océan, Lena est vieille. Elle est pourtant si maigre qu'elle ressemble à une adolescente anémique, et on la prendrait plutôt pour la fille d'Agnello que pour sa femme ou sa servante. Ses cheveux d'un blond pâle descendent jusqu'à sa taille, et ses yeux affligés d'un léger strabisme s'éclairent de paillettes vertes qui s'assombrissent quand elle rit. Et elle rit souvent, car ce n'est pas une femme sérieuse et un jour elle brûlera dans les flammes de l'enfer en compagnie des autres pécheurs de son espèce. Les gars du quartier se retournent sur son passage, car elle a des nichons pointus et un cul en forme de mandoline. Ils enfoncent un doigt dans leur bouche pour siffler, ce qui signifie qu'ils ont envie de lui fourrer quelque chose quelque part. Lena ne se retourne pas, serre le poignet de Vita comme si elle voulait le broyer et la traîne derrière elle jusqu'à ce qu'elles aient obliqué dans l'autre rue. Les garçons connaissent beaucoup plus de mots que les femmes, et beaucoup plus de gestes. Avant que Lena l'ait emmenée en lieu sûr, Vita se retourne pour regarder, et au bout de trois fois elle est capable de siffler comme eux. Au moment où elle entreprend de les imiter, cependant, Lena lui allonge une claque. Lorsque Vita s'en plaint auprès de son père, Agnello attrape Lena par le bras en criant.

« Qu'est-ce que c'est que cette histoire ? Comment oses-tu toucher ma fille ? T'as pas le droit de lever le petit doigt sur elle, compris ? »

Et il lui assène deux gifles si violentes qu'elle se met à saigner aux lèvres. Lena ne peut pas raconter à Agnello l'épisode du sifflet. Elle encaisse donc sans broncher, et s'abstient à l'avenir de donner une claque à Vita.

Lena ne s'appelle pas Maddalena ni même Lena, mais elle a un nom impossible – quelque chose comme Gwascheliyne – et il ne sert à rien d'avoir un nom si les gens ne peuvent pas le prononcer. Elle-même ne se rappelle pas exactement comment il se prononce, car ses parents l'ont confiée toute petite à une famille qui l'a emmenée au Liban pour la sauver des Russes du tsar qui exterminaient les gens de sa race. En fait, cette famille l'envoya en Amérique dès qu'elle eut douze ans afin qu'elle y épouse un Circassien. Ce dernier mourut bientôt de la phtisie, et à treize ans Lena s'est retrouvée veuve et seule. Elle est originaire d'une montagne du Caucase, dont elle prétend qu'elle a émergé des eaux du Déluge et s'est ouverte pour laisser passer l'arche de Noé. Elle aussi est circassienne, fille d'un peuple qui a donné des poètes, des guerriers et des esclaves vivant pour aimer, boire et défier la mort. Les esclaves circassiennes sont les concubines les plus recherchées des pachas, et leur beauté est légendaire. Lena elle-même est très belle : grande, exotique et mystérieuse. A force de fréquenter des Italiens, cependant, elle s'est mise à parler un napolitain entremêlé de mots libanais. C'est ainsi qu'elle a oublié sa propre langue, ce qui l'afflige énormément. Chaque fois qu'elle entend parler une langue nouvelle, son visage s'illumine d'espérance. Mais elle n'a jamais eu la chance de retrouver un compatriote venu de ses montagnes. Il semble bien que tous les Circassiens ont été exterminés, et qu'elle reste seule de son espèce dans toute l'Amérique. La nuit, elle rêve de sa langue, mais elle est incapable de la parler durant la journée, même par inadvertance.

Lena est non seulement l'esclave mais l'épouse d'Agnello – ce qui dans un sens revient au même –, cependant il ne faut pas qu'on l'apprenne de l'autre côté de l'océan. C'est pourquoi

Agnello a quitté Cleveland, où vit plus de la moitié de la population de Minturno et où il voulait envoyer Diamante. Il s'est installé à New York, en évitant Mulberry Street – au nº 91 habite Desiderio Mazzucco et au nº 46 un Antonio Mazzucco qui n'est pas le père de Diamante. Il a choisi Prince Street, une rue peuplée de Siciliens qui croient tous que Dionisia est morte de sa maladie aux yeux et le plaignent d'avoir été contraint de se remarier pour donner une mère à ses petits orphelins. Peu après l'arrivée de Vita, les voisins l'ont entreprise sur la tristesse de devoir grandir sans sa maman, sur le malheur horrible qu'elle avait subi en perdant la sienne. Elle a d'abord pensé qu'ils se trompaient de personne. Quand elle a compris qu'ils parlaient vraiment d'elle, elle a répondu que c'était absolument faux. Dionisia était bien vivante, même si son œil droit devenait peu à peu aveugle. Dès qu'Agnello mettrait à la banque son premier million, ce qui ne saurait tarder car il était déjà richissime, ils retourneraient tous dans leur patrie. Quant à Lena, elle se trouverait un autre homme marié pour lui servir de concubine, puisque tel était le destin des Circassiennes. Les voisins la regardent avec des yeux écarquillés. Ils commencent par se dire que Vita est une sacrée menteuse. Puis ils songent que Lena est une sacrée putain... Au bout du compte, ils les prennent en grippe toutes les deux.

Diamante, lui, n'est pas effronté comme Vita. Pour se faire pardonner d'avoir manqué le train de Cleveland, il respecte les conditions d'Agnello et écrit à ses parents :

*Mes chers et bien-aimés parents,*

*Je vous informe par cette lettre que mon état de santé est parfait et j'espère qu'il en va de même pour vous. J'ai pris pension chez une vieille dame qui loue des chambres que l'oncle m'a recommandée. Je suis bien il y a aussi le cousin Geremia. Le travail est sûr et je ne perds pas un seul jour. Hier nous avons fait la fête pour le soixante-dixième anniversaire de la logeuse. Nous nous sommes amusés et nous avons pleuré en pensant à l'Italie si loin.*

*Je suis toujours votre fils qui vous baise respectueusement les mains. Embrassez pour moi mes petits frères que je pense sans cesse à eux et ils me manquent tellement.*

Diamante n'a jamais trompé ses parents, car il les adore. Il se ferait tuer pour eux. Ils sont sacrés. A ses yeux, son père est saint Joseph et sa mère la Vierge Marie. Mais si Angela savait que Diamante vit sous le toit de la femme qui couche avec Agnello, elle le forcerait à se rendre à Cleveland, car c'est une bonne chrétienne et elle ne pourrait même pas imaginer certaines saletés. Vita n'écrit pas de lettres à sa mère, mais elle se demande ce que ferait Dionisia. Peut-être la ferait-elle revenir en Italie ? Mais Nicola l'a avertie qu'elle ne doit pas se faire d'illusions : Dionisia est au courant. On ne peut espérer qu'un mari reste fidèle à une épouse qu'il n'a pas vue depuis six ans. Un homme est un homme. Vita ne comprend pas comment il est possible de supporter une telle situation. Dionisia ne veut que son bien, cependant. Si elle l'a envoyée ici, c'est qu'il doit y avoir une bonne raison.

De toute façon, Lena n'a pas soixante-dix mais vingt-quatre ans. Ils ont fêté son anniversaire le quinze juin, en organisant une fête à la pension. Tout le monde a pris une cuite pour l'occasion. Lena était grise, elle aussi. Elle riait et les paillettes vertes de ses yeux étincelaient. On ne s'était jamais autant amusé à Prince Street. Geremia jouait du trombone et Lena enseignait à Vita les pas du cercle circassien, qui est une danse sacrée et sert à chasser les esprits du mal. Quand Lena danse, on en a le souffle coupé. C'est alors qu'Agnello s'est levé en chancelant, le verre à la main, et leur a dit de faire silence car il avait une grande nouvelle à communiquer à ses pensionnaires. Tous se sont tus. Lena s'est figée.

« Non, oncle Agnello, a-t-elle balbutié. Ne faites pas ça... »

Il a continué sans lui prêter attention :

« Dieu me récompense de toutes mes peines : en novembre, j'aurai un enfant américain. »

Ce sont ses propres paroles, mais en fait il semblait en les prononçant aussi confondu et abasourdi que s'il avait reçu un coup de massue sur la tête. Les vieux ont trinqué avec lui, en l'enviant d'avoir une si jeune épouse. Les garçons, eux, ont regardé fixement Lena qui est devenue toute rouge et a fini par éclater en sanglots. Tous les assistants étaient saouls, et ses larmes furent contagieuses. Ils pleuraient tous, Dieu sait pourquoi, et tel fut l'anniversaire de la vieille dame que Diamante raconta à ses parents. Du reste, qu'elle ait soixante-dix ou vingt-quatre ans, Lena est vieille et sans intérêt comparée aux garçons. Malheureusement, à la pension, il n'y a que trois garçons.

Rocco a déjà dix-sept ans et il est grand comme un arbre. Il aime jouer des poings, mais les autres n'ont aucune envie de se battre avec lui. Il travaille au métro comme terrassier, cependant cela fait quelque temps qu'il est au chômage : les travaux sont bloqués à partir de la Cinquantième rue. Au lieu de travailler, il participe à des cortèges hurlants qui réclament une augmentation de salaire et un nouveau contrat, car on ne voit pas pourquoi les terrassiers américains travaillent huit heures et leurs collègues italiens dix heures. Agnello dit qu'il est devenu un tire-au-flanc sous l'influence des voyous du quartier. Il se fait du mauvais sang, car il avait des espérances pour ce garçon. Quand le père de Rocco est mort à Ravenna, Ohio, après avoir reçu une poutrelle d'acier sur la tête, Agnello l'a élevé comme son propre fils. Vita, en revanche, préfère que Rocco soit au chômage, car c'est alors dans la maison tout un va-et-vient de jeunes gars d'humeur joviale et Lena, en repassant, chante ses histoires circassiennes. Leur vaillant héros s'appelle Lhepsch. Il traverse l'océan, rencontre la Femme-arbre, lui fait l'amour et l'abandonne, comme il convient à un héros, afin de parcourir la terre entière à la recherche de l'endroit où le monde s'achève. Vita ne supporte pas Lena, ses minauderies et ses yeux légèrement louches, poudrés de vert et d'or, qui monopolisent l'admiration des garçons, mais elle doit admettre que ses histoires sont haletantes. Après maintes aventures, Lhepsch finit par retourner chez la femme sans avoir trouvé nulle part le bout du monde.

Coca-Cola ressemble à Vita, ce qui signifie qu'il est vraiment son frère, même si elle l'avait oublié car Agnello est venu le chercher à Tufo à l'époque où elle balbutiait ses premiers mots. Il a des furoncles sur les joues et toutes ses dents sont cariées. Quand il sourit, il met toujours sa main devant sa bouche afin d'éviter aux autres le spectacle de sa dentition noire de caries. Pour tout arranger, il est bègue et couvre ses interlocuteurs de postillons. En tant que son frère, il partage avec elle un lit dans le débarras pourvu d'une fenêtre. Lena dit que ce n'est pas convenable et elle aurait voulu que Vita dorme avec elle, mais cette solution ne sourit pas à Agnello. Sa vie est déjà suffisamment pénible, il n'a pas envie d'être condamné de surcroît à partager le lit de son fils. Du reste, il assure que malgré ses treize ans Nicola a le cerveau d'un enfant de cinq ans, qu'il n'est qu'un demeuré, aussi stupide qu'une carpe. Vita, pour son compte, trouve que son frère a beau être bègue, il n'est pas si retardé que ça. Sous le drap, Coca-Cola lui chatouille la plante des pieds et les genoux. En échange des services qu'elle rend à son petit oiseau, il voudrait chatouiller également ce qu'il appelle le nid de l'oiseau. Il assure que ce n'est pas un péché, puisqu'elle n'est pas vraiment sa sœur – les femmes se consolent lorsque leurs maris partent pour l'Amérique. Vita en convient, car elle préfère ne pas être la fille d'Agnello. A force de penser à qui pourrait être l'homme qui a consolé Dionisia, elle s'est persuadée qu'il s'agit du prince Carafa, le propriétaire de toutes les terres de Minturno et l'homme le plus riche et le plus puissant de la province de Caserte. Malgré tout, elle ne permet pas à Nicola de chatouiller le fameux nid. Ne serait-ce que parce que ce qu'il nomme son petit oiseau ne ressemble pas du tout à un oiseau. On dirait plutôt une caroube, sauf que la cosse de cette dernière est rugueuse et veloutée tandis que le prétendu oiseau est lisse, dur, visqueux et, pour tout dire, répugnant. Nicola travaille avec Agnello à l'épicerie, mais il arrive qu'il s'absente pour aller manifester avec Rocco. Ils s'amusent bien, car ils finissent toujours par se bagarrer avec la police. Les manches des pancartes se transforment en bâtons, et les agents n'en mènent pas large quand ils se retrouvent encerclés. Nicola est fort apprécié car les gamins de Tufo apprennent à jeter des pierres avant de savoir parler, et ils sont capables avec leur fronde de toucher l'œil du cheval d'un policier à cent mètres de distance. Quand il revient à la maison, Agnello l'accueille à coups de ceinture, le poursuit avec le rouleau à pâtisserie et le rosse si bien que son crâne s'orne de bosses aussi grosses que des beignets. De toute façon, comme le dit son père, il ne peut pas devenir plus bête qu'il n'est. Nicola promet qu'il ira travailler ponctuellement le lendemain, et Lena met des compresses sur ses plaies. Elle aussi, du reste, a droit aux coups de ceinture d'Agnello, lequel devient fou à l'idée que les pensionnaires rêvent d'elle et le rendent cocu en pensée. Après ces séances, elle s'applique elle-même des compresses. Lena connaît une technique secrète pour ne pas sentir la douleur. Elle a dit à Vita qu'elle la lui apprendrait un jour, si elle est sage.

Le plus sérieux des garçons est Geremia, le cousin de Diamante. Il est au chômage, comme Rocco. Lui aussi voulait les huit heures de travail et l'augmentation de deux dollars l'heure. Il l'a accompagné aux manifestations, mais il a reçu tant de coups de matraque qu'il s'en est repenti. Quand il a appris que le *contractor* voulait engager des nègres du Sud à la place des Italiens, il a fait une tête d'enterrement. Il en veut à Rocco, car la grève n'a rien donné de bon. Les syndicats américains se sont défilés, le consul d'Italie a donné raison aux sociétés d'adjudication et personne n'a défendu les terrassiers. Au bout du compte, ils sont retournés travailler dix heures par jour pour un salaire inchangé. Quant à ceux qui ont fait grève et se sont distingués dans les manifestations, on ne leur a pas renouvelé leur contrat. Rocco s'en fiche, mais Geremia dit qu'un homme sans travail est comme un chien sans maître. Il a tellement marché pour se trouver un autre chantier qu'il a usé ses pieds. D'après Agnello, c'est un brave garçon et Diamante devrait prendre exemple sur lui. Diamante s'y efforce de son mieux. Geremia arbore une moustache en brosse afin de faire croire aux chefs d'équipe qu'il a plus que ses quinze ans et d'être mieux payé. Il est timide et joue très bien du trombone. Il aimerait devenir musicien et jouer à l'église et dans les fanfares, mais la seule formation qui ait bien voulu de lui est celle qui joue la marche funèbre lors des funérailles.

Diamante ne quitte pas les garçons d'une semelle et rêve d'être admis dans leur groupe, mais il est trop orgueilleux pour le leur demander. Il est aussi susceptible et ombrageux qu'un singe. Il se ferait couper une main plutôt que de demander quelque chose à quelqu'un. Comme il ne trouve pas de travail, il lui est déjà arrivé deux fois de s'évanouir tant il avait faim. Les garçons l'appellent Celestina, à cause de ses yeux bleu ciel. Ils se moquent de lui parce qu'il ressemble à une fille. Vita n'est pas de leur avis. Elle trouve simplement que c'est un garçon plus mignon que les autres. Ces derniers ne veulent pas non plus d'elle, sous prétexte qu'elle est une fille. Vita ignorait que c'était un défaut. Être une fille constitue un désavantage, non un défaut : ce qui pose problème, c'est d'être une enfant. Les enfants ne servent à rien. Vita jure que cette distinction n'a pas lieu d'être – voilà qui commence à être intéressant...

Ils étaient à la cuisine, sur le point de sortir, mais ils se sont arrêtés. Coca-Cola dit à Vita qu'elle n'a qu'à leur montrer si elle est vraiment comme les filles. Elle se met à piailler que c'est impossible – chacun sait que qui la touche se dessèche, qui la regarde devient aveugle ! Les garçons rient en affirmant que ça ne marche pas en Amérique, et Vita s'emporte. Diamante regarde la pointe de ses pieds nus. Il n'ose pas intervenir, de peur d'être pris à parti. Il sait comment ce genre de plaisanterie se termine : ils baissent tous leur pantalon pour exhiber leur engin. Celui qui a le plus court est une lavette – or c'est lui qui a le plus court. Cela ne veut pas dire qu'il soit une lavette, cependant, il est simplement le plus petit : il aura douze ans en novembre. Ce qui n'empêche pas les garçons de se ficher de lui et d'assurer que Celestina sera bientôt la *gherla* la plus mignonne de Mulberry Street.

« Tant pis pour vous si vous vous desséchez et devenez aveugles, crie Vita avec rage. Je vaux certainement mieux qu'une esclave circassienne ! »

Elle soulève fièrement son tablier, mais sa culotte bordée de dentelles lui descend jusqu'aux genoux. Sur ces entrefaites, Lena rentre dans la cuisine. Elle porte un turban sur la tête, car pour une fois elle s'est lavé les cheveux.

« Qu'est-ce que vous fabriquez, bande de malappris ? » s'exclame-t-elle.

Elle rajuste le tablier de Vita en la traitant de dévergondée, saisit la tapette à tapis et l'abat sur le derrière de Coca-Cola, lequel en oublie ses dents cariées et éclate de rire sans se cacher la bouche. Rocco attrape Lena, l'immobilise par les bras et fait voler son turban. Les cheveux de la jeune femme retombent sur ses yeux. Geremia lui arrache la tapette. Ils s'empoignent comme s'ils voulaient se battre, mais personne ne se fait mal. Vita ne comprend rien à cette scène. Diamante aimerait se jeter dans la mêlée, mais il est encore un nouveau venu et juge contraire à sa dignité de lutter avec la femme du maître de céans, d'autant qu'elle est enceinte, même si cela ne se voit pas. Diamante est très bien élevé. Les garçons, eux, n'ont aucune éducation.

Le lendemain matin, Vita est réveillée par la voix de Caruso. Comment a-t-il fait pour trouver l'adresse de Prince Street ? C'est une énigme. Enrico Caruso est un gars de Naples, mais il vit à la Scala, ou en tout cas au théâtre. En ce moment, il se couvre de gloire à Buenos Aires et Montevideo, deux villes voisines, et à Rio de Janeiro – personne ne sait où se trouve cette dernière. Enrico Caruso est accablé car *les étoiles brillaient et un pas effleurait le sable.* Son rêve d'amour est fini, l'heure a fui. Il meurt désespéré. Mais, mystère glorieux, le voilà qui ressuscite en pleine forme et se remet à chanter. *Les étoiles brillaient, un pas effleurait le sable*, et ainsi de suite. A moitié endormie, Vita se traîne dans le couloir. Quel honneur pour Agnello, qu'Enrico Caruso en personne ait daigné lui rendre visite. Lui qui était un pauvre diable comme nous – son père était mécanicien, tous ses enfants sont morts de faim, comme ceux d'Antonio –, il est devenu célèbre alors qu'Agnello a cessé de jouer de l'harmonica sous prétexte que la musique ne nourrit pas son homme. La voix de Caruso est jeune et virile, veloutée et passionnée. Vita se prend à espérer que son vrai père n'est pas le vieux prince Carafa mais le jeune chanteur – oui, c'est certainement la vérité. De fait, Enrico Caruso a commencé à chanter au théâtre Cimarosa de Caserte, où il n'aurait certes pas mis les pieds s'il avait été déjà célèbre car tout le monde fuit ce trou perdu. Dionisia est allée l'entendre avec le père de Geremia, qui est le cordonnier de Tufo mais serait devenu ténor, lui aussi, s'il avait eu la chance de naître à Naples et d'étudier au conservatoire. Enrico Caruso avait fait un pacte avec le diable. On ne sait pas très bien pour quel salaire il lui avait vendu son âme, mais le fait est qu'en voyant entrer le diable, les paysans ont bondi sur la scène et l'ont chassé à coups de pied, si bien que Caruso n'a pas pu chanter. Il est possible en revanche qu'il ait fait l'amour avec Dionisia, l'écrivain public – neuf mois plus tard, Vita venait au monde. Et il est maintenant venu chercher sa fille à Prince Street. *L'heure a fui, je meurs désespéré.* Elle s'immobilise au milieu du couloir, émue. Pour se préparer à sa rencontre avec l'homme fascinant qui est son père, elle esquisse le geste de se peigner en enroulant des boucles sur sa nuque, se mord les lèvres pour les rougir et essuie ses joues sales avec de la salive. Elle entre, le sourire déjà prêt. Les garçons sont assis autour de la table et boivent le café. Enrico Caruso est invisible.

Une sorte de trompe bizarre trône sur la table. Geremia fait tourner un crochet. Vita sursaute en entendant soudain Caruso lui crier dans l'oreille, et tous rient en voyant sa stupeur. Pris de pitié, Diamante l'informe que le chanteur se cache dans cette trompe qui est en fait un pavillon. Plus exactement, il se trouve sur un plat noir où est dessiné un ange en train de graver un disque avec la plume de son aile. Le pavillon surmonte une boîte en bois, et le tout s'appelle un phonographe. Grâce à cet engin, il y aura à l'avenir de la musique toute la journée dans cette maison. Lena effleure du doigt les disques, contemple avec admiration le pavillon, le fait briller en soufflant dessus et regarde son reflet dans le métal, toute contente.

« Où l'avez-vous trouvé ? demande-t-elle à Rocco. Ça doit coûter une fortune. »

Rocco lui déclare en riant qu'il ne leur a pas coûté un centime, et pour cause : ils l'ont volé cette nuit dans le magasin de Raffaele Maggio, sur Bleecker Street. Ils sont passés par la lucarne de l'arrière-boutique en faisant descendre Coca-Cola, le plus fluet de la bande. Ils ont emporté le phonographe, un discours du roi d'Angleterre pris au piège d'un disque noir, et aussi *Une larme furtive, Ah, quelle douce vision... aussi blanche que la neige, Peu m'importe laquelle, Comme la plume au vent la femme est volage, Et les étoiles brillaient, Ah ! viens ici... non, ne ferme pas tes jolis yeux.* Sans oublier tous les disques de la Gramophone G & T et de la Zonophone. Dommage que Caruso n'ait passé qu'un après-midi à graver des disques, sans quoi ils auraient pris aussi toute la dernière saison de la Scala.

« Voler est un péché », observe Lena.

Tel est le septième commandement gravé sur les tables de Moïse. Mais Rocco soutient qu'on ne commet aucun péché en volant quelqu'un qui vous a volé. Pour sa part, Vita ne voit pas comment Rocco aurait pu être volé par le propriétaire du magasin d'instruments de musique, un monsieur distingué qui est le seul client d'Agnello à payer comptant. Rocco explique qu'on ne s'enrichit qu'aux dépens des autres. Il ne s'agit pas nécessairement d'argent. On peut voler tant de choses : le temps d'un homme, sa santé, sa jeunesse, ses sentiments, sa dignité, son âme. Ce qui prouve que la propriété est toujours un vol et que les bandits se servent du travail comme d'une pince-monseigneur pour dévaliser la vie d'autrui. Ces discours ne plaisent pas à Geremia, qui a pourtant insisté pour prendre le disque de Caruso – il est le seul parmi eux à s'y connaître en musique, et il jure qu'étant donné que le ténor est napolitain et a chanté dans l'infâme théâtre de Caserte il ne doit pas être vraiment bon mais a dû devenir célèbre à la faveur de quelque embrouille... Geremia lance à Rocco qu'il est en bonne voie pour devenir un voyou. Rocco hausse les épaules et déclare que s'il maintient ses propos leur amitié est finie. Ils se lèvent d'un bond en faisant tomber leurs chaises. Ils tiennent chacun un couteau, qu'ils avaient caché Dieu sait où, et se défient du regard. Le silence s'est installé, même Enrico Caruso est définitivement mort désespéré et se tait. Les deux garçons se font face et se provoquent avec leurs armes, comme s'ils étaient sur le point de se jeter l'un sur l'autre. Au lieu de quoi, ils s'étreignent, s'embrassent et se serrent la main.

Rocco n'est pas un voyou, ce n'est pas vrai. Seulement, quand il avait onze ans, il a été surpris au marché aux poissons en train de voler des barils de merlu. On l'a envoyé à la Children's Court, là où sont jugés les *bad boys*. Rocco a fini au collège, où il a appris à couper le bois et à se servir du rabot. Cependant il n'avait pas envie de devenir menuisier. Quand il est sorti, Agnello l'a emmené avec lui travailler aux chemins de fer, car il ne voulait pas qu'il tourne mal. C'est ainsi que Rocco a appris à manier la hache. Quand il en a eu assez des trains – il était grand comme un arbre, désormais –, il est allé au port décharger les bâtiments. C'est là qu'il a appris l'usage des crochets d'acier. Ensuite il a travaillé dans les abattoirs. Il donnait le coup de grâce aux bœufs et les renversait sur les sangles automatiques. C'est alors qu'il a appris le maniement des couteaux. Maintenant, il porte un couteau à sa ceinture. Une lame de vingt-cinq centimètres montée sur un manche en bois sculpté. Il dit qu'il s'en sert pour se faire la barbe, mais il n'a pas encore de barbe. Ses joues sont aussi lisses que celles de Diamante.

Geremia range son couteau, tourne de nouveau la manivelle et Enrico Caruso recommence à souffrir. Peut-être sera-t-il moins malheureux quand il aura trouvé sa fille. Quant à Rocco, il laisse son arme bien en évidence sur la table, histoire de montrer qui a eu raison dans cette dispute. Vita passe le doigt sur la lame, qui est si affilée que son doigt se met à saigner. Rocco déclare que c'est bien fait pour elle, car les petites filles ne doivent pas jouer avec les couteaux. Vita fourre son doigt dans sa bouche et fixe la lame avec une telle colère qu'elle en attrape mal à la tête. Elle lui souhaite silencieusement d'aller au diable. Elle est d'autant plus furieuse que Caruso n'est nullement à New York, qu'il ignore l'adresse de sa fille perdue et qu'il ne pourra jamais arriver à Prince Street.

« Les garçons, je vous préviens que je veux pas voir vos couteaux ici », lance Lena.

Rocco attrape son arme pour la remettre dans sa ceinture, mais la lame se détache du manche et tombe sur la toile cirée. Elle paraît molle et visqueuse comme un poisson mort. Épouvantée, Vita tremble à l'idée que Rocco ne se mette en colère. Mais il n'a rien compris : il s'imagine simplement que son couteau était vieux et assure qu'il en prendra un autre.

« T'en fais pas, déclare-t-il à Lena. De toute façon, bientôt je me promènerai plus avec un couteau. J'aurai un pistolet. »

Ils éclatent tous de rire. Mais Rocco parle sérieusement. Il pointe l'index sur la tempe de Lena et replie son pouce comme si c'était une gâchette.

« J'aurai vraiment un pistolet. Il y a rien au monde de plus beau, de plus parfait, de plus meurtrier. Avec une arme pareille, on craint plus personne. »

Vita est surprise, car elle pensait qu'un géant comme Rocco n'avait peur de rien. Et en fait...

*J'ai peur de vieillir.*
*J'ai peur de devenir flasque, résigné, lâche et obéissant.*
*J'ai peur de finir sous les coups de couteau d'un gars comme moi.*

Depuis qu'il n'a plus de travail, Rocco s'est mis à écrire. Après le dîner, il s'assied sur son lit avec une pile de feuilles sur les genoux. Le crayon à la bouche, il réfléchit. Il écrit, n'est pas convaincu, efface, froisse la feuille, recommence... Il a fréquenté les écoles de ce pays et sait lire et écrire en américain, mais maintenant il veut écrire en italien. Le problème, c'est qu'il s'embrouille, ne se rappelle plus le nom des choses. Un soir, il attrape par les bretelles Diamante qui s'apprête à sortir afin de vendre les journaux à minuit à la sortie des usines.

« Celestina ! Comment on écrit : breuler ?

— Quoi donc ?

— *Burn,* breuler.

— Brûler, répond Diamante. On dit : brûler. B, r, u accent circonflexe, l, e, r.

— Un seul l ? » s'étonne Rocco.

D'après lui, Celestina doit se tromper.

« Tu peux avoir confiance ! hurle Vita. Diamante est le premier de la classe. Même que le maître voulait l'envoyer au séminaire se faire prêtre.

— Tu parles ! proteste Diamante. J'aimerais encore mieux être mort que porter une robe comme un curé.

— T'étais le premier de la classe, oui ou non ? s'informe Rocco en tirant sur l'élastique des bretelles.

— Oui, répond fièrement Diamante. Premier sur cinquante. J'ai reçu la médaille. Mais à huit ans, j'ai arrêté. Je suis l'aîné, il faut que je pense à mes frères. »

Rocco n'a pas de frères – en tout cas, il ne travaillerait jamais pour assurer leur subsistance. Chacun pour soi : voilà ce qu'il a appris en Amérique. Au collège, on lui a expliqué que les Italiens sont crucifiés à la famille comme le Christ au bois de la croix et que c'est ce qui les empêche de progresser. Lui, il veut progresser, de sorte qu'il n'a pas de famille. Il observe le visage de Diamante avec attention. Ce gamin est étrange. Par moments, il paraît aussi sage qu'un adulte, et d'autres fois aussi rusé qu'un lutin. Une détermination féroce brille dans le regard d'enfant de ses yeux bleus. Rocco la connaît, cette lueur. Il la voit dans son miroir chaque fois qu'il s'asperge d'eau le visage. Diamante lui plaît, mais il s'en défie. Depuis qu'ils sont arrivés, Vita et lui, tout va de travers dans cette maison. Ils ont dû être envoyés l'un par le démon, l'autre par l'ange. Quelque chose lui dit que l'envoyé du démon n'est sans doute pas Diamante.

« T'es capable d'écrire une lettre en beaux caractères ? se décide-t-il à demander.

— Bien sûr », répond Diamante, flatté de l'attention du garçon.

Vita hurle que l'écriture de Diamante est tellement impeccable que le dimanche, à Tufo, il aidait Dionisia à écrire les lettres, assis à ses pieds sur les marches de l'église San Leonardo. Il gagnait ainsi quelques sous, qu'il ne dépensait jamais mais allait porter en courant à son père.

Ils vont s'asseoir dans l'escalier obscur, côte à côte sur une marche – Rocco gigantesque, un poignard tatoué sur l'épaule et des anneaux aux oreilles comme un pirate, Diamante si petit qu'on dirait un écolier de cours élémentaire. Vita s'accroupit derrière eux. Le texte de la lettre, écrite sur une feuille quadrillée arrachée au cahier de comptes d'Agnello, est le suivant :

*Si tu ne donnes pas cinq cents dollars à l'Homme au foulard rouge que tu rencontreras au croisement de la Quatorzième et de la Troisième Avenue lundi prochain à onze heures du soir ton magasin brûlera.*

*Tu crois que je plaisante, mais je suis sérieux. Tu as trois jours, ensuite tout sera terminé pour toi.*

*Desperado.*

Diamante écrit en inclinant la tête sur la feuille. Il fronce les sourcils en signe de perplexité et son regard se fait inquisiteur. Il a l'impression d'une blague de mauvais goût, d'une bravade imbécile. *Tu crois que je plaisante, mais je suis sérieux.* S'il ne s'agit pas d'une plaisanterie, cependant, c'est un délit, un crime... Sa main se fige, comme s'il avait une crampe.

« Qui est l'Homme au foulard rouge ? demande-t-il d'une voix presque inaudible. Qui est Desperado ? »

Rocco rit en glissant la feuille dans sa chemise.

« Un couillon. Ou un grand criminel. Lundi, je pourrai te le dire. »

Diamante bredouille qu'il est en retard, qu'il va perdre sa place. Rocco le retient par l'élastique des bretelles qu'il lui a prêtées.

« Lâche-moi, proteste Diamante. Lâche-moi. »

Le sourire de Rocco lui fait peur.

Le lendemain, Vita prend Rocco à part.

« Tu fais partie de la Main noire ? » lance-t-elle.

Il fait semblant de n'avoir pas entendu. Agenouillé au milieu des cages des poules, il trempe un doigt dans la bouteille de lait puis essaie de l'introduire dans la gueule crispée d'un chat noir, une bête errante qu'il a ramassée la nuit même sur Canal Street. Quelqu'un l'avait fourré dans une bonbonne pour essayer de le brûler vif. On croirait qu'il a été écorché : il perd tous ses poils, seule la fourrure de sa queue est intacte. Tant mieux, car les chats noirs portent malheur. Vita s'accroupit à son tour. Rocco est parvenu à introduire son doigt dans la gueule du chat, qui le tète avec délice. Elle le secoue.

« Rocco, tu fais partie de la Main noire ?

— T'es vraiment qu'une enfant, sourit Rocco en glissant sous le col de sa chemise le foulard rouge qu'il porte toujours autour de son cou. La Main noire existe pas... »

Le jour où Diamante s'est évanoui tant il avait faim, Geremia l'a envoyé chercher du travail comme *niusi,* c'est-à-dire crieur de journaux. Puisque Cichitto y arrive, alors qu'il n'a même pas cinq ans, Diamante devrait en être capable. Lors de l'entretien d'embauche, il a été jugé doué des qualités requises : l'agilité, l'aplomb, l'intelligence. Même sa nationalité ne lui a pas nui. Le gamin italien réunit en lui la vivacité de l'Irlandais et la ténacité du Juif, quand il s'agit de gagner de l'argent. On l'a engagé dans la bande de Cichitto, un petit laideron maladif et crasseux, aux pieds couverts de plaies et aux yeux implorants de bâtard. Ils sont six – le plus âgé n'a pas treize ans. Dès cinq heures du matin, ils prennent position sur Broadway, leur paquet de journaux sous le bras. A minuit, ils écoulent leur marchandise à la sortie des usines. Ils sont chargés de vendre l'« Araldo italiano », un journal communautaire dont le siège social est au 243 Canal Street. Leur tâche est ingrate. Il faut marcher énormément et crier à en perdre la voix, le tout pour des gains modestes. Même en se levant à l'aube et en rentrant en pleine nuit, Diamante ne récolte pas plus de cinq dollars par semaine. Il a beau importuner les passants, les secouer, les poursuivre, les supplier, les exaspérer et presque les menacer, rien n'y fait. Autant essayer de refiler à quelqu'un un chien crevé.

Le fait est que la plupart des passants ne savent pas lire. Le secteur où la bande est autorisée à vendre se limite à Broadway, à la hauteur de Canal Street. Comme Diamante a vainement tenté de l'expliquer au marchand de journaux, un Lombard coquet qui se plaint de leur fainéantise méridionale, là-bas il n'y a que des rustauds analphabètes. Comment liraient-ils l'« Araldo » alors qu'ils ne lisent rien du tout ? On pourrait aussi bien essayer de vendre un tableau à un aveugle. Il faut aller au-delà de Houston pour trouver des gens un peu instruits. Mais ceux-là, ils ne lisent pas l'italien. Et ils ont déjà leur journal : le « New York Times », le « Globe », le « Call », le « Post », le « Journal », la « Tribune », le « Herald » ou le « New York World », qui leur offre même des bandes dessinées. Les Américains n'ont certes aucun besoin d'une feuille de chou d'à peine huit pages, qui ne parle que des affaires des Italiens et, quant à l'actualité américaine, ne leur apprend rien de plus que leurs journaux, avec simplement une présentation moins séduisante. D'ailleurs, on ne peut pas dire que les gamins italiens soient accueillis avec des cris de joie, au-delà de Houston. Les portes s'ornent d'avertissements : NO DOGS NIGGERS ITALIANS NEED APPLY. Les vitrines des cafés préviennent : NO DOGS NIGGERS ITALIANS. Diamante et ses compagnons sont accablés d'insultes et de moqueries. Il comprend maintenant ce que signifie ce mot qui ressemble à « gouape ». Il s'agit en fait du mot *wop,* qui veut dire Italien. Et c'est là une insulte, même si on les a bernés à l'école de Tufo en leur racontant que l'Italie était le berceau de la civilisation, qu'elle avait donné au monde Marco Polo, Christophe Colomb, Michel-Ange, Giuseppe Verdi et Giuseppe Garibaldi. L'autre insulte en usage est *dago,* et ce mot aussi signifie Italien. Traiter quelqu'un de *dago* revient à dire qu'il vaut moins qu'un cheval qui a la diarrhée. Quand on est ainsi interpellé, on sent bouillir son sang – mais si l'on n'a pas de couteau, comme Diamante, on n'a plus qu'à digérer l'offense. Si l'on persiste à se promener devant leurs vitrines, les blonds entonnent une petite chanson qui sonne à peu près comme *ghini ghini gon.* Or le mot *gon,* ou plutôt *goon,* signifie le gorille – lequel est le plus stupide de tous les animaux. En s'entendant traiter de *gon,* on sent sa tête se troubler, comme si l'on était vraiment un gorille qui prétendrait entrer dans une église. Vient ensuite le mot le plus difficile : « grinoni », c'est-à-dire *greenhorn.* Il a fallu plusieurs semaines de trottoir à Diamante pour l'identifier. Il veut dire : « Espèce de blanc-bec, tu n'es pas capable de dire un mot en américain. » En somme, c'est un équivalent d'imbécile, balourd, rustaud, débile... Une fois qu'il a essuyé cette insulte – qu'il a dû digérer en silence puisqu'il n'a pas de couteau –, Diamante a cessé de mépriser les débiles qui ne savent pas lire l'« Araldo ». Car même un premier de la classe, comme lui, est redevenu un analphabète dans ce pays. Lui non plus ne sait pas lire le « New York Times ». C'est la punition de son orgueil. Il avait été si fier, parmi tous les adultes embarqués sur le *Republic,* d'être le seul capable d'écrire en beaux caractères son nom sur le formulaire d'entrée en Amérique. Mais l'orgueil est le pire des péchés. Voilà pourquoi il se retrouve maintenant à envier les blonds qui pénètrent dans le métro aérien avec sous le bras leur journal qu'ils lisent en attendant le train. Ils savent que lui n'en sera jamais capable et en le regardant, sans chaussures, avec ses bretelles trop grandes et ses boucles noires, ils pensent « greenhorn » – et ils ont raison. Il les envie et voudrait être comme eux. Mais l'envie aussi fait partie des péchés capitaux.

Ils rentrent à leur base avec les numéros invendus de l'« Araldo ». Le Lombard vitupère l'ignorance des Italiens qui ne lisent même pas la Bible. Après quoi, plutôt que de jeter les journaux aux ordures, il les revend moitié prix à Diamante, qui continue à errer dans la nuit jusqu'à ce qu'il les ait écoulés. Cichitto, qui n'a pas de parents et vit dans la rue depuis sa naissance, lui a enseigné un truc : dissimuler les numéros dans une bouche d'égout, en garder un seul et presser les passants de lui acheter *ce dernier numéro, s'il vous plaît.* Ce système marche le plus souvent, surtout si le passant est en compagnie d'une femme. Les femmes ont bon cœur, elles sont capables d'avoir pitié, ne serait-ce qu'un instant, même d'un inconnu crasseux. Dans une ville de femmes, personne ne serait vraiment pauvre. En revanche, Diamante garde pour lui le dernier journal invendu.

Juché sur le toit de l'immeuble de Prince Street, la nuit, il lit l'« Araldo » tandis que Vita le presse de questions sur sa journée, certes plus riche en événements que celle d'une petite fille. Il dévore ces pages remplies d'échos déconcertants sur la réalité où il vit. Il n'a pas encore découvert où demeurent les gens aisés à Woptown, ou Dagoland – cette ville dans la ville, comprise entre Houston et Worth Street, Broadway et Bowery, où s'entassent deux cent cinquante mille culs-terreux ou, si l'on préfère, Italiens du Sud. Ces privilégiés peuvent dîner aux Giardini di Torino, sur Broome Street, s'acheter chez Ahrens & Co le marsala fraîchement arrivé de Palerme, aller au Teatro Garibaldi ou à l'Opéra, se faire tirer l'horoscope par Ida Alfieri, sur Navy Street, se payer une partie de campagne à Tompkins Park, se permettre le luxe exorbitant du phonographe et des disques de Caruso. Pour les découvrir, Diamante doit oublier le proverbe des gens de son village qui affirme que ce qu'on ne connaît pas n'existe pas. En réalité, il faut simplement apprendre à le chercher.

En tout cas, il sait où se trouvent les cadavres dont regorgent les pages de faits divers. Les garçons l'ont emmené les voir, car c'est un spectacle horrible et effrayant mais qui ne coûte rien. Ils refont surface dans les eaux de l'Hudson ou de l'Harlem lorsque, sous l'effet de la décomposition, les pieds lestés par les assassins se détachent du corps. Ils flottent sur les étangs de Jamaica Bay, où Rocco et Coca-Cola vont pêcher, et sur les canaux où Geremia creuse la galerie du nouvel égout. Ils se présentent aussi sous la forme d'un paquet embrasé dans un magasin dévoré par les flammes. La nuit, le quartier est rempli de lueurs qui sont autant d'incendies, comme s'il existait mille Hommes au foulard rouge prêts à mettre le monde à feu et à sang. L'air sent le bois et la cendre. Les pompiers arrivent avec leurs voitures et leurs pompes, leurs sirènes et leurs échelles, mais toujours trop tard. Aux yeux de Diamante, il n'y a qu'une explication possible : la Main noire. Une organisation sophistiquée, aux innombrables ramifications. Aussi diabolique que géniale, elle terrorise et tyrannise Dagoland. De fait, Agnello ne l'a pas dénoncée. L'« Araldo » s'en moque, au contraire. Il ridiculise ses membres qui, loin d'être géniaux et sophistiqués, ne connaissent même pas l'orthographe. Il fait l'éloge des médecins et des commerçants qui courent les dénoncer à la police. Diamante n'a pas encore compris où se trouvait la vérité, mais il remarque qu'aucune arrestation n'est jamais signalée.

Du reste, l'« Araldo » ne se vend que les jours de crime. Par chance, ils abondent en Amérique. Rien qu'à New York, on en dénombre au moins un par jour. Chaque jour, dans des villes aux noms jusqu'alors inconnus – comme Santa Fe, Wilmington, Scottsborough, Evansville –, un nègre est fouetté avec du fil de fer barbelé, suspendu à un arbre et lynché par le peuple en liesse. Chaque jour, dans le lointain Wyoming, les bandits attaquent et tuent quelques voyageurs imprudents. Chaque jour, des milliers de Juifs sont exterminés en Pologne et en Bessarabie. Mais sans aller aussi loin, on trouve dans cette ville même à profusion des femmes étranglées, des filles violées à mort par une bande qui les enlève le soir, après leur travail, pendant qu'elles attendent l'omnibus, des gamines de onze ans poignardant un pensionnaire coupable de les avoir déflorées, des hommes à peine débarqués qu'on massacre dans le port pour leur voler les dix dollars nécessaires pour entrer en Amérique, d'autres encore qui s'apprêtent à rentrer dans leur patrie et qu'on tue pour leur dérober leurs économies. Des ivrognes assassinés pour une montre, des promeneurs achevés à coups de couteau ou de pistolet en pleine rue ou dans Mulberry Park, le dimanche soir, au milieu des familles venues prendre le frais. La MAIN NOIRE qui avait fait si peur à Diamante, au début de son séjour américain, ne signifiait plus pour lui qu'une bonne recette et la perspective d'un samedi après-midi avec Vita au théâtre de marionnettes.

Avec le temps, à force de se glisser dans les salons des coiffeurs, dans les lupanars et dans les caves où les caïds parient sur les courses de chevaux, de sauter et de descendre sans tomber des wagons en marche, Celestina a acquis une insolence sans faille. Il court sur les quais du métro aérien avec son paquet de journaux sous le bras, sans que gardiens de l'ordre ou contrôleurs aient la moindre chance de l'attraper. Plus insupportable qu'un moustique, il harcèle les clients. Il a appris à assaillir les employés sortant de leurs bureaux et à jouir de leur haine impuissante de petits bourgeois épouvantés par son insistance effrénée. Il défie les clochards en leur disputant un trajet sur les trains de marchandises rentrant au dépôt. Il accueille les *murphy* à coups de pierres, en visant toujours la tête, là où ça fait le plus mal. Béret de coton sur la tête, bretelles desserrées, sourire coquin, il apparaît dans les tavernes et autres gargotes en hurlant LES CRIMES AMÉRICAINS DANS TOUTE LEUR HORREUR, LA CHAISE ÉLECTRIQUE POUR L'ASSASSIN, LES SECRETS DU BOURREAU, LE DERNIER FORFAIT EFFROYABLE DE LA MAIN NOIRE... Il a appris à exagérer, à grossir la nouvelle pour la vendre, sans quoi personne n'en voudrait. Une femme morte est inévitablement ÉGORGÉE et OUTRAGÉE. Le moindre déraillement est une CATASTROPHE FERROVIAIRE. Un simple rhume, et LA REINE D'ITALIE SE MEURT ! Il crie les mots HOMICIDE, CADAVRE, MUTILATIONS à pleine voix. Ce sont les paroles magiques pour le chaland : « Viens ici, gamin, donne-moi un numéro. » Et comme beaucoup ne savent pas lire, il lui arrive en rentrant chez lui de s'arrêter dans une taverne pour déclamer les nouvelles à des groupes d'ouvriers fatigués et avides de distraction. Même Agnello se fait lire les derniers crimes. Plus ils sont atroces, plus il y prend plaisir. Peut-être se réjouit-il que ce ne soit pas son cadavre qu'on a retrouvé dans un bidon d'essence, les couilles enfoncées dans la bouche, au fond du chantier du métro. Il ne paie pas Diamante pour sa lecture, cependant, alors que les ouvriers lui offrent une bière en échange – ou plutôt ce que le gargotier appelle une bière. Diamante n'arrive pas à avaler ce liquide jaunâtre aux relents d'urine. Cichitto le supplie de lui céder sa chope. Il ne le quitte pas d'une semelle, car Diamante est le seul des crieurs de journaux qui ne s'amuse pas à le faire mordre par des molosses aux heures creuses de la journée, lorsqu'il n'y a pas de travail et que l'unique moyen de tuer le temps est d'exciter les chiens errants à lui donner la rage. Il clopine derrière lui et le suit dans les tavernes et parfois même jusque chez lui. « Passe-moi ta bière, dis, passe-la-moi ! » Diamante refuse, car Cichitto est trop petit. Mais les ouvriers lui laissent les dernières gouttes. Ils parient même quelques sous qu'il ne réussira pas à boire au robinet du tonneau et à le vider. Quand Cichitto s'effondre par terre, ivre mort, ils se tordent de rire. Diamante, lui, en a mal au cœur et n'éprouve aucune envie de rire.

Lorsque l'été s'embrase, marcher dans les rues calcinées par le soleil devient un vrai calvaire. Il fait si chaud que les gens tombent comme des mouches – on dénombre jusqu'à vingt et un morts en un seul jour. C'est alors que surgissent les vendeurs rivaux du journal italien le plus important de la ville, le « Progresso italo-americano ». L'équipe de l'« Araldo » le déteste car il est réactionnaire, lèche les bottes des puissants et a pris le parti des patrons lors de la grève des terrassiers du métro. Il ne parle jamais de la Main noire, sous prétexte qu'admettre son existence nuirait à la bonne réputation de la colonie italienne. D'après ses journalistes, la Main noire est une invention des Américains et une trouvaille publicitaire servant de réclame aux banquiers, aux artistes et à tous ceux qui veulent faire croire qu'ils ont réussi. Cependant, les deux bandes de vendeurs prospectent la même zone aux mêmes heures et essaient de débiter le même genre de nouvelles au même public récalcitrant. Le premier jour, les insultes et les menaces pleuvent. Le deuxième, ce sont des tessons de verre. Le troisième, des barres de fer.

Le 20 juillet, Diamante découvre le frère aîné de Rusty, un de ses rivaux, qui l'attend sur le toit. Il s'appelle Nello et c'est un gars râblé, aussi luisant qu'une olive.

« Va déverser tes ordures ailleurs, lance-t-il d'un ton menaçant.

— L'« Araldo » n'est pas une ordure », s'écrie Diamante.

Bien qu'il n'ait jamais franchi le seuil des bureaux du journal, il se sent tenu de le défendre. Il le lit avec plaisir, d'autant qu'il est écrit simplement et aide à comprendre les événements. Chaque fois qu'il passe devant le 243 Canal Street, il est envahi par un sentiment de respect et de gratitude. Les journalistes de l'« Araldo » disent qu'ils écrivent pour les ouvriers – Diamante n'aurait jamais cru que ce fût possible.

« Je t'aurai averti, insiste Nello en faisant briller sous ses yeux la pointe d'un tournevis.

— T'as qu'à aller ailleurs toi-même », riposte Diamante.

Il n'a aucune envie de défier Nello. Seulement, il ne veut pas perdre son travail. Les nouvelles en tous genres du monde et de sa nouvelle cité, la langue italienne, les mots innombrables qu'il découvre, les idées qu'il avait toujours ignorées, les dollars qu'il envoie à son père et les samedis passés avec Vita : ce sont les premières satisfactions qu'il ait jamais réussi à arracher à l'Amérique. Il ne les sacrifiera pas à la menace d'un tournevis.

« J'ai pas peur », lance-t-il en fronçant les sourcils comme un dur.

En réalité, il ne peut tout simplement pas se permettre d'avoir peur.

Sur le toit, tous les habitants de l'immeuble ont assisté à la scène. Ce sont des méridionaux – la plupart viennent de Sicile, d'autres du Basilicate ou de Campanie –, de sorte qu'ils ont parfaitement compris ce qui se passe. De fait, personne ne réagit lorsque Nello dessine avec son tournevis une croix sur le front de Diamante. Les hommes, regroupés du côté donnant sur la rue, jouent aux cartes comme si de rien n'était. Les enfants continuent de courir, de tomber et de baver – ils sont si nombreux que les adultes appellent de leurs vœux une épidémie de choléra qui en éliminerait au moins une partie. Du côté de la cour, d'où s'élève une puanteur épouvantable, les femmes sont toujours occupées à éplucher les légumes tout en se disputant. Elles s'accusent mutuellement des méfaits les plus futiles, notamment d'empuantir l'immeuble. Ce ne sont que des prétextes pour exhaler leur malaise dans la chaleur étouffante, car en fait tout le monde manque d'eau.

Lena est la seule qui paraisse s'apercevoir de la situation critique où se trouve Diamante. Elle l'invite à s'asseoir près d'elle. Personne ne se querelle avec Lena, car personne ne lui parle. Elle se tient avec Vita dans le coin le plus crasseux du toit, où n'arrive jamais la moindre brise. Assises l'une en face de l'autre, elles sont en sueur et ont relevé leurs robes. Les jambes de Lena sont longues, maigres et blanches. Celles de Vita sont bien faites et bronzées. Lena est une femme, et même une femme désirable. Vita n'est qu'une petite fille. Depuis qu'ils savent que Lena est une concubine, une esclave, les hommes la regardent avec convoitise. Quant à Vita, seul Diamante la regarde. Il se demande à quoi elle ressemblera quand elle sera grande, et s'il sera encore en Amérique pour le voir. Car Antonio l'a envoyé ici pour grandir, connaître le monde, gagner de l'argent, devenir fort, mais certes pas pour rester. Ce n'est qu'une question de temps. Certains mettent trois ans pour faire fortune, d'autres dix... Vita ne s'est aperçue de rien. Elle épie les filles du boulanger qui jouent à la marelle, jettent la craie dans les cases et sautent jusqu'au moment où elles s'écroulent, vaincues par la fatigue, la chaleur et l'ennui. Elles ne l'invitent jamais à se joindre à leurs jeux. En voyant l'amère déception qui se lit sur le visage de Vita, Diamante se dit qu'il faudra encore bien des années avant qu'elle dédaigne ces amusements – et ce jour-là, lui ne sera plus ici.

Son front blessé par le tournevis est brûlant, mais Diamante ne va pas s'asseoir du côté des femmes. Les garçons parlent de souris et de chattes en jouant aux dés. Les chattes sont velues et les dés pipés. Diamante ne joue pas, car il tient à son argent.

« Sois prudent, l'avertit Cichitto qui vit on ne sait où mais parvient toujours à se glisser sur le toit. La prochaine fois, Nello te fera la peau.

— Et toi, pourquoi il te fait rien ? » demande Diamante, pris de soupçon.

Cichitto considère tristement la morve sur son doigt puis se décide à répondre :

« Parce que je lui donne la moitié de mes gains. »

Conciliant, Coca-Cola propose :

« F-fais comme le petit.

— Pas question. Ce que je gagne est à moi. »

Rocco l'approuve d'un air satisfait : Celestina promet, il n'est pas du genre à courber l'échine.

« Alors c'est à toi de défendre ta place en réglant son compte à Nello, intervient-il.

— Je réglerai son compte à personne », s'irrite-t-il.

Geremia soupire et conclut :

« Dans ce cas, tu verras qu'ils t'empêcheront de vendre tes journaux. Tu vas devoir te trouver un autre travail. »

Sa prophétie se réalise point par point. Au long des journées les plus pluvieuses de septembre, quand le ciel devient noir comme suie tandis que les eaux usées se mêlant à la pluie transforment les cours en piscines, Diamante en est réduit à arpenter les rues boueuses sans son paquet de journaux sous le bras.

Cependant, cela n'arrivera qu'après l'enterrement du bébé. Pour quelque temps encore, Diamante passe la nuit sur le toit à lire le journal. Quand tous sont endormis, Rocco vient s'asseoir près de lui. Il lui confisque l'« Araldo » et fourre dans ses mains le bloc de papier quadrillé et le stylo. Un authentique stylographe, avec une plume en argent – Dieu sait où il l'a volé. Rocco grille cigarette sur cigarette tandis que Diamante, harassé et ensommeillé, fait sa dictée.

Dictée numéro un

*Je vous prie de nous faire parvenir l'argent nécessaire. Je regrette de vous importuner, mais moi aussi j'ai le droit de vivre.*

*Ne me contraignez pas à me salir les mains. Si vous m'y forcez, je boirai votre sang et celui de vos enfants.*

*Desperado*

Dictée numéro deux

*Notre patience est à bout. Ceci est notre dernier avertissement. Apportez l'argent à l'Homme au foulard rouge que vous croiserez sur le pont de Brooklyn demain matin, sinon votre maison brûlera. La bourse ou la vie.*

*Desperado*

Dictée numéro trois

*Apportez 1 500 dollars à l'Homme au foulard rouge. Si vous manquez au rendez-vous, votre magasin brûlera avec tout ce qui s'y trouve. Nous brûlerons tout.*

*Desperado*

Conjugaison du verbe brûler.

Tu brûles, il brûle, ils brûlent.

Le magasin brûlera. Nous brûlerons en enfer.

Rocco ne croit pas en Dieu mais il croit au diable.

Rocco dit que l'enfer, nous l'avons déjà traversé.

Nous ne brûlerons pas. Mais vous, vous brûlerez.

Les riches frapperont aux portes du Paradis, et ils les trouveront closes. Ils brûleront. Leurs dollars brûleront. Ils brûleront tous.

Dans ce cas, pourquoi veux-tu devenir riche ?

Parce que j'ai peur de devenir vieux.

Nous brûlerons tout. Vos villes, vos banques, vos rues, vos écoles, vos bureaux, vos voitures, vos bateaux, vos familles, vos tombes, vos noms.

Les flammes s'élèveront jusqu'au ciel et la fumée vous aveuglera. Vous fuirez et nous vous poursuivrons. Où que vous alliez, nous vous harcèlerons si bien qu'il ne vous restera plus aucun recours.

Tremblez, car nous prendrons votre place.

Je peux te poser une question ?

Si tu ne demandes rien, personne ne te demandera rien, Celestina.

Est-ce que quelqu'un t'a déjà apporté l'argent, Homme au foulard rouge ?

Non. Personne n'est jamais venu au rendez-vous de l'Homme au foulard rouge. Une fois, ils ont envoyé les policiers. Ils n'ont pas peur de Desperado.

Ils ont peur de la Main noire.

La Main noire n'existe pas.

Tu as déjà brûlé quelque chose pour de bon ? C'est toi qui allumes les incendies ?

Non. Même l'Homme au foulard rouge ne peut pas faire un feu tout seul.

Pourquoi ont-ils essayé de te donner un coup de couteau dans le dos ?

Parce que je porte un foulard rouge.

Que veulent-ils ?

Que Desperado meure.

Pourquoi ?

Parce qu'il fait venir la police dans le quartier.

Et Desperado meurt ?

Il est déjà mort, Diamante.

Qui l'a tué ?

La Main noire.

Mais puisque la Main noire n'existe pas...

Dictée numéro treize

*Cher monsieur,*

*Vous avez déclaré à la police que vous n'avez pas peur de nous, et vous avez bien fait car nous ne toucherons pas à un seul de vos cheveux. A condition, bien entendu, que vous apportiez ces dollars à l'endroit convenu. Dans le cas contraire, nous nous verrons forcés de tuer votre épouse. C'est vraiment dommage, car nous croyions que vous teniez à elle. Nous croyions que vous étiez un homme d'honneur et que la famille était pour vous ce qui comptait le plus au monde, après Dieu. La famille est très importante. Mais si l'argent, à vos yeux, est plus important, agissez en votre âme et conscience. Nous n'avons rien d'autre à vous dire.*

*La Main noire.*

## Le frère américain

Le frère américain naît déjà mort, ou meurt en naissant trop tôt. Le soir du 23 août, les pensionnaires étouffent sur le toit et les garçons sont dans la rue : Lena est restée seule dans l'appartement. Il y a longtemps que les commères l'abreuvaient d'insultes. Comme elle n'est pas du genre à se disputer avec une horde de sorcières en sueur, elle a renoncé à monter sur le toit. Elle passe son temps chez elle, à penser à ses montagnes en écoutant à plein volume la musique du phonographe, ce qui éveille une jalousie féroce chez ceux qui ne pourront jamais se permettre ce luxe, c'est-à-dire tous les voisins. Vita n'a pas mis à profit son absence pour se lier avec les filles du boulanger. Renonçant aux jeux puérils de ses pareilles, qui d'ailleurs ne l'ont pas invitée, elle s'en invente de plus excitants. Accroupie dans un coin isolé, entre les cages des lapins, elle frotte contre les semelles déchirées de ses bottines des allumettes volées dans la cuisine, qu'elle jette tout allumées dans un seau où elle a versé un peu d'alcool pur. Les flammes qui s'élèvent alors ne sont pas banalement jaunes, rouges ou orange mais d'un bleu ineffable, aussi intense et profond que celui du ciel juste avant le lever du soleil. Les rares fenêtres de l'immeuble sont toutes ouvertes sur la cour, d'où montent les relents de cuisine, les jurons des maris, les cris des enfants, la musique du phonographe et les voix suraiguës des femmes.

L'enfant de Lena est censé venir au monde dans plus de trois mois et n'est guère plus gros qu'une pelote de laine. Le boulanger est en train de corriger son fils, ce qui fait un beau vacarme. Dans la rue, une bagarre fait rage et les gamins du voisinage, agrippés comme des singes aux échelles anti-incendie, encouragent bruyamment les adversaires. Si bien que personne ne s'aperçoit de ce qui se passe dans l'appartement d'Agnello... Le colosse Rocco résiste héroïquement à l'attaque de quatre assaillants. Il distribue plus de gnons qu'il n'en reçoit et sa pugnacité impressionne grandement l'assistance. Il se défend à coups de poing et de pied, et lorsqu'il paraît sur le point de succomber il soulève une poutre énorme qu'il manie aussi aisément que s'il s'agissait d'un stylographe – les quatre agresseurs mis à mal ne demandent pas leur reste et s'enfuient à toutes jambes. L'événement sera commenté pendant des semaines, car il s'agissait d'hommes des Bongiorno Brothers. On n'avait jamais vu personne jeter une poutre à la tête des Brothers : dans un sens, cette rue leur appartenait, comme s'ils l'avaient achetée.

Il est minuit quand Rocco rentre pour asperger d'eau dans la cuvette son nez qui saigne abondamment. Il ne se rend pas compte tout de suite que quelque chose flotte sur l'eau. Au début, il s'imagine que son nez a dû tomber et il le tâte à plusieurs reprises avant de se convaincre qu'il est cabossé et douloureux mais toujours à sa place. Il allume la lampe à gaz et détourne aussitôt les yeux. Trop tard : il ne parviendra jamais à oublier l'innommable chose rouge qui nage dans l'eau trouble de la cuvette. Il vomit sur le sol, puis tire le rideau et entrevoit Lena recroquevillée sur le grand lit, à moitié nue, avec les mains, la bouche, les cheveux et tout le reste barbouillés de sang. Elle gémit faiblement – on dirait une sorte de miaulement. Rocco court prévenir Agnello, en tamponnant son nez avec ses doigts tandis que dans l'escalier les gamins du coin le poursuivent de leur admiration importune. De toute façon, pour le frère américain, c'est déjà trop tard.

Ensuite, une nuée de femmes se pressent autour de Lena et de son ventre prématurément déchiré. Ce sont les mêmes commères impitoyables qui ce matin encore crachaient sur son passage des pépins de courge... On applique avec frénésie bandes de gaze et serviettes dans le vain espoir d'arrêter l'hémorragie. Rocco, qui a travaillé dans les abattoirs de la Quarante-deuxième rue en résistant aux miasmes les plus écœurants et aux équarrissages les plus atroces, ne peut s'empêcher de penser que la cuisine de la pension ressemble cette nuit-là à l'entrepôt où lui et ses collègues enlevaient les viscères et vidaient les carcasses. Qui sait si le corps d'une femme ne contient pas les mêmes organes répugnants qui remplissent les bœufs, les mêmes vessies et les mêmes poches pleines d'un fiel horriblement amer ? Peut-être ne pourra-t-il plus jamais regarder Lena. Les pensionnaires se sont déjà réfugiés sur le toit, car cette affaire ne les concerne pas. Les garçons, eux, sont tapis dans l'escalier, car elle ne les concerne que trop... Coca-Cola a conseillé à Vita de rester derrière le rideau et de les imiter en ne se mêlant de rien, mais évidemment elle ne l'écoute pas et se fraie un chemin à coups de coude parmi les femmes assemblées. C'est ainsi qu'elle découvre la scène.

Lena a les jambes écartées, la chemise de nuit remontée jusqu'au nombril. La voisine a introduit dans son corps le tuyau de caoutchouc dont Lena se sert pour arroser les pots de basilic. Elle souffle dedans, puis aspire avant de le placer au-dessus d'un seau. Le tuyau se colore de rouge et le seau commence à se remplir. Les yeux de Lena restent fixés sur le plafond, inexpressifs, comme si elle était indifférente à ce qui arrivait.

« Mets-y du tien, ma belle, s'impatiente la matrone. Pousse-le dehors. S'il reste à l'intérieur, il s'infectera et tu mourras. »

Vita se cramponne au rideau, déglutit mais ne bouge pas. Le seau déborde d'un liquide poisseux sur lequel se ruent les mouches déchaînées du mois d'août. Mais que doit donc faire sortir Lena, puisque le frère américain est déjà mort ? Vita regarde le seau, le tuyau, les jambes maculées, le sang sur le matelas, la blessure béante. C'est ça : maintenant que le frère est mort, elle va y passer à son tour. Et si Lena meurt, Agnello retournera chez Dionisia qui ne peut venir en Amérique du fait de ses yeux malades. Vita pense à sa mère tous les soirs, tous les matins, à chaque instant, au point qu'elle a l'impression de vivre deux vies, dans deux mondes à la fois – avec Lena, Diamante et les garçons dans l'univers absurde de Prince Street, et avec Dionisia dans les ruelles familières de Tufo. Lena se mord les lèvres, tressaute, gémit, se tord sur le lit. Elle n'en finit pas de mourir. Vita ferme les yeux : Dieu l'a exaucée, Dieu est d'une bonté infinie.

Dans l'ombre étouffante de l'escalier, les garçons se repassent une cigarette sans dire mot. Diamante ne comprend pas pourquoi ils ont soudain cet air consterné. Il lui avait semblé qu'aucun d'entre eux ne se souciait de Lena. Les rares fois qu'ils en parlaient, la discussion se terminait immanquablement par des remarques salaces. Lui ne se serait jamais permis d'offenser la femme de son oncle, la maîtresse de la maison, qui lui lavait son pantalon et lui préparait ses macaronis. Même si c'est une mauvaise femme, il ne veut aucun mal à Lena et continue d'écrire chez lui qu'il est satisfait de sa logeuse de soixante-dix ans. Il s'est enfoncé jusqu'au cou dans les mensonges et regrette de tromper ainsi ses parents bien-aimés, mais il n'a pas envie d'aller à Cleveland à cause de Lena. Il était ennuyé de la façon dont les garçons parlaient d'elle, mais peut-être ces obscénités étaient-elles en fait des compliments... Cette indifférence grossière et un peu brutale est sans doute le seul moyen qui leur rend possible de tomber amoureux d'une femme. Alors qu'ils semblent devoir rester la nuit entière comme pétrifiés dans cet escalier, Rocco secoue sa torpeur et demande d'une voix sérieuse à Agnello ce qu'ils vont faire de « la chose ».

Le baptême coûte cher, et les funérailles encore plus. La chose n'a jamais respiré, si bien qu'on ne peut même pas dire qu'elle soit née. Quand les sages-femmes s'occupent d'une fausse couche, elles n'enterrent jamais les fœtus et se contentent de les jeter. Agnello n'a pas la tête à ces considérations. Il vient tout juste de recevoir la seconde lettre des maîtres chanteurs. Il n'a que la force de recommander qu'on recouse sa femme.

« Me la faites pas mourir », répète-t-il aux voisines en essuyant la sueur qui lui coule sur les yeux.

Il reste toute la nuit au chevet de Lena, qui semble parfois consciente, parfois lointaine, en tout cas indifférente et comme étrangère au malheur qui lui est arrivé. Pour la consoler, il lui assure qu'ils auront un autre enfant : elle est si jeune et lui n'a qu'à peine quarante ans, après tout, et se sent fort comme un taureau. Il parle d'une voix hachée, pleine de douceur, comme s'il la berçait. Ce ne sont que des mots : il n'a aucune intention de lui faire un enfant, en fait, pas plus que la première fois, et il compte bien être plus prudent à l'avenir. Il a toujours fait attention, du reste, et il ne comprend pas ce qui n'a pas marché. En tout cas, il faut faire disparaître le petit, de la façon la plus chrétienne possible – Dieu comprendra. Coca-Cola estime que ce devoir lui incombe et voudrait s'en occuper en secret. Mais les garçons de Prince Street n'ont pas de secrets. Ils sont unis comme les Paladins contre le monde entier. Geremia prend la pelle, Coca-Cola la torche et Rocco, comme il convient, choisira l'endroit et marchera donc en tête du cortège. En tant que nouveau, Diamante est hors jeu, cependant lui aussi se voit confier une tâche : il apportera l'Évangile et lira les paroles appropriées aux cas de ce genre, avec autant d'application que lorsqu'il lit dans les tavernes les péripéties des crimes aux ouvriers. Même Vita a quelque chose à faire : elle doit refermer en la cousant la serviette brodée des dimanches dans laquelle la créature a été enveloppée.

Les quatre garçons restent debout autour de la table, avec des visages contrits, pendant qu'elle suce le fil et tente de l'enfiler dans le chas invisible de l'aiguille. A la lueur de la lampe à gaz, le bébé ressemble à une poupée, maintenant qu'il est tout lisse et propre, sauf qu'il est moins gros qu'une main. Rocco croit toujours voir la chose rouge et a de nouveau envie de vomir. Diamant remarque que son beau nez est enflé comme un concombre – peut-être ces salauds l'ont-ils cassé. Rocco se vengera, il ne peut laisser impunie une telle offense. Les hommes de main de la Main noire sont-ils venus le châtier parce qu'il fait semblant d'appartenir à leur organisation ? Vita travaille avec lenteur et maladresse. Sa main tremble et les points dessinent une ligne irrégulière le long de la serviette.

« Je veux venir avec vous », prévient-elle.

La réponse est aussi sèche que lapidaire : « Pas question. »

Pendant le trajet, aucun des garçons ne parle. Rocco tient la boîte contre sa poitrine, comme s'il apportait un cadeau à quelqu'un. Ils descendent Bowery en file indienne, presque comme un convoi funèbre. Rocco marche en tête, gigantesque, le nez encore sanguinolent, suivi de Geremia, qui mordille sa maigre moustache en brosse, puis de Coca-Cola, occupé à mâcher un chewing-gum avec tant d'acharnement qu'il en a mal aux mâchoires. Diamante vient le dernier, petit, leste et anxieux – il est convaincu que la nuit ne se terminera pas sans quelque catastrophe. C'est une nuit d'août et tout le voisinage est dehors. On les salue au passage mais ils ne répondent pas, conscients d'avoir une mission. Ils traversent une multitude de rues. Plus ils approchent de la pointe de l'île, plus la ville se fait crasseuse, délabrée, chaotique. Il n'est pas difficile de s'apercevoir que le calcul, et non l'écriture, est la clé de cette ville – peut-être de ce pays tout entier. Les rues n'ont pas de noms, mais des numéros. Les voitures publiques portent elles aussi des numéros, de même que les pâtés de maisons, les immeubles, les omnibus. Le système est simple : plus les numéros sont élevés, plus le quartier s'améliore et plus ceux qui l'habitent ont réussi dans la vie. Plus les numéros sont bas, moins ils ont de valeur – les habitants des rues portant ces numéros sont eux-mêmes des zéros.

Nous autres, nous sommes les derniers des derniers : nous habitons les rues en dessous de zéro...

Vers le fleuve, la ville devient un labyrinthe d'usines et d'entrepôts. La circulation se raréfie, les réverbères, fracassés à coups de pierre, sont tous éteints. Ils se dirigent vers les quais, au niveau de la décharge, car Rocco a pensé à l'East River. Il projette d'abandonner aux flots la boîte en flammes et a emporté à cet effet une bouteille de pétrole, des allumettes et un bouquet de fleurs fanées arrachées au premier autel qu'ils ont trouvé en chemin. Il y a des années, Rocco a découvert dans un illustré que les Indiens lancent les cadavres sur l'eau des fleuves, allument un flambeau, répandent des pétales et chantent tandis que les morts suivent le courant en brûlant avec le bûcher de la purification, afin de s'unir de nouveau à l'esprit universel. A la lecture, on avait l'impression d'une cérémonie très poétique. Mais le fleuve de New York est un égout malodorant, sur lequel dérivent des bouteilles, des rats morts, des excréments et des écorces de pastèque. Les garçons ne veulent pas jeter le frère américain au milieu des immondices.

« Si on l'enterrait dans le chantier du métro ? » propose Geremia.

Il a gardé la nostalgie de ce chantier dont il a été exclu. Il a déblayé des tonnes de terre, le long de cette ligne qui traversera souterrainement la ville entière, telle une veine courant sous la peau. Les trains l'emprunteront bientôt. On tapissera les murs des stations de carreaux de céramique et tout sera blanc comme dans un hôpital. Ce ne sera jamais un bel endroit et il n'y aura pas de fleurs, mais on peut être sûr qu'il y aura foule et que le bébé ne souffrira pas de la solitude.

« J-je suis d'accord, dit Coca-Cola.

— Moi aussi », lance Diamante.

Mais Rocco, lui, tient à être incinéré quand il sera mort : il a trop peur de se réveiller dans l'obscurité. La nuit, quand le drap glisse sur son visage, il se réveille en sursaut, convaincu d'être mort.

« Non, décrète-t-il, retournons plutôt vers la gare. J'ai une meilleure idée. »

Dans cette ville, tout semble en train d'être démoli – ou construit. Comme après une inondation ou un tremblement de terre. Où que le regard se pose, ce ne sont qu'échafaudages, hangars, squelettes métalliques hauts de trente étages, grues, planches, passerelles, trous, abîmes de cinquante mètres de profondeur d'où s'élèvent dans la journée des coups de pioche assourdis et de lointaines voix d'hommes, et durant la nuit la musique stridente du vent faisant résonner les tuyaux de fer et les plaques de tôle. Tout tombe en pièces, tout est nouveau. Certaines maisons ont cent ans, d'autres sont nées la veille et ne sont pas encore habitées. Tout est en construction, ici – voies de chemin de fer, hôtels, banques, églises. Sur la Septième Avenue, entre la Quarante-deuxième et la Quarante-troisième rue, on bâtit le gratte-ciel du « New York Times ». Ce sera l'édifice le plus stupéfiant de toute la ville, haut de trois cent soixante-quinze pieds – le second pour la hauteur, après le Park Row Building. Plus vertigineux que le Manhattan Life Insurance Building, qui ne mesure que trois cent quarante-huit pieds, que le Pulitzer, qui en fait trois cent neuf, que le Flatiron, qui n'atteint pas les trois cents pieds, et que l'église de La Trinité, laquelle se contente de deux cent quatre-vingt-seize pieds. Le frère américain regardera de haut la cité et crachera dessus ! C'est une idée grandiose, adoptée sur-le-champ.

L'enthousiasme leur donne des ailes. Ils courent tout le long de la Septième rue. A perdre haleine. Dommage qu'ils ne mettent jamais les pieds dans cette partie de la ville, car ils sauraient que l'immeuble est presque terminé : les bureaux doivent ouvrir au mois d'avril de l'année prochaine. Les ascenseurs sont déjà prêts, il ne manque que les vitres des fenêtres. Le gratte-ciel a la forme d'une tour carrée. Il est surmonté d'une hampe, mais il faut se tordre le cou pour l'apercevoir. Il y a de quoi avoir la tête qui tourne. La tour n'est pas finie et disparaît sous des échafaudages métalliques dont les échelles montent à l'assaut du ciel. Elles ont l'air vacillantes, instables, suspendues dans l'air comme les fils d'une toile d'araignée.

« On va se tuer, commente Geremia.

— Tant pis », dit Rocco.

Cette constatation ne leur arrache pas un frisson. Seuls les vieux ont peur de mourir.

Ils enjambent l'un après l'autre la clôture. Ils se sont déjà introduits dans des dizaines de chantiers pour voler des planches, du charbon, des biftecks ou des boîtes de poisson, de sorte qu'ils savent éviter les barbelés. Désireux de se débarrasser définitivement du sobriquet de Celestina, Diamante se hisse le premier sur le filet pour sauter dans la poussière. Prêt à défier le « New York Times » qui le rejette avec ses pages couvertes de mots inconnus. Les gardiens jouent aux cartes dans leur cabane. Ils gardent la porte ouverte pour faire circuler l'air, mais ils ne remarquent pas les quatre ombres légères qui se ruent sur les échelles reliant entre eux les différents étages d'échafaudages et entreprennent de gravir les échelons de fer. Les garçons sont déjà arrivés à hauteur du troisième étage, et Diamante se penche pour scruter les fenêtres carrées en s'imaginant voir les bureaux des journalistes des faits divers, assis en bras de chemise, le crayon glissé derrière l'oreille... Un chien se met à aboyer, avec une insistance fastidieuse.

« Qu'est-ce qu'on fait ? On peut pas la laisser là », s'exclame soudain Geremia à l'adresse de Rocco.

Vita est à califourchon sur la clôture, à plus de deux mètres de hauteur, parfaitement visible à la lueur des lanternes éclairant le chantier. Sa longue jupe rouge s'est accrochée aux barbelés et elle ne peut ni sauter dans la rue, ni bouger.

« Bon Dieu... »

On entend dans la cabane des gardiens une voix éraillée ordonner de se taire à ce maudit clébard. Vita tente de secouer le filet, en vain. Les barbelés entortillés autour de sa jambe ont déchiré sa jupe et emprisonné son pied.

Les garçons ne bougent pas. Ils se penchent dans le vide. Quelle sale situation ! Si on les trouve à une heure pareille dans l'édifice le plus précieux de la ville, avec cette boîte et son contenu... Ils seront bons pour la Children's Court, c'est certain. Et tout ça par la faute de Vita. Rocco le connaît, le collège où la Children's Court expédie les *bad boys* du quartier, et il n'a pas envie d'y retourner. Il passe la boîte à Diamante et redescend. Que cette boîte est légère, comme si elle était vide. Peut-être n'y a-t-il vraiment rien dedans. Ce qui n'est pas né pèse si peu lourd... De son pas traînant, sans se presser, Rocco traverse l'esplanade du chantier. Avec ses bras pendant le long de son corps énorme, il fait penser à un ours se dandinant sur ses pattes arrière. Il dépose par terre Vita, qui est en petite culotte car sa jupe n'est plus qu'un lambeau flottant sur les barbelés comme un drapeau. Diamante se dit que les gardiens vont la voir et les attraper, mais au fond il s'en fiche. Il n'est jamais monté en haut d'un gratte-ciel. Il tient à cette ascension, même s'il la fait sur des échafaudages. Les garçons n'ont jamais vu de dessous féminins, car jusqu'à présent ils n'ont pris les femmes qu'à la sauvette, dans l'obscurité, sans avoir le temps d'étudier la lingerie – ils gravissent donc les échelons avec une certaine distraction, dans l'ombre où luit la dentelle blanche. Tant mieux, du reste : il ne faut pas se retourner. Ne jamais regarder vers le bas. La ville apparaîtrait irréelle, comme peinte au fond d'une boîte. Les distances seraient trompeuses, le ciel d'une proximité fallacieuse... Ils montent, ils montent, en se demandant ce qui se cache sous cet écran d'étoffe diaphane.

L'Évangile de Lena est tout déchiré, décoloré et taché de sauce. Il manque la moitié des pages. A la pension, il n'y a pas d'autre livre. Quand les pensionnaires sont pris d'un besoin urgent d'aller au petit coin, ils ne trouvent rien de mieux pour s'essuyer. Lena ne s'en est jamais rendu compte, car elle ne sait pas lire et se contente de garder l'Évangile glissé sous son oreiller. A force d'arracher des pages, il ne reste plus que le *Prologue* de saint Jean, qui n'est guère adapté aux funérailles d'un enfant. Si du moins on considère qu'il s'agit bien ici de funérailles et que la chose rouge est vraiment un enfant plutôt qu'une erreur ou un péché.

« Il vint pour servir de témoin, pour rendre témoignage de la lumière, lit Diamante du ton le plus solennel dont il soit capable. Afin que tous voient... non, pardon, croient, on lit pas bien... afin que tous croient à travers lui. Il était dans le monde, mais le monde ne l'a point connu. »

Geremia se mord la moustache, s'agrippe à l'échelon de fer et se balance un instant dans le vide. Il se sent excité – comme s'il allait s'envoler. La montée ne l'a pas fatigué et l'altitude l'enivre. Il ne veut plus travailler sous terre mais là-haut, près de Dieu et des nuages. Désormais, il sait qu'on n'a pas le droit de souffrir du vertige en Amérique, sous peine d'être perpétuellement écrasé par les autres. En enfer. Coca-Cola songe à la culotte de dentelle de sa sœur. Il ne s'est pas encore fait à l'idée que Vita soit sa sœur, et il se touche en pensant à elle. Même si elle n'a que neuf ans, elle est si jolie qu'il en a la tête tournée. Elle regarde la ville qui semble vibrer, tout en bas, et la boîte que Rocco brandit devant lui comme un enfant de chœur présentant le tronc pour les offrandes. Où s'en vont les morts ? Est-il vrai que par les nuits sans lune ils rôdent chez les vivants, frappent aux portes, se glissent dans les lits et cherchent à se venger des torts qu'ils ont subis ? Et son frère américain a-t-il subi un tort ? Chaque jour, elle lui a souhaité de mourir. Car s'il avait un fils américain, Agnello ne retournerait jamais auprès de Dionisia. Et voilà qu'il est mort – viendra-t-il donc la chercher ? Sera-t-il minuscule, comme à présent, ou grand comme le sont d'ordinaire les fantômes ? Et quel âge ont les fantômes ?

« Il est venu chez lui, et les siens ne l'ont point reçu. Mais à tous ceux qui l'ont reçu, il a donné le pouvoir de devenir enfants de Dieu. »

Diamante s'interrompt. Il n'arrive plus à lire car le vent ne cesse de faire vaciller la torche de Nicola.

« D-dépêche-toi, Diamà. On a pas le t-temps. »

Les lignes se confondent, se chevauchent. Ce n'est peut-être pas ainsi que le passage se termine, mais Diamante martèle :

« Personne jamais n'a vu Dieu.

— Amen, dit Rocco.

— Amen », répètent les garçons en se signant.

Au sommet de la tour, le vent est si violent qu'il faut s'agripper aux soutiens pour ne pas s'envoler. Un jour, les bureaux de la direction se trouveront ici et leurs occupants seront les maîtres du monde. Le frère américain fera lui aussi partie des maîtres du monde, mais ils n'en sauront rien. Vue de si haut, la ville semble le souvenir d'un rêve et ses lumières scintillent comme des gouttes de pluie derrière la fenêtre d'un train. En avril 1904, le drapeau américain flottera sur la hampe surmontant le gratte-ciel, mais aujourd'hui, 23 août 1903, c'est nous qui sommes au sommet et vous vous en apercevrez...

« Qu'ils crèvent, ceux qui peuvent pas nous voir ! Qu'ils crèvent, ceux qui voudraient nous voir morts ou derrière les barreaux ! »

Les garçons ont envie de chanter, mais les seules chansons qui leur viennent à l'esprit sont celles d'Enrico Caruso. Ne serait-ce pas sacrilège ? Mais quoi, on raconte qu'à l'automne le ténor viendra lui aussi chercher fortune en Amérique – vous aussi, vous allez les connaître, ses chansons ! Ils chantent en chœur, à tue-tête. *Et les étoiles brillaient, tu défaillais dans mes bras, ô doux baisers, ô caresses langoureuses...* Ils ne se souviennent pas très bien des paroles et chacun brode comme il peut. On voit des milliards d'étoiles, de là-haut, mais en fait de briller elles ont l'air toutes poussiéreuses. Rocco vide la bouteille de pétrole dans la boîte, puis la referme. Ils veulent tous allumer le feu, mais finalement ce privilège revient à Coca-Cola, en tant que frère putatif. Le vent éteint l'une après l'autre toutes les allumettes. Heureusement, Vita a apporté les siennes. Elle renverse la bouteille d'alcool sur la boîte de carton : leur premier feu sera d'azur. La flamme vacille sur le couvercle, l'embrasse et l'enveloppe, mais ne prend pas : l'espace d'un instant la boîte apparaît dans un halo bleu, intacte. Puis elle commence à se recroqueviller. Elle noircit, craque, s'affaisse et fond sous leurs yeux. Diamante met sa main devant sa bouche – l'ascension ne sent pas bon. Le vent incline les flammes vers les garçons, des étincelles volent sur leurs cheveux, sur leurs chemises. Vita les capture dans sa main et les regarde agoniser sur sa paume. Le feu vole. Il vole. Nous n'avons qu'à tous nous envoler. Quatre cents pieds au-dessus de la terre. Et *les étoiles brillaient*. On croirait quasiment les toucher. Rien ne retombe, tout disparaît, voilà tout. Salut...

Geremia effleure du bout de sa chaussure le tas de cendre. Il entreprend de le piétiner, de l'écraser, de l'aplanir avec soin. Doucement, presque comme une caresse. Les garçons fixent d'un air concentré le ciel où s'est envolé le frère américain qui ne naîtra jamais. Si Diamante ne les connaissait pas, il jurerait qu'ils sont émus.

Soudain, les voix des gardiens retentissent à l'intérieur du bâtiment. Elles les atteignent à l'improviste, comme une rafale de vent. Les torches dessinent un cône lumineux sur les poutrelles d'acier, puis au-delà des planches, sur les tuyaux de fer, les échafaudages, les étoiles poussiéreuses. Elles s'orientent dans leur direction. Les chiens aboient.

« Qui est là ? hurlent les gardiens. Qui est monté ? Eh, vous ! Comment diable êtes-vous arrivés là-haut ? »

Les aboiements furieux sont emportés par le vent.

« Vite, on redescend tous. Chacun pour soi. On se retrouve à la maison.

— Non, proteste Vita, il faut d'abord lui donner un nom. Sinon, il pourra pas aller au Paradis. »

Elle claque des dents sous l'effet du froid qui règne à cette hauteur, du sentiment de sa culpabilité et aussi de l'émotion de cette nuit bouleversante. Elle voulait qu'il meure – mais dans son sommeil, comme tous ces nouveau-nés qui tout d'un coup, sans que les docteurs puissent se l'expliquer, décident de ne pas rester et retournent là d'où ils sont venus. Elle voulait que Lena meure – mais pas encore, car elle a tant à lui apprendre, et de toute façon pas comme ça. Elle a horriblement envie d'aller au petit coin. Elle s'efforce de serrer ses jambes tremblantes, mais à force de se retenir elle sent une douleur aiguë dans son bas-ventre. Il serait ridicule et humiliant de faire dans sa culotte, en cet instant solennel où le frère américain vole au-dessus des étoiles effacées par les lumières humaines pour cracher sur la ville et où la bande des garçons l'a autorisée à assister à la cérémonie secrète. Les chiens approchent, et personne ne trouve un nom adéquat pour ce baptême précipité. Les garçons n'y avaient jamais pensé, en fait ils ne se seraient même pas aperçus de la présence de l'enfant si Agnello ne les avait pas invités à trinquer en l'honneur de son futur rejeton américain. Lena est si mince qu'on voyait encore ses vertèbres saillantes sous le tissu de sa robe, malgré sa grossesse.

« Nous l'appellerons Bébé », tranche Rocco.

Ils hochent tous la tête en signe d'approbation. Bonne nuit, Bébé, salut...

Les gardiens doivent avoir lâché les chiens, car les grondements sont tout proches. Coca-Cola éteint la torche. Ils se laissent glisser le long des poteaux, en se poussant et en se heurtant, dans une obscurité où flotte une odeur de moisi. C'est leur seul moyen de s'échapper, car les gardiens bloquent les échelles. Le métal leur brûle les mains, les planches tremblent, leurs pieds tâtonnent dans le vide tandis qu'ils descendent vers Dieu sait où. L'étoffe de leurs pantalons fait jaillir des étincelles sous l'effet du frottement, leurs mains sont en feu. Des centaines de mètres de nuit, de lumières, de vent, de fenêtres béantes, de pièces vides, se succédant sans fin. Les échafaudages ne mènent nulle part : la façade est achevée jusqu'au trente-cinquième étage. Soudain, l'abîme s'ouvre sous les pieds de Diamante. Il a dû se tromper de direction, prendre trop à droite. Tout en bas, dans la rue, des voitures passent, tirées par des chevaux pas plus gros que son petit doigt. Pour un peu, il éclaterait en sanglots. Voilà ce qui arrive quand on écrit les lettres de l'Homme au foulard rouge. Qui fréquente les boiteux apprend à boiter. Qui dort avec le chien se réveille avec les puces. Maintenant, on va l'arrêter, le juger et l'expulser d'Amérique. Il a eu sa chance, et il l'a gâchée.

« Par ici ! » hurle Nicola.

Ils se pressent sur la planche fragile qui s'étend au bout des ténèbres vers le tuyau de décharge de la chaux. Les gardiens sont de nouveau là, ils crient – apparemment, les ascenseurs fonctionnent déjà. On entend le trottinement des chiens. Bébé est venu trop tôt. Chatte trop pressée met au monde des chatons aveugles. Il flotte une odeur de chaux, la chaleur est moite. Le tuyau de décharge d'un gratte-ciel pas encore né est un boyau qui ne cesse de rétrécir, aux parois humides, molles et élastiques. La chose rouge nage dans la cuvette, Lena se recroqueville sur son lit, le ventre déchiré, et personne jamais n'a vu Dieu.

L'Évangile en lambeaux glisse de la poitrine où le cœur de Diamante bat à tout rompre. Il ne sait pas pourquoi, mais il a l'impression d'avoir dit adieu cette nuit à son sixième frère mort sans avoir eu le temps de grandir, de devenir quelqu'un. Il a envie de pleurer. Le tuyau de déchargement n'a guère plus d'un mètre de large. On distingue sur les parois de caoutchouc les jointures qui se succèdent à intervalles réguliers. On dirait un ver – un ver de cent mètres de long. Il n'a pas vu les garçons s'y introduire. Faut-il y entrer avec les pieds ? Ou tête la première ? Essayer de descendre lentement en s'accrochant aux jointures ou bien s'élancer à corps perdu comme sur un toboggan ? Diamante est resté à la traîne, et un chien le saisit au mollet. Les crocs s'enfoncent dans la chair comme un piège se referme sur une souris imprudente. Diamante essaie de s'en débarrasser en agitant sa jambe, mais en vain. Il ne faut pas que Rocco l'abandonne dans cette situation. Il se met à l'implorer d'une voix suppliante, enfantine, qui lui semble presque ne pas lui appartenir : la voix de Celestina.

« Aide-moi, aide-moi, je t'en prie... »

Rocco se plante en soupirant au bord du tuyau. Il attrape Diamante par un bras et le soulève aussi aisément qu'une plume.

« Entre là-dedans », lance-t-il.

Il tient d'une seule main par le talon le garçon qui s'introduit à l'intérieur en lui criant de ne pas le lâcher. Avec son autre main, il saisit le chien par la tête et lui enfonce les doigts dans les yeux jusqu'à ce qu'il lâche prise et tombe dans les ténèbres. Après quoi Rocco à son tour lâche prise, et Diamante glisse tête la première dans le boyau.

Personne n'a vu Dieu mais, cette nuit, Diamante a vu Rocco. Quelle force et quel courage sont en lui... Il voudrait tant devenir son ami. Rocco l'a sauvé du chien, des gardiens et de la Children's Court, alors que Diamante lui a déjà dit qu'il ne veut plus écrire les lettres de l'Homme au foulard rouge. Et tout cela, Rocco l'a fait en équilibre dans l'obscurité, gros et maladroit comme il est. Sans compter l'embarras du poids mort d'une gamine dodue de neuf ans : car il a pris Vita dans ses bras en voyant qu'elle ne descendait pas assez vite, toute dévêtue, avec ses bottines délacées et sa tête tourneboulée par les événements de la nuit. Le tuyau ne cesse de se resserrer. Diamante s'égratigne les mains contre les jointures, se retrouve coincé, se démène pour se libérer, se remet à tomber à toute vitesse, se cogne, rebondit contre les parois élastiques. Il ne craint pas un seul instant de se rompre le cou – Rocco l'en empêchera. Quelque part, tout au fond de ce gouffre, un refuge accueillant doit les attendre.

Rocco croit toujours voir la chose rouge et s'efforce désespérément de l'oublier. Il plonge son visage dans les cheveux de Vita. Elle serre ses chevilles dans le dos du géant et tient son cou entre ses bras. Elle tremble comme si elle était secouée de sanglots, mais elle ne pleure pas. Jamais, non, jamais elle ne fera preuve d'une telle faiblesse. Rocco glisse le long du boyau, sa veste se déchire contre le caoutchouc, ses pieds s'appuient sur les jointures pour freiner sa chute, le tuyau oscille dangereusement. Diamante n'en revient pas de voir un dur comme lui se montrer si bon. Rocco avait pourtant dit à Vita de ne pas les accompagner et elle s'était obstinée, alors que les rares audacieux qui lui désobéissent s'en repentent toujours. Bien plus, Vita, incapable de se retenir plus longtemps, a fini par vider sa vessie sur la chemise de Rocco. Or celui-ci ne se met pas en colère, ne se répand pas en imprécations, ne se moque même pas d'elle comme elle l'aurait pourtant mérité et comme Diamante lui-même l'aurait fait à sa place. Il feint de ne pas remarquer que la culotte de Vita est trempée et que sa propre chemise – celle du dimanche – est souillée. Il ne la lâche même pas quand ils tombent dans le caisson de la chaux et s'enfoncent dans une pâte molle qui ressemble à de la boue. Il se relève et la garde contre lui, cramponnée à son cou, en croisant sous les fesses de la fillette ses grosses mains qu'ils ne sait jamais où mettre. Et il continue de la porter, trempée comme elle est, à travers les trous du chantier, le long de l'esplanade éclairée par les lanternes, par-dessus la clôture et ses barbelés, en traversant de son pas balancé, reconnaissable entre mille, des dizaines de rues et de quartiers qui se font de moins en moins grandioses, de moins en moins illuminés – Trentième rue, vingtième, dixième, zéro – jusqu'à la pension d'Agnello.

Vita continue à serrer convulsivement ses chevilles dans le dos de Rocco et à emprisonner son cou avec ses bras, mais elle a posé sa tête sur son épaule et semble s'être endormie. Endolori par la morsure du chien et les heurts de la descente, Diamante clopine à côté de ce saint Christophe colossal. Il ne parvient pas à détacher son regard des jambes nues de Vita incrustées de chaux et de cette auréole sombre sur la chemise de Rocco, qui lui paraît l'emblème d'une noblesse que lui-même ne possède pas. Rocco, lui, voit la chose rouge et les cheveux noirs de Vita. De temps en temps, il se tourne et regarde d'un air pensif son compagnon trottinant. Il le trouve un peu intimidant, ce Diamante aux yeux d'un bleu si limpide, qui lit les journaux et connaît une foule d'histoires que Rocco ignore.

« Tu sais garder un secret ? lui demande-t-il quand ils arrivent aux premiers immeubles de Prince Street.

— Ce serait pas le premier que je garde, réplique Diamante.

— Et tu le répéteras pas à l'oncle Agnello et aux garçons ?

— Tu sais que c'est pas mon genre, Desperado.

— Je connais vraiment rien aux femmes », dit Rocco en lançant un coup d'œil incertain à Vita.

Elle ne bouge pas, la tête toujours posée sur son épaule confortable.

« Il est pas parti tout seul, le bébé. C'est elle qui l'a fait sortir.

— Qui ? » chuchote Diamante.

Il a perdu tous ses repères cette nuit et s'est jeté tête baissée dans les ténèbres afin d'essayer de comprendre des faits qui lui échappent et que peut-être il ne connaît pas...

« Lena, répond Rocco en s'arrêtant pour ôter de sa bouche un long cheveu noir. J'ai l'impression qu'elle est devenue complètement folle. Méfie-toi d'elle. »

## Le jumeau de James Earl Jones

De retour à Rome, je fouillai dans les papiers de mon père. Ils étaient conservés dans la maison de famille que j'avais quittée depuis des années, à l'abri de deux chiffonniers en métal où ils reposaient dans un aimable désordre. Il y avait des piles de chemises en carton coloré, des boîtes à chaussures débordant de feuillets, du papier vélin, des journaux dépareillés, des dactylographies, des manuscrits. J'espérais qu'il avait écrit sur l'Amérique. J'espérais qu'avec le temps il s'était réconcilié avec son père autoritaire, au point d'avoir envie d'écrire son histoire. D'accepter l'idée que le gamin de douze ans était le même homme qui, après lui avoir inoculé la passion des récits, avait cherché à l'empêcher d'y croire et surtout d'en vivre. Il voulait que son fils devienne médecin, et mon père l'avait déçu. Quand il était mort, Roberto n'avait que vingt-quatre ans. Ils n'avaient pas eu le temps de se connaître vraiment. Et il en fut de même pour mon père et pour moi. Le 1er novembre 1989, quatre jours avant sa mort, Roberto avait manifesté un intérêt nouveau envers sa famille. Il avait organisé une fête, qu'il appela la fête des Mazzucco. Il réunit tous les survivants, qui n'étaient guère qu'une dizaine. J'étais la plus jeune. Malgré ses intentions joyeuses, ce jour a pris la valeur d'un rite funèbre, d'un testament ouvert en présence de fantômes. Ensuite, nous avons compris qu'il savait. Mon père avait un don qu'il n'aimait pas évoquer et dont il ne savait d'où il lui venait. Il voyait ce que les autres ignoraient. Il sentait l'arrivée des événements, les mouvements des objets, les frémissements de la vie, jusqu'aux déplacements les plus imperceptibles dans les interstices du temps.

Mais dans ses papiers, je ne trouvai rien. Quelques lignes, seulement, publiées dans un récit autobiographique de 1979, *Chers carabiniers,* traitant de son rapport avec l'autorité constituée. Il résumait au début du texte les malheurs du grand-père casseur de pierres, le départ de Diamante pour l'Amérique, la mort par dénutrition de ses oncles : « Dévorés par une faim inexorable, vêtus de haillons, abandonnés à eux-mêmes, dès qu'ils échappaient au contrôle de leurs parents éplorés et découragés ils avalaient des plâtras, des mottes de terre, des morceaux de charbon. La suite venait aussitôt : la maladie incurable, les intestins ravagés. Tout cela ne se produisait pas en Inde ou au Moyen Âge, mais dans les années quatre-vingt-dix, non loin de Rome. D'autres se faisaient construire une villa aux Castelli, se rendaient à Paris chaque année et discouraient du destin impérial de la nation. » En somme, rien de nouveau par rapport à ce qu'il m'avait raconté. Je me dis que peut-être son projet ne s'était pas concrétisé, mais qu'il avait pu faire des recherches dans les archives de Tufo. Peut-être avait-il recueilli des documents précieux et rassemblé les fragments sans ordre de la mémoire. Il était historien. On l'appelait souvent Caton, mais l'un de ses surnoms préférés était le Professeur. Je fus déçue dans mes espérances.

Tout ce que je trouvai, ce furent quelques lettres du frère de son père. Leonardo, qui s'était établi en Australie, lui avait écrit une série d'anecdotes savoureuses sur sa grand-mère, son grand-père, son enfance et celle de Diamante. Mais mon père s'intéressait aux années vingt : il avait conservé les lettres de Leonardo à Diamante, car il voulait consacrer un ouvrage à la répression féroce des Senoussis de Libye vue par un carabinier prolétaire qui, entre la faim et l'État, avait choisi l'État – avec tout ce qui s'ensuivait. Il ne l'avait jamais écrit.

Je découvris un arbre généalogique privé de racines et dont les feuilles se desséchaient à la hauteur de notre génération. Je tombai également sur l'intégralité d'une correspondance vaguement ennuyeuse avec un érudit de Turin qui s'appelait lui aussi Mazzucco et démontrait longuement, avec force preuves à l'appui, l'origine piémontaise de son nom. Ce qui confirmait les informations de mon père, lequel avait toujours pensé que Rome n'était pas l'endroit qui lui convenait.

Un autre érudit, de Padoue celui-là, soutenait que Mazzucco était un mot vénitien. Marin Sanudo, au seizième siècle, parle du « Mal de Mazzucco ». C'était une maladie de la tête. Une maladie mortelle.

Mon père souffrait de la chaleur. En été, il portait souvent des shorts et des chaussures de toile avec des socquettes. Il était grand et fort, avec une carnation pâle et rosée. On le prenait souvent pour un Allemand et cela lui faisait plaisir, je ne sais pourquoi. Peut-être à cause de ce caractère net, droit et rigoureux qu'il associait au mot « allemand ». Nous aimions tous deux paraître ce que nous n'étions pas. Lors de mes voyages, j'ai prétendu être turque, juive, perse, française ou arabe. Et pas nécessairement une femme. Le plus étonnant, c'est qu'on m'a toujours crue. Parfois, je n'ai même pas eu à choisir une identité : il me suffisait de paraître. A l'aéroport de Tegel, à Berlin, en janvier 2000, j'ai été arrêtée par la police des frontières car j'étais soupçonnée d'être une terroriste palestinienne. Pendant une interminable demi-heure, mon passeport italien fut considéré comme un faux. En réalité, mes traits, comme ceux de Roberto, ont quelque chose de décisivement sarrasin. Cela va même encore plus loin. On dit que nous avons tous un jumeau, quelque part dans le monde. Il est rare que le hasard nous permette de le rencontrer, de le connaître, de savoir quelque chose de sa vie. J'ai pourtant trouvé le jumeau de Roberto. C'est James Earl Jones, un acteur formidable, à la voix puissante et au sourire plein de bonté. Un Afro-Américain...

Non loin de Biella, dans les Préalpes piémontaises de l'industrie lainière, il existe un petit village fantôme. En 1960, il avait cent quarante habitants, puis il disparut des recensements des communes d'Italie – il était devenu négligeable. Il s'agit du hameau de Trivero appelé Mazzucco. C'est là que mon père accomplit son dernière voyage, en octobre 1989. Il devait mourir brusquement vingt jours plus tard. Les dernières images qui restent de lui sont celles, tremblotantes, d'un super-huit. La caméra filme Roberto : grand, d'une allure vraiment impressionnante, avec ses cheveux frisés grisonnants et ses lunettes de plastique transparentes. Il porte un pantalon de velours marron, un pull rouge et un anorak ouvert. Son sourire est timide et vulnérable. Il s'appuie sur le panneau de signalisation indiquant le village de Mazzucco. Le temps est brumeux, mais lui est content. Il a trouvé ce qu'il cherchait. Il croit être arrivé à l'endroit où tout a commencé.

# La Main noire

Lorsque Diamante raconta à ses fils l'histoire de son Amérique et qu'ils me la racontèrent à leur tour, avec des variantes et des nuances attribuables au caractère de chaque narrateur – ingénu et terrorisé chez l'oncle Amedeo, ironique et amusé chez mon père –, la Main noire faisait sa sinistre apparition dans le récit dès la première nuit passée dans la pension d'Agnello. Avec les années, les relents de fumier de cette nuit s'étaient dissipés et il ne restait plus qu'un trouble angoissé et la certitude terrifiante de se trouver à la merci de forces supérieures, négatives et hostiles. Diamante s'était réveillé en sursaut au cœur des ténèbres, dans une maison inconnue, un monde étranger, où il était absolument sans défense. Et ce fut alors qu'il entendit parler pour la première fois de la Main noire. Pendant qu'il se rencognait contre le mur, les brigands évoquaient ce garçon dont on avait découvert le cadavre dépecé dans le chantier du métro. Le père de ce garçon avait lui aussi reçu la lettre signée d'une main noire posée sur un poignard... Diamante n'avait pas compris de quoi ils parlaient.

Il lui suffit d'un jour pour comprendre. Le 15 avril, au n° 743 d'Elizabeth Street, à quelques rues de la pension d'Agnello, on retrouva dans un baril le cadavre d'un homme égorgé et presque décapité par dix-huit coups de couteau. Le « New York Times » finit par appeler Prince Street « the Black Hand block ». Entre 1900 et 1910, chaque *saloon,* chaque gargote de cette rue était probablement un lieu de rendez-vous de maîtres chanteurs, de kidnappeurs, de faux-monnayeurs, de voleurs, d'escrocs et de vendeurs de billets de loterie truqués – le malheureux gagnant se voyait immédiatement dépouillé de son gain et souvent assassiné. Des années plus tard, le père d'un enfant kidnappé déclara à la police : « Prince Street est rempli de membres de la Main noire. On en trouve dans pratiquement chaque maison. » Du reste, l'endroit où Diamante était censé se rendre n'était guère plus tranquille. Entre Cleveland, Ravenna, Accron et Youngstown, l'Ohio abritait une colonie importante de natifs de Minturno. Rien qu'à Ravenna, dans les premières années du siècle, les homicides se comptèrent par dizaines. Les victimes avaient toutes des noms italiens. A New York, dans le Mulberry Bend, le 4 juillet, deux cents Italiens en furie attaquèrent et faillirent lyncher un médecin qui voulait amener au Bellevue Hospital un gamin de quinze ans blessé par une balle perdue. Le 7 du même mois, quand la police vint arrêter un cambrioleur, les jeunes du quartier assaillirent les agents et la bataille, menée à coups de stylet, de rasoir, de couteau et de pince à glace, laissa sur le pavé des dizaines de blessés.

Quelques semaines plus tard, des hommes de main cassèrent le nez de Rocco et dans les premiers jours de septembre Diamante dut renoncer à son travail de crieur de journaux. De ce travail qu'il fut contraint si vite d'abandonner, il garda une vénération tenace pour les journaux. Ils lui avaient enseigné ce qu'il ignorait, et leur fréquentation lui tint lieu d'études supérieures. Ils lui avaient fait aussi un cadeau qui sur le moment lui parut inutile : la langue italienne. L'habitude du journal devait rester un vice précoce dans la famille. De ces premiers mois lointains et confus, il n'est resté que des mots. Des récits que la mémoire a transfigurés, modifiés ou même inventés. Un seul fait est certain. Quelques mois après l'arrivée de sa fille et du garçon aux yeux bleus, Agnello vendit le magasin qu'il avait acquis en s'endettant jusqu'au cou auprès de son banquier, il n'y avait pas même un an et demi.

Qui était vraiment Agnello ? Quand Antonio Mazzucco tenta de débarquer pour la première fois en Amérique, le 17 août 1901, il déclara ingénument se rendre chez *nobody* et fut refoulé. Sa seconde tentative se conclut le 24 mai 1902, après une traversée terrifiante de trois semaines sur le tristement célèbre *Calabria*, un paquebot de l'Anchor Line qui malgré d'innombrables amendes navigua encore pendant des années. Cette fois, Antonio déclara se rendre chez un certain Agnello Mazzucco, *relative*, New York, 18, Prince Street. Il fut de nouveau refoulé. J'ai consulté dans les archives d'Ellis Island la *List of Alien Immigrants for the Commissioner of Immigration.* Antonio est le passager n° 608. Il s'avère qu'il était en possession de douze dollars, qu'il savait lire et écrire. Dans la case *deformed or crippled. Nature and causes,* on a écrit : NO. Près de la case *condition of health mental and physical,* on a écrit : *good.* Il était donc en bonne santé. Et pourtant, à côté de son nom, il y a une marque noire. Comme j'en découvre d'autres éparpillées au petit bonheur sur la page, un doute horrible me saisit : et s'il s'agissait d'une tache d'encre ? Serait-ce possible... Car pourquoi l'ont-ils refoulé ? Je n'ai trouvé aucun autre document le concernant, de sorte que je ne saurai sans doute jamais pour quelle raison il lui fut refusé de refaire sa vie aux Etats-Unis. Si vraiment Antonio a manqué l'Amérique à cause d'une tache d'encre, ou bien si cette marque noire indique au contraire une condamnation arbitraire, incompréhensible et définitive. Quoi qu'il en soit, en 1902, Antonio avait déjà cinquante ans et c'était sa dernière chance. Il fut contraint de rester dans le village où cinq de ses fils étaient morts et qu'il haïssait de tout son être.

Agnello avait été nettement plus chanceux. En remontant dans les listes de passagers des archives d'Ellis Island, où sont signalées les arrivées d'autres voyageurs en provenance de Tufo et de Minturno, je découvre que son nom revient souvent comme *destination.* Il avait été l'un des premiers à partir, avec Brigida Mazzucco, Costanzo Mazzucco, Desiderio Mazzucco, Fiorentino Mazzucco, Ignazio Mazzucco, Placido Rasile, Giuseppe et Pietro Ciufo. Avant 1900, il est considéré comme résidant à Cleveland. Quand il rentra avec son fils Nicola, en 1897, il se déclara déjà domicilié aux Etats-Unis et donna l'adresse de la compagnie des chemins de fer Erie Railways. En revanche, il ne subsiste aucune trace de sa première arrivée à Ellis Island. Ce qui signifie soit qu'il entra en Amérique avant l'institution de l'île, soit qu'il s'y rendit clandestinement. En tout cas, il constitue le point d'arrivée d'une foule de voyageurs. C'est lui qui les a tous fait venir, en les attirant comme le joueur de flûte du conte. Curieusement, quand il rentra de Minturno avec son fils, il indique comme profession : *musicien.*

Ceux qui revinrent ne savaient rien de son talent de musicien – qu'il fût réel ou symbolique. Ils ne voyaient en lui qu'un chef d'équipe hargneux travaillant pour les chemins de fer. Beaucoup le craignaient, la plupart le haïssaient. Il n'a pas laissé un bon souvenir. A Tufo, il était l'homme qui avait abandonné sa femme au bout de quelques semaines de mariage, qui lui avait donné deux enfants en l'espace de deux brefs hivers où il avait reparu au village, enrichi et odieux – odieux car enrichi –, et qui n'était pas revenu à elle après que les Américains l'eurent refoulée. Mais en 1900, Agnello choisit une autre ville et un autre métier. Avait-il rencontré quelqu'un ? Était-ce Gwascheliyne Hex'wpasch'e Meshbash – Lena –, la personne qui changea sa vie ?

L'unique trace de l'existence à la fois fabuleuse et banale de Lena se trouve dans les recensements de la ville de New York. L'Église des Saints du Dernier Jour – mieux connus sous le nom de Mormons – a entrepris une sorte de fichier universel des familles, peut-être afin que chacun, sachant où il se dirige, sache également d'où il vient. Ou peut-être, d'un point de vue plus laïc, afin qu'il reste au moins un vestige de son passage éphémère. Des millions d'actes de naissance, de mariages, de séjours et de morts ont ainsi été enregistrés sur microfilm. Du fait d'une méfiance congénitale envers la mémoire, l'éternité et l'universel, ou tout simplement par superstition, les Italiens n'ont fourni que des éléments imprécis et contradictoires. En revanche, les Américains ont été fichés presque systématiquement. La Bibliothèque d'histoire familiale des Saints du Dernier Jour d'Oakton (Virginie) m'oriente donc immédiatement vers les Regional Archives de Manhattan, où est conservée la collection complète des microfilms reproduisant les recensements de New York. Plusieurs certificats prouvent qu'Agnello déclarait que la femme avec qui il vivait était son épouse. Ils restèrent ensemble jusqu'en 1906. Ensuite, les traces se brouillent. Lena disparaît et plusieurs homonymes entrent en scène. Nous avons toujours été trop nombreux – comme les Malavoglia. Un spécialiste d'histoire locale dit des Mazzucco qu'ils étaient « une armée » et qu'on les considérait comme « appartenant à la plèbe ». En tout cas, en 1902, Agnello acheta son magasin de fruits et légumes, à l'angle d'Elizabeth Street. Il reçut la première lettre dès que ses affaires commencèrent à prospérer, en avril 1903.

Ce fut sans doute après les mois d'été – les bandits aussi partent en vacances – qu'il reçut une seconde lettre, dont le texte pouvait ressembler à ceci :

*Tu crois que nous t'avons oublié ? Tu crois que nous sommes loin ? Nous avons eu d'autres chats à fouetter jusqu'à présent, mais maintenant c'est de nouveau ton tour. Tu comprends et tu sais ce que nous attendons de toi. Envoie-nous tout de suite l'argent où tu sais, sans quoi attention à la vengeance, nos yeux sont sans cesse fixés sur toi. Tes jours sont comptés. Pleure parce que ta fille est morte.*

La lettre portait la signature d'une mystérieuse Société de la Mort et s'ornait de crânes, de stylets, d'épées et de cœurs transpercés ainsi que d'un sinistre cortège de jurons, d'insultes et de menaces de tortures. Après les premières dénonciations, on vit apparaître dans les journaux des lettres de ce genre. En fait, il est possible qu'Agnello ait été invité à contribuer au règlement des frais d'avocat de deux chefs de bande qui furent arrêtés à Prince Street précisément en avril 1903. Il aurait refusé, et aurait été ainsi en butte à la vengeance des deux malfrats après qu'ils eurent été relâchés.

Agnello ne dénonça certainement pas les maîtres chanteurs à la police et ne s'en plaignit pas dans les journaux, contrairement à Salvatore Spinella, propriétaire de plusieurs immeubles sur la Onzième rue. En 1908, il déclara au « New York Times » qu'il avait toujours été honnête mais qu'il avait vu sa maison attaquée cinq fois depuis qu'il avait refusé de payer la Main noire. Maintenant ses locataires quittaient ses immeubles, ses affaires périclitaient et sa famille était en danger. Jusqu'à quand pourrait-il résister sans provoquer la perte de ses proches ? Comme Agnello n'avait pas l'argent que les bandits lui demandaient d'un ton de plus en plus insistant et menaçant, il les paya avec son magasin. Il le vendit en novembre 1903. A son banquier. Si l'on a mauvais esprit, on peut se demander si ce dernier ne connaissait pas les auteurs du chantage, ou même s'il ne les avait pas mandatés lui-même...

Pourquoi un homme comme Agnello, qui aurait préféré mourir plutôt que de payer, finit-il pourtant pas céder ? Peut-être ne voulait-il pas causer la mort de ceux qui lui étaient chers, et la présence de sa fille le rendait vulnérable. Il était aisé aux maîtres chanteurs de s'en prendre à Vita. C'était ce qui était arrivé avec Francesco Scalisi, cinq ans, enlevé le 12 mars et relâché après le versement d'une rançon de 250 dollars, avec le fils de Peter Lamanna, un riche entrepreneur de pompes funèbres, enlevé à neuf ans et sauvagement assassiné en 1907, ou avec Michele, fils du docteur Mariano Scimeca, enlevé le 21 juin 1910 alors qu'il jouait sur le palier de son immeuble, situé au n° 2 de Prince Street. Il est possible que Vita, sans le savoir, ait été la cause de la ruine de son père.

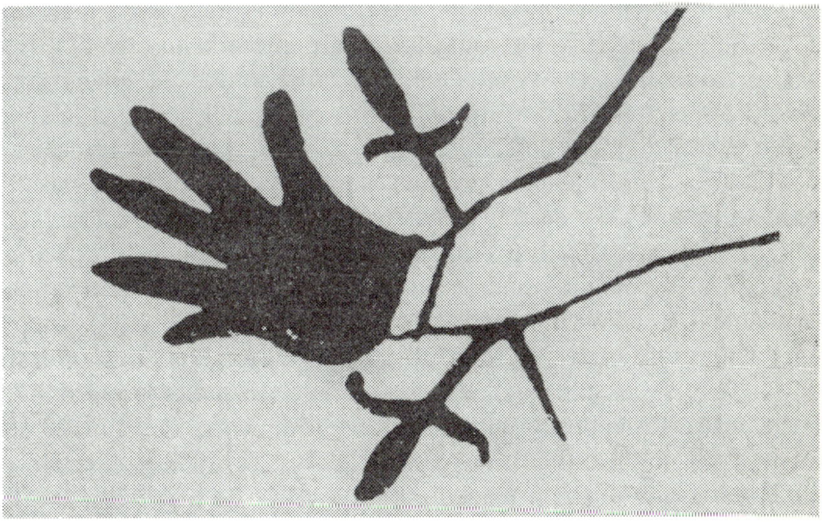

## Les nouvelles chaussures de Cesare Cuzzopuoti

La différence entre un cheval américain et un gamin italien est la suivante. Si son maître expose trop longtemps au froid son cheval, la Society for Prevention of Cruelty to Animals peut le dénoncer pour mauvais traitements, lui infliger une amende allant jusqu'à cinq dollars et lui retirer l'animal. Si en revanche c'est un gamin qu'il laisse crever de froid, personne ne s'en soucie. On défend le cheval car il vaut plus cher – les chevaux sont rares, alors qu'il y a des milliers de gamins –, mais aussi parce qu'il est plus fragile. Il se soumet à la fatigue et obéit tant qu'il peut, mais ensuite il s'arrête court, renâcle, se cabre, agite sa queue, décoche des ruades. Des larmes coulent de ses yeux ronds, il renonce et s'abat enfin sur la neige sale et glacée pour mourir. Le gamin, lui, résiste. C'est ainsi que le cheval du chiffonnier Tommaso Orecchio, dit Tom, se laisse tomber en plein milieu de la Deuxième Avenue, un soir de février, et qu'aucun coup de fouet ou de poing, aucune caresse ne peut le décider à bouger car il n'a envie que de mourir. Au contraire, Diamante a beau être pétrifié par le froid, il se relève chaque fois qu'il tombe, et quand son travail est terminé il retourne chez lui comme la veille, l'avant-veille et tout le reste de l'hiver.

Lorsqu'il referme la porte dans son dos, il est minuit passé. Tout le monde dort déjà, y compris Vita. Ce n'est pas encore ce soir qu'il la verra. Maintenant qu'il se lève à l'aube et rentre si tard, il ne la voit plus que le dimanche. Le rire de Vita résonne doucement à ses oreilles quand ses mains glacées ne parviennent plus à se refermer et que le froid intense fait craquer les jointures de ses doigts, ses poignets, ses chevilles, son squelette tout entier qui semble se recroqueviller comme s'il était sur le point de se briser comme du cristal. Diamante cherche parmi les boîtes trônant au-dessus des fourneaux – il n'a droit qu'à celles portant l'indication : D. M. Il déniche une conserve de haricots, l'éventre et la mange dans l'obscurité, accroupi sur son bidon habituel. Il sort les haricots un à un, pour se donner l'illusion qu'ils sont plus nombreux, mâche lentement, sent ses yeux se fermer. De temps en temps, il s'endort. Cela fait des mois qu'il manque de sommeil, et il lui arrive de s'assoupir debout ou même de marcher en dormant, sur le chemin du retour. Parfois, il ne sait pas lui-même comment il réussit à retrouver son chemin. Il ouvre soudain les yeux et reconnaît l'entrée de l'immeuble de Prince Street. Il sent les relents rancis qui sont devenus pour lui l'odeur du foyer, au point qu'il éprouve un sentiment de consolation à les respirer... Avec ses doigts poissés de saumure, il pêche un autre haricot. Il le pose sur sa langue où il le garde un instant sans le mâcher, en savourant son goût imprégnant lentement ses papilles, sa chair fondant peu à peu. Il mange des haricots tous les soirs. Pour le déjeuner, il a droit à une tranche de pain avec du saucisson, ou une poignée d'olives avec un oignon. Si leur chariot s'arrête devant un magasin de fruits et légumes, il réussit parfois à chiper une pomme qu'il cache dans la manche de son manteau. Il n'a plus l'impression de voler l'oncle Agnello, puisque le magasin n'appartient plus à ce dernier. Le jour où il a remis les clés au *boss*, Agnello a pleuré. Les larmes ruisselaient sur ses joues ridées, et Diamante a détourné la tête car il avait honte de voir pleurer un homme aussi âgé que son père.

La boîte est déjà vide. Diamante sait désormais qu'elle contenait en tout et pour tout trente-six haricots. A cinq heures, il aura de nouveau faim. Mais comme il sera déjà levé, il n'aura pas le temps de s'en apercevoir. Il aura la tête qui tourne, puis il s'habituera et se sentira léger toute la journée, comme s'il traversait un rêve brumeux, inconsistant mais pas désagréable. Cependant une pensée importune lui gâche sa dernière bouchée : faute de cheval, ce sera lui qui devra pousser le chariot devant les usines de pantalons, les ateliers de couture et la décharge de l'East River. Il lui faudra traîner ce tas de planches disloquées surmontées d'un amas de guenilles à travers toute la ville jusqu'à Baxter Street, décharger alors les chiffons et les peser sur la balance pour en tirer un dollar par quintal. Pour finir, il devra encore pousser le chariot vide dans la cour du Pickers Row, saluer Tom Orecchio, qui va se retirer dans la Old Brewery, et toucher son salaire. Un quart de dollar s'ils ont récolté un quintal, un demi-dollar s'ils en ont récolté deux, ce qui est fréquent, et un dollar entier pour le cas miraculeux où ils en ramèneraient quatre. Mais les miracles n'arrivent pas dans ces parages. On en a recensé des dizaines à Loreto, à Pompéi et même à Lourdes, mais pas un seul aux Etats-Unis, et ce n'est certes pas un hasard. Combien de temps un gamin peut-il survivre à son cheval ? Dix jours ? Vingt jours ?

« T'es encore debout ? lui demande soudain une voix d'homme.

— Non », réplique-t-il en versant dans sa gorge la saumure – malgré son goût de sel et d'eau sale et son odeur de souris crevée, elle garde quelque chose de la saveur des haricots...

L'homme est Rocco. Il rentre de plus en plus tard, voire pas du tout. Il a renoncé à son indolence de chômeur et ne fréquente même plus les anciens de la grève. Il a un autre travail. Quand Vita lui a demandé de quoi il s'agissait, puisqu'il n'obéit à aucun horaire et ne respecte pas les jours fériés, Rocco a répondu qu'il travaillait avec ses poings. Il s'était déjà fait remarquer, lors de la grève, en amochant à lui tout seul plus de policiers que tous les autres terrassiers réunis. Même en s'y mettant à quatre pour l'attaquer, durant la nuit où Bébé est mort, ils ne sont pas parvenus à lui faire mordre la poussière. Tout le monde pense que Rocco deviendra boxeur. Mais les boxeurs qui combattent dans les sous-sols des brasseries ont toujours le visage tuméfié, alors que le sien est lisse et frais. En réalité, a-t-il confié à Diamante, il n'a aucune intention de se trouver un travail. Il ne faut pas écouter les patrons et les prêtres : travailler abrutit. « Tu connais pas la chanson des malins ? A force de ruse et de tromperie je vivrai la moitié de l'année, à force de tromperie et de ruse je vivrai l'autre moitié... » Quel que soit son nouveau métier, Rocco est plus riche qu'avant. Il vient de renouveler sa garde-robe – trois costumes neufs, tous noirs, avec des rayures et des revers en coin. Il a offert un tas de 78 tours à Lena, un rasoir avec un manche en os à Coca-Cola, un collier orné de clochettes en argent à son chat et enfin une poupée parlante à Vita, un vrai prodige mécanique qui mugit des mots comme *Mammy*, *Daddy*, *I love you*, etc., et qu'il n'a pas volée cette fois puisqu'elle était encore empaquetée dans le papier du magasin. Un magasin de la Cinquième Avenue, c'est-à-dire l'artère la plus illuminée, la plus voyante et stupéfiante de toute la ville, où Diamante n'a jamais osé mettre les pieds de peur d'entendre chantonner dans son dos *ghini ghini gon.* Rocco loue désormais à l'oncle Agnello une pièce entière, la seule qui soit pourvue d'une fenêtre et d'un vrai lit rutilant de ferronneries. Il a acheté au brocanteur une authentique table de nuit, un pot de chambre en céramique blanche, une gravure représentant le visage d'un prophète barbu dont Diamante a oublié le nom – mais ce n'est ni le Christ ni Garibaldi –, et un panier en osier pour son chat. Cette chambre est la seule à être toujours rangée : Vita la balaie et y fait le lit tous les matins. Elle lave les chaussettes et les tricots de Rocco, tandis que Lena brosse ses costumes et prépare des croquettes pour lui seul. Rocco n'est pas devenu son ami et Diamante est mort de jalousie...

« Comment va la vie, Diamante ? lance Rocco en remarquant son regard fixé sur la tranche de pain que le géant recouvre lentement, soigneusement, d'une bonne couche de beurre de cacahuète.

— Rondello est mort, murmure Diamante d'un ton découragé.

— Qui est-ce ? demande Rocco dont la curiosité s'éveille. On l'a assassiné ?

— Oui. »

Dès qu'il entend parler de crimes, Rocco sort de l'indifférence qu'il éprouve maintenant pour le monde qui l'entoure. Il commence à s'enquérir de la nature de l'arme : couteau ou pistolet ?

« Rondello était un cheval, Rocco. Il est mort d'épuisement. »

Il lui a donné le nom ronflant de la monture de Buovo d'Antona, descendant de l'empereur Constantin, car si un canasson estropié peut être un fier destrier, qui sait si lui-même ne sera pas un paladin, un de ces jours. Déçu, Rocco engloutit la tranche de pain. Diamante descend péniblement du bidon et se traîne vers son lit, qu'il partage toujours avec son cousin Geremia. Il connaît chaque centimètre de son pied, chaque poil surgissant sur ses orteils. Il pourrait identifier son travail du jour rien qu'en regardant ses ampoules. S'il pue, c'est qu'il a joué de la pelle dans les égouts, s'il a des engelures, c'est qu'il a déblayé de la neige, s'il est maculé de boue, c'est qu'il a creusé dans les fondations d'un immeuble. En revanche, Diamante serait incapable de dire s'il porte encore la moustache ou s'est taillé les favoris en triangle, comme Rocco, car il ne le rencontre plus jamais. Geremia travaille sans cesse. Il est devenu aussi zélé qu'un boche. Le dimanche, il va balayer l'église – on ne sait pas laquelle, car les garçons se sont bien gardés de l'accompagner. Il trime de seize à dix-huit heures par jour, et le reste du temps il dort. Coca-Cola dit que Geremia est déjà un vieux.

Rocco le retient par la manche.

« T'es pas gentil de me laisser manger tout seul.

— C'est toi qui manges, pas moi. J'ai pas assez de temps à perdre pour te regarder.

— Pour qui tu te prends, morveux ? lance Rocco d'un ton vexé.

— J'ai dit la vérité, rien de plus.

— La vérité est une bonne sœur qui te laissera jamais la toucher. L'important, c'est que je suis plus grand que toi. Tu me dois le respect.

— Toi aussi », rétorque Diamante.

Il tire le rideau, écarte la couverture et se pelotonne dans le lit sans prendre la peine de se déshabiller. C'est lui, maintenant, qui pousse Geremia contre le mur, en tant que dernier couché. Il fait des progrès... Quelques secondes plus tard, le rideau s'ouvre et les yeux phosphorescents du chat que Rocco tient dans ses bras scintillent dans l'ombre. Le géant arbore un sourire cordial, avec des dents blanches dignes d'une publicité. Malgré ses biceps, sa stature hors du commun et son nez écrasé par les hommes de main de l'autre nuit, son visage est doux et il a l'air d'un bon garçon. Mais ce n'est pas un bon garçon – c'est là sa chance.

« Est-ce que t'es courageux, Diamante ? demande-t-il en lui jetant le chat en pleine figure. Vraiment courageux ? »

Diamante n'est jamais allé à Brooklyn. Parfois, quand il fouille avec Tom Orecchio la décharge d'East River, il lui arrive de se désintéresser un instant des ferrailles tordues et des divans éventrés pour lever les yeux sur le pont de fer reliant les deux rives. Tout le monde tombe en extase devant ce pont. Pas lui, car à quelques kilomètres de chez lui on peut admirer un pont suspendu jeté sur le Garigliano. Plus petit que celui-ci, certes, mais tout aussi beau. Ce n'est qu'une question de dimensions. Tout est plus grand, ici : le fleuve, le port, les maisons et même les gens. Mais s'il fallait être grand pour valoir quelque chose, lui ne vaudrait rien. Or ce n'est pas vrai – cela ne peut pas être vrai. Diamante n'a encore jamais traversé le pont menant à Brooklyn. Et voici qu'il le franchit à bicyclette, et qu'en se retournant il voit la ville s'amenuisant dans les ténèbres et brillant comme une crèche irréelle dans la neige et sur l'eau.

Il est tard et la glace s'est déjà figée sur les corniches, en chandelles acérées. La lumière électrique des réverbères dessine dans l'obscurité des flaques scintillantes. Dans la rue, en dehors de quelques voitures, il n'y a plus un chat. Le froid est si intense que respirer devient douloureux. Dès qu'on entrouvre la bouche, on avale une bouffée d'air glacé, coupant comme un couteau. Cependant, Rocco ne paraît pas s'en apercevoir. La cigarette serrée entre les dents, il pédale. Un filet de vapeur s'échappe de son manteau, comme si son dos fumait. Si le froid retombe, il neigera de nouveau et les pelleteurs auront du boulot. Les jours de neige sur Manhattan sont des jours fastes. Le travail est pénible : la pelle est si lourde et la neige si compacte qu'il faut plus de trois heures à Diamante pour dégager un pâté de maisons. Quand les commerçants découvrent qu'il est chargé de déblayer le trottoir devant l'entrée de leur magasin, ils se lamentent car ils le considèrent comme le plus mauvais pelleteur de New York. Mais le sel a vite fait de faire fondre la neige, de sorte qu'il est rare d'avoir trois jours de travail consécutifs, à moins d'une vraie tempête. De temps en temps, Rocco le regarde d'un air provocant et Diamante, agrippé au cadre du vélo, claque des dents tant il a froid mais sourit pour lui montrer qu'il ne le craint pas. Il sait très bien que Rocco a volé la bicyclette dans les beaux quartiers. Lorsqu'il est arrivé dans Prince Street en pédalant, les gosses de l'immeuble l'ont applaudi car ils veulent devenir comme lui. Vita et Cichitto ont peint le vélo en noir. Le noir est maintenant la couleur préférée de Rocco. Il a fait cadeau du foulard rouge à Diamante, mais celui-ci ne le porte pas au cas où les gens se souviendraient encore de l'Homme de l'été passé. Les habitants du quartier commencent à avoir peur de Rocco, mais pas Diamante. Il ferait beau voir qu'il ait peur d'un ours portant des anneaux aux oreilles, lui qui a traversé l'océan tout seul, qui a dormi à Central Park, où même les caïds n'osent pas entrer après le coucher du soleil, et qui a été jusqu'à voler les chiens du potager des voyous. Il lui montrera ce qu'il vaut. Rocco n'est qu'un crâneur, rien de plus.

Son compagnon lui passe sa cigarette. Diamante aspire une bouffée d'un air désinvolte. Le tabac a un goût écœurant, mais tous les vrais hommes fument. Les chaussures vernies de Rocco luisent dans l'obscurité. Il y a des mois qu'il n'a pas accordé un regard à Diamante. La dernière fois, ils se baignaient ensemble dans le baquet. L'espace manquant, ils étaient comme encastrés l'un dans l'autre. Leurs peaux se touchaient. « Tu t'es aperçu que tes poils poussent, Celestina ? » avait observé Rocco en passant la main sur son petit oiseau autour duquel, en réalité, on ne voyait guère qu'un misérable duvet noir. Il lui avait suggéré de les couper, de façon à ce qu'ils repoussent plus drus. Dès qu'il avait été seul, Diamante s'était rué sur le rasoir d'Agnello et s'était empressé de raser le duvet. Pendant des semaines, bouillant d'impatience, il avait étudié l'évolution de la situation dès qu'il était enfermé dans le cagibi servant de salle de bains. Mais la repousse espérée n'a pas eu lieu : Rocco l'avait bien eu.

« Descends, dit Rocco. Nous sommes arrivés. »

Un mur élevé, au-dessus duquel surgissent les cimes de cyprès fouettés par le vent, entoure ce qui semble être une maison de campagne. La grille est fermée, les alentours sont déserts. Il est deux heures du matin. Pas un chat, pas une lumière : l'endroit paraît idéal pour un guet-apens. Rocco lui fourre un poinçon dans la main.

« Que veux-tu que j'en fasse ? demande Diamante, surpris.

— Si t'as du courage, si tu t'appelles pas Celestina, alors escalade ce mur et cherche la tombe de Cesare Cuzzopuoti. Il y a un ange avec une épée, dessus. C'est son père qui l'a fait construire pour montrer qu'il était vraiment riche. Tu parles d'un couillon ! Au lieu de distribuer son argent aux malheureux ou d'en profiter lui-même, il a voulu en imposer au pauvre monde.

— Qui est Cesare Cuzzopuoti ? » s'enquiert Diamante.

Il commence à regretter d'avoir suivi Rocco. Il n'a rien à faire de lui, après tout, rien à lui prouver. Même s'il n'aura plus jamais le moindre poil, il est déjà un homme, libre de décider de sa propre vie. Personne n'a à lui donner des ordres ni des conseils. Il travaille comme un homme, vit comme un homme, gagne son argent comme un homme. Celestina n'a jamais existé, ou en tout cas n'existe plus.

« C'était un brave type, ricane Rocco. Sinon, pourquoi l'aurait-on assassiné ?

— Assassiné ! »

Diamante a presque hurlé ce mot. Les morts assassinés ne reposent jamais en paix et continuent d'errer sur la terre, en quête de vengeance. L'audacieux qui s'aventure dehors la nuit risque de les rencontrer... Cette histoire ne lui plaît pas. Il veut s'en aller, rentrer chez lui. Même si demain il devra se rendre à la décharge et se casser les ongles en fouillant la terre gelée, pour ramasser quatre malheureux chiffons si élimés qu'ils ne font même pas bouger l'aiguille de la balance. Cependant Rocco reste immobile dans le froid glacé, la cigarette aux lèvres. Son chapeau est enfoncé jusqu'au nez, de sorte que son visage est caché à moitié dans l'ombre. Il le regarde en riant.

« Ce Cesare était un homme qui aimait les cartes. C'était l'unique chose qui l'intéressait, dans la vie. D'ailleurs, j'ai glissé un as de cœur dans son cercueil. Certains mettent plutôt un rosaire, mais Cesare ne priait jamais. Tout ce qu'il savait faire, c'était jouer aux cartes. Je lui ai donc glissé un as de cœur entre les doigts avant de fermer le cercueil.

— Tu le connaissais ?

— Pas de son vivant. Mais je l'ai vu mort, chez Cozza. »

Ce nom ne dit rien à Diamante. Il n'est certes pas venu en Amérique pour connaître les gens, mais pour économiser et aider ses parents. On pourrait croire que ce n'est pas grand-chose, presque rien, mais même ce rien s'est révélé au-dessus de ses moyens. En dix mois, il ne leur a envoyé que quarante malheureux dollars, au prix d'une faim et d'un manque de sommeil perpétuels. Rocco rit d'un air incrédule à l'idée que Diamante puisse ne jamais avoir entendu le nom de Mister Cozza, lequel se nomme en réalité Lazzaro Bongiorno et est fabricant de cercueils, embaumeur et entrepreneur de pompes funèbres. A Tufo, on l'aurait qualifié de croque-mort. Dans ce pays, on préfère dire *undertaker* – c'est nettement plus chic. Il est d'une maigreur squelettique et toujours vêtu de noir, d'où son surnom de Cozza – « la moule ».

« Je travaille avec lui, déclare Rocco d'un ton satisfait. Comme j'étais sur place, les amis de Cesare m'ont demandé de mettre l'as dans le cercueil.

— Mais moi, j'ai rien à voir avec ce fameux Cesare, non ? insinue Diamante en tournant et retournant le poinçon sans comprendre où le mène cette histoire.

— Le mort a une montre en or dans son gousset. Elle lui sert plus à rien. Va la chercher et rapporte-la-moi. »

Diamante frissonne. Rocco est en train de lui demander de voler. Un mort, qui plus est. Les victimes d'assassinat sont les morts les plus dangereux et vindicatifs de tous, aucune prière ne peut les apaiser. Jamais, non, jamais il ne fera une chose pareille.

« Excuse-moi, c'est vrai qu'on t'a enseigné que voler est un péché. J'oubliais que t'étais le premier de la classe. T'as bien appris ta leçon. »

Diamante ne réplique pas, hésitant.

« T'es de quel côté ? insiste Rocco. Du côté d'un salaud qui se fait enterrer avec une montre en or ? Toi, t'en auras jamais, de montre en or. Tu fais partie de ceux qu'ont rien de rien. »

Diamante est troublé car il est vrai que voler est un péché, mais il est non moins vrai qu'il n'a rien.

« En somme, t'es comme l'oncle Tom, conclut Rocco qui semble sincèrement déçu. Tu prends parti pour les richards et les argousins. Tant pis pour toi. Continue de ramasser tes chiffons.

— C'est pas tellement le fait de voler... balbutie Diamante.

— Alors c'est encore pire. T'as la frousse, t'es qu'une femmelette, lance Rocco en remontant sur sa bicyclette. Je savais que t'étais pas de taille. T'auras jamais le courage de regarder un mort en face. »

Diamante serre les dents. Le sang lui monte à la tête et il se jette sur Rocco en hurlant :

— J'ai vu mes frères ! Talarico et Amedeo, ils étaient avec moi. Leur ventre a crevé quand nous avons mangé le crépi de l'église. Ils sont morts. Moi, j'ai survécu, parce que je suis dur comme un diamant et que je pourrais digérer même des pierres. J'ai pas peur des morts. J'ai peur de personne. Et je me fiche de voler un salaud plein aux as.

— Très bien, s'exclame Rocco en se dégageant. Prouve-moi que c'est vrai. »

Diamante serre le poinçon dans son poing. Il a envie de s'en servir pour frapper, mais finalement il le coince entre ses dents et s'approche du mur du cimetière de Brooklyn. Il glisse son pied dans une fente entre deux briques, cherche de la main un appui et entreprend d'escalader le mur. Arrivé au sommet, il découvre la ville à ses pieds. Vibrante de lumières, vivante, lointaine.

La tombe de Cuzzopuoti se dresse dans le secteur le plus monumental du cimetière, au bout d'une allée de gravier bordée de croix, d'angelots et de madones. L'ange à l'épée a l'air d'une effigie en carton-pâte, mais il doit être en marbre. Diamante a beau ne pas s'y connaître en sculpture, il lui semble qu'elle ne vaut pas la fortune d'un millionnaire. Cela dit, s'il était mort, son père ne paierait certes pas pour faire sculpter un ange. Il l'amènerait au cimetière, comme les autres fils qu'il a perdus, et l'enterrerait enveloppé dans un drap car il n'a même pas les moyens d'acheter un cercueil. C'est pourquoi Cuzzopuoti n'inspire à Diamante ni peur ni pitié. Sur la dalle, le tailleur de pierre a gravé les dates de la brève existence de Cesare : 1882-1904. *Requiescat in pace.* En se servant du poinçon comme d'un levier, Diamante soulève la dalle et s'évertue à introduire une branche dans la fente. Il essaie de faire glisser la dalle sur la branche, mais elle est trop lourde. Se penchant sur le trou, il aperçoit une fosse profonde, noire comme l'enfer. Il se coule dans la fente et se laisse tomber. Rocco ne lui a laissé ni lampe ni bougie, de sorte que pendant quelques instants il ne distingue rien autour de lui. La lueur de la lune, dehors, est aussi lointaine que le pâle reflet du soleil qu'on voit au fond de la mer quand on plonge. Il flotte une odeur de froid, de terre et de fleurs flétries. Les deux parois latérales sont bordées de couchettes, sur trois niveaux, comme le dortoir du paquebot. Sauf qu'au lieu de corps, ce sont sept cercueils en noyer qui gisent sur ces couchettes. Ils ont tous des poignées de métal et sont en piteux état, le bois tout gonflé d'humidité, à l'exception d'un seul, qui semble neuf. On lit sur sa plaque : CESARE.

« Mon cher Cesare, dit Diamante à haute voix pour se donner du courage, je suis venu te demander un petit prêt. »

Il a les mains tremblantes, les dents qui claquent. Il règne un tel silence, un vide si absolu dans la nuit – pas un cri d'oiseau, pas un battement d'ailes –, qu'il a l'impression d'être le seul être vivant dans le royaume des morts. En fait de cantiques célestes, un silence d'abîme sous-marin plane sur l'au-delà. Mais ce Cesare n'est certainement pas allé au Paradis... Diamante tente de soulever le couvercle, en vain. Il grimpe sur la couchette, mais il manque de place et doit se jucher à califourchon sur le cercueil. Il se protège le visage avec son manteau et tire sur le couvercle de toutes ses forces.

Un cri lui échappe. Cesare a la moitié du visage rempli de ouate. Quelqu'un lui a fait sauter la tête à coups de fusil. Avec le temps, la ouate s'est imprégnée de liquide et a pris une teinte sombre. Diamante est fortement tenté de s'enfuir sans demander son reste, mais il ne bouge pas. Pas question de sortir d'ici sans la montre. Le reste du visage de Cesare est paisible : le défunt ne semble pas lui en vouloir de sa présence. Il n'a même pas l'air excessivement mort... On l'a vêtu d'un costume rayé du dernier chic, avec cravate et gilet. Le gilet a des boutons de nacre et la chemise des boutons de manchette en métal doré. Il porte des chaussures merveilleuses, neuves, aux semelles encore lisses. Entre ses mains, il serre un rosaire et non un as de cœur. Plus étrange encore, son gousset n'abrite aucune montre en or. En pressant son manteau sur son visage pour échapper à l'odeur de putréfaction s'élevant du cadavre, Diamante fouille les poches de la veste avec fébrilité, en tremblant, de plus en plus terrifié. Il trouve une image de la Madone de Pompéi, un grain de riz, un fer à cheval contre la déveine, et même un cafard – mais pas de montre.

« Je sortirai pas d'ici sans cette montre ! hurle-t-il, au bord des larmes. Où l'as-tu cachée ? »

Il vide les poches du pantalon, cherche même sous la chemise. Cesare est dur comme du marbre. Cependant, la montre reste introuvable.

Quand il essaie de refermer le cercueil, le couvercle refuse de se remettre en place. On aperçoit dans l'interstice la moitié de visage du mort. Mais Diamante n'a plus le temps, il se sent incapable de rester une minute de plus dans ce dortoir funèbre sous peine de s'évanouir, suffoqué par la terreur. Il se laisse retomber au fond du caveau et tente d'atteindre le rayon de lune qui filtre à travers la dalle entrouverte. Mais elle a dû bouger, à moins qu'il n'ait rapetissé, car même en se mettant sur la pointe des pieds il n'arrive pas à agripper avec ses mains le bord de la tombe. Il lève les yeux vers la clarté de l'astre nocturne, et il a l'impression d'être tombé dans un puits. Cesare le défiguré pourrait se fâcher, pour ne rien dire de ses parents qui reposent ici sans être dérangés depuis au moins dix ans. Il a envie de crier, mais qui pourrait venir le tirer de là ? Rocco est trop loin. Quant au gardien, comment lui expliquer qu'il n'est pas un vrai voleur, seulement un apprenti ? Dans quelle langue ? On ne l'avait pas prévenu que dans ce pays il se retrouverait aussi petit et impuissant que les enfants qui n'ont pas encore appris les noms des choses, de sorte qu'ils gesticulent en pleurant, incapables de s'expliquer et de dire ce qui les effraie ou les fait souffrir. Mais un jour, Diamante apprendra la langue des blonds. Il lira le « New York Times » et plus personne ne le traitera de gorille. Il essaie de nouveau. S'agrippe aux poignées d'un cercueil et se hisse sur une couchette du second niveau.

Il s'agite à quatre pattes dans cette niche étroite, mais ne parvient pas à atteindre la couchette supérieure. Le voilà bloqué. Il pourrait prier Jésus, la petite Madone des Grâces, saint Léonard ou même Dieu, mais il n'a plus confiance en eux, comme si leurs pouvoirs étaient restés de l'autre côté de l'océan. Il manque d'air et l'odeur de mort s'échappant du cercueil ouvert de Cesare lui fait tourner la tête. Mourir au fond d'une tombe, quel destin infâme ! Un vendredi, en plus. Alors que demain il aurait pu se promener avec Vita. Depuis qu'il travaille avec Tom Orecchio, seule la pensée de Vita éclaire ses journées. Quand ils déchargent les chiffons, il parvient toujours à subtiliser un lambeau de dentelle ou un coupon de toile. La nuit, il descend les laver à la fontaine et confectionne pour la fillette des écharpes, des châles et des foulards. Il explore les déchets pour trouver un pantin cassé ou un train miniature sans roues à lui rapporter. Il rampe à travers des immensités de boue, de vieux débris et de ferrailles, fouille dans des tas de neige, en oubliant qu'il est là pour chercher des chiffons. Il se laisse distraire par un cerceau rompu, qui pourrait peut-être encore rouler sur un trottoir, ou par la jambe grassouillette d'une poupée. En grand secret, il avait entrepris de reconstituer une poupée en la recollant pièce par pièce. Une vraie, en porcelaine, pas en chiffon. Il voulait lui en faire cadeau : Vita n'avait jamais eu de poupée, car elle pouvait toujours pouponner avec l'enfant d'une voisine ou d'une parente. Même à Prince Street, elle changeait les couches du bébé de Melchiorra Corpora, la voisine. Un nourrisson rachitique qui ne pourrait manifestement pas survivre à l'hiver – de fait, il est mort une nuit de décembre, laissant Vita sans jouet, à hurler qu'elle voulait rentrer chez elle. C'était ce jour-là que Diamante avait eu l'idée de lui fabriquer une poupée. Il l'avait presque finie, il ne lui manquait plus que la tête... Diamante attrape la poignée du cercueil dépassant légèrement de la couchette du niveau supérieur. Il l'empoigne des deux mains et reste suspendu dans le vide. En sautant, il laisse tomber son manteau, qui disparaît dans les ténèbres. Il hésite un instant, ne sachant s'il doit suivre la trace du manteau ou de la lumière. Comme d'habitude, il était arrivé trop tard. Rocco avait déjà offert une poupée à Vita, laquelle l'avait assise sur la table de la cuisine et lui faisait écouter Enrico Caruso. Une véritable poupée de porcelaine, pas un jouet fabriqué avec des rebuts. Une beauté aux cheveux blonds, qui sourit de toutes ses trente-deux dents et babille en américain.

Rocco éclate de rire en voyant Diamante sauter du mur du cimetière, les cheveux dressés sur sa tête. La garçon regarde derrière lui comme s'il était poursuivi par une horde de morts. Une lune diaphane brille faiblement dans le ciel, comme une bougie, et le visage de Diamante apparaît gris tant il est couvert de toiles d'araignée. Au moment de sauter, il a lancé quelque chose par terre. Il se penche maintenant pour le ramasser, sans accorder un regard à Rocco. Puis il s'assied au bord du trottoir et enlève ses savates.

« Où est la montre ? demande Rocco. Je la vois pas.

— Sale menteur », siffle Diamante.

Rocco secoue la tête.

« J'étais sûr que t'aurais pas le courage d'entrer dans la tombe. »

Diamante lui jette une savate à la figure. C'est alors que Rocco s'aperçoit qu'il est en train de glisser ses pieds, dont les chaussettes sont trouées et élimées, dans une magnifique paire de chaussures vernies noires. Elles sont un peu trop grandes et sentent horriblement mauvais, mais elles n'ont jamais servi. Deux merveilles toutes neuves, aux semelles parfaitement lisses. Rocco sourit. Une nouvelle fois, il a vu juste. Il n'est pas évident de dénicher un gamin un peu dégourdi, dans ce quartier peuplé de moutons froussards, bons tout au plus à se faire manger par le loup – à subir. Ils font partie de ces gens qui ne remarqueraient l'existence de la lune que si elle leur tombait sur la tête. Il se dirige vers la bicyclette appuyée contre un mur, à la lueur jaunâtre d'un réverbère.

« Viens », lance-t-il d'un ton satisfait.

Lorsque Diamante s'installe sur le cadre, Rocco lui noue son écharpe autour du cou et le coiffe de son chapeau – trop large pour la tête du garçon, il lui descend jusqu'aux yeux.

« Je suis vraiment content de toi, Diamante. »

C'est la première fois qu'il ne l'appelle pas Celestina...

« Fouiller les ordures, c'est fini pour toi. T'as trouvé un vrai travail, maintenant. »

# Le cas Vita M.

La « Revue de l'Emigration » de 1909 contient un article consacré aux *Femmes et enfants italiens dans la North Atlantic Division.* Après les « cas » Teresa S., Carmela, une fillette de douze ans de Mott Street, et Carlo R., un gamin de six ans atteint de la gale, on peut lire un rapport laconique sur le « cas Vita ».

Il se présente ainsi :

*d. Vita M., 10 ans, depuis onze mois en Amérique. N'est jamais allée à l'école. Vit avec sa famille et 7 pensionnaires dans un appartement de 4 pièces. Père depuis 16 ans en Amérique, ex-propriétaire d'un magasin de fruits. La jeune mère, névropathe, soutient que la fillette l'aide à entretenir la pension et qu'ils ont été contraints récemment de se mettre à fabriquer des fleurs artificielles à domicile du fait de graves problèmes économiques. Logent également dans l'appartement : 1 pensionnaire de 18 ans (employé dans une entreprise de pompes funèbres, déjà condamné pour vol, rixe et violence), 2 musiciens ambulants, 4 pensionnaires qu'il fut impossible d'identifier.*

Est-ce notre Vita ? Elle n'habitait pas avec sa mère. Il n'est nulle part question dans cette fiche de Nicola, de Diamante ni de Geremia. Peut-être n'ont-ils pas été déclarés parce qu'eux aussi mineurs et sans permis de travail légal ? De plus, en 1909 Vita n'avait pas dix mais quinze ans. Les cas avaient-ils été sélectionnés par l'inspectrice dans les années précédentes ? A moins qu'il ne s'agisse que d'une coïncidence. Au fond, il devait y avoir plus d'une gamine nommée Vita, dans la North Atlantic Division. Cependant, l'exposition du « cas Vita » impliquait un examen sévère de l'habitation de l'enfant...

*Appartement dans un état déplorable (loyer 18 dollars), atmosphère fétide. Quatre pièces mal tenues, une seule (louée) avec fenêtre sur la rue, 1 avec fenêtre sur l'arrière-cour, 2 cagibis absolument obscurs et cuisine avec lucarne. Plafonds bas, air empesté, le linge est mis à sécher dans les chambres. Un merle sur le fourneau. Un chat. Des poules. Pension de catégorie C (qualité inférieure). Un unique W.C. sur le palier. Travail à domicile de femmes et de mineurs sans autorisation. 12-14 heures de travail quotidien, jusqu'à 11 heures du soir. 1 cas avéré d'absentéisme scolaire : une mineure habitant dans l'appartement n'est inscrite dans aucun établissement d'instruction obligatoire. (Prince Street.)*

Le 4 mars, l'envoyée de la Society for Charity Organization se présenta au numéro 18 de Prince Street. Bien entendu, personne ne lui ouvrit. Pleine de zèle, elle s'engagea dans l'étroit passage coincé entre deux immeubles, traversa la cour encombrée de bidons et autres épaves, inondée par une rigole d'eaux usées. Après avoir poussé la porte branlante s'ouvrant sur l'escalier de bois, elle s'agrippa à la corde aussi visqueuse que la peau d'une couleuvre et censée soutenir les audacieux se hasardant à monter et descendre ces marches glissantes. Elle se hissa ainsi d'étage en étage et entreprit de frapper aux portes. Les femmes étaient à la maison, occupées à confectionner jarretières, cravates et corsets, à ourler des gants, à mettre la dernière main à des pantalons et des manteaux, à coudre des boutons et à fabriquer des fleurs de velours pour un dollar par jour. Les enfants collaient des tiges et des feuilles et enlevaient les faufils. L'immeuble était une usine à sueur, résonnant de voix, de cris, d'appels – mais personne n'ouvrit. Les Américains avaient l'ennuyeuse habitude de se présenter à l'improviste chez les gens, sous n'importe quel prétexte : pour vendre une lotion contre les puces ou une Bible, pour vérifier l'état des logements, dénoncer le fléau du travail au noir à domicile et du travail des enfants – en somme, pour fourrer leur nez dans les affaires des braves gens. Découragée, l'inspectrice ne poussa jusqu'au dernier étage que par scrupule et frappa sans conviction à une porte écaillée à laquelle était accrochée une corne en corail contre le mauvais œil. Dans l'appartement s'élevait la voix emphatique d'Enrico Caruso. *Peu m'importe laquelle...* L'envoyée observa la corne avec dégoût. Ces Italiens étaient indiciblement primitifs. Et aussi sales que des animaux. Le palier était rempli de déchets noirs de mouches. En montant cet escalier abominable, où l'on risquait à chaque marche de se rompre le cou, elle avait eu l'impression d'être épiée par un chien. Puis elle s'était aperçue avec terreur que ce roquet au poil sombre était doté d'une queue longue et fine. Bien qu'il fût plus gros qu'un chien, c'était bel et bien un rat... Quand la porte s'ouvrit, l'inspectrice resta bouche bée. Une fillette la fixait de ses grands yeux noirs et brillants. Plus incroyable encore : elle lui souriait. L'envoyée était rarement accueillie par des sourires, dans le quartier italien. Dans ces parages, les gens ne savaient guère faire la différence entre une société de bienfaisance et une bande de malfaiteurs. Dire qu'elle ne voulait que leur bien, comme tous ses collègues. Les statuts de l'association proclamaient leur seul objectif : *l'amélioration individuelle à travers l'amélioration sociale.* Elle regarda sa montre : dix heures vingt du matin. Cette petite aurait dû être en classe.

« Where is your mother, little one ? »

Vita la regarda sans comprendre. La dame blonde, avec son face-à-main et son air dégoûté, constituait une nouveauté sensationnelle dans sa journée. A cette heure-ci, après avoir terminé sa tournée au marché et dans les magasins, déposé les sacs des courses devant les fourneaux, lavé les caleçons des pensionnaires dans le baquet, en frottant si fort pour faire disparaître les auréoles jaunâtres au niveau de l'aine qu'elle en avait mal aux bras, il ne lui restait plus qu'à fixer des pétales aux roses artificielles, tâche horriblement fastidieuse. Chaque fois que Lena avait achevé une douzaine de roses, elle les jetait dans une boîte. Elles étaient payées dix-huit cents la douzaine, ce qui signifiait que pour grappiller au moins un dollar il fallait en confectionner quelque soixante douzaines – à peu près sept cent vingt roses. Les mains des femmes étaient devenues si habiles qu'elles s'activaient d'elles-mêmes au milieu des pétales, en les choisissant au toucher. Les roses de Lena étaient les plus réussies du quartier, on aurait dit de vraies fleurs. Mais c'étaient des roses sans parfum, sans beauté.

L'inspectrice jeta un coup d'œil sur le taudis. Du linge étendu dans tous les coins. Trois poules atteintes d'une forme grave d'alopécie picoraient par terre, un merle aphone sautillait dans une cage en fer suspendue au-dessus de l'évier, un chat écorché se promenait au milieu de la vaisselle sale. Des amas de tissu, des aiguilles, du fil, des ciseaux, de la colle. Dans cet espace mal aéré et mal chauffé, le niveau d'humidité était proche de la saturation. L'inspectrice se glissa dans la pièce faisant office de cuisine et d'atelier. Une jeune femme au visage émacié était penchée sur la table, les mains s'affairant autour d'un rosier. En voyant la dame, Lena pâlit.

« T'aurais pas dû ouvrir, Vita ! » murmura-t-elle.

Mais Vita lui adressa un sourire moqueur et, avec force gestes emphatiques, comme si elle parlait à une sourde-muette, invita l'inconnue à s'asseoir. La dame esquiva le chat, dont elle craignait les puces. Vita lui offrit un café noir, fumant et épais, mais l'Américaine ne voulut pas le boire. Elle lui présenta alors les restes du sublime gâteau du dimanche, mais il ne fut pas mieux accueilli. En désespoir de cause, elle lui tendit une rose, que l'inspectrice accepta – elle pourrait toujours servir de preuve...

« Why isn't this child in school ? » demanda-t-elle d'un ton sévère à Lena.

Celle-ci ne leva même pas la tête. Elle était en Amérique depuis douze ans, mais elle ne s'en était pas encore aperçue. Elle avait parlé arabe avec son mari circasso-libanais, arménien avec le marchand ambulant qui l'avait prise avec lui après la mort dudit mari, suédois avec le marin en compagnie duquel elle avait fui le marchand, napolitain avec Arrachedent. Tout ce qu'elle savait dire en américain, c'était le prix de ses spécialités. L'inspectrice tenta d'engager une conversation puis, constatant que la barrière linguistique était infranchissable, elle reposa son crayon, empoigna son cartable et sortit.

Deux jours plus tard, elle revint avec les *truant officers* – M. Pugliese et Mlle Caravata, inspecteurs du primaire préposés aux cas d'absentéisme scolaire. Comme ils étaient italiens, malheureusement, Lena dut se soumettre malgré sa répugnance à un interrogatoire serré. Tandis qu'elle bredouillait dans sa confusion, craignant de mal faire et de nuire à Agnello, à Vita et à elle-même, la dame remplissait un formulaire en l'émaillant de croix. A la fin de l'interrogatoire, l'envoyée de la Society et les deux inspecteurs s'en allèrent en emmenant Vita.

Vita traversa le quartier d'un pas dansant, en regardant les bicoques délabrées et la foule loqueteuse comme si elle ne devait jamais les revoir. Cichitto, accroupi devant le bureau de poste, était occupé à s'épouiller quand il l'aperçut. Il lui courut après pour lui demander où elle se rendait, et elle lui sourit d'un air triomphant. Quel que soit l'endroit où les trois inconnus la conduisaient, il vaudrait mieux que l'appartement de Prince Street. Avant son arrivée à New York, Vita ignorait l'ennui. A Tufo, elle était toujours entourée de parents, de voisins, d'amis.

Elle aidait sa mère au potager, portait à boire aux moissonneurs. Tout le monde la connaissait et elle connaissait tout le monde. Les jours passaient vite, sans même qu'on s'en aperçût. Tandis qu'ici, le temps s'était arrêté. L'hiver avait été interminable. Seule toute la journée avec Lena, à laver le linge et la vaisselle, repasser des vestes et des pantalons, faire bouillir des pommes de terre, couper en tranches des oignons, éplucher des légumes. Sans oublier, depuis quelques mois, les pétales à coudre et les roses à confectionner. Agnello ne voulait pas qu'elle joue dans la rue, sous prétexte que les gamins des rues devenaient des voyous et des alcooliques à six ans, comme Cichitto, et qu'il fallait prendre garde aux fusillades et aux balles perdues. Il lui interdisait également de fréquenter les enfants des voisins, personnages envieux et méchants qu'il jugeait responsables de sa ruine. Même le magasin d'Elizabeth Street avait été fermé à Vita. Elle aimait ce repaire où flottait une odeur de tomates et de piments, mais Agnello ne lui permettait pas d'y travailler : ses femmes devaient rester à la maison, et non trafiquer avec des étrangers. Il les autorisait à fabriquer des roses dans la mesure où c'était Cichitto qui venait prendre les boîtes pour les remettre à leur employeur. D'ailleurs, un jour qu'elle faisait les courses avec Lena, Vita avait découvert dans le magasin un inconnu derrière les pyramides de tomates : le nouveau propriétaire. Tout ce que voulait Agnello, c'était qu'elle fît marcher la pension. Mais celle-ci n'était plus qu'un lieu de passage. Depuis le naufrage de la réputation d'Agnello, qui avait perdu son magasin, et de Lena, qui n'était pas son épouse légitime, les pensionnaires respectables ne s'établissaient plus chez eux. Les honorables moustachus étaient partis, remplacés par des déracinés instables qui filaient à la première occasion et restaient si peu que Vita n'avait même pas le temps d'apprendre leur nom. Elle ne se souvenait que de leurs querelles, de leurs provocations et des embuscades qu'ils lui tendaient dès qu'elle était seule avec eux.

Comme les garçons passaient toute la journée dehors, elle n'avait d'autre compagnie, jusqu'à dimanche, que celle des roses, d'Enrico Caruso et de Lena. Elle continuait de souhaiter la mort de cette dernière, et scrutait son visage pour y découvrir les signes du châtiment infligé par le Tout-Puissant. Mais Lena ne mourait pas. Chaque matin, elle se levait à quatre heures, à moitié endormie, pour préparer le café des pensionnaires. Puis elle faisait les lits, sortait errer comme une somnambule parmi les étalages, non sans marchander férocement le prix d'une pomme de terre ou d'une poignée de petits pois, et rentrait à l'appartement, courbée sous le poids des cabas. Sans s'accorder un instant de répit, elle lavait le linge, repassait, cuisinait, cousait sept douzaines de roses, en chantant et en racontant des histoires pour ne pas succomber au sommeil ni se piquer avec son aiguille. Car au bout de deux heures, on avait des fourmis dans les mains, et au bout de quatre, elles devenaient insensibles. Il était aisé alors de se piquer sans s'en apercevoir – or il suffisait d'une seule tache sur un pétale pour perdre le gain de la journée... Elle se remettait ensuite à laver, repriser, balayer, cuisiner. Au coucher du soleil, les hommes rentraient et dînaient, debout ou juchés sur un bidon. Après le dîner, elle lavait la vaisselle, cousait encore une centaine de roses. A minuit, elle allait se coucher. Agnello était déjà au lit depuis un moment – l'hiver, il restait tout habillé tant il faisait froid dans l'appartement. Il se déshabillait peu après, montait sur elle et s'agitait quelques minutes, s'engloutissait dans sa chair diaphane au point que leurs deux corps se confondaient comme deux ombres se mêlant sur un mur. Toute la maisonnée vibrait au rythme des grincements du sommier, chaque pensionnaire se taisait et tendait l'oreillc, en ajoutant à cette rumeur des bruits sibyllins en provenance d'autres lits. Puis tout redevenait immobile, les assiettes cessaient de tinter sur les étagères, les corps recouvraient leur forme et leur consistance. Agnello se tournait vers le mur et se rendormait. Allongée sur le dos, Lena contemplait les créatures fantastiques que l'humidité dessinait sur le plafond. Parfois elle se levait, allait s'asseoir devant l'évier et restait là, sans bouger, le chat sur les genoux, à murmurer des mots dépourvus de sens. Ainsi s'était passé chaque jour, tout au long de l'hiver, sans pauses et sans changements. Vita observait en silence, aidait en cousant quelques roses ou en trempant son doigt dans la pâte des gnocchis, et se demandait à quoi servait tant de peine si le bonheur ne durait pas plus qu'un rêve sans cesse interrompu.

Un matin de janvier, Lena avait entrepris de lui brosser les cheveux. Elle s'était mise à chanter *Comme la plume au vent,* une chanson aussi menteuse que cynique qui plaisait tant aux garçons et affirmait que la femme ne cessait de changer de ton et de pensée. Tout cela ressemblait si peu à Lena que Vita, dans sa surprise, l'avait accablée de questions. Lena avait fini par lui avouer qu'elle avait rêvé à son fils. Tout excitée, Vita lui déclara qu'elle y rêvait aussi. Bébé lui rendait visite chaque nuit : c'était un gentil fantôme et il lui disait de ne pas se faire de souci, car il s'était envolé de la tour du « New York Times » pour se rendre directement au Paradis alors que la sorcière qui le poursuivait était tombée de son balai tant le vent soufflait fort. Il était devenu leur ange gardien. Mais cette nouvelle ne fit ni chaud ni froid à Lena, car elle parlait d'un autre fils, dont Vita ignorait l'existence. Il aurait dû être mort depuis belle lurette, cependant cette nuit la Vierge Marie avait envoyé un rêve à Lena, lui apprenant qu'il n'était pas mort du tout mais avait été recueilli par le commandant d'un navire qui l'avait emmené dans sa villa de Long Island. Il avait été élevé par son sauveur, portait maintenant de beaux habits et avait déjà cinq ans.

« Mais quand est-il mort, ce fils-là ? » avait insisté Vita en penchant la tête car Lena, perdue dans ses rêves, avait oublié la brosse dans ses cheveux.

Lena répondit enfin qu'elle habitait alors à Cleveland, sous le pont du chemin de fer. Le fracas du train faisait pleurer le bébé toute la journée. Il s'appelait Senjeley Pshimaqua, comme le mari circassien de Lena que la tuberculose avait emporté depuis si longtemps. Il ne grandissait pas, bien qu'elle essayât de le faire téter pendant des heures, au point que ses tétons lui faisaient mal : il n'arrivait pas à en tirer une goutte, car elle n'avait pas de lait. Senjeley était couvert de plaies à force d'être mangé par les rats pendant qu'elle allait travailler avec Arrachedent. Il la regardait comme pour lui dire : « Arrête de me faire souffrir, tu n'as donc pas de cœur ? Délivre-moi, laisse-moi retourner auprès de notre peuple, qu'est-ce que tu attends ? » Alors, elle l'avait délivré. Elle l'avait jeté dans le lac de Cleveland, toujours pleurant, enveloppé dans son châle où elle avait cousu une pierre. La pierre n'était pas assez lourde, ou peut-être l'avait-elle mal cousue, toujours est-il qu'elle s'était détachée et que le châle s'était ouvert comme une corolle. Elle avait vu l'étoffe noire emportée par le courant, la tête de Senjeley surnageant comme une orange, puis plus rien.

Tout cela, Lena affirmait n'en avoir parlé à personne, et surtout pas à Agnello, car ce n'était pas sa faute si elle avait dû jeter son fils dans le lac. Agnello n'était pas étranger à son geste, du reste, car il venait justement de lui demander de vivre avec lui. Mais enfin, elle s'était repentie, elle avait demandé pardon à Dieu, lequel pouvait la comprendre puisque lui aussi a crucifié son fils. De fait, Dieu avait compris, et en échange elle avait décidé de ne plus avoir d'enfant. Cette nuit, cependant, la Vierge lui avait expliqué le miracle :

« Senjeley a été sauvé des eaux parce que nous sommes le peuple qui a échappé au déluge universel, et maintenant il vit heureux. »

Lena parlait de la mort et du sauvetage de Senjeley sur le même ton, comme s'il s'agissait de faits également vrais et dignes de foi. Son sourire était si désespéré que Vita détourna les yeux. Elle savait que Lena se trompait et que Senjeley était désormais un fantôme, comme Bébé. Aussi se mit-elle à rêver la nuit non plus d'un mais de deux enfants disparus. Cependant Senjeley avait été emmené par la sorcière, et il lui apparaissait bien différent de ce qu'il était dans le rêve de Lena. Il était d'un bleu livide et s'agrippait à elle pour l'entraîner au fond du lac. Vita avait peur de lui, et elle ne redoutait pas moins Lena. Aussi fut-elle heureuse de suivre les inspecteurs.

Il l'emmenèrent dans un édifice blanc, près de l'église Saint Patrick. Elle comprit aussitôt que c'était une école. Elle se défendit avec des ruades et des hurlements, car elle était déjà allée à l'école en Italie et n'avait aucune envie d'y retourner. Elle avait même inventé une petite chanson qui disait : « AEIOU, à l'école moi j'y vais plus. » Elle était incapable de rester immobile quatre heures de suite à écouter la litanie des maîtres arborant un air hautain, comme s'ils allaient lui révéler le secret pour réussir sa vie, alors qu'ils avaient raté leur propre existence. Elle fuyait à la seule vue de l'école qui, de tous les bâtiments publics de Tufo, était le plus minable, négligé et délabré, et évoquait le mieux un hospice ou une prison. Elle s'échappait dans la campagne, où elle respirait l'odeur de la terre après la pluie et celle des figuiers après des heures de soleil, où elle goûtait l'argent poudreux des oliviers, la tige coriace des agaves, et savourait la violence soudaine des orages. Elle avait toujours été ainsi. Dionisia avait beau être l'écrivain public du village et répéter que les ignorants étaient des roseaux fragiles obéissant au vent et qu'on ne pouvait s'élever et améliorer son sort qu'en allant à l'école, Vita savait bien que, pour une femme, seul comptait le mariage qu'elle faisait ou qu'on arrangeait pour elle. De fait, Angela Larocca, qui ne savait pas même écrire son nom, avait épousé Mantu, un homme gentil et courageux avec qui elle vivait toujours. Alors que Dionisia, avec toutes ses écritures, n'avait récolté qu'une maladie aux yeux et un mari au menton en galoche, qui la battait et s'était enfui en Amérique deux mois après l'avoir épousée. On avait tourmenté Vita pendant deux ans, en Italie, puis on l'avait laissée tranquille et personne ne lui avait jamais demandé pourquoi elle n'allait pas en classe. « AEIOU, à l'école moi j'y vais plus. »

Mais ici, il n'y eut pas moyen de résister. Ils la firent asseoir au fond de la salle de cinquième puis refermèrent la porte. Les autres enfants la fixèrent d'un air moqueur.

« What's your name ? » lui demanda un maître blond.

Vita évita son regard et contempla le mur, avec dégoût. Un petit tableau représentait le visage d'un homme barbu et solennel. Le maître n'insista pas. De toute façon, il pouvait lire dans le registre le nom de la nouvelle venue – encore une *greenhorn* du Mulberry District. Il entreprit de tracer des mots sur le tableau. Des mots américains, que Vita ne comprenait pas. Le maître marchait parmi les bancs. Les autres enfants écrivaient avec application dans leurs cahiers et levaient la main. C'étaient des Chinois, des Irlandais et des Juifs, mais tous parlaient américain. Pour passer le temps, Vita gribouilla dans son cahier en pensant à Cichitto, aussi libre qu'un chat, qui à cette heure devait monter chez Lena pour apporter les roses. Lena lui offrait un verre de lait, lui débarbouillait le visage et même lavait ses vêtements crasseux dans le baquet des pensionnaires – si Agnello l'avait su, elle aurait reçu une sacrée correction. Après quoi il repartait vagabonder dans la ville, sans qu'on s'avise de le traîner à l'école, car il n'était le fils de personne et personne ne le tourmentait. Elle pensa aussi à Diamante, qui se trouvait en cet instant même dans l'agence des Pompes funèbres *Bongiorno Bros* et s'occupait à clouer les cercueils. Ce devait être excitant, de voir tant de gens vivants et tant de cadavres. Mais comme Cichitto, Diamante, était un garçon. Presque un homme, même : sa voix muait et avait pris un timbre rauque. Et il n'emmenait plus Vita voir les marionnettes le samedi... Elle sentait son cœur se serrer quand il sortait avec Rocco et Coca-Cola, l'air insolent dans son costume des grands jours, et dévalait l'escalier qu'il ne remonterait pas avant une heure avancée de la nuit. Les femmes ne manquaient pas, dans le quartier – des femmes de mauvaise vie, vivant recluses dans les sous-sols. Certains pensionnaires racontaient qu'on trouvait sur President Street des putains qui avaient dix ans, comme Vita. Un jour qu'elle était restée seule avec Lena, elle lui avait demandé où allaient les hommes. Lena avait esquissé un sourire.

« Ils vont s'amuser.

— Pourquoi ils peuvent pas s'amuser avec moi ?

— Parce que toi, ils t'aiment », avait répondu Lena d'un air pensif.

Ce qui avait laissé Vita perplexe car elle n'aurait jamais pu s'amuser, quant à elle, avec quelqu'un qu'elle n'aimait pas.

Elle feuilleta le livre de la fillette avec qui elle partageait son banc. Il contenait des dizaines d'illustrations : une maison blanche et arrondie avec des colonnes et un drapeau, un gamin blond au visage stupide, des familles entières de blonds habitant des chambres proprettes tapissées de papier rose, au milieu de pelouses vertes où aucun papier sale ne traînait. Sur le mur en face d'elle, le barbu du tableau lui adressait un sourire aussi confiant que condescendant. Quand Vita lui rendit son sourire, l'homme tomba du mur et se fracassa par terre avec un bruit épouvantable.

« Je vais à l'école. Une école américaine », dit-elle ce soir-là à Diamante.

Assis dans l'escalier, après le dîner, il fumait.

« Je suis content pour toi, assura-t-il sans autre commentaire.

— On fait un échange ? proposa-t-elle.

— C'est impossible. »

Il écrasa le mégot sous sa chaussure. Depuis quelque temps, il portait de merveilleuses chaussures vernies, qui avaient pour seul défaut de sentir aussi mauvais qu'une charogne. En tout cas, il n'avait plus l'air loqueteux. Depuis qu'au lieu de ramasser des chiffons dans la décharge avec Tom Orecchio il fréquentait les croque-morts de la Bongiorno Bros, il avait l'allure dédaigneuse d'un prince – déchu et négligé, certes, mais un prince. Vita aurait pourtant donné n'importe quoi pour revenir trois mois en arrière, à l'époque où il rentrait blanchi de neige et maculé de boue. Il sortait de son manteau déchiré les jouets cassés qu'il avait dénichés dans la décharge et les lui tendait avec un sourire à la fois fier et timide. Ou bien il l'emmenait sur le toit pour lui montrer les chiots, qui leur léchaient les mains. Diamante enlevait des chiens pour le compte de Pino Fucile, lequel les vendait ensuite à la fourrière, où ils étaient supprimés. Il prenait des chiens errants, mais s'il n'en trouvait pas il s'attaquait aussi à des chiens pourvus de maîtres. Profitant d'un moment d'inattention du maître, il attrapait la bête par le museau, en serrant ses mâchoires pour l'empêcher de mordre, et il la fourrait dans un sac. Ce travail n'avait guère duré, comme tous les autres, car Diamante cachait les chiots sur le toit, dans des boîtes en carton, et ne livrait que les vieux chiens. Et encore, si un vieux chien le regardait alors qu'il le menait à la mort, il le libérait... Vita et lui nourrissaient les chiots avec du lait, en cachette. Personne d'autre n'était au courant, et elle se sentait remplie d'importance en songeant à la confiance dont Diamante l'avait honorée. Cependant Coca-Cola avait fini par trouver les chiots et était allé les vendre comme de la viande blanche aux habitants du sous-sol qui survivaient en promenant un ours à travers Manhattan. L'ours vivait dans une cage si étroite et était si affamé qu'il les mit en pièces d'un coup de patte.

« Si t'apprends l'américain, tu me l'enseigneras ? demanda soudain Diamante.

— Qu'est-ce que tu me donneras en échange ? répliqua Vita, déçue qu'il ne compatît pas davantage à son malheur.

— Je te raconterai l'histoire des Paladins, proposa-t-il.

— Je la connais déjà. »

Il la traitait comme une petite fille, mais puisque les Paladins ne lui convenaient plus elle n'en voulait pas non plus.

« Je te lirai les aventures de Riccieri et de Fegra Albana de Barbarie.

— Je les aime pas, parce qu'elle se tue.

— Alors l'histoire de Fleuravant et de la belle Drusoline.

— Non, celle-là aussi finit mal. Elle devient vieille et laide avant d'avoir revu Fleuravant.

— Alors *Les Mille et Une Nuits.*

— De quoi ça parle ? » s'enquit Vita d'un ton méfiant.

Diamante se passa une main dans les cheveux et sourit d'un air averti.

« C'est une histoire d'amour avec le péché. »

Vita haussa les épaules. Il observa sa bouche boudeuse, hostile. Énervé, il serra les poings. Il ne voulait pas perdre cette occasion mais ne savait comment convaincre cette gamine obstinée de ne pas laisser tomber l'école et d'accorder son attention au maître. L'argent ? Il n'en avait pas assez. Les cadeaux ? Il lui en avait déjà fait. Se montrer aux petits soins ? Entre son nouveau travail et ses nouveaux amis, il n'avait plus guère de temps pour elle. Il ne lui restait plus rien à offrir à Vita. Elle ne se rendait pas compte de l'opportunité qui s'offrait à elle. Lui, il aurait donné n'importe quoi pour pouvoir arrêter de clouer des cercueils et s'asseoir dans une classe où il réapprendrait à parler. De cette façon, quand il aurait dépassé Houston, les gens ne se seraient pas aperçus qu'il était un *dago* et n'auraient plus chantonné *ghini ghini gon* dans son dos. Il aurait pu trouver un travail de coursier ou de commis dans un de ces bureaux qu'abritaient les gratte-ciel, avec leurs ascenseurs volants et leurs corridors aux tapis rouges. Il aurait pu entrer dans un grand magasin et s'acheter une cravate sans être chassé à coups de pied dans le cul, et prendre place dans les théâtres de Broadway où entrent les dames en fourrure et les messieurs en haut-de-forme, au lieu de la baraque des marionnettes que fréquentaient les ouvriers. Il n'aurait plus eu honte d'ouvrir la bouche à l'idée que tout le monde comprendrait aussitôt qu'il venait d'Italie, au point qu'en Amérique il restait perpétuellement silencieux, se contentant d'écarquiller ses yeux bleus quand les gens l'observaient, de les fixer sans dire mot, afin qu'ils le croient absolument pareil à eux.

« Je veux un baiser, lança Vita prise d'une inspiration soudaine.

— Quelle idée ! » s'exclama Diamante, abasourdi.

Vita lissait son tablier avec ses mains. Elle précisa qu'elle voulait ces baisers qu'Agnello donnait à Lena quand il s'étendait sur elle. Diamante avait beau secouer la tête en disant que c'était impossible, que c'était une mauvaise idée, un péché mortel, elle répéta avec conviction :

« Je veux un baiser pour chaque mot. »

C'est ainsi que Diamante cessa de sortir le dimanche avec Rocco et Coca-Cola, même si ce dernier se moquait de lui en le traitant de dégonflé et de minable indécrottable. Diamante encaissait en silence, attendait en tremblant qu'Agnello descende à la taverne et que Lena se mette à tamiser la farine. Puis il tirait le rideau, s'asseyait sur le lit et se poussait pour que Vita s'installe, car cette fillette plate comme un fer à repasser et inexorablement enfantine possédait quelque chose qui manquait à toutes les autres femmes du quartier : les mots. Il faut d'abord donner un nom aux choses. De cette manière, on sait toujours où elles sont. Si on ignore leur nom, on ne peut les chercher. *Job, train, bed, fire, water, earth, hearth, hurt, hope.* Un baiser sur les cheveux, un sur la joue, un autre sur le nez, sur les mains, au creux du coude, sur le cou, sur les paupières, sur les cils. Ensuite, il semblait à Vita que sa peau était brûlante. Est-ce cela qu'on appelle une *histoire d'amour* ? Est-ce cette sensation de danger, de joie et de trouble qui fait rougir les joues, se précipiter le sang dans les veines et trembler les genoux ? Diamante se relevait toujours éperdu, avec l'air d'un voleur. Les baisers de Vita étaient frais et âpres comme les citrons sauvages. Et comme eux, ils apaisaient la soif.

Le dimanche, pour s'entraîner, ils remontaient la Bowery, dépassaient la Huitième rue et lisaient les enseignes des magasins. La ville se révélait à leurs yeux. La *butchery* n'était qu'une boucherie, l'*elevated* un simple train aérien. Non seulement la ville perdait de son mystère, de son pouvoir et de sa fascination, mais elle paraissait même moins hostile. Ils découvrirent une vraie place, avec des arbres, des moineaux et une fontaine. Elle s'appelait Washington Square et c'était là que vivrait Diamante, quand il aurait trouvé un travail dans le bureau d'un gratte-ciel. Le soir, lorsque Agnello s'endormait après être monté sur Lena, Diamante enjambait le corps inerte de Geremia et Vita se glissait parmi les seaux. Tapis dans l'escalier obscur, ils chuchotaient pendant des heures, visage contre visage, en se frôlant – *help, work, cry* -, en s'embrassant – *kill, live, pray* -, sur les oreilles, les doigts, la nuque, le menton, les genoux, les ongles, les paumes, les mollets, les épaules, les fossettes. La bouche.

Mais Vita fut trahie par Cichitto. Elle le connaissait depuis longtemps, car il rôdait autour du magasin. Il venait mendier avec ce filet de voix qui évoquait le miaulement d'un chat perdu, et Agnello lui faisait toujours cadeau de quelques bananes pourries. Frêle et galeux comme une bête errante, Cichitto s'asseyait alors par terre, à l'extérieur de la boutique, et engloutissait sur-le-champ jusqu'à la dernière banane. Quand Vita lui demanda pourquoi il se hâtait ainsi, il lui répondit avec sagesse qu'on ne pouvait rien mettre de côté, dans ce pays, car on se le ferait bientôt voler par plus fort que soi. Mieux valait donc s'emplir la panse sans attendre et jeûner ce soir plutôt que de jeûner non seulement ce soir mais aussi maintenant. Cependant Cichitto ne se plaignait jamais, et Vita fut très impressionnée par son endurance et son aptitude à la survie. Tandis qu'elle s'attirait des réprimandes, se révoltait, protestait, recevait des claques et était privée de dîner, Cichitto glissait comme une vipère au milieu des coups de bâton, de la faim et des brimades que chacun lui infligeait. Il courbait l'échine. Quand on lui volait ses journaux, sa paie ou ses bananes, il se laissait faire. Quand on le rossait, il pleurait, mais sa révolte se limitait à ces larmes. Après quoi, obstiné et irréductible, il ramassait les journaux que les grands avaient jetés dans l'égout pour le faire enrager puis reprenait sa tournée, en boitillant sur ses pieds nus esquintés par le froid. Vita le compara en elle-même aux larves des moustiques se cachant dans les étangs, au milieu des roseaux du Garigliano. Des larves invisibles et fragiles, mais opiniâtres, capables de survivre dans un environnement hostile, pleines d'intelligence et de patience. Si elles restent au fond de l'eau, elles meurent, de sorte qu'elles doivent monter à la surface pour respirer. Elles y demeurent suspendues, en faisant trembler l'onde pour se procurer quelque nourriture, jusqu'au moment où elles sont devenues grandes et peuvent s'envoler. Elles mangent l'eau ! Elles vivent d'air et d'eau, autant dire de rien, car ce rien, le minimum indispensable pour ne pas mourir, est toujours disponible.

Cichitto frappait à la porte de l'appartement de Prince Street après le coucher du soleil. Il frottait ses yeux chassieux, collés par le rhume, et courait remplir pour Lena le seau à charbon. Il remontait l'escalier en le traînant derrière lui, avec exactement la même attitude que ces larves des étangs supportant patiemment le marais en attendant de pouvoir s'envoler au loin. Au contraire, Vita protestait, réclamait, et elle avait souvent goûté aux taloches d'Agnello qui laissaient sur sa joue l'empreinte de cinq doigts. En voyant le visage menu de Cichitto occupé à lécher son bol en hâte, debout, car il lui fallait s'enfuir avant le retour des autres, elle se sentait perturbée, renvoyée à la réalité d'un monde où l'abus et la violence régnaient à tous les niveaux – personne n'était innocent. Elle était gênée par ses grands yeux dévoués et sa passivité servile. Elle se montrait pourtant patiente avec la larve Cichitto, qui outre sa sagesse précoce possédait des cheveux clairs et bouclés comme ceux du Petit Jésus de la crèche, et elle comprenait Lena quand elle lui réchauffait les mains sur le fourneau, par ces jours d'hiver où la température dans la rue tombait à moins dix degrés, avant de lui prêter une couverture pour qu'il puisse dormir dans un baril sans mourir de froid. En faisant la cuisine, Vita lui racontait des histoires. Elle aimait particulièrement se vanter d'avoir pour père un célèbre ténor, nommé Enrico Caruso, qui était venu en Amérique tout exprès pour rechercher la fille qu'on lui avait enlevée.

Si Cichitto ne la croyait pas, il n'avait qu'à se rendre au Metropolitan, où le nom du père de Vita et ses moustaches noires ornaient toutes les affiches. Son père était d'une beauté prodigieuse et avait une voix de velours. Il possédait un château dont les tours se dressaient en face de Central Park. Contraint de sacrifier ses sentiments sur l'autel du succès, il avait dû confier sa fille à un pauvre diable des quartiers populaires. Dans quelque temps, cependant, il viendrait la chercher et l'emmener loin d'ici. Vita remuait la soupe tandis que son auditeur se grattait la tête, car il était persécuté par les poux. Elle lui décrivait le château d'Enrico Caruso à Central Park, ses tours, ses flèches et ses mille fenêtres, avec un tel luxe de détails que Cichitto se taisait, convaincu que tout était vrai.

« Surtout, n'en parle à personne. C'est un secret entre mon père et moi.

— Oui, oui », promettait Cichitto tout en se grattant.

A force de se gratter avec ses ongles sales, il avait infecté sa peau, dont une partie était rouge et couverte de croûtes et de pustules. Il toussait, aussi. Des quintes violentes, semblant sortir du fond de son âme, le secouaient. Il était doué d'un esprit analytique et fut très impressionné par les récits de Vita. Un beau matin, il lui demanda comment son père richissime pouvait permettre qu'elle se pique les doigts avec l'aiguille en confectionnant ces fausses roses privées de parfum. Elle resta interdite, réfléchit longuement puis expliqua :

« C'est parce qu'il est bon, et qu'il croit que tout le monde est comme lui.

— Ben vrai ! s'exclama Cichitto. J'y avais jamais pensé. »

Il ajouta que peut-être son propre père était bon comme Enrico Caruso et l'avait abandonné à l'orphelinat des Five Points parce qu'il croyait que tout le monde était comme lui... Au bout de quelque temps, Vita regretta d'avoir raconté ce mensonge à Cichitto. Sans bien savoir pourquoi, elle n'aimait plus autant Caruso et n'était pas certaine de le vouloir pour père. Même s'il avait un menton en galoche et une peau noire et ratatinée comme un grain de café, même s'il l'avait séparée de Dionisia et refusait de retourner dans son foyer, elle ne pouvait rien au fait qu'Agnello était son père.

Ensuite elle commença à se rendre en classe, ses journées changèrent et elle oublia Cichitto. Désormais, elle ne pensait plus qu'au moyen de déjouer la surveillance d'Agnello afin de se cacher avec Diamante dans le cabinet de toilette, l'escalier ou la réserve de charbon et de lui répéter *street, railroad, mouth, love,* tandis qu'il couvrait de baisers ses cheveux, ses mains et ses paupières. Elle l'attendait le cœur battant, en proie à un sentiment poignant de pauvreté et de manque. Quand il posait la main sur son épaule, elle se sentait frémir de la tête aux pieds. Quand ils se séparaient, elle éprouvait une douleur lancinante au côté, comme si on lui avait arraché un morceau de sa chair. Elle se mit à épier le regard de son père, à reconnaître son haleine, à deviner combien de verres il avait bu. Lorsqu'il avait bu, il dormait mieux, et même la proximité de Lena ne le réveillait pas. Les rôles étaient inversés : c'était elle qui surveillait son père, maintenant. Elle guettait ses accès de somnolence, son désœuvrement, ses expéditions au mont de piété. Pour éprouver la finesse de son ouïe, elle marchait derrière lui sur la pointe des pieds. Elle en venait à braver ses halètements nocturnes dans cet appartement sans murs, elle écartait des rideaux, traversait sans bruit les ténèbres, en se répétant : Je suis maligne, j'ai si bien réussi ma magie que je suis devenue invisible...

La santé de Cichitto se détériorait. Lors d'accès particulièrement violents, il crachait du sang. Il assurait à Vita qu'elle ne devait pas avoir peur car il avait toujours toussé, mais elle ne s'y fia pas et se mit à fuir sa présence. Par instinct, peut-être : qui sait si elle n'était pas elle aussi une vraie larve d'étang, à qui il importait avant tout de survivre. A moins qu'elle n'éprouvât qu'un malaise infini, ce dégoût insurmontable qu'inspirent les maladies d'autrui. En tout cas, elle ne le laissait plus entrer dans l'appartement et lui apportait son bol dans l'escalier, afin de ne pas respirer le même air que lui. Cichitto ne s'attardait pas – avec l'arrivée des beaux jours, il n'avait plus besoin de dégeler ses mains sur le fourneau. Et Vita continuait ses séances de baisers avec Diamante. Elle découvrait la complexité du corps humain, dont bien des parties paraissant inutiles se révèlent au contraire merveilleusement faites pour être effleurées par les lèvres d'un autre. Son assurance grandissait à vue d'œil, au point qu'elle prit l'habitude de s'isoler avec Diamante sur le toit, d'où l'on voyait la ville entière s'illuminer et resplendir dans les ténèbres et où personne ne pouvait entendre leurs chuchotements.

Agnello s'aperçut que sa fille lui cachait quelque chose. Il chargea Coca-Cola de la surveiller, mais celui-ci fermait les yeux car lui-même, depuis quelque temps, vaquait la nuit à des affaires secrètes. Inquiet et soupçonneux, Agnello multipliait les rondes pour contrôler les zones à risque – le cabinet de toilette, la réserve de charbon –, mais sa fille lui souriait sans cesse et il ne pouvait concevoir que Vita, sa petite Vita, fût capable de le berner. Puis, un dimanche de juin, il comprit que telle était pourtant la réalité. Vita aidait Lena à préparer la soupe aux fèves et aux pois. Elle faisait revenir un oignon et se sentait euphorique car Diamante lui avait proposé de se rendre après le repas avec lui et les garçons au musée des Curiosités. Au n° 210 de la Bowery se trouvait le New York Museum, le plus grand de tous. Le musée des Curiosités est un endroit où l'on peut voir la femme à barbe, la reine des Amazones, l'homme squelette, l'homme volant, l'unicycliste qui pédale sur une seule roue, la fille tatouée qui pèse 485 livres, les gigantesques jumeaux zoulous aux bras larges de 36 pouces, la femme albinos, le démon cinétique qui marche sur les murs, le crâne du pirate Tamany et tous les autres prodiges singuliers de la planète. Lena regardait Diamante comme s'il était lui-même un prodige, et Vita s'étonna de voir les joues du garçon rougir exactement comme lorsqu'il la couvrait de baisers. Aucun soupçon ne l'effleura, cependant, et elle entreprit de faire bouillir dans la marmite les fèves écossées, les pois, cinq cœurs d'artichaut et deux feuilles de laitue. Elle aidait Lena à préparer les croquettes de poisson quand son père éclata :

« Tout ça, c'est rien que des embrouilles bonnes pour les gogos ! »

Il expliqua que la femme albinos était blanchie à la soude, que la femme à barbe n'était qu'un homme déguisé, que les zoulous étaient en fait des nègres de Virginie et l'homme squelette un malheureux sous-alimenté vêtu d'un tricot étroit.

« Je veux quand même y aller ! » protesta Vita.

Agnello lui jeta un regard haineux. Cela faisait des mois qu'il était tombé dans une dépression profonde. Depuis qu'il avait vendu son magasin, en effet, il se sentait inutile. Il avait cherché un autre travail, mais les gens du bureau de placement lui avaient répondu qu'il était trop mal en point pour travailler en usine, rejoindre une équipe des chemins de fer ou aller installer des poteaux électriques dans l'Ouest. Finalement, le patron s'était souvenu qu'Agnello lui avait fourni une foule d'ouvriers courageux, dociles et obéissants à des prix vraiment concurrentiels. En signe de gratitude, il lui avait offert une place de chef d'équipe dans les Canadian Pacific Railways pour un salaire journalier de cinq dollars. C'était une bonne place, même s'il lui faudrait de nouveau commander ses camarades sous la menace d'un fusil, mais Agnello avait fait ce métier pendant des années, il n'en avait plus envie. De plus, le camp de travail était au diable – au moins dix jours de voyage, au cœur des plaines du Saskatchewan. Agnello ne voulait pas partir six mois en laissant seuls Lena et ses enfants. Il n'avait confiance ni en l'Amérique ni en eux. C'est pourquoi il les regardait avec hargne et se sentait offensé par leur gaieté. Les garçons plaisantaient, parlaient de la reine des Amazones. Coca-Cola disait à Lena qu'elle devrait les accompagner au musée des Curiosités et elle souriait, tentée. Vita pétrissait les croquettes et fourrait ses doigts dans la bouche de Diamante pour qu'il goûte comme elles étaient bonnes, ses *fish balls*. Agnello eut soudain terriblement envie de tous les tuer. Il était beaucoup plus tranquille quand il vivait seul. Ses enfants n'avaient été pour lui qu'une source de problèmes. Ils ne s'occupaient pas de lui. Ils riaient, ne songeaient qu'à s'amuser... Bon Dieu, ils ne s'apercevaient même pas de sa présence !

« Vous allez finir ? Je sens que mon corps va éclater tellement j'ai faim, espèces de canailles ! rugit-il.

— Oh, don't worry, papa, badina Vita, you'll eat like a god ! »

Agnello la regarda fixement, stupéfait d'être ainsi outragé par cette impudente. Non seulement Vita le trahissait, mais elle le narguait. Que Nicola le laisse tomber, il n'en aurait pas été surpris. C'était un fainéant, vaniteux et fasciné par tout ce qui était malhonnête. Il l'avait amené trop tard en Amérique, et Coca-Cola n'avait retenu de ce pays que le pire... Que Lena le laisse tomber, il savait que c'était à craindre. Si elle n'avait pas été si imprévisible, elle l'aurait sans doute déjà fait. Seule sa folie la poussait à rester avec lui, et peut-être aussi la peur de retrouver la misère dont il l'avait tirée : un trou à rats sous le pont du chemin de fer, où elle gigotait à moitié nue pour Arrachedent Sansdouleur et faisait des pipes pour vingt-cinq sous. Elle coûtait moins cher qu'un repas à la taverne. C'était une fille compliquée et maladroite – elle dansait bien, mais comme maîtresse elle ne valait rien.

Quand il l'avait rencontrée, à Cleveland, Agnello sortait des camps de travail du chemin de fer, perdus dans une forêt de conte de fées, noire, épaisse et effrayante. Cela faisait des siècles qu'il n'avait pas couché avec une femme. Il avait une molaire cariée et cherchait un arracheur de dents. Sur Mayfield Road, il rencontra Arrachedent Sansdouleur accompagné de ses Pincettes Tentatrices, cinq malheureuses à moitié mortes de faim qui dansaient jambes nues par une température de moins dix degrés. C'étaient pour la plupart des rebuts des bordels de New York et de Chicago, qui s'étaient repliées en province quand plus personne n'avait voulu de leur vagin distendu. Elles dansaient et chantaient en se contorsionnant autour de ce dentiste crasseux, afin d'inciter les badauds à se faire arracher une dent. « Un dollar pour une molaire, assurait Arrachedent. Extraction rapide et plaisir garanti. » L'homme avait une cinquantaine d'années, un visage au teint florissant, des cheveux teints en blond et des sourcils embroussaillés. Agnello avait tout de suite compris que ce type n'était pas un vrai dentiste et lui ficherait un abcès, mais ensuite il avait rencontré le regard de Lena. Le regard d'une femme vivant sur une autre planète, où ni le mal ni la souffrance ne pouvaient l'atteindre. Vêtue pratiquement de ses seuls cheveux, elle semblait sans âge. Un corset trop étroit comprimait ses seins d'adolescente, ses jambes étaient fines sous ses bas à résille tout déchirés.

Prenant son courage à deux mains, Agnello s'avança. La foule battait des mains. Il s'assit sur le fauteuil et les Pincettes Tentatrices lui nouèrent une serviette blanche autour du cou. Arrachedent Sansdouleur faisait son boniment, expliquait que ses mains étaient aussi légères que des pattes de libellule et qu'il hypnotisait ses patients avec la beauté. Les Pincettes Tentatrices se mirent à tourbillonner autour de lui en se tortillant et en agitant frénétiquement hanches, fesses et nichons. Elles montraient tout ce qu'elles pouvaient, même si dans l'ensemble le spectacle n'était guère réjouissant : chairs vergetées, débordantes de toute part ou ratatinées comme une figue molle. Lui regardait les os saillants de Lena, ses hanches étroites, ses clavicules pointues, ses omoplates qui évoquaient deux parenthèses – ou deux ailes. Les Pincettes chantaient : « Je te ferai guérir sans souffrir, je te ferai rêver sans dormir », et autres couplets d'un haut niveau artistique. Il ouvrit la bouche. Arrachedent écrasa sa langue sous une lime de fer. Ses aides continuaient de chanter de leurs voix complètement fausses. Le dentiste attacha un fil à sa molaire. En fait, ce n'était pas un fil mais plutôt un ruban d'une longueur exagérée, d'au moins dix mètres. Les Pincettes dansèrent en passant le ruban entre leurs jambes, en le fourrant dans leur bouche, en le suçant et en le léchant avec force gémissements. La foule semblait devenir folle d'excitation. Lena se mit à danser devant Agnello avec le ruban entre ses doigts. Elle dansait perdue dans son rêve, sans mémoire, intacte. Puis elle mit le ruban dans sa bouche et entreprit de tourner sur elle-même pour l'enrouler autour de ses hanches. Le ruban commença à tirer, et plus elle s'approchait d'Agnello plus la douleur se faisait lancinante, plus la distance les séparant diminuait plus la dent branlait, jusqu'au moment où tout se brouilla. Il se retrouva avec la bouche pleine de sang, une dent en moins et son pantalon trempé. Les assistants applaudissaient à s'en écorcher les mains. Arrachedent attira ainsi des dizaines de volontaires et les ouvriers des chemins de fer accoururent en masse, prêts à tout pour un contact rapproché avec les Pincettes. Le visage de Lena était aussi inexpressif que celui d'un ange porte-cierge. Elle n'appartenait pas à ce monde, elle était ailleurs. Agnello ne parvenait pas à y croire, mais il n'avait pas senti la douleur. Au contraire, il avait éprouvé du plaisir – le plaisir lancinant de souffrir. Lena lui pressa sur la bouche un chiffon imbibé de chloroforme. « Dors, lui dit-elle. Retrouve-moi en rêve. »

Et c'est ainsi qu'Agnello l'avait prise pour compagne, bien qu'elle eût montré ses jambes à des équipes entières de terrassiers hivernant à Cleveland. Il était las de vivre comme un chien de garde, de passer son temps à aboyer des ordres à ses hommes, d'être craint, haï et seul à en mourir. Sans Lena, jamais il n'aurait quitté les chemins de fer pour venir s'installer à New York, jamais il n'aurait acheté son magasin ni ouvert sa pension. Il n'aurait pas essayé de vivre comme un homme et non comme une bête dans cette maudite ville.

Mais que même Vita puisse songer à le laisser tomber, il ne

pouvait l'accepter. A force d'apprendre des choses qu'il ignorait, elle finirait par rire de lui. Elle en viendrait à se ficher de ses règles et de ses enseignements, à lui mentir et à se comporter comme une Américaine. Or il ne voulait surtout pas oublier les règles de cet autre monde qu'il avait été contraint de quitter et où il n'avait même pas envie de rentrer. Les tourner en ridicule serait revenu à bafouer les seize années qu'il avait passé en Amérique et les souffrances qu'il y avait endurées, en les transformant en un sacrifice absurde. Il ne fallait pas que Vita le renie. S'il avait ouvert une pension, c'était aussi pour elle, car elle était l'espoir de sa famille.

Blotti sur un tas de journaux, Cichitto grignotait une croûte de pain.

« Tu veux une banane ? lui demanda Agnello.

— Non.

— La belle saison est vite terminée, dit Agnello en scrutant le ciel. La chance arrive en boitant et repart en courant. Un plat de spaghettis te ferait envie ?

— Non, souffla l'angélique Cichitto.

— Qu'est-ce que tu veux pour me dire ce que fabrique Vita ? » insista Agnello.

La larve des étangs se contente de peu pour survivre, mais elle ne vit que pour survivre. Pour atteindre cet unique objectif, elle devient insensible au temps, à la lumière, à la chaleur. Sa vie se réduisant à flotter perpétuellement, à lutter de toutes ses forces dans l'attente de la saison favorable, à survivre, en somme, elle ne dédaigne pas un engourdissement presque total des autres impulsions vitales. C'est pourquoi Cichitto finit par répondre...

Enveloppé dans une couverture, sur le toit, Cichitto fumait un mégot en toussant. Il voulait dire à Vita de renoncer à son rendez-vous avec Diamante cette nuit, mais le courage lui manqua car s'il l'avait fait Vita aurait su qui les avait espionnés. Il reconnut son ombre se glissant parmi les cages. Quelqu'un se dirigea à pas feutrés vers les balustrades. « Boy » – c'était la voix de Vita. Un baiser furtif. « Girl » – un gémissement étouffé. Agnello et Coca-Cola sautèrent sur elle tandis que les lèvres de Diamante tâtonnaient dans l'obscurité à la recherche de sa joue.

« Sale petite putain ! » glapit Agnello, hors de lui.

Encore étourdi par une taloche, Diamante profita de l'inattention complice de Coca-Cola pour s'éclipser dans l'ombre. Agnello traîna sa fille par terre en hurlant et en faisant tournoyer sa ceinture. Vita ne criait pas, ne se plaignait pas. Elle savait que la fortune est en verre et se brise à l'instant même où elle resplendit. Et de toute façon, l'essentiel était qu'ils n'aient pas attrapé Diamante. Sans quoi ils se seraient entre-tués, car il avait le sang aussi chaud qu'Agnello. Les voisins montaient tous, attirés par les clameurs. Ils s'attroupèrent dans les ténèbres, ébouriffés, ensommeillés et irrités de voir leur repos troublé par ce tapage.

« Uazzo marro ? Uazzo marro ? demandaient-ils.

— No iu bbisiniss », répondait Agnello.

Lena monta également, tout endormie. Elle portait un pyjama pour homme dont la veste à moitié déboutonnée laissait voir les bouts pointus de ses seins. Caché derrière un bidon, Cichitto se bouchait les oreilles avec ses poings. Vita n'appela pas à l'aide, ne demanda pas pardon, ne se réfugia pas dans les bras peu sûrs de Lena, dont les supplications ne faisaient qu'irriter davantage Agnello, convaincu qu'elle avait elle-même donné le mauvais exemple à sa fille. Elle ne cria pas quand son père la gifla, ni quand la ceinture usée se rompit tandis qu'il cinglait son dos. Même lorsqu'il se mit à la fouetter avec le fil de fer servant de corde à linge et ne s'arrêta qu'une fois ses bras engourdis, elle resta muette.

« Calme-toi, mon père. C'est assez, tu vas la tuer », hasarda à voix basse Nicola, terrorisé à l'idée que son propre dos puisse goûter au fouet improvisé.

Agnello s'apaisa enfin et, la tirant par l'oreille, traîna Vita jusqu'aux cages des lapins.

Malgré l'interdiction des propriétaires de l'immeuble, les voisins élevaient des lapins pour les tuer et récolter quelques sous. C'étaient les enfants qui s'en occupaient : ils montaient à l'aube leur apporter des feuilles de salade et venaient nettoyer leurs cages au coucher du soleil. Souvent, en échange d'une tomate, Cichitto se joignait à eux. Il aurait voulu avoir un lapin mais n'avait rien pour le loger ni pour le nourrir. En fouillant dans les ordures, l'hiver, il lui arrivait de ne même pas trouver un trognon de pomme pour assurer sa propre subsistance. Agnello ouvrit la dernière cage, qui était vide, et la referma avec un cadenas après y avoir jeté sa fille.

« Maintenant, montre-nous comment tu t'y prendras pour aller te dévergonder ! » gronda-t-il.

La cage avait un mètre de long et soixante centimètres de hauteur. Vita ne pouvait ni se lever ni s'allonger. Elle dut rester accroupie à quatre pattes, même si ses genoux lui faisaient mal – au bout d'une heure, ils commencèrent à se tuméfier.

« Laisse-moi sortir, laisse-moi sortir ! J'ai rien fait de mal ! Je le ferai plus ! » cria-t-elle en pressant son visage contre le grillage.

Les lapins des cages voisines poussaient de petits cris. Ils dévoraient laitue et carottes, et on entendait leurs dents s'activant dans l'ombre.

« Je le ferai plus ! Tata ! Tata ! » hurlait-elle.

A force de s'égosiller, elle se retrouva à bout de souffle et de voix. Elle regarda le cadenas – de la même façon qu'elle avait regardé le portrait du président Lincoln –, mais elle était trop faible, ou ses yeux trop embués de larmes : le cadenas ne bougea pas. Quand l'aube vint, elle ne se soutenait plus sur ses poignets et mourait de soif. Elle n'avait même plus la force de pleurer. De temps en temps, la porte s'ouvrait en grinçant. Elle entendait les pas traînants des voisins, les boitillements de Cichitto. A travers le grillage, elle ne voyait que le pied de salade qui s'approchait et faisait une tache verte dans la lumière inondant maintenant le toit.

« Fais-moi sortir, Cichitto ! » cria-t-elle avec désespoir.

Cichitto s'accroupit devant la cage. Son visage aux boucles claires souriait avec douceur.

« Je peux pas, je peux pas. Schiusmi...

— J'ai faim, j'ai soif. Apporte-moi de l'eau, je t'en supplie. J'ai tellement mal ! »

Elle avait le dos en feu et les bras rompus. Les enfants des voisins s'en allèrent et Cichitto se rapprocha.

« Fais-moi sortir, Cichitto... »

Elle était au bord des larmes tant elle se sentait épuisée. Ses oreilles sifflaient et elle voyait passer sous ses yeux de grosses araignées noires, agiles et velues. Tandis qu'elle le suppliait, elle croisa son regard coupable et comprit tout. Sans ajouter un mot, elle cessa ses plaintes. Cichitto décampa en boitillant et ne se montra plus. Pendant toute la journée, chacun sembla l'oublier. Il ne servait à rien d'appeler et de hurler, puisque personne ne venait. Le soleil chauffa à blanc le goudron du toit, fit fondre le bitume dans les seaux et brûla la peau de Vita. Elle n'avait plus de salive. La soif fendillait ses lèvres, la faim tordait son ventre. Elle avait des fourmis dans les bras et était trempée car elle avait fini par faire dans sa culotte. Les lapins se battaient dans leurs cages. Le bruit de leurs dents, l'odeur de carottes et de salade en train de pourrir... Dans ses oreilles, le bourdonnement était devenu assourdissant. Sa vue se troublait, il lui semblait qu'il faisait nuit. Elle s'évanouit, revint à elle. Elle s'accroupit comme une poule en train de couver, car c'était la seule position qu'elle supportait maintenant qu'elle ne sentait plus ses bras ni ses genoux. Le cadenas étincelait, lui paraissait de plus en plus énorme. Le soleil partout. Elancements, brûlures, soif, faim, crampes, faiblesse, bourdonnements. Des araignées noires dans les yeux. Le cadenas solidement fixé à la chaînette. L'odeur des carottes, de l'urine. Le cadenas. La chaînette... Elle ne s'aperçut même pas que la cage s'ouvrait. Diamante et Coca-Cola la firent sortir, l'allongèrent sur le goudron brûlant.

« Vita... murmurait Diamante. Vita, tu m'entends ? »

La cicatrice laissée par la corde à linge guérit en trois semaines. Il ne resta plus qu'un sillon vaguement poreux et râpeux au toucher, en forme d'éclair. Mais Vita ne retourna pas à l'école. Au début de la nouvelle année scolaire, l'envoyée de la Society for Charity Organization vint la chercher. La première fois, Lena essaya de lui expliquer que la fillette était malade et hors d'état de sortir. L'envoyée menaça d'engager des poursuites pour faire payer une amende au père récalcitrant. La seconde fois, Coca-Cola déclara que Vita était partie pour Youngstown, où elle séjournait chez des parents. L'envoyée dénonça Agnello auprès d'un tribunal, et la procédure s'enlisa dans un bureau en compagnie de quelques milliers d'autres requêtes similaires. La troisième fois, devant la corne en corail, l'inspectrice se sentit soudain désemparée. Après tout, si ces êtres brutaux et inférieurs la considéraient comme leur ennemie et non comme une alliée ne désirant que leur bien, s'ils refusaient d'instruire leurs enfants, d'améliorer leur existence, d'élever leur niveau moral et de les aider à devenir de vrais Américains, qu'y pouvait-elle ? Elle n'était qu'une bienfaitrice idéaliste, un minuscule engrenage dans le mécanisme du destin. Le nom de Vita resta inscrit dans le registre de la Saint Patrick School durant toute l'année 1904-1905, bien qu'elle n'assistât pas à un seul cours et que le maître eût renoncé à la mentionner en faisant l'appel. Dans le registre de l'année scolaire suivante, 1905-1906, la liste se présentait ainsi au niveau des M : MacDuffy, Mazzoni, Meyer. Son nom avait disparu.

Vita ne pardonna jamais à Cichitto. Elle ne le vit pas pendant des semaines. Un beau jour, elle tomba sur lui alors qu'il tentait d'apitoyer les passants avec ses éternels journaux sous le bras. Elle lui cracha au visage. Par la suite, elle l'ignora obstinément. Pour elle, Cichitto était mort la nuit où elle avait été enfermée dans une cage. Elle ne voulait plus entendre parler de cet ami menteur, de ce traître, de ce Judas. Quand elle l'apercevait devant le bureau de poste, dans une ruelle ou sur les marches glissantes de l'escalier, elle détournait la tête et l'enjambait en sifflant : « Qui joue les espions n'est pas fils de Marie. » Elle ne lui dit jamais rien d'autre. Elle resta inflexible, incapable de pardonner à un mouchard, même s'il n'était le fils de personne et n'avait rien reçu de la vie, pas même un beau souvenir. Il arrive que mentir ou même tromper soit nécessaire, mais il n'est jamais permis de trahir un ami. Pas même pour un lapin – la seule chose que Cichitto ait osé demander au cours de son existence misérable de larve condamnée à vivre de rien. Car tel était le prix qu'Agnello lui avait promis pour lui extorquer le secret de sa fille. Un lapin qu'il pourrait garder sous sa couverture, au-dessus des soupiraux du métro, en hiver...

« C'est ta faute, Vita. Diamante et toi, vous auriez pas dû vous embrasser », murmurait-il en lui courant après.

Elle ne l'écoutait même pas.

« Faisons la paix, Vita.

— Non. Tant pis pour toi. Si tu m'avais pas espionnée, on serait restés amis et je te raconterais encore mes histoires. »

Cichitto ne respirait plus. Au commencement de l'hiver, il cracha tant de sang qu'on le trouva inanimé sur le trottoir. Son visage était bleu, il était presque mort de froid. Lena le traîna dans l'appartement et envoya Nicola chercher le docteur, malgré les jurons d'Agnello protestant qu'ils ne pouvaient faire la charité au monde entier et qu'ils n'étaient quand même pas l'Église catholique. Ils l'étendirent sur le lit de Diamante. Vita ne s'approcha pas. Elle le trouvait répugnant, et elle ne se gêna plus pour lui dire pourquoi.

« Ton sang me dégoûte tellement que je veux pas te toucher.

— Vita, je t'aime, Vita... » gémit-il.

Il pleurait et elle se taisait, ne sachant plus que dire. Le médecin voulut être payé avant de mettre les pieds dans l'appartement. Il connaissait la fourberie de cette racaille : s'il ne prenait pas ses précautions, il risquait de ressortir les mains vides. Comme Agnello refusait de débourser un sou pour cet enfant de personne, malgré les supplications de Lena, Diamante finit par aller fouiller dans la boîte de talc où il gardait ses économies. Il dépensa ainsi un mois de salaire pour s'entendre dire qu'il n'y avait rien à faire, que le malade était tuberculeux au dernier degré, horriblement contagieux et bon pour l'hôpital.

Pendant qu'ils discutaient pour savoir qui devrait l'emmener au Bellevue Hospital, situé dans la lointaine First Avenue, en affrontant dix degrés en dessous de zéro, un brouillard glacé et un vent coupant, Cichitto se pelotonnait sur le lit et continuait de la regarder fixement.

« Vita, je voudrais que tu me dises quelque chose... »

Et il lui demanda d'une voix presque imperceptible, hanté par un désir ultime, insensé :

« Est-ce que moi aussi, je suis l'enfant d'Enrico Caruso ?

— Toi ? lui répondit-elle en souriant. Non, pas toi, Cichitto. T'es l'enfant de personne. »

Puis elle ajouta :

« Dors, maintenant. On va t'amener à l'hôpital. »

Elle regrettait de ne pas lui avoir répondu par l'affirmative. Après tout, cela ne lui coûtait rien – elle non plus n'était pas l'enfant d'Enrico Caruso... En s'endormant, le visage plongé dans l'oreiller, elle se dit qu'elle lui ferait une autre réponse le lendemain. Elle lui raconterait même que son père allait venir le chercher en automobile dès le retour du printemps, et qu'il l'emmènerait dans la tour de son château.

Mais le lendemain, à l'aube, Cichitto n'était plus là. Diamante et Geremia l'avait amené à l'établissement de bienfaisance dans le chariot des éboueurs. Elle commença à presser Lena de questions.

« Quand est-ce qu'on va rendre visite à Cichitto ? » répétait-elle.

Lena hésitait. Cet endroit était une sorte de cité maudite, une forteresse aux grilles de fer et aux tours crénelées, une usine où l'on retapait sans la moindre compassion les âmes et les corps dévastés des plus malheureux, au nom d'une charité qu'on s'évitait ainsi de pratiquer dans la ville des autres. C'était l'enfer des derniers des hommes, l'ultime blessure, humiliante et douloureuse, que la vie leur infligeait. Diamante promit à Vita de l'accompagner. Pas avant dimanche, cependant, car en semaine il devait travailler très tard dans le bureau des pompes funèbres. S'il voulait faire son chemin, il lui fallait se montrer toujours disponible. Vita compta les jours. Elle mit de côté une rose artificielle pour Cichitto et attendit. Mais le dimanche, alors qu'elle faisait enfin ses préparatifs et nouait son ruban rouge dans ses cheveux, Agnello, les yeux humides, lui dit que c'était inutile car Cichitto était rentré chez lui. Vita avait envie de crier : « Pourquoi tu pleures ? Tout ce que t'as su faire pour lui, c'est de le transformer en espion ! » Sa colère fut telle qu'elle en oublia son chagrin. Elle ne réussit pas à pleurer Cichitto qui s'était éclipsé en douce, à la sauvette, en s'excusant du dérangement.

Agnello lui paya de vraies funérailles chez Bongiorno Bros, avec les couronnes blanches et la voiture tirée par des chevaux également blancs. Les garçons pensaient qu'il l'avait fait pour Lena, qui s'était attachée à cet enfant trouvé, peut-être parce qu'elle avait jeté le sien dans un lac. En fait, Agnello l'avait fait pour Vita. Tous les habitants du quartier suivirent le convoi, car Cichitto les connaissait tous et il n'en était aucun qui ne lui eût au moins une fois flanqué une raclée ou acheté son prétendu dernier journal encore à vendre. Les hommes étaient figés, les jambes écartées, le chapeau à la main. Le marchand de journaux déposa sur le cercueil une de ses gazettes, et Vita y joignit sa fausse rose. Les femmes se signaient et Lena se mouchait en répétant : « Mon bébé, mon pauvre bébé... » Un prêtre qui parlait latin, des fleurs blanches en abondance, un cercueil blanc lui aussi avec une croix dorée en relief sur le couvercle : ce fut vraiment un bel enterrement. Cichitto aurait été content, lui qui ne s'attendait certainement pas à avoir un convoi aussi magnifique, comme s'il avait été le roi du quartier. Pourtant, quand Diamante plaça pour finir sur le cercueil le béret tout troué de Cichitto, monta s'asseoir à côté du cocher et partit avec lui en direction du cimetière de Hart Island, l'île derrière le Bronx où la municipalité de New York ensevelit dans la fosse commune, loin des regards gênants, les pauvres, les vagabonds et les anonymes, quand Agnello se mit à caresser la tête de sa fille, Vita éclata en sanglots. Elle aurait voulu crier : « Moi non plus, j'étais pas l'enfant d'Enrico Caruso ! Moi non plus, moi non plus... » – mais maintenant, Cichitto était rentré chez lui.

# Le don

Vita s'en était aperçue par hasard. Peut-être était-ce là depuis toujours : partout où elle se trouvait, ce *quelque chose* la suivait. Mais elle n'en avait pris conscience qu'en un éclair, dans le hall d'Ellis Island. Ce n'était pas à l'intérieur d'elle ni ailleurs – c'était proche, toujours à ses côtés, c'était son ombre. Elle ne savait s'il s'agissait d'un don, d'une punition ou d'un défaut congénital comme un souffle au cœur ou des yeux qui louchent. Les objets la connaissaient. Ils sentaient sa présence. Les autres l'appelaient distraction. Étourderie. Des verres qui se cassaient, des portes qui se fermaient en la laissant dehors à vagabonder pendant des heures, des marmites qui se décrochaient du mur et tombaient par terre. Une fillette perpétuellement dans la lune. Vita savait qu'en présence des autres elle devait faire attention à ne rien regarder trop longuement. Elle devait *paraître* comme eux. A tout prix. Dissimuler, feindre au besoin. Baisser les paupières si elle se surprenait à fixer un seau en équilibre sur une marche ou une cage sur le rebord de la fenêtre qui lui semblaient déplacés, décisivement incommodes, précaires ou laids. Il lui arrivait de s'oublier, et ses yeux se mettaient alors à parler. Ils révélaient ce qu'elle pensait, désirait ou haïssait sans même en avoir conscience. Le seau roulait en bas des marches, la cage tombait et laissait s'échapper le chardonneret. Des assiettes, des fourchettes, des balais s'animaient, s'esquivaient, prenaient une nouvelle place dans l'espace en redessinant un ordre secret, harmonieux. Sans qu'elle ait à remuer un doigt ni à prononcer un mot. Elle se retournait en tressaillant, ensuite, craignant d'avoir été surprise. Mais si quelqu'un la regardait, il ne voyait qu'une fillette aux cheveux noirs secouant une nappe à la fenêtre ou balayant l'escalier, avec sur les lèvres un sourire indéchiffrable.

Diamante n'avait raconté à personne la disparition mystérieuse du ticket jaune. Il n'était pas sûr d'avoir bien vu. Peut-être s'était-il trompé : tout avait été si étrange et déconcertant, le jour de son arrivée. De toute façon, il ne croyait pas en cette disparition. Il se méfiait de ce qu'on ne peut toucher, de ce que la raison ne parvient pas à expliquer. Vita avait sans doute réussi à froisser le bout de papier dans sa main et à s'en débarrasser. Oui, ç'avait dû se passer ainsi. S'il lui arriva par la suite de la surprendre alors qu'elle semblait dialoguer avec une assiette résistant en silence, il préféra penser qu'elle était en train de jouer à un jeu secret, dont elle seule connaissait les règles.

Avec le temps, cependant, les objets de l'appartement de Prince Street manifestèrent une énergie importune. Ils se mirent à bouger, à disparaître. Ils semblaient tous ne pouvoir supporter l'endroit où on les avait installés. Tout se déplaçait sans un bruit, furtivement. On retrouva la boucle de la ceinture d'Agnello sous le matelas, tordue et ramollie. Le cadenas de la cage à lapins où Vita avait été enfermée pendillait à la chaînette : il semblait s'être allongé en fondant, comme s'il avait cuit dans un four. La corde à linge céda brusquement, comme tranchée d'un coup de cisailles. Les bouteilles d'essence que Coca-Cola cachait sous son lit explosèrent, inondant le plancher et emplissant la pièce d'une odeur âcre. Geremia vit de ses propres yeux – il en faisait le serment – le pot à eau traverser toute la longueur de la table en glissant sur la toile cirée avant de s'arrêter devant son verre, où du reste il aurait dû atterrir si Geremia avait eu le temps de demander à Vita de le lui passer...

Elle finit par être surprise par Coca-Cola et Diamante, et rien ne fut plus comme avant. C'était la nuit. Ils revenaient de Second Street, où ils avaient rempli une mission pour le compte des amis de Rocco : mettre le feu au salon du coiffeur Capuano, un Napolitain avide et obstiné qui refusait de se faire des amis sûrs. L'opération avait duré moins longtemps que prévu. En trente seconde, Rusty avait forcé les volets et cassé la vitrine. Coca-Cola avait arrosé d'essence les murs de la boutique avant d'allumer la mèche dans la bouteille, pendant que Diamante faisait les cent pas dans l'obscurité, de l'autre côté de la rue, prêt à siffler au cas où surviendrait un passant indiscret. Tout s'était passé à merveille. Pas de témoin. Le feu avait bien pris, mais sans faire de grands dégâts : ce n'était qu'une petite démonstration. Pas de blessé. Le message avait été transmis. Si ce rapace de Capuano ne comprenait pas l'avertissement des gamins, il recevrait la visite des gros calibres – Nello, Elmer et Rocco –, qui lui donneraient des explications plus décisives. Ils rentrèrent sur la pointe des pieds, pour ne pas réveiller Agnello. Vita ne s'aperçut pas de leur présence.

Elle était assise à la table de la cuisine. Sa chemise de nuit semblait brûler dans la pénombre. Elle étendait les bras et tenait dans ses mains, bien droit, la lame pointée vers le plafond, le couteau de Diamante. Voilà pourquoi il n'avait pas réussi à le trouver, en sortant... Vita était immobile, concentrée. Elle ne faisait absolument rien. Les yeux écarquillés, le regard vide, comme si elle avait été endormie, elle fixait ce couteau. Soudain, la lame avait commencé à se courber. Irrésistiblement. Elle s'était affaissée sur elle-même comme une bougie en train de fondre.

« Vita ? s'exclama Diamante. Qu'est-ce que tu fabriques ? »

Elle avait rougi. Laissé tomber sur la table ce qu'il restait du couteau. Comme si elle s'était sentie coupable. Elle n'avait pas répondu.

C'était un bon couteau.

Solide. Rocco était bien placé pour le savoir, car il s'en était beaucoup servi avant de le céder à son protégé, en gage d'amitié éternelle.

Une lame ne fond pas toute seule.

L'affaire fut soumise au grand Rocco.

Coca-Cola jura que Vita l'avait fait délibérément, avec son regard.

« Je l'ai vu de mes propres yeux. Que je devienne aveugle si je mens !

— J'y crois pas. C'est impossible. Une lame peut pas fondre comme ça. »

Vita savait qu'ils ne pouvaient pas comprendre. Ils ne percevraient jamais ce qui se trouvait près d'elle. Ils en étaient incapables – ils n'avaient pas assez d'imagination.

En contemplant la tête brune de Vita se détachant comme une ombre chinoise sur la blancheur des draps étendus pour sécher, Rocco comprit enfin qui l'avait envoyée ici. C'était elle et personne d'autre qui leur permettrait à tous de quitter Prince Street pour toujours. Elle les *déplacerait* – littéralement, comme elle faisait avec les verres et les boucles de ceinture. La voyante Belfiore, qui prédisait l'avenir en lisant dans les mains, au n° 179 de Prince Street, affirmait que seuls les grands médiums sont capables d'imprimer un mouvement aux objets – de les déplacer ou même de les plier et de les casser. Sans les toucher, par la simple force de leur pensée. Il s'agit d'un talent qui ne s'invente pas. On peut étudier cent ans sans jamais réussir à l'apprendre.

« Qu'est-ce que c'est, un médium ? lui avait-il demandé non sans trouble.
— Quelqu'un qui se meut entre cette dimension et une autre.
— Quelle autre ?
— L'autre dimension, voilà tout. »
Maintenant, il songeait aux inspirés, aux prédicateurs fanatiques de la fin du monde, aux chiromanciens qui prétendent communiquer avec les esprits et avec les âmes des défunts. Il y en avait des centaines, dans cette ville. La crédulité des gens n'égale que leur désespoir. Sans même avoir le don de Vita, grâce simplement à une aptitude à se nourrir avidement de la souffrance et de l'ignorance d'autrui, chacun de ces charlatans se faisait payer dix dollars la consultation. Il leur suffisait de faire bouger une boule de verre, un guéridon ou même rien du tout pour empocher, après une séance de quelques minutes, ce qu'un croque-mort gagnait en un mois. Une fillette aussi douée que Vita représentait une affaire en or, un capital inestimable. Tout allait changer. Plus besoin de poings, de feux, de couteaux, de sang, de fatigue. Au diable Lazzaro Bongiorno, les cadavres et les commerçants mauvais payeurs. Il n'avait jamais rien eu contre les commerçants, et il aurait préféré casser une côte au squelette de Cozza plutôt qu'au propriétaire d'une montagne de pommes de terre. Mais grâce à Vita, tout ça serait bientôt terminé. Un mauvais souvenir, vite oublié. Ils allaient installer la chambre de l'inspirée : des rideaux écarlates aux fenêtres, des lampes aux abat-jour rouges. Et dans la pénombre, Vita soigneusement maquillée, un trait noir de khôl soulignant ses paupières, les cheveux dénoués et flottant en désordre. La prophétesse enfant – onze années de sagesse mystérieuse. Diamante inventerait ou copierait quelque part des oracles incompréhensibles mais qu'on pourrait resservir dans n'importe quel cas. En les entendant, les clients s'imagineraient qu'ils leur étaient spécialement destinés. En fait, Vita n'aurait qu'à apprendre sa leçon et à la réciter en feignant d'être en transe. La petite inspirée, ineffable, assise au bord du divan, qui fait trembler les vitres et sonner les pendules par la seule force de son regard...

« Habille-toi, princesse, lui dit-il. On va faire un tour. Je t'amène à *uptown*. »

Vita l'observait en se mordillant les ongles. Elle semblait terrifiée. Maintenant qu'on le lui avait arraché, son secret ne lui appartenait plus. Il lui semblait presque répugnant, et elle aurait voulu l'échanger contre l'enthousiasme stupide de Nicola ou l'effroi muet de Diamante.

« C'est pas pour cette histoire, hein ? » demanda-t-elle à Rocco.

Il lui apporta son imperméable en évitant de la regarder. Il avait peur, tout d'un coup, qu'elle le fasse s'envoler par la fenêtre ou le réduise en cendre parce qu'il projetait de la vendre au désespoir des autres et à l'insatiable curiosité du monde. Il était pourtant certain qu'elle lui en serait reconnaissante. Elle aussi en aurait fini avec les draps à laver, les pensionnaires grossiers qui lui enseignaient des choses qu'une fillette devrait ignorer, les roses artificielles, les sacrifices, les souffrances. La rumeur aurait vite fait de se répandre et sa renommée franchirait les frontières du quartier. Elle deviendrait la coqueluche des salons. Veuves inconsolables, vieilles filles, hommes de science, docteurs, tous se l'arracheraient. On l'inviterait à faire bouger des soucoupes en argent sur la table d'une aristocrate. A la Maison-Blanche, on lui demanderait de deviner combien de chats sauvages seraient tués par le président Theodore Roosevelt lors de ses prochaines chasses en Arizona. Ils feraient fortune. Ils seraient riches, menteurs et célèbres.

Rocco lui dit que nous avons tous un don. Un don unique. Si Dieu nous l'a donné, c'est pour que nous en fassions usage. Le refuser reviendrait à renier Dieu. Vita répliqua qu'il s'agissait d'un phénomène qui lui arrivait parfois mais ne dépendait pas de sa volonté. Cette force la dépassait infiniment. Il rétorqua qu'elle était trop petite pour savoir ce qu'elle voulait vraiment, ce qui expliquait qu'elle attribuât à quelque force impénétrable ce qui revenait à elle seule.

« Et alors ? intervint Diamante d'un ton désinvolte. Cette... chose appartient à Vita. C'est à elle et à personne d'autre.

— Ici, tout appartient à tout le monde, trancha Rocco. Vita est le don que Dieu a envoyé à Prince Street. »

Vita et Rocco entrèrent dans la bijouterie en grand uniforme : lui en complet rayé, elle en costume marin et chaussures blanches. Déployant son éloquence la plus persuasive, Rocco expliqua au vendeur qu'il s'agissait de la première communion de sa sœur. Il désirait lui offrir une chaîne en or. Rien de vulgaire, il voulait un ouvrage fin et délicat, un objet vraiment précieux. C'était la première fois que Vita franchissait le seuil d'une bijouterie. Elle appuya ses mains sur la vitre du comptoir sous laquelle, étalés sur un coussin de velours noir, brillaient des fils d'or de toutes longueurs, formes et consistances imaginables. Tout en bavardant, Rocco lui faisait de temps en temps un clin d'œil, comme pour l'encourager à passer à l'action. Mais les chaînes ne bougèrent pas. Rien ne se passa.

Sans un mot, Rocco enfourcha sa bicyclette et attendit que Vita s'installe sur le cadre. Il était furieux. Elle tira sa jupe entre ses genoux afin qu'elle ne se prenne pas dans la roue, et regarda les réverbères qui s'allumaient en grésillant. Le vent sentait le tilleul et le crottin de cheval. C'était déjà le printemps. L'été suivrait, puis de nouveau l'hiver. Tout se répétait inexorablement. Les saisons n'ont pas d'avenir... Rocco pressa ses mains sur le guidon pour résister à la tentation de la gifler.

« Pourquoi tu l'as pas fait ? demanda-t-il en soupirant.

— Parce que je le vends pas.

— Quand Dieu fait un don à quelqu'un, c'est pas pour que ce quelqu'un se le garde ! cria-t-il. Il veut qu'il le mette à la disposition des autres.

— Tu crois pas en Dieu, alors pourquoi t'arrêtes pas de m'en parler ? » répliqua Vita.

Elle était pâle et avait l'air fatiguée. Rocco se pencha sur le guidon. Il pédalait vite, pour évacuer la déception qu'il sentait monter en lui. Il se dit qu'il allait devoir continuer à casser des nez, brûler des magasins et buter des commerçants, que Diamante devrait encore laver des cadavres et Geremia creuser dans un égout. C'était injuste. Vita aurait dû le faire. Elle aurait dû comprendre. Il dépassa à toute allure la colonne des charrettes s'agglutinant en direction de *downtown*.

« T'es pas comme les autres, Vita. Et t'y peux rien. C'est pas la première fois que ça t'arrive.

— Toi aussi, t'es pas comme les autres et t'y peux rien », répliqua-t-elle.

Rocco n'avait plus envie de lui parler. Elle l'irritait par sa perspicacité, sa sagesse ingénue. Cette stupide gamine avait en elle quelque chose que tant d'autres cherchaient en vain, et elle ne savait qu'en faire. Cette fillette tellement têtue, tellement inconsciente. Elle serait vraiment formidable dans la pénombre écarlate d'un salon, à prononcer d'obscurs oracles sur les secrets des autres. Il lui suffirait de rester assise dans l'obscurité et de laisser errer son regard sur leurs corps, leurs visages, pour en savoir plus sur leur compte qu'ils n'en sauraient jamais eux-mêmes. Il continua de pédaler, de plus en plus vite. L'idée s'imposa presque d'elle-même : il allait jeter la bicyclette contre le mur de l'usine barrant la route afin de voir si Vita serait capable d'éviter l'accident. Il accéléra. Le mur était devant eux. Mais au lieu de relever le défi, Vita s'agrippa au col de sa veste et regarda son visage livide. Ce fut Rocco qui dut cesser de pédaler, freiner de toutes ses forces – mais c'était trop tard. Ils tombèrent à terre et la bicyclette heurta le mur avec un fracas assourdissant.

Des gens accoururent. Etourdi par le choc, il se massait le cou. Etendue sur le pavé, Vita ne bougeait pas. Ses cheveux en désordre faisaient comme une auréole noire autour de son visage, et sa jupe relevée découvrait ses genoux écorchés.

« Vita ? se mit-il à hurler. Vita ? Réponds-moi, bon Dieu ! »

A genoux dans une flaque, il criait sans oser la toucher, de peur de la sentir morte sous ses mains, inerte – pliée en deux comme la lame de ce maudit couteau. Quelqu'un lui conseillait de ne pas la remuer, au cas où sa tête aurait subi un choc, d'autres préconisaient de lui mouiller le front... Il se sentit glacé, des larmes brûlèrent ses yeux. Il l'avait détestée avec une telle intensité qu'il avait été capable de la tuer, sans même y penser.

Une femme dont la charrette transportait du pain déclara que la fillette n'avait pas l'air blessée. Elle ne saignait pas, ses os étaient intacts. Aussi absurde que cela pût sembler, elle dormait.

« Vita ? hurla Rocco en la secouant par le bras. Vita ! Fasse que je l'aie pas tuée, fasse que je lui aie pas fait de mal. Pas à elle, non, pas à elle... »

Lorsque Vita rouvrit les yeux, elle ne savait pas où elle se trouvait ni ce que faisaient tous ces gens autour d'elle. La bicyclette était couchée sur le côté, toute tordue. Elle rencontra le regard bouleversé de Rocco. Il lui souriait avec anxiété, et aussi avec tendresse. Il lui massa les tempes, brossa sa robe – il était redevenu le Rocco qu'elle avait toujours connu, le plus mystérieux et le plus doux des garçons. Quand ils furent seuls, elle lui expliqua qu'elle se sentait très fatiguée.

« C'est toujours comme ça, après. Comme si j'avais fait un effort surhumain.

— Après ? Après quoi ? » s'exclama Rocco.

Assis sur le trottoir, il s'efforçait de redresser la roue arrière déformée par le choc – s'il n'y arrivait pas, il était bon pour la ramener à la maison sur son dos...

« Après que je l'ai fait », dit Vita.

Rocco la regarda sans comprendre et elle posa dans sa main un objet invisible dans l'ombre mais qui avait la consistance d'un caillou : l'Œil de Dieu. Il aurait pourtant juré l'avoir vu sur le mur de la bijouterie, enchâssé dans un triangle de bois. Il avait toujours été là, il en était sûr, pendant qu'ils examinaient les chaînes en or.

« J'ai demandé à Dieu de choisir pour moi, chuchota Vita. S'il avait pas voulu, il serait pas descendu du mur. Tu crois pas ? »

Sa voix était presque inaudible.

« C'est évident », répondit Rocco.

Il ne songea plus jamais à l'emmener avec lui. Il se dit que tout don est gratuit – et inutile. Il nous détermine et nous définit, il grandit avec nous et pour nous. Mais chacun est responsable de celui qu'il a reçu. Lui était doué pour se servir de ses poings, pour manier avec sang-froid les couteaux – et les gens. Les autres n'existaient pas pour lui, ils lui semblaient aussi indifférents et irréels qu'une pierre ou un arbre. Il avait mis du temps à l'accepter, mais il avait fini par y parvenir et ainsi par s'accepter également lui-même. C'était à Vita de décider comment elle accepterait son propre don. Si elle l'avait voulu, elle serait devenue un jour la coûteuse attraction du New York Museum ou de quelque salon opulent. Si elle le lui avait demandé, il l'aurait emmenée ouvrir les grilles des villas et les serrures des appartements. Sur les voies de L'Union, elle aurait déplacé des trains et subtilisé des tonnes de charbon. Dans les dépôts de la White Star, elle aurait dévalisé les bagages des voyageurs. Dans les grands magasins de la Trente-quatrième rue, elle se serait choisi tous les peignes et barrettes qu'elle voudrait. Elle n'avait qu'à demander.

Mais Vita ne lui demanda rien.

# Le parfum opiniâtre du citronnier

Amedeo, le frère de mon père, était instituteur. Dans les années quarante, immédiatement après la guerre, il s'occupait de théâtre. C'était un critique compétent, informé, équitable. Il renonça pourtant. « Il fallait bien vivre », me dit-il. Les Mazzucco avaient la conviction que le théâtre, l'écriture, la poésie, la musique étaient des plaisirs – une fois qu'on s'y était consacré, il ne restait plus qu'à mourir de faim. Il leur était interdit de se plaindre, de s'épancher, de faire preuve de faiblesse, d'ignorance ou de fragilité. Face à un examen, à l'amour, aux problèmes de santé, ils étaient censés triompher des obstacles. S'ils étaient surpris par la maladie, ils devaient souffrir en silence jusqu'au jour où l'hospitalisation s'avérait inévitable. Beaucoup sont morts avant ce jour fatal, les autres étaient éperdument hypocondriaques. Les Mazzucco redoutaient les plaisirs. Ils se les sont toujours refusés, je ne sais pourquoi. Peut-être y en eut-il un, à l'origine, qui s'est adonné à l'hédonisme et qui ensuite, pour une raison que je ne puis comprendre, s'en est repenti. Tous ont voué un culte obsessionnel à la droiture, la loyauté, la discipline, la culture, la connaissance – entité suprême qui, dans cette famille laïque et athée, avait remplacé Dieu –, le sacrifice de soi poussé jusqu'à l'autodestruction. L'entrecroisement étrange de ces exigences inconciliables a été propice à la névrose, la souffrance et la folie. Mon grand-père, mon père et moi-même avons vécu avec la certitude – ou la peur – de perdre la tête. Nous nous sommes constamment surveillés, afin de ne pas manquer l'instant précis où la folie s'emparerait de nous.

Tourmenté dès sa jeunesse par une longue série de maladies douloureuses, affrontées avec un stoïcisme digne d'un sage antique, le frère de mon père avait fini par être contraint à l'immobilité dans le fauteuil de son salon, dans un appartement de Monteverde. Il ne sortait jamais. Pendant la belle saison, on installait le fauteuil sur le balcon donnant sur une rue où la circulation était intense. Un citronnier en pot dispensait un parfum opiniâtre, et mon oncle le respirait les yeux fermés. Si le petit arbre était tombé malade, il s'en serait aperçu aussitôt. Sa situation familiale l'avait rendu semblable à un personnage de Thomas Bernhard, mais il n'en avait pas conscience. Il était en passe de devenir aveugle et ne pouvait plus lire. Ç'avait été un lecteur formidable. Comme tous les Mazzucco, semble-t-il. Dieu sait quel démon ils exorcisaient en lisant. Même Antonio, qui n'avait fréquenté que la première classe de l'école primaire, lisait avec furie. Mon oncle était l'aîné, et il portait le nom du frère préféré de Diamante, Amedeo. Il en a toujours été fier, bien qu'il sût que ce nom évoquait une vie brisée, inachevée, qui finit par jeter une ombre sur sa propre existence. Quand je suis allée lui parler, en 1998, il avait soixante-dix-huit ans. Sa chevelure épaisse et frisée était d'une blancheur éblouissante, d'une beauté immaculée, d'une pureté que je n'ai plus jamais retrouvée. Il avait des traits délicats, une grande bouche aux lèvres charnues, des yeux vitreux, d'un bleu limpide, et des sourcils froncés qui semblaient exprimer une désapprobation perpétuelle. Ces sourcils, cette expression désapprobatrice, sont la seule caractéristique physique qui ait perduré dans la famille, au point d'en constituer le signe distinctif.

Il me déclara d'emblée que sa mémoire était brouillée. Comme il ne pouvait plus lire, son cerveau s'affaiblissait faute de stimulants, comme une plante privée de lumière. Ses jugements se révélèrent pourtant sans ambages, à la fois inexorables et empreints d'émotion. Nos rencontres sporadiques se sont poursuivies pendant des années – moi immobile, les yeux fixés sur la blancheur fascinante de ses cheveux, lui également immobile dans son fauteuil, les yeux fixés sur je ne sais quoi. Je me rendis compte que si le présent lui apparaissait désormais comme un rêve confus et irréel, un univers rempli d'événements et de signes dépourvus de sens, il se mouvait en revanche dans le passé en toute liberté. Pendant qu'il parlait, il n'était pas avec moi, prisonnier de son immobilité et de ses ombres, mais ailleurs – précisément dans le temps où je m'efforçais de le suivre. Un temps où Amedeo n'était ni paralysé ni aveugle, où il se déplaçait et voyait tout nettement : Diamante, Antonio, le citronnier, Tufo, les frondes, les cailloux. La mer.

« Il est parti pour l'Amérique au printemps, me dit-il.

— En quelle année ?

— En 1903.

— Tu es sûr ? D'après ce qu'écrit papa, il avait quinze ans.

— Nous nous sommes toujours sentis plus vieux que notre âge. Et notre corps nous comprenait. A vingt ans, j'avais déjà les cheveux blancs. Non, c'était bien en 1903. Le pape est mort cette année-là.

— Il a manqué le train qui devait l'amener à Cleveland. Je ne sais pas pourquoi. Il ne nous l'a jamais dit.

— Il a fini par y aller, à Cleveland. Cette ville lui apparut comme une terrible erreur.

— Et New York, qu'en pensait-il ?

— Je ne le lui ai jamais demandé. Dans notre adolescence, ton père et moi nous dévorions les bandes dessinées et les livres d'aventures. Un grand nombre étaient situés en Amérique. On voyait les Cheyennes, les cow-boys, les prairies, les bisons. Et Matiru, le roi des Peaux-Rouges. Voilà comment nous l'imaginions, l'Amérique, quand il lui arrivait de nous en parler. Nous ne nous sommes jamais rendu compte qu'il avait vécu dans une grande ville, une métropole. Nous ne songions même pas que l'Amérique était peuplée non pas de Peaux-Rouges et de bisons mais d'Américains. Les Américains, il n'en parlait jamais. Il parlait des Italiens, avec un pessimisme qui ne laissait entrevoir aucune possibilité de rachat. Mais c'est justement pour cette raison qu'il tenta à plusieurs reprises de mourir pour eux.

— Comment ça ?

— Il avait choisi l'Italie. Il l'aimait, même s'il ne fut jamais payé de retour.

— Il a voulu me convaincre de me rendre à New York, au moins une fois. Il disait que quand on a vu beaucoup de pays, on arrive jeune à l'âge mûr.

— Il t'a parlé de la pension de Prince Street ?

— Il m'a dit qu'elle était tenue par une vieille parente de son oncle. Une Napolitaine de soixante-dix ans, laide et crasseuse. Il me semble qu'elle s'appelait Maddalena, ou Lena. Quelque chose de ce genre. »

Amedeo se souvenait de tout : de la pension, de la Main noire, du cousin Geremia, des chemins de fer, des tâches du *waterboy.* Dans ses récits, pourtant, il manquait quelqu'un. Il ne m'a jamais parlé de Vita.

Aux archives d'Ellis Island, quand je consultai la liste des passagers du *Republic,* à bord duquel Diamante arriva en Amérique, je découvris les noms des 2 200 personnes qui voyagèrent avec lui. Je puis dire que je les connais maintenant un à un. Le navire, qui fit escale à Gibraltar après s'être arrêté à Naples, transportait des Italiens et des Turcs. Mais en 1903, au temps de l'Empire ottoman, le mot « turc » recouvrait de nombreuses nationalités : Juifs, Grecs, Arméniens, Albanais, Syriens, Libanais, Slaves, Berbères. Le premier à débarquer à Ellis Island fut Athanapos Kapnistos, seize ans, venant de Crète, suivi de Marie Kepapas, dix-neuf ans, de Salonique. Vinrent ensuite successivement des groupes en provenance de Beyrouth, Rhodes, la Macédoine, Samos, Vasto, Fano. Puis des dizaines de jeunes de Platì et Gioiosa Jonica, Gerace, Polistena, Scilla, Agropoli, Nicastro, Nocera, Teramo, Castellabbate. La plupart avaient moins de vingt ans. Les passagers adolescents de ce navire – et de tous les autres qui faisaient la traversée à cette époque – ne correspondent pas à l'image qui m'a été transmise. Aux photographies que j'ai vues dans les expositions et les musées, et qui se sont gravées profondément dans ma mémoire, au point de conditionner mon imagination. Figures douloureuses et incompréhensibles, ou du moins lointaines, distantes. J'ai dans les yeux les visages tristes des paysans, leurs femmes tristes, vêtues de noir, leurs enfants tristes. Je vois leurs ballots misérables, qui contiennent tout ce qu'ils possèdent, c'est-à-dire rien. Ce que je vois n'est peut-être qu'un stéréotype. Se peut-il que tous ces garçons sans bagages – S, *single*, indique la case relative à la situation familiale – soient partis *sans retour* ? Je parcours la liste interminable de ces noms – Saverio Ricci, de Brodolone, 17 ans, Aniceto Ricco, de Montefegato, 17 ans, Annibale Spasiani, de Sgurgola, 16 ans, Giuseppe Vecchio, de S. Coseno, 14 ans... – et je commence à penser que pour une génération entière d'adolescents l'Amérique ne fut ni un but ni un rêve. C'était un lieu à la fois mythique et familier, où s'accomplissait avec l'accord des adultes un rite de passage, une initiation. D'autres générations eurent le service militaire, la guerre dans les tranchées, les bandes de partisans, la contestation. Les adolescents nés dans les dernières décennies du dix-neuvième siècle eurent l'Amérique. A quatorze ans, seize ans, dix-huit ans – parfois plus tôt, parfois plus tard –, en groupe, avec leurs cousins, leurs frères, leurs amis, ils devaient faire la traversée – mourir – s'ils voulaient grandir. S'ils voulaient survivre. Renaître. Ils devaient affronter l'Amérique comme les jeunes des tribus d'Australie et de Nouvelle-Guinée affrontaient le monstre mythique qui les engloutissait et les vomissait ensuite, devenus des hommes. Il fallait qu'ils soient pleurés, perdus, considérés comme morts. Et ils devaient revenir sur leurs pas. Seule une partie d'entre eux le fit vraiment : dans de nombreux contes initiatiques, le héros, à force de voyager et de s'avancer au-delà des confins du monde, finit par trouver un royaume préférable à celui qu'il a quitté et par y demeurer pour commencer une vie nouvelle.

Parmi les derniers voyageurs à débarquer du *Republic,* vingt-deux personnes déclarèrent venir de Minturno. Leurs noms figurent sur les pages 95 et 96. Il s'agit d'un groupe composite. On y trouve dix hommes dont l'âge est compris entre 24 et 38 ans, une femme de 31 ans, huit adolescents (Pietro Ciufo, 14 ans, Ferdinando Astane, 15 ans, Angelo Ciufo et Giuseppe Tucciarone, 16 ans, Antonio Rasile, Pasquale Tucciarone et Alessandro Caruso, 17 ans, Giuseppe Forte, 19 ans), une fillette (Filippa Ciufo, 5 ans) et deux adolescentes (Elisabetta et Carmina Ciufo, 17 et 21 ans.) Deux adultes s'appellent Leonardo Mazzucco – l'un au moins devait être un oncle de Diamante. Ils déclarèrent être attendus à Cleveland.

Diamante n'avait jamais raconté qu'il était parti en compagnie : la solitude constituait l'élément épique de son voyage. Je fus donc surprise de cette découverte. Plus surprenant encore, je m'aperçus que Diamante ne débarqua pas avec Pasquale et Giuseppe, deux cousins un peu plus âgés que lui qu'il devait retrouver aux chemins de fer des années plus tard. Tous deux retournèrent en Italie. Par les lettres de Diamante, j'ai appris que Giuseppe fut porté disparu sur le Piave en 1917 et que sa mort le bouleversa. En 1903, cependant, Diamante voulut prouver qu'il était capable de s'en tirer sans eux. Quand les vingt-deux voyageurs de Minturno eurent débarqué, ils furent suivis par une famille libanaise : Sabart David accompagné de sa femme et de leurs dix enfants dont le dernier, Habil, avait six ans. Les passagers suivants sont Diamante et une fillette de neuf ans : Vita Mazzucco.

Dans les récits de mon père, que je m'efforçais avec obstination de me rappeler mais qui se révélaient désormais irrémédiablement fragmentaires, décousus et contradictoires, Vita apparaissait soudainement au côté de Diamante. Elle était déjà en Amérique, comme si elle y avait toujours été. Elle était là, puis elle disparaissait. Peut-être était-ce dû à une sorte de censure respectueuse, ou à la distraction. Une amnésie opiniâtre interdisait à sa figure de sortir du brouillard de la légende, d'être davantage qu'un simple nom oublié.

Et pourtant, ce nom légendaire correspondait à une femme en chair et en os, dont l'image réelle différait profondément de celle des récits. C'était une dame américaine qui, dans les années soixante, envoya régulièrement des colis remplis de victuailles et de vêtements à ma mère, à ma sœur Silvia puis également à moi. Je ne l'ai jamais vue, mais ma mère l'avait rencontrée. Peu après la naissance de Silvia, elle était venue chez nous « pour connaître la fille de Roberto ». Elle avait fait un joli bout de chemin...

« Elle parlait anglais et ne comprenait plus tellement l'italien. Elle était généreuse. Quelqu'un de simple, me semble-t-il. Plutôt intelligente. Ton père disait qu'elle n'avait jamais été à l'école. Elle l'aimait beaucoup.

— Pourquoi ?

— Il était comme un fils pour elle. »

Une femme dont la sœur de mon père conservait une photographie signée – le cachet pâli d'un photographe de Minturno révèle la date : août 1950. Une petite dame bien en chair. Son sourire était contagieux, solaire, son corps harmonieux, d'une douceur accueillante. A mille lieues des mines sévères des Mazzucco aussi bien que du lyrisme éperdu d'Emma. Elle aussi, pourtant, était une Mazzucco. Il existait peut-être une autre manière, une autre possibilité. Ce dur cortège de mâles – faiseurs de récits et casseurs de pierres – comprenait également une femme. Et elle n'était pas une poétesse, ni une sainte, ni une puritaine. Je voulais trouver quelle place elle occupait, dans son histoire et dans la mienne.

Je recherchai les vingt-deux compagnons de voyage de Diamante. J'étais en retard : ils étaient tous morts depuis longtemps. Leurs descendants étaient dispersés dans un autre continent, introuvables. Les Ciufo sont restés en Amérique. Quelques Tucciarone sont revenus et ont acheté les terres où mon père apprit dans son enfance à détester la campagne. Je n'ai découvert aucune trace de Ferdinando Astane. Quant à Caruso, on me dit qu'il était revenu, lui aussi, mais seulement après la Seconde Guerre mondiale. Il avait vécu cinquante ans aux Etats-Unis. Malheureusement, il était mort dans les années soixante. Si cela pouvait m'intéresser, une de ses nièces vivait dans un hospice, dans la région des monts Aurunci... J'hésitais. Si je lui disais que j'étais à la recherche d'une gamine partie en Amérique il y avait près d'un siècle, elle ne saurait sans doute même pas de qui je parlais.

L'hospice évoquait un campement de nomades, bâti comme il était avec des *containers* rouillés remontant peut-être à l'époque du tremblement de terre de l'Irpinia. Il se dressait en marge de l'agglomération, sur un terrain inculte qui ne faisait aucun effort pour ressembler à un jardin. De l'autre côté de la route, quelqu'un avait jeté un vieux réfrigérateur, un matelas et le siège arrière d'une voiture. Personne n'avait songé à les enlever. Marianna Zinicola était née aux Etats-Unis, et la conversation progressa par à-coups, ponctuée de silences, d'éclairs de lucidité et de malentendus. En ce mois de janvier 1999, elle avait quatre-vingt-treize ans. Elle me dit que les femmes de Tufo étaient célèbres pour leur longévité : soixante-dix pour cent d'entre elles deviennent centenaires. Je déclarai qu'il était dommage que je ne sois pas née à Tufo, et elle éclata de rire. C'était une femme robuste et méfiante, aux grands yeux sombres, aux pommettes saillantes et aux mains déformées par l'arthrite. Ses compagnes faisaient du crochet dans un salon vaste et dépouillé, orné d'un crucifix et de quelques gravures en couleurs. L'une d'elle reproduisait les tournesols de Van Gogh. Janvier tirait sur sa fin et dehors il pleuvait. L'herbe était grisâtre. A la table voisine, quatre pensionnaires d'un âge vénérable jouaient aux cartes. Je tentai de lui expliquer qui j'étais, mais nous nous embrouillâmes : elle avait connu trop de Mazzucco.

« En Amérique ou ici ?

— En Amérique.

— Où donc ?

— A New York.

— Vous n'avez jamais entendu parler d'une certaine Vita Mazzucco ? »

Marianna Zinicola regarda ses mains et fit tourner son alliance autour de son doigt enflé. Elle était veuve depuis soixante-dix ans. Peut-être ce campement de fortune, où elle avait trouvé des amies et des soupirants, était-il préférable à la solitude d'un hospice dans une quelconque banlieue américaine. A moins que rien ne soit prévu pour les centenaires, en Amérique. C'est un pays jeune, fait pour les jeunes.

« Oui, j'ai connu missus Mazzucco à New York. »

Dans les années trente, Vita avait ouvert un restaurant. C'était l'époque de la dépression, et tout le monde s'était retrouvé sans travail. Ne sachant à quel saint se vouer, Marianna Zinicola voulait demander secours à sa payse qui s'en tirait si bien. Ses vieilles amies le lui déconseillaient, car Vita ne fréquentait pas ses compatriotes. Elle avait mauvaise réputation, s'était échappée avec un *genghestèr* et s'était mariée scandaleusement tard. Marianna était pourtant allée la trouver. Et Vita – Dieu la bénisse – l'avait engagée pour aider à la cuisine.

« Vous êtes restée longtemps chez elle ?

— Jusqu'à mon retour ici. Dix-sept ans. »

Elle soupira. Peut-être était-elle perturbée par cette évocation du passé. Qui sait si je ne lui infligeais pas une épreuve imméritée ?

« Je ne devrais peut-être pas vous poser toutes ces questions... »

Elle me regarda d'un air surpris.

« Les gens croient que les souvenirs rendent triste, dit-elle. En fait, c'est exactement le contraire. C'est quand on oublie qu'on devient triste. »

Elle me dit qu'elle n'avait malheureusement rien gardé de cette période de sa vie. Qu'aurait-elle pu garder ? Elle ne savait ni lire ni écrire. Les lettres et les cartes postales n'étaient pas pour elle. Tout était dans sa tête. Cependant, elle conservait les souvenirs de son mariage.

« Vous voulez les voir ?

— Bien sûr. »

Elle s'éloigna d'un pas traînant et disparut dans le couloir. Le néon grésillait. Les pensionnaires me jetèrent un coup d'œil sévère : ils me prenaient pour une nièce ingrate, qui avait abandonné sa vieille parente aux soins de la santé publique. Le salon était aussi silencieux qu'un aquarium. Une infirmière lisait « Confidences ». Une autre, assise près de l'entrée, s'essayait aux mots croisés. Marianna Zinicola revint avec une boîte à biscuits aux bords rouillés. Elle contenait des boutons, des images pieuses, des cartes de vœux, des pompons, des dragées pétrifiées et une page arrachée à un guide touristique (peut-être le Baedeker de New York). Il s'agit de la page 234, l'année est inconnue. La traduction est de moi.

**VITA – 52nd Street à l'angle de Broadway

*La cuisine d'antan mise au goût d'aujourd'hui. La cuisine – dont s'occupe la propriétaire, une dame italienne petite et fort bavarde – propose des plats traditionnels en fonction de la saison, revisités et présentés avec style. A ne pas manquer : les tortues aux petits pois, la morue à la matelote, la tarte aux griottes, les zeppole, les mostaccioli et la meilleure oie farcie qu'il nous ait été donné de goûter. Salle agréable et bien aérée. Service assez lent. L'addition est un peu salée. Réservation indispensable.* A recommander absolument.

Marianna Zinicola me regardait d'un air satisfait.

« C'est qu'elle était renommée ! On voyait venir des gens importants. Même Charles Lindbérgh, celui des avions. Vita faisait tout elle-même. Elle était habituée à commander et n'en faisait qu'à sa tête. "Vous allez finir par craquer", que je lui disais. Elle riait et me disait : "Je me ferai un pansement." Les ganghestèr lui avaient jeté une bombe, les nègres avaient mis le feu au bureau... Elle en a vu de toutes les couleurs, mais elle ne s'est jamais lamentée sur son sort. »

Le salon était meublé avec des tables en formica qui me rappelaient des pupitres d'écoliers – c'en étaient peut-être. Tout, dans cet hospice, était de troisième, quatrième ou même cinquième main. Les meubles, les chandails, les chemises de nuit, l'attention des infirmières bougonnes, les vitres opaques des petites fenêtres, les carrelages, les radiateurs. Et pourtant, en voyant l'immortelle Marianna Zinicola froisser ce feuillet sur la table et sourire à la pensée des succès et des souffrances de sa patronne et amie, je me rendis compte qu'elle savait tout de Vita.

# Bongiorno Bros

Les funérailles orchestrées par la société Bongiorno Bros sont les plus spectaculaires du quartier. Deux chevaux, parés de caparaçons cramoisis et de plumets noirs, tirent majestueusement le sombre corbillard aux grandes vitres brillantes et aux coussins couverts de roses blanches et de muguet. Le cocher porte une livrée violette et un chapeau haut de forme. Les mouvements des voitures, la lenteur solennelle du cortège, les ornements colorés, la chorégraphie des larmes et des chants sont supervisés par le patron en personne, qui dirige les enterrements comme un chef d'orchestre. La société loue même les services de femmes chargées de pleurer et de s'affliger bruyamment. Elle y adjoint des chômeurs, s'il s'agit d'enterrer une personnalité éminente, afin qu'ils suivent le convoi et lui donnent un aspect imposant. Comme tous les employés de la Bongiorno Bros, Diamante arbore gants blancs, chapeau melon et costume noir, et il lui est interdit de rire pendant son service. Les locaux de la société, sur la Bowery, comprennent une antichambre meublée de plantes ornementales et de chaises pour les visiteurs, une chapelle ardente et un grand salon pour les veillées funèbres, où l'on trouve des draps noir et violet aux murs, des candélabres, un crucifix, des fleurs et des couronnes toujours fraîches, sans oublier un ventilateur l'été et un poêle l'hiver. L'arrière-boutique et les caves abritent les chambres secrètes où les employés lavent les cadavres – qui prennent parfois à cette occasion leur second bain depuis leur naissance – puis les habillent. C'est là que Shimon Rosen les maquille et étire leurs lèvres afin de donner l'impression qu'ils sont morts en souriant. Car personne, en réalité, n'est content de mourir, pas même ceux qui se suicident.

L'arrière-boutique donne sur une cour longue et étroite, remplie de bois empilé, de planches de sapin et de cèdre, d'acajou et de châtaignier. Dans les dépôts, le menuisier scie les planches, les cire et cloue les cercueils. Le graveur les sculpte et y met la dernière main. Il y en a toujours une vingtaine prêts à l'usage, alignés contre les murs en guise d'échantillonnage. Certains sont profonds, massifs, capitonnés de velours, ornés de caboches, avec des poignées en argent ciselées et une lucarne à la hauteur du visage. D'autres sont blancs, minuscules, et servent pour les enfants. Les enfants meurent plus que les adultes, et les jeunes plus que les vieux. En fait, depuis un an qu'il travaille dans la société Bongiorno Bros, Diamante n'a pas encore vu un seul cadavre de vieillard. Comme il a prouvé qu'il n'avait pas peur des morts, il est chargé d'aller les chercher dans leurs maisons, dans les rues où un chariot ou une automobile les a écrasés, dans les chantiers. Il visite les berceaux, les hôpitaux publics et privés. Parfois, il est appelé dans les tavernes où ils reposent égorgés ou poignardés en plein cœur. Une bonne partie des défunts de Mister Cozza ne sont pas morts de mort naturelle. Mais une mort est-elle jamais naturelle ?

Diamante charge les cadavres sur son chariot, les accompagne dans leur dernière promenade à travers Manhattan, les décharge dans le dépôt de la société. Après les avoir étendus sur une table, en les contraignant à se résigner définitivement à la position horizontale, il prend les mesures du cercueil à l'aide d'un mètre de tailleur : hauteur, longueur, largeur. Ensuite, en compagnie de Shimon, qui est tout frais arrivé de la Lituanie et ne parle qu'ostrogoth, il les lave, les frotte avec une éponge, les désinfecte avec une lotion aseptique aux relents d'hôpital, leur enduit les cheveux de brillantine, les ondule avec des bigoudis ou les lisse avec des fers brûlants, leur taille les ongles et rase leur barbe. Il laisse alors Shimon seul maître de la chambre secrète, qui évoque la loge d'une cantatrice tant elle est encombrée de pinceaux, de miroirs, de houppes à poudre et de flacons de parfum. Shimon Rosen est juif, mais M. Bongiorno l'a engagé quand même car c'est un véritable artiste du maquillage. Shimon, que tout le monde appelle Moe, possède le don de rendre les gens heureux. Il donne une expression sereine et satisfaite à des hommes aux visages défigurés, méchants et mécontents. Il rend le sourire à des femmes qui l'avaient sans doute perdu depuis des années et qui arrivent au dépôt, poignardées par traîtrise, les lèvres crispées en une grimace de surprise, de souffrance et de déception si inconsolable que Diamante ne peut les regarder en face. Même sur le visage décharné de Cichitto, il avait réussi à appliquer un sourire si béat que tous s'émerveillaient de voir le défunt si content –

comme si un gamin de six ans crevant tout seul à l'hôpital avait de quoi se réjouir.

Quand un mort est exposé dans le salon, Diamante veille à ce que les parents, qui entre deux sanglots parlent à mi-voix de l'héritage, aient toujours à portée de main du café et des boissons fraîches. Il trouve étrange que les morts ne restent pas chez eux jusqu'aux funérailles mais demeurent ainsi en habits de gala dans le salon de la société Bongiorno Bros, où ils se retrouvent tout seuls une fois que la fête est finie. Rocco lui a expliqué qu'en Amérique les gens sont heureux, souriants et optimistes. Ils ne veulent pas penser à la mort, et sont donc disposés à payer généreusement ceux qui prennent la peine de s'en occuper. De fait, le travail de Diamante est bien rémunéré. Il est aussi instructif. En quelques semaines, il a découvert combien la beauté des femmes est merveilleuse, parfaite et fragile. Leurs corps n'ont plus de secrets pour lui. Ils sont tous différents – chacun un univers complet, une énigme, une félicité. Il a compris qu'il les aimait à la folie, les femmes. Leurs cheveux, leur pubis bouclé, leurs jambes blanches, leurs pieds pâles. Quand il les embrasse sur le front, il s'imagine l'espace d'un instant que les belles endormies se réveillent et lui sourient. Il sait maintenant que cette splendeur est précaire, ne dure pas plus qu'un orage d'été. Après vingt ans, c'est déjà un souvenir. C'est pourquoi il doit se dépêcher de mettre de l'argent de côté afin d'épouser Vita. Son emploi lui a permis d'apprendre également des notions plus utiles. Par exemple, que la mort elle aussi connaît le calcul. L'enterrement d'un enfant coûte 25 dollars, mais pour louer à Cichitto le corbillard blanc comme son cercueil, Agnello a dû débourser au moins 40 dollars. Un adulte ne peut mourir dignement pour moins de 100 dollars. S'il désire une mort fastueuse – par exemple, s'en aller au cimetière en automobile –, il lui en coûtera près de 300 dollars. En pratique, la mort est un dommage irréparable – surtout pour ceux qui restent vivants. Il est préférable de ne pas avoir de parents à enterrer, et Diamante s'estime heureux de n'avoir pas fait venir ses frères.

De toute façon, l'idéal en Amérique est de ne pas mourir du tout. Ce qui explique peut-être que personne ne parle jamais de la mort. Lui-même s'est promis de prendre toutes les précautions pour l'éviter. D'ailleurs, il jouit d'une bonne santé – il est vrai qu'il mange beaucoup plus qu'à l'époque où il vendait des journaux ou ramassait des chiffons. Il réussit à mettre de côté la moitié de son salaire pour l'envoyer en Italie par l'intermédiaire de la banque du *boss* d'Agnello. Lequel prélève pour la peine un pourcentage démesuré, mais a du moins le mérite de ne pas voler l'argent, comme le font tant d'autres en profitant de l'ingénuité des épargnants. Au bout d'un mois, les dollars ayant survécu aux ponctions des intermédiaires parviennent au bureau de poste de Minturno, où Antonio va certainement les retirer, plein de fierté pour les progrès de son fils. Diamante croit presque le voir dans la poste, le chapeau à la main, timide, méfiant et vulnérable, comme il l'a toujours été. En y songeant, il se sent très content de lui. Il n'a pourtant pas parlé à son père de l'entreprise de pompes funèbres, car Antonio est devenu superstitieux à force d'être poursuivi par la déveine depuis sa naissance. Il a préféré lui écrire qu'il a trouvé un emploi de coursier dans un bureau. Après tout, en Amérique le mensonge est peut-être un péché plus grave que la luxure, mais en Italie c'est différent, tout le monde ment, à commencer par les propriétaires de la terre, les maîtres d'école et les prêtres. L'entreprise le paie un dollar par jour, ce qui lui paraît suffisant. Aussi éprouve-t-il le plus grand respect pour M. Bongiorno, qui dans son échelle personnelle des valeurs est parvenu bientôt au rang de modèle suprême.

Au milieu de tant de pauvres diables brisés par le labeur, voilà enfin un Italien qui s'en est sorti. Un homme qui a travaillé dur et a fini par réussir. Le succès a lavé la tache de ses origines, le cal rugueux de ses mains, la pauvreté de sa langue – un mélange bâtard d'un dialecte qu'on ne parle même plus dans son village et d'un américain incompréhensible pour la plupart des gens. Dans les journaux, Lazzaro Bongiorno est défini avec respect comme « un *undertaker* éminent, jouissant d'une immense popularité », et les funérailles qu'il organise sont célébrées pour leur ordre et leur faste. Il est membre d'influentes associations patriotiques, reçues par le Consul ou invitées à fêter les émissaires du Gouvernement italien quand ils débarquent sur cette rive de l'océan. Ami d'industriels et de commerçants, il possède une belle maison sur Saint Mark's Place, avec un *janitor* à l'entrée et des rideaux aux fenêtres. Sa femme porte des fourrures, sa fille, une rousse à grand nez, parvient à force de beaux vêtements et de coiffures recherchées à se transformer en une *miss* séduisante. Il est si maigre que ses moustaches semblent collées à un crâne. Il est toujours habillé en noir et se moque du mauvais œil.

« Le noir en impose », a-t-il expliqué à Diamante, lors de son engagement, en lui tendant le costume du commis qu'il remplaçait.

« Mieux vaut être redouté que refait.

— C'est vrai », a admis Diamante, qui jusqu'à présent a été refait par tout le monde et redouté par personne.

Bongiorno traite bien les commis, car il a commencé comme eux. Lui aussi, il a ramassé des chiffons et ciré des chaussures. Parmi ses employés, outre un Juif, il y a même des nègres. Il faut dire que bien longtemps avant d'avoir compris qu'il pourrait faire fortune en créant une société de pompes funèbres qui réexpédierait dans la mère patrie les cadavres des malheureux tombés en Amérique et appelés à grands cris par leurs parents italiens comme des reliques de saints, M. Bongiorno avait travaillé dans une plantation des environs de La Nouvelle-Orléans. En tant qu'Italien du Sud, il avait été considéré alors comme le dernier des rebuts, l'indésirable chaînon manquant entre la race nègre et la race blanche – étant entendu qu'il était plus proche de la première que de la seconde. C'est pourquoi, fait absolument stupéfiant, il apprécie les nègres, les paie presque aussi bien que les autres et passe des heures à les écouter chanter. Après un enterrement réussi, il distribue des pourboires généreux à tous les employés. Où que M. Bongiorno se rende, Rocco le suit comme son ombre. Il marche à côté de lui ou en arrière, le précède quand il entre dans un local, l'attend à l'entrée pendant qu'il déjeune, dîne ou joue au trois-sept. En pratique, on peut dire qu'il est son garde du corps. Quant à savoir pourquoi un monsieur si respecté a besoin d'un garde du corps, Diamante a mis des mois pour le comprendre.

Cela fait déjà un certain temps qu'il est commis quand Rocco commence à lui demander de rester après la fermeture. De fait, certains soirs, le salon des veillées funèbres accueille une assistance nombreuse, malgré la gêne des Américains face à la mort. Après le départ des proches du défunt, des commis et des apprentis, de nouveaux visiteurs arrivent. Ce sont tous des hommes, et leur visage est à moitié caché par leur chapeau à large bord. Diamante accepte tout de suite de rester. Depuis qu'Agnello l'a privé des baisers de Vita, l'appartement de Prince Street a perdu tout attrait à ses yeux et il préfère se trouver n'importe où plutôt que dans cette cuisine où il passe son temps à se les remémorer avec mélancolie. Il n'a rien à faire. Il peut lire le journal ou regarder dans la salle de maquillage les cartes postales obscènes que lui offre Coca-Cola. Son seul devoir consiste à dire qu'une veillée funèbre est en cours, si jamais arrive un quelconque Irlandais du District de police. Diamante sait parfaitement que le mort ne connaît ni d'Ève ni d'Adam les visiteurs nocturnes, et il se serait bien passé de ce nouveau mensonge car il n'a déjà que trop menti en Amérique. Mais un mensonge en entraîne un autre, et on finit par ne plus s'y retrouver. Il reste dans le vestibule ou sur le seuil de l'immeuble, à surveiller les bicyclettes des visiteurs. En sortant, beaucoup lui donnent un pourboire. En Italie, il aurait trouvé ce geste mortifiant. Ici, il s'irrite simplement de s'entendre appeler Cure-Pipe.

Rocco lui a expliqué que tous les durs ont un surnom. Entre eux, ils n'utilisent jamais le nom de famille. Ils ont recours à un adjectif : Fat, Slim, le Crasseux, à un animal : Hog (Porc), Grillon, Pallotelamerda (Scarabée), Tique, ou encore à un épisode : Otàcero (Vertige), Agliumino (Allumette), Coal. Il leur arrive aussi de se servir d'une version américaine du prénom, comme Rusty, qui s'appelle en réalité Oreste, ou Elmer, pour Adelmo. Chez Bongiorno Bros, personne n'a entendu parler de Rocco : il s'appelle pour eux Merlu. Peut-être à cause de cette vieille histoire de vol de barriques au marché aux poissons, peut-être parce qu'il a appris à être aussi inexpressif qu'un poisson lorsqu'une affaire ne le regarde pas où qu'il doit faire comme si elle ne le regardait pas. De toute façon, il ne le prend pas mal car le merlu est un gros poisson. Mieux vaut être un merlu qu'un anchois. Le surnom de Diamante fait allusion à sa silhouette filiforme, aussi maigre qu'un cure-pipe. C'est toujours mieux que Celestina, mais il n'arrive pas à s'y faire. Il ne s'appelait pas Diamante à l'origine, d'ailleurs : il a gagné ce nom parce qu'il a survécu à tous ses frères plus âgés. Et il aime ce nom, car le diamant est la plus dure de toutes les pierres. On ne peut le tailler avec un couteau ni même avec de la dynamite.

Cure-Pipe est un gamin intelligent et ambitieux. Rien de plus naturel, donc, si Rocco depuis quelque temps s'est mis à le réveiller la nuit pour l'emmener quand les garçons vont brûler magasins et entrepôts. Il n'a pas à porter les bouteilles d'essence ni les allumettes : son rôle se limite à jouer les sentinelles. Une sentinelle s'appelle ici *lighthouse,* ce qui signifie un phare. Le phare a pour mission de siffloter une chanson s'il entend des pas ou voit arriver quelqu'un. Quelle chanson ? Celle que Lena chante toujours lorsqu'elle veut faire comprendre qu'Agnello est parti travailler et qu'elle se sent seule : *Comme la plume au vent, la femme est volage...* Une chanson provocante, qui donne la chair de poule et obsède Diamante toute la journée. Il est poursuivi par la voix sensuelle de Lena et par une vision qui l'emplit d'un désir brûlant – ses côtes saillantes affleurant sous la veste de son pyjama. *Il est toujours malheureux, celui qui s'y fie et imprudemment lui livre son cœur ! Et pourtant jamais il ne connaît le bon-*

*heur parfait, celui qui sur ce sein ne goûte à l'amour...* Quand la nuit se teint de rouge, le reflet des flammes dans les flaques illumine à ses yeux la rue, les étincelles emportées par le vent voltigent devant les immeubles, comme la neige se mêlant à la pluie, avant de retomber éteintes sur le pavé. Il flotte dans l'air une odeur de bois brûlé et de cendres qui lui rappelle l'hiver à Tufo – et parfois, même s'il est content car l'Amérique est merveilleuse et la chance l'a pris par la main, il se sent au bord des larmes.

Peu de temps avant le départ de Diamante pour l'Amérique, on avait arrêté le célèbre brigand Musolino. Depuis son évasion rocambolesque, digne d'un roman-feuilleton, c'était l'homme le plus recherché d'Italie. Durant ses semaines de cavale, il était devenu le héros d'une flamboyante épopée d'assassinats et de vengeances, suivie avec un intérêt passionné par l'opinion publique italienne. Coupable de sept homicides et de nombreuses tentatives de meurtre, il avait vu sa tête mise à prix pour la somme exorbitante de 50 000 lires, qui n'avait pourtant donné envie à personne de le trahir. A force d'être traqué par les carabiniers, l'armée et la police, Musolino s'était acquis la sympathie de tous ceux qui voyaient en lui le symbole de la révolte contre une loi mal interprétée et mal appliquée, le porte-parole des pauvres et des opprimés. Les enfants des rues jouaient au « brigand Musolino », les joueurs d'orgue de Barbarie chantaient ses exploits, les directeurs des théâtres avaient adjoint son personnage aux marionnettes des Paladins de France, les journaux exaltaient sa légende, et les femmes, prisonnières des renoncements d'une respectabilité étouffante, hantées par le rêve d'une impossible transgression, tombaient amoureuses du hors-la-loi. Il était devenu un nouvel Edmond Dantès, persécuté par les puissants et assoiffé de juste vengeance, qui errait parmi les montagnes de l'Aspromonte comme Jean Valjean le fugitif dans le ventre de Paris. Un héros. Mais en octobre 1901, à la suite d'un incident fortuit – un fil de fer barbelé sur lequel il trébucha en s'enfuyant –, il fut arrêté par les carabiniers et conduit en prison.

La nouvelle fit sensation. La scène de la capture fut reproduite sur des centaines de feuilles volantes, gravures populaires, almanachs et quotidiens. Diamante la vit avec ses frères. A l'époque, il n'avait pas encore dix ans, Leonardo sept ans et Amedeo Secondo à peine quatre ans. Les petits garçons regardèrent longuement l'image du brigand enchaîné. Vêtu d'une veste de chasseur noire, d'un pantalon marron et de bottines noires, il était escorté par une troupe de carabiniers à cheval. Les chevaux étaient blancs, très grands, le brigand frêle, pâle, *normal.* Quatre-vingts ans plus tard, le 12 février 1980, depuis Sydney où il était venu rejoindre son fils, cadre supérieur d'Alitalia en Australie, Leonardo écrivit à mon père qu'en ce jour lointain de leur enfance, Diamante et lui avaient décidé de changer leur destinée.

« Un soir que papa était particulièrement fatigué par son travail et attristé de voir combien nous manquions même du nécessaire, il nous dit très exactement ceci : *Mes chers enfants, si vous êtes destinés à l'avenir à mener la même vie que moi, je préfère que Dieu vous emmène comme il a emmené tous vos grands frères.* Diamante et moi, nous avons répondu : *Cher père, tu peux être certain que nous, quand nous serons grands, nous trouverons le moyen de n'être pas manœuvres à Tufo comme toi mais nous irons travailler au loin – et si possible comme employés ou dans l'armée.* J'expliquai même que j'entrerais dans la gendarmerie montée, car je venais de lire une brochure achetée au marché du samedi à Minturno et dont la couverture représentait le célèbre brigand calabrais Musolino, marchant enchaîné entre deux carabiniers à cheval qui me firent une forte impression et me donnèrent la secrète espérance de devenir un jour moi aussi un carabinier à cheval. C'est ainsi qu'aussi bien mon frère que moi-même nous sommes parvenus à ce but que nous nous étions fixé, en quittant ce village grossier qui ignorait tous les principes de la vie civilisée et où les plus déshérités étaient accablés par la faim et le travail sous la férule des tyrans infâmes et égoïstes qui possédaient les terres. »

En 1980, Leonardo se rappelait encore le panache magnifique des chevaux, les uniformes rouge et bleu des représentants de l'ordre, la fascination irrésistible qu'ils avaient exercée sur son imagination. Il en avait retiré un sentiment de sécurité, de justice implacable. Et son rêve d'enfant devint réalité. Lui qui n'avait pas été plus loin que la classe de septième, il réussit à faire carrière dans le Corps des Carabiniers. En 1918, il fut un des premiers à entrer dans Gorizia libérée. En 1919, il donna la chasse aux criminels de Rome et ses succès furent rapportés avec éloge dans les pages de faits divers du « Messaggero ». En 1921, on l'envoya traquer les rebelles de Libye, qui étaient nettement plus dangereux, en les poursuivant à travers le Sahara. En selle sur un cheval blanc, il finit pourtant par se rendre compte enfin qu'il s'était trompé de camp. Quelque temps plus tard, dans les années qui marquèrent l'apogée du fascisme, il abandonna l'uniforme.

Mais Diamante, sur cette gravure, n'avait eu d'yeux que pour

Musolino. Ce jeune homme frêle, pâle, *normal,* avait tenu en échec les autorités du Royaume, les avait humiliées et ridiculisées, avait su échapper des années durant aux pièges, aux embuscades, aux guets-apens. Il s'était révolté contre son destin de bouseux affamé et exploité. Il avait voulu non pas survivre, mais vivre. Quand on l'avait capturé et condamné injustement à vingt et un ans de prison, il ne s'était pas résigné. Il s'était évadé en s'ouvrant une brèche dans le mur de la prison. Et même s'il avait été condamné aux travaux forcés, en juin 1902, et envoyé dans le bagne inhumain de Portolongone, dans l'île d'Elbe, les chaînes qui emprisonnaient ses poignets ne signifiaient rien. Le brigand était un homme libre.

Si Moe Rosen savait maquiller les morts, c'était parce qu'il était habitué à se grimer lui-même. Il arrivait souvent au travail le visage couvert de bleus, les yeux battus, le nez mis à mal. Enfermé dans sa loge, il se refaisait une santé à force de poudre et de fard. Cependant, à la différence de ses clients, il n'avait pas besoin de maquillage pour sourire. Il réussissait à rire de tout, et d'abord de lui-même. Au début, Diamante ne comprit pas ce qu'il pouvait trouver d'amusant à sa situation. Puis il se rendit compte que derrière l'humour narquois de Moe se cachait la conviction que si le pire n'a pas de limite, on peut en dire autant du meilleur. Et que le meilleur est toujours devant nous – on ne le rencontre jamais en se retournant.

Il était arrivé en 1904, avec son père, sa mère, deux frères et trois cousins. Lorsque la guerre russo-japonaise avait éclaté, ses grands frères avaient été appelés à combattre par le tsar. Parmi tous les malheurs auxquels était voué un Juif en Russie, un des pires était de finir à l'armée, où il risquait d'être blessé, brutalisé et assassiné par ses compagnons d'armes. Les Rosen avaient donc vendu tous leurs biens et s'étaient enfuis. C'étaient des gens industrieux. Le père de Moe avait déjà ouvert un établissement de prêt sur Grand Street, et ses cousins étaient musiciens dans les théâtres des Juifs. Diamante se mit à les considérer comme des guides indiens, bien utiles pour montrer aux étrangers le chemin permettant de pénétrer dans un territoire ennemi. Les Rosen parlaient yiddish, mais à force de travailler chez Bongiorno Bros et de fréquenter l'appartement de Prince Street Moe apprit bientôt les insultes calabraises les plus hautes en couleur ainsi que maints proverbes siciliens. Il savait s'exclamer dans le dialecte de Minturno « Puisses-tu crever dans les ténèbres ! » et autres gracieusetés du même genre. Diamante passait de longues heures en sa compagnie. Tout en lavant et en rasant des cadavres, ils s'observaient non sans méfiance.

La chevelure de Moe évoquait un artichaut épluché. Il avait les oreilles en feuilles de chou, la bouche fendue en tirelire. Mais son regard limpide était celui d'un enfant. Il avait déjà seize ans. Maigre comme un clou, il ressemblait à un épouvantail dans son costume flottant. Il n'en possédait qu'un, dont le pantalon tenait avec une ficelle et dont la veste élimée se décousait à chacun de ses mouvements. Entre deux cadavres, Moe dessinait. Sur des papiers d'emballage et des boîtes en carton, de vieux journaux et des cartes de visite dérobés dans la corbeille du bureau... Avec une habileté qui semblait tout simplement prodigieuse à Diamante, il dessinait les visages des corps étendus sur la table. Il savait les regarder mieux que quiconque, en captant leurs particularités les plus secrètes : l'aile impertinente d'un nez, une verrue autoritaire, la fossette d'un menton, une mâchoire saillante, un front obtus. Il consacrait des heures à ces dépouilles qui n'intéressaient personne. Dans l'entreprise Bongiorno Bros, dans l'Amérique tout entière, Moe était le seul à avoir pitié des morts.

Il gardait ses crayons enfermés dans un tiroir. Après le travail, il n'emportait jamais chez lui ses dessins ni ses couleurs. Comme Diamante, il gagnait quelques sous en se chargeant de mentir aux policiers irlandais à propos de la veillée funèbre. Durant les dernières heures du jour, quand les voix des parents dans le salon se confondaient en une mélopée triste et solennelle, Diamante tirait de sa poche le manuel scolaire de Vita et s'acharnait à lire et relire les mêmes pages – là où les cours s'étaient interrompus et où les mots lui avaient été volés. C'étaient des phrases à la fois stupides et insurmontables, mais il les répétait à mi-voix tandis que Moe coloriait un dessin. Si quelqu'un entrait, ils faisaient disparaître prestement crayons et manuel dans les tiroirs de la boîte à maquillage.

Au fil des mois, Diamante en vint à apprécier davantage la compagnie de Moe Rosen que celle des garçons de Prince Street. Peut-être parce que Moe vivait de l'autre côté de Bowery et ne savait rien des incendies, du pistolet de Rocco et des bandits. Diamante évitait Vita car il ne voulait pas lui mentir, ni lui dérober des baisers pour lesquels elle serait fouettée jusqu'au sang par Agnello. Il évitait également Rocco et les amis de ce dernier, car il n'avait pas envie de leur donner ce qu'il restait en lui de meilleur.

Et Geremia était parti. Il n'aimait plus l'atmosphère de Prince

Street – les expéditions nocturnes, les bouteilles de pétrole cachées sous le lit de Coca-Cola, les feux, le coup-de-poing que Rocco dissimulait dans sa chaussure, le pistolet chargé... Sans oublier Elmer, le nouveau pensionnaire, qui avait été accusé d'avoir assassiné un pâtissier mais dont le procès n'avait finalement pas eu lieu, le témoin ayant été repêché dans les eaux de Jamaica Bay. Geremia disait qu'une fois qu'ils vous avaient repéré, ces gens-là ne vous lâchaient plus. On croit qu'ils vous aident, mais en fait ils ne vous font aucun cadeau. On se retrouve pris dans la nasse, et c'est fichu. Il avait accepté un engagement dans les houillères, en Pennsylvanie. Dieu sait où se trouve la Pennsylvanie ! Il n'avait aucune envie d'y aller. L'idée de devenir mineur ne lui souriait guère. Il y avait encore un an, il aurait bien ri si quelqu'un lui avait fait une telle proposition : « T'es fou ou quoi ? Je suis pas un rat mais un musicien. Je veux monter, encore et encore, pour regarder le passé d'en haut ! » Geremia n'avait dit au revoir à personne, car il ne savait comment annoncer son départ à l'oncle Agnello qui se tuait au travail pour racheter son magasin et n'avait rien à voir avec les expéditions nocturnes. De plus, il avait peur de le dire à Rocco. Celui-ci ne lui aurait jamais pardonné cette trahison, après tout ce qu'ils avaient partagé. Ils avaient fait un pacte, au sommet de la tour du « New York Times », même s'ils n'avaient pas prêté serment. Ils devaient tous rester unis autour du frère américain, toujours, quoi qu'il arrive – « Et qu'ils crèvent, ceux qui peuvent pas nous voir ! » Cependant, Geremia avait tenté de persuader Diamante de partir avec lui. Peut-être ne pouvait-il supporter l'idée de se retrouver au fond d'une mine, en compagnie de tant d'hommes de sa connaissance qui avaient fui le village avant lui et n'avaient pas réussi à y retourner.

« Viens avec moi, Diamante, disait-il. Les cousins doivent rester ensemble. Quittons New York tant qu'il est encore temps. Écoute ce que je te dis. Mieux vaut un chien vivant qu'un lion mort. On aura qu'à travailler deux ou trois ans dans les mines. Une fois qu'on aura mis de côté quelques milliers de dollars, on rentre chez nous. Y a pas de place pour nous en Amérique.

— J'ai déjà un travail, avait répondu Diamante. J'ai pas besoin d'un autre. »

Ce jour-là, il avait compris la vérité : son cousin était un cave.

L'humanité se divise en deux catégories, les *uàppi* et les *totari* – c'est-à-dire les culottés et les couillons, les malins et les corniauds, les durs et les caves. Les *totari* n'existent que pour servir les autres et payer pour eux. Il en a toujours été ainsi, en Amérique comme en Italie. Mais ici, on ne connaît pas les nuances. C'est tout blanc ou tout noir – le gris n'a pas encore été inventé. Agnello est un *tòtaro.* Malheureusement, il s'est avéré que Geremia était comme lui. Depuis qu'il est parti se ruiner la santé dans la mine, Rocco n'en parle que pour l'insulter. Il l'appelle l'oncle Tom, car il est comme le nègre de l'histoire, que les Américains ont forcé d'aller à l'école.

« C'est le bon nègre qui dit toujours : oui, patron, et qui fait tout pour se faire bien voir de son maître. Mais il pourra jamais s'en faire accepter, car il restera toujours un nègre. Alors que nous, on est comme les autres nègres qui hurlent : on veut pas mourir comme des porcs. S'ils nous mettent la corde au cou et nous suspendent à un arbre, on tirera sur ceux qui veulent nous pendre ! »

Il est possible qu'Antonio, le père de Diamante, soit lui aussi un cave. C'est même certain, autrement il ne se serait pas fait refouler deux fois en arrivant en Amérique et n'aurait pas vu mourir de faim cinq de ses fils. Diamante n'est pas un cave. Et si jamais il l'a été, il ne veut plus l'être à l'avenir.

Moe Rosen était différent. Ce n'était pas un malin, mais pas non plus un cave. Il échappait au dilemme auquel ils semblaient tous condamnés. Il ne rossait pas les commerçants, ne les menaçait pas. Il lisait la Bible avec autant de plaisir que Diamante le journal ou les almanachs illustrés. Surtout, il lisait les livres de la Lennox Library, un édifice majestueux où cependant – à la différence des églises – n'importe qui, même un adolescent miteux comme Moe, pouvait entrer. Diamante l'accompagnait parfois jusqu'à l'entrée, et il aurait aimé le suivre dans ce bâtiment qui avait l'air d'un palais ou d'un parlement, mais il s'abstenait de peur de se faire chasser dès qu'il ouvrirait la bouche. Moe fréquentait des cours du soir pour apprendre l'américain. Là aussi, Diamante aurait aimé le suivre, mais il s'agissait d'une école ouverte par les Juifs fortunés à l'intention des Juifs pauvres. Moe lui disait d'aller à l'école de son côté, mais les Italiens riches n'avaient pas ouvert d'école pour leurs compatriotes arrivant sans le sou. En fait, ils avaient honte d'eux et affirmaient que l'Italie n'est pas une mais se compose de deux pays et de deux races différentes. Ceux d'en haut sont des Celtes courageux et honnêtes, ceux d'en bas des Latins lâches et pouilleux. En somme, l'Italie est étrangement partagée entre un Nord lumineux et un Midi voué aux ténèbres. Mais quand Diamante avait tenté d'expliquer son malaise et la honte qu'il éprouvait à se faire traiter de *dago,* Moe ne l'avait pas compris. C'était une habitude, pour lui. Dans le pays où il habitait auparavant, il vivait déjà parmi des gens qui parlaient une autre langue que lui et le couvraient d'insultes. Il fallait se frayer soi-même un chemin pour progresser. Et s'en sortir.

Moe voulait devenir un grand peintre. Cependant, comme il n'était pas assez naïf pour confondre son désir de peindre avec du talent, il voulait d'abord tenter de savoir si quelque espérance lui était permise. Il n'avait aucune envie de devenir un peintre du dimanche. Il serait un grand artiste ou rien. S'il n'avait pas de talent, son devoir était d'abandonner et de s'adonner à n'importe quoi plutôt qu'à la peinture. Pour se confronter au grand Art, celui qui ne peut s'inventer ou se confondre, Moe faisait le tour des musées de la ville pour voir les tableaux. Diamante se mit à l'accompagner. Il avait toujours cru que les tableaux ne se trouvaient que dans les églises, mais en Amérique les églises étaient nues, avec des murs blancs, alors que les musées étaient aussi somptueux que des cathédrales. Une fois payé son billet, on pouvait passer toute la journée à regarder des toiles. La peinture en soi ne disait rien à Diamante. Il ne s'approchait que s'il apercevait la Vierge et l'Enfant. Presque toutes les Madones lui plaisaient – rêveuses, douces et maternelles comme aucune des femmes qu'il avait connues jusqu'à présent. Il rêvait d'avoir une telle femme à son côté, et de se laisser bercer dans ses bras pour l'éternité. Il lui arrivait alors de se perdre dans sa contemplation, amoureusement, jusqu'au moment où le gardien pris de soupçon l'invitait à poursuivre sa visite, de peur que ce garçon vêtu comme un voyou des faubourgs ne tire soudain son couteau pour infliger un dommage irréparable au chef-d'œuvre.

Moe, au contraire, regardait tous les tableaux, même ceux représentant des arbres, des fleurs ou des corbeaux. Son père, un gnome à la barbe de prophète dont les cheveux retombaient sur les épaules car il était très religieux, manifestait une hostilité hystérique envers les projets artistiques de son fils. Son Dieu ayant une dent contre les images, le vieillard brûlait les dessins de Moe s'ils lui tombaient sous la main. C'était lui le responsable des bleus couvrant le visage de son fils. Il allait jusqu'à lui casser les doigts avec un marteau. S'il avait exagéré, il envoyait quelqu'un annoncer chez Bongiorno Bros que son fils avait la bronchite. C'est pourquoi Moe Rosen préférait Dagoland. Là-bas, personne ne le punissait s'il se mettait à peindre des poules, des lapins et des enfants sur les murs des cours et sur les tables des réserves à charbon. Les *dago* pensaient simplement qu'il était toqué. Ils riaient des images étranges qu'il laissait derrière lui, mais ils ne les effaçaient pas. Il peignait des animaux souffrant, le bec entrouvert et les yeux écarquillés. Même dans un bouquet de fleurs fanées, agonisantes, il mettait un désespoir criant. Il était attiré par tout ce qui était faible et blessé – le jeune poulet tué et plumé dont le sang dégoulinait dans un seau en fer, le chiot le plus fragile de la portée, destiné à être attaqué, écrasé ou dévoré par les autres chiens. Les mouches, les poulets, les rats morts, la foule immense des offensés : il aurait voulu tous les sauver. Faute de le pouvoir, il les peignait.

Il peignit les dents gâtées de Nicola. Il représenta Rocco avec son chat écorché sur les genoux et l'air absent d'un homme qui pour fuir s'est si bien caché qu'il ne sait plus lui-même comment revenir sur ses pas. Pour Diamante, il peignit le paquebot *Republic* sur le rideau séparant son réduit des autres pièces de l'appartement de Prince Street. Il orna l'unique porte d'un arbre et, quand il s'aperçut que la cuisine où Vita et Lena passaient la plus grande partie de la journée n'avait pas de fenêtre, il en peignit une en trompe-l'œil sur le mur.

« Qu'aimeriez-vous voir de votre fenêtre ? leur demanda-t-il.

— Le gratte-ciel du “New York Times”, répondit Vita.

— Les montagnes », dit Lena.

Il peignit deux filles de dos, penchées à la fenêtre. A l'arrière-plan, il représenta le gratte-ciel et plus loin une chaîne de montagnes violettes, aux cimes neigeuses.

Chez Bongiorno Bros, des photographes venaient toujours immortaliser les défunts avant les funérailles. Hester Street abritait le studio de la Vigorito Company – spécialisée dans les portraits, groupes, agrandissements, processions, paysages, intérieurs, photographies sur boutons, oreillers des noces, porcelaine, bois et montres. Sur la vitrine, on voyait toujours la même annonce : *Cherchons jeunes gens de moins de dix-huit ans désirant s'initier à la photographie. En six mois nous les mettons en état de pouvoir diriger un studio de photographe.* L'annonce jaunissait à vue d'œil, car la Vigorito Company n'était pas en mesure d'offrir un salaire aux jeunes gens pendant ces six mois. En fait, le mot Company n'était là que pour attirer les clients, et le studio était constitué du seul M. Vigorito. Quand ce dernier découvrit la familiarité de Moe Rosen avec les cadavres, il lui proposa de se charger de ce domaine pour lequel lui-même éprouvait une certaine répugnance. Il faut du talent, pour photographier un mort. Beaucoup plus que pour photographier un vivant, à qui on peut dire de sourire, de se tourner, de dégager le front, de pencher la tête... Le mort est comme une statue. Mais ce n'est pas une œuvre d'art :

il est aussi imparfait que nous, et de plus définitivement imperfectible. La proposition de Vigorito était rentable, car les morts américains avaient toujours de l'autre côté de l'océan des parents désireux de les revoir une dernière fois. Moe Rosen, qui n'avait vu de sa vie un appareil photographique, accepta sur-le-champ – même sans salaire – et quitta son ancien emploi durant l'automne 1905.

Il proposa à Diamante de l'accompagner chez Vigorito.

« Apprenons le métier. Dans six mois, nous achetons un appareil photo et nous nous mettons à notre compte. Nous ferons des cartes postales. Tu as pensé au nombre d'étrangers qui se trouvent à New York aujourd'hui ? Il en arrive dix mille par jour. Il suffit que chacun d'eux envoie une unique carte postale à ses parents restés au pays, et nous deviendrons millionnaires ! »

Diamante était tenté. Sans Moe Rosen, pompes funèbres, cercueils et enterrements n'auraient plus rien d'un rite et redeviendraient ce qu'ils étaient auparavant. Les morts étendus sur le lit afficheraient leurs visages abstraits, affectant une suprême indifférence. Toute trace de superficialité, de mesquinerie ou de méchanceté aurait disparu de ces faces où subsisteraient seuls les traits les plus essentiels. Les morts reprendraient l'éphémère dignité que la vie leur avait ôtée, mais sans Moe Rosen ils ne retrouveraient pas le sourire, ni la paix. Diamante n'avait pas envie de continuer de travailler chez Bongiorno Bros sans son bizarre ami. Il savait que Moe, comme un guide indien, lui indiquait le chemin menant au cœur du fort ennemi. Il savait qu'il devait le suivre – cependant il ne pouvait pas se le permettre. Il lui fallait gagner de l'argent. Même de petites sommes, mais tout de suite.

« Pense à l'art, insistait Moe. Viens avec moi. N'écoute pas ta famille. Ne fais pas comme ton cousin qui a échangé son trombone contre le billet du train l'amenant à la mine. L'art nous nourrira toujours. Un artiste n'est jamais pauvre... »

Pour fêter le nouveau travail de Moe, ils se rendirent sur Cherry Street, où officiaient les putes les moins chères. Ils décidèrent d'en prendre une ensemble. Cependant, aucune n'était du goût de Diamante : il les trouvait toutes vulgaires, usées et repoussantes. Moe ramassa la plus laide de la rue. Il manquait trois dents à sa bouche, encadrée de deux parenthèses flétries. Elle les emmena dans une mansarde empestant l'urine et le poisson pourri. Diamante ne parvint pas à bander tant elle se montrait vénale et expéditive. Mais Moe perdit sa virginité dans ses bras, en quatre minutes.

Moe aimait les femmes vieilles, laides et seules. Les prostituées syphilitiques, aux plaies dissimulées sous une épaisse couche de fard. Les phtisiques. Les folles. Celles que les hommes ignorent, utilisent ou maltraitent. Celles dont ils avilissent la beauté. Comme ils rentraient vers Prince Street, où Moe avait hâte d'achever la fenêtre de la cuisine, il demanda à Diamante s'il avait l'intention d'épouser Lena. Diamante répondit que personne, pas même l'oncle Agnello, n'aurait eu l'idée d'épouser Lena sous prétexte qu'il était parfois bien agréable de coucher avec elle... Lena avait été sa première femme. Elle l'avait soulagé du poids de son inexpérience. Si au début leurs ébats n'avaient pas demandé plus de temps qu'il n'en faut pour faire bouillir l'eau des pâtes, par la suite ils avaient souffert de la brièveté des instants dont ils disposaient. A l'époque où il allait ramasser des chiffons avec le cheval de Tom Orecchio, Lena se levait en l'entendant rentrer et lui faisait chauffer un verre de lait qu'il ne pouvait pourtant pas se payer. Si Agnello l'avait su, il les aurait mis en pièces. Ç'avait été leur premier secret. De secret en secret, ils avaient fini au lit.

Lena comblait la violence qui l'habitait, mais ses baisers n'avaient pas la saveur de ceux qu'il achetait à Vita. Lena avait comme un goût de solitude, et en l'embrassant il lui semblait serrer dans ses bras une onde, une absence. Parfois, Diamante craignait de devenir un jour comme elle. D'oublier d'où il était venu, qui il avait été, de quel peuple il était issu. C'était peut-être pour cela qu'elle s'était mise avec l'oncle Agnello, qui était non seulement brutal et acariâtre mais laid à faire peur, avec son menton en galoche qui lui grattait quasi le nez. Agnello avait décidé qu'elle s'appellerait Lena. Il était le seul à lui avoir dit : « Voici ta maison. Là où je suis, là est ton pays. » Au commencement, comme Lena appartenait à Agnello, Diamante éprouvait en la touchant un sentiment étrange, un mélange de désir et de répulsion, de défi et de vengeance. Mais enfin, il n'est pas question d'épouser les femmes avec lesquelles on s'amuse. Du reste, même si elle forniquait en toute insouciance avec un mineur, Lena avait déjà vingt-six ans – autant dire qu'elle était vieille. Non, il épouserait Vita. Tant pis si Agnello voulait lui trouver un mari qui ne soit pas du quartier – un médecin, un avocat ou un notaire, en somme un gagnant du genre de Mister Bongiorno. Le gagnant, ce serait Diamante.

Moe rétorqua que seuls les perdants ont envie de gagner. Il se déclara heureux que Diamante ne tienne pas à Lena, car dans ce cas, dès qu'il se serait fait une clientèle comme photographe, il lui demanderait de devenir sa femme. Diamante lui conseilla de laisser tomber, car elle était complètement folle. Puis il se rappela que Rocco lui avait dit la même chose, deux années plus tôt, et il comprit que Lena avait également couché avec Rocco. Son orgueil en prit un coup. Il finit par s'en détacher complètement, au point de ne plus ressentir l'attraction qu'elle avait toujours exercée sur lui. Mais il était déjà trop tard.

# La lampe

Sur le tabouret, près du lit de Vita, une lampe reste allumée toute la nuit, car la lumière tient à distance la *janara*. La *janara* est la sorcière qui vient enlever les enfants. Comme elle est déjà venue dans cette maison, elle connaît le chemin. Bien entendu, tout le monde ignore cette histoire, et Vita aurait honte d'admettre qu'à son âge elle croit encore aux sorcières. Elle n'est plus une enfant, maintenant. Il y a deux mois, son sang a coulé pour la première fois. Mais comme elle ne l'a dit à personne – à qui aurait-elle pu en parler ? les garçons ne comprennent rien à ces choses – et qu'elle a lavé le chiffon en cachette, il est probable que même la *janara* ne s'en est pas aperçue. Or Vita sait que les sorcières existent, de même que les morts reviennent sous forme de fantôme, de chat, de foudre ou de guêpe afin de faire du mal à ceux dont ils veulent se venger. C'est pourquoi elle laisse sa lampe allumée la nuit, malgré les protestations de Coca-Cola – qui du reste, depuis qu'ils ont tous deux grandi, dort dans un autre lit, si bien qu'il peut se retourner si la lumière le gêne. Quand elle se réveille, cependant, la lampe est éteinte. De l'autre côté du rideau, quelqu'un chuchote, rit tout bas et pousse des soupirs. Naturellement, Vita sait qu'il s'agit de Diamante qui s'amuse avec Lena. Comme elle n'y peut rien, elle se contente de rallumer la lampe et de se rendormir.

Mais dans son rêve, il en va autrement. L'alcool de la lampe est épuisé, de sorte que la mèche ne brûle plus. Elle se lève, saisit la lampe éteinte et sort dans le couloir pour chercher la bouteille d'alcool. Quelqu'un l'a changée de place et elle ne la trouve pas. Elle la cherche dans tous les coins, et quand enfin elle met la main dessus, Diamante est retourné dans son lit. Tout se tait. Le rideau est resté entrebâillé. Dans son grand lit, Lena s'est déjà endormie car son souffle est redevenu régulier – on croirait entendre dans les ténèbres le bruissement du vent contre une porte. Vita se sent soudain curieuse de voir à quoi ressemble son visage après sa rencontre avec Diamante. Elle allume la mèche et approche la lampe du visage de la dormeuse. Lena sourit. Elle dort en souriant. Dans la réalité, il ne viendrait jamais à l'esprit de Vita de poser la lampe à alcool sur la table de nuit afin de pouvoir s'avancer vers elle pour toucher ses cheveux, son bras nu, son sein à moitié découvert sous la veste déboutonnée du pyjama. Jamais elle ne respirerait l'odeur de Lena, qui sent à la fois le vinaigre et la mer... C'est pourtant exactement ce qu'elle fait. Maintenant, la lampe illumine l'oreiller, les cheveux couleur de miel, les lèvres humides, le sourire de Lena, et tout est obscur autour de cette zone lumineuse. Comme ce rêve se répète depuis des semaines, Vita sait que la lampe va bientôt tomber sur le lit et que de la couverture imbibée d'alcool vont s'élever des flammes tremblantes, d'un bleu intense et profond comme le ciel avant l'aube. C'est pourquoi, ces derniers temps, elle devance cet instant d'extase inquiète en se réveillant. A chaque fois, elle se réveille en criant. Agnello est déjà assis sur son lit et lui caresse les cheveux en murmurant que ce n'est rien, qu'elle a juste fait un cauchemar.

Vita est trempée de sueur, son cœur bat la chamade, elle ne veut pas se rendormir de peur de revoir le sourire satisfait de Lena, mais Agnello lui assure que les cauchemars ne recommencent jamais.

« Dors, ma petite fille », dit-il.

Vita ferme les yeux puis les rouvre brusquement pour s'assurer que son père n'a pas éteint la lumière. Agnello est assis à son chevet, une couverture jetée sur ses épaules. Il semble avoir vieilli d'un seul coup, tous ses cheveux sont tombés. Il ne travaille plus la nuit et ne bouge plus de son lit avant le lever du soleil. Personne ne le lui a demandé, mais il a compris que c'était mieux ainsi. Vita voudrait que son père la tienne par la main, mais cela ne lui viendrait jamais à l'idée et elle n'ose pas l'en prier. Le temps s'est arrêté. Peut-être Agnello s'est-il endormi sur sa chaise, car il est mort de fatigue. Elle, elle n'y parvient pas et reste les yeux grands ouverts, à contempler la mèche flottant dans l'alcool. Autour d'elle, tout est plongé dans l'obscurité, mais la flamme répand une clarté froide et bleue. Si elle se rendort, ne serait-ce qu'un instant, Lena va ouvrir les yeux, battre des paupières, se raidir en découvrant qu'elle l'a surprise et épiée dans son moment le plus secret.

« Qu'est-ce que tu veux ? dit-elle d'une voix flûtée – la même voix avec laquelle elle attire les garçons dans son lit. Tu vas me faire le plaisir d'aller te recoucher.

— J'ai froid, bredouille Vita. Je peux dormir avec toi ? »

Lena se rend compte que ses yeux ne peuvent plus la voir et dit tout bas :

« Vita, qu'est-ce que tu regardes comme ça ? Vita, arrête ! »

La lampe est tombée sur la couverture. Lena s'est embrasée comme une torche.

## L'étoile blanche

Le 15 avril 1906, jour de Pâques, le « New York Times » rapporte que le temps fut maussade. Il plut jusqu'à midi, les nuages s'imposèrent jusqu'à trois heures et le ciel ne retrouva sa limpidité que vers le soir. L'air était frais. A trois heures du matin, la température était de 53 degrés Fahrenheit, et elle n'atteignait qu'à peine les 60 à six heures de l'après-midi. L'arrivée du comte Henry de la Vaulx, l'aéronaute à la mode, qui a déjà franchi la Manche en ballon et est venu populariser l'art du vol en Amérique, la chronique de la Saint Patrick Parade, où la foule n'avait jamais été aussi dense, la nouvelle du lynchage de trois nègres (innocents) au Missouri, le scandale provoqué par l'écrivain Maxime Gorki, chassé d'un hôtel de New York parce qu'il avait fait passer sa compagne pour son épouse légitime... Dans cette actualité chargée, il ne reste que peu de place pour l'Italie (et les Italiens). Le supplément dominical présente parmi les photographies des hommes illustres, tous américains, un portrait d'Enrico Caruso, presque obèse désormais mais promu au rang de champion de la race italienne, au côté du Premier ministre italien Sidney Sonnino, qui est cependant avantagé par le fait d'être fils d'un Juif et d'une Anglaise protestante. Les seuls autres Italiens dont on parle sont deux cadavres. Le premier est l'assassin Giuseppe Marmo, qui le 28 septembre 1904 avait trucidé Nunzio Marinano, son beau-frère, et qui le 22 mars 1906 fut pendu à Newark. Le second est l'éditeur Domenico Mollica di Lipari, assassiné le 16 mars par les soins de la société de la Main noire. Il habitait au nº 415 de la Quatorzième rue. Les tueurs lui tirèrent dessus dans son lit pendant qu'il dormait. Le 16 avril 1906, Fernando Sarà, dit Prophète, aurait pu les rejoindre. Mais Diamante en décida autrement.

La matin de Pâques 1906, Diamante va siffloter *Comme la plume au vent* devant la maison d'un homme appelé Prophète. Il fait partie des visiteurs des veillées. C'est un type râblé, au cou de taureau. Un bon ami de Cozza – ou du moins, il le croyait. Comme deux copains inséparables, Bongiorno et Prophète allaient souvent manger un *cannolo* sicilien à la pâtisserie d'Elizabeth Street. Et maintenant, tandis que les cloches sonnent à la volée et que les passants courent déjeuner sans montrer le moindre signe de joie à l'idée que le Christ soit ressuscité après tant de souffrances, Diamante est assis sur une bouche d'incendie, sous un torrent de pluie, devant le logis de Prophète – un immeuble aux murs de brique et aux échelles anti-incendie en fonte. L'endroit est confortable et Agnello voudrait bien s'y installer à son tour, mais il gagne trop peu en lavant les fenêtres des gratte-ciel pour pouvoir se le permettre. Il est pourtant possible qu'il soit bientôt contraint de déménager, car on commence à parler d'ordres de démolition. Le scandale des immeubles du Mulberry District fait florès dans tous les journaux. Le quartier est défini comme un « repaire du crime et du vice », « un foyer d'infection et une honte pour l'Amérique ». Les promoteurs ont flairé l'aubaine. Quant à Diamante, il espère qu'on démolira vraiment cette bâtisse délabrée. De cette façon, ils seront contraints de s'en aller et de découvrir un autre morceau d'Amérique. D'après le manuel de Vita, les Etats-Unis sont le deuxième pays du monde pour la superficie, après la Russie dont est arrivé Moe, le premier pour les ressources naturelles, les richesses minières, les kilomètres de voies ferrées et le débit des fleuves. Or, de ce pays immense, il n'a vu qu'une ville – et de cette ville, un quartier.

Prophète est allé à la messe et va bientôt rentrer. Il vaudrait mieux qu'il ne tarde pas trop, car à force d'attendre, assis sur cette bouche d'incendie, Diamante va finir par se faire remarquer. Pourquoi diable ce garçon reste-t-il immobile sous un tel déluge ? Il enfonce son chapeau sur sa tête. Depuis quelque temps, il porte lui aussi un chapeau à bord large, qui dissimule son visage. Depuis quelque temps, les gamins syriens lui cirent les chaussures gratis et les crieurs de journaux lui font cadeau d'un numéro du « Progresso ». Une fine moustache surmonte désormais sa lèvre supérieure et il porte les cheveux coiffés en hauteur, avec une mèche qui ondule sur son front. Les garçons de Prince Street remportent un succès croissant. Diamante est le plus populaire – plus même que Rocco. En fait, les filles ont peur de ce dernier. Il le leur rend bien, du reste, en les fuyant comme la peste. Dans le monde des durs, un tel comportement signifie qu'on est une pédale, un impuissant ou un homme distingué. C'est évidemment ce dernier cas qui doit s'appliquer à Rocco. Au contraire, en rentrant du travail, Diamante est accueilli avec des sourires par les filles du n° 18 qui l'attendent à leur fenêtre. Les amies de Coca-Cola, qui le plument d'importance, ne veulent pas que Diamante les paie. C'est un rare privilège, car elles n'ont que l'argent en tête. Il ne le leur reproche pas, d'ailleurs, car lui-même passe son temps à faire des additions pour calculer le montant des économies qu'il envoie à Tufo. Toutes ces filles sont nettement moins astreignantes que Lena. Il faut avouer cependant qu'elle agitait si bien ses hanches, en le serrant entre ses jambes comme une tenaille et en le regardant d'un bout à l'autre de la séance, et qu'elle avait à la fin une expression si intense et si fraîche de bonheur dans ses yeux qu'il se relevait tout fier, prêt à voler jusqu'aux Arbres du soleil comme Guerrin le Pauvre. Les petites chanteuses du café Villa Vittorio Emanuele ont une moins belle voix que Lena, mais sont plus habiles à s'asseoir sur les genoux des hommes. Souvent, il ne sait même pas comment elles s'appellent. Elles aussi portent des noms de guerre – Sherry, Lola, Carmen. Il préfère feindre d'ignorer qu'elles se nomment tout bêtement Filippa, Carmina ou Maddalena.

Au bout de quelques minutes, Diamante repère les deux hommes à qui il doit permettre d'identifier Prophète. Ils sont plantés à côté du chariot d'une femme qui vend du pain. Ce ne sont pas des gars du quartier. Ils sont venus de l'extérieur, exprès pour Prophète. M. Bongiorno ne lui avait pas donné ces détails. Il lui avait seulement dit : « Quand Prophète passera devant toi, salue-le en prononçant son nom bien clairement, à voix haute. Ensuite, éloigne-toi en sifflotant. » Bizarrement, Diamante est en sueur. L'air est pourtant froid, la pluie glaciale. Tout est gris, sale et confus. Il s'efforce de se calmer. Pour le douzième anniversaire de Vita, il voulait lui offrir une chaîne en or, avec une breloque en forme de cœur – un gage de fidélité, en somme. Il l'avait achetée à crédit quelques mois plus tôt à un bijoutier juif, parent de Moe, et il y avait déjà fait graver son nom. Mais après l'accident de la lampe, il ne savait plus que faire de la chaîne. L'idée de l'offrir à Vita ne lui disait plus rien. Il avait fini par la faire fondre chez un receleur et par donner les dollars qu'il en avait tirés à l'oncle Agnello. Il est encore son débiteur, du reste. Rocco prétend qu'il est stupide de payer ses dettes. Les vieilles dettes ne se paient pas, et les nouvelles ont le temps de vieillir. De toute façon, c'est mieux ainsi. Il était trop tôt pour se fiancer : il n'a que quatorze ans et cinq mois. Et puis, il n'est plus certain de vouloir épouser Vita. Une fille capable de faire une chose pareille... Même si elle l'a fait pour lui. A moins qu'elle n'ait pas voulu le faire, ou qu'elle n'ait pas eu conscience de ce qu'elle voulait. Il y a une telle violence, en Vita, qu'elle lui fait peur. Depuis la nuit de la lampe, elle n'adresse plus la parole à personne. Le matin, elle sort faire les courses, mais Diamante sait qu'en fait elle erre à travers New York, comme si elle pouvait rencontrer Lena.

Vita éteint le feu sous la marmite. L'eau bout déjà. Elle goûte la sauce – elle est épaisse, odorante. Elle ajoute une feuille de basilic. Un silence lugubre règne dans l'appartement. Maintenant que les disques ont fondu, le pavillon du phonographe s'est rempli de poussière et ne sert plus qu'à accrocher les serviettes. Agnello regarde sa montre et chasse les mouches avec son journal. Il a pris l'habitude américaine de l'acheter, lui aussi, mais il devra attendre le retour de Diamante pour savoir si le comte de la Vaulx a réussi à voler avec son ballon et si la grève continue dans les mines de charbon. Il ne veut pas que sa fille lui lise les nouvelles, car il entend l'inciter à oublier les choses mauvaises qu'on lui a enseignées dans l'école américaine. Et Nicola n'a rien dans la tête, c'est une vraie gourde. Du reste, il n'est jamais là. Même le jour de Pâques, il ne déjeune pas en famille. Il prétend faire des heures supplémentaires. Comme si son père ne savait pas qu'il n'a pas d'emploi et dépense tout son argent dans l'arrière-boutique de la blanchisserie de Li Poo, à fumer de l'opium jusqu'à ce que le monde lui paraisse un paradis. Il finit même par prendre pour de jeunes beautés les Chinoises aux pieds si petits qu'on pourrait les tenir dans sa main et qui sont en réalité vieilles et difformes. Agnello a fait une croix sur ce fils indigne. Il regarde avec mélancolie le grand lit vide, avec sa couverture tirée sous l'oreiller. Il lui fait penser à son fils américain, qui aurait maintenant deux ans et demi. Le petit saurait marcher et appellerait son père par son nom... S'il avait vécu, Agnello aurait épousé Lena. Qui aurait été rechercher les papiers de son premier mariage ? Ils étaient nombreux, ceux qui avaient deux épouses – pour la plus grande satisfaction de chacune. Lena n'aurait jamais été le raconter en Italie. Et il aurait donné un nom américain à son fils. Non que les noms italiens soient laids, au contraire. Pietro, par exemple, rien ne sonne mieux. Mais ç'aurait été préférable pour le petit. Il lui aurait évité tant de crachats en plein visage, si ses papiers d'identité avaient annoncé Nelson, Jack ou Theodor, comme le président Roosevelt. Ou Washington. Un nom ronflant, pour un grand homme. Mais le destin ne l'avait pas voulu...

Les deux hommes fument sous leur parapluie. La pluie dégouline de leur chapeau et du bout de leur nez. Diamante a envie de s'en aller. Il n'a jamais sifflоté pour indiquer à quelqu'un l'identité d'un autre, il devait uniquement signaler l'arrivée d'un passant ou un danger quelconque. Pour éviter un événement, non pour le provoquer. Pourquoi Cozza l'a-t-il mêlé à une histoire pareille ? Quand il l'a fait venir dans son bureau, hier, Diamante a cru qu'il allait lui proposer une augmentation, car il n'a pas de commis plus dégourdi. Diamante aimerait bien devenir employé. Parler avec les familles des morts, expliquer avec tact que le nécessaire sera fait, qu'il s'occupera personnellement de leur cas, que le défunt ne saurait se trouver entre de meilleures mains. Il sait se montrer bien élevé, éloquent – et discret. Il respecte les morts. Et aussi les vivants, car lui-même a perdu tant d'êtres chers dans sa vie. Il serait un employé modèle. Mais Bongiorno n'avait nullement en tête une promotion de ce genre. Pourquoi l'avoir choisi, cependant ? Diamante connaît la réponse : parce qu'il a confiance en lui. Alors qu'il se défie de Coca-Cola qui, malgré son habileté à manier les allumettes, est aussi léger et étourdi qu'un papillon. Sans compter que ses dents cariées ne l'empêchent pas d'ouvrir inconsidérément la bouche, de se vanter auprès des filles et de montrer à tout le monde, pour se donner de l'importance, la cicatrice de la balle qu'il s'est prise dans le derrière un soir que le propriétaire furieux d'un bar l'a poursuivi en vidant son chargeur à son intention. Rocco l'a prévenu : « Si t'étais pas mon frère de lait, je te ferais la peau. »

Rocco parle sérieusement. Diamante sait qu'il n'en est pas à son coup d'essai. Lorsqu'il lui a offert son couteau, il lui a expliqué comment on s'y prend. Le plus important, c'est de faire tourner la lame dans le ventre. Inutile de l'enfoncer, ça suffit. Si on plonge le couteau jusqu'au manche, il faut le tirer vers le haut. De cette façon, la plaie ne se referme pas. Ce qui est agréable, surtout, c'est de regarder l'autre dans les yeux. De sentir le pouvoir qu'on a dans la main pendant qu'il vous implore et vous supplie de l'épargner. Rocco donnait ces explications d'un air compétent mais indifférent, comme s'il ne se sentait pas concerné. Pour Merlu, rien n'a d'importance. Du moment que personne ne vienne faire la peau à Cozza, il ne remarque même pas l'existence des autres. A l'exception de son chat, auquel il n'oublie jamais d'acheter du mou et des abats, et qu'il nourrit personnellement. Il ne cesse de s'extasier devant l'intelligence des chats, qui ne sont pas serviles comme les chiens. Son cher Cistro lui-même pourrait se lasser de lui devoir quelque chose et l'abandonner un beau jour pour un autre maître, ce ne serait pas la preuve de son ingratitude mais de sa liberté... Rocco fait aussi une exception pour Diamante, qu'il se vante d'avoir amené chez Bongiorno alors que personne n'aurait parié un fifrelin sur Celestina. Mais Diamante n'en est plus vraiment fier. Il a commencé à le suivre par défi, pour gagner quelques sous et aussi parce que l'odeur des incendies lui rappelait celle de la cheminée de sa maison natale. Il avait l'impression de partager les convictions de Rocco et de reprendre ce qui lui avait été volé. Mais le bel édifice des discours de Rocco s'est lézardé, et il n'y croit plus. Quand bien même Rocco serait un justicier, sa façon de réparer les injustices est elle-même injuste, ou ne s'exerce pas aux dépens des vrais coupables. Quand Diamante a essayé de lui dire qu'il n'a plus envie de sortir la nuit, car il rêve de devenir un employé, Rocco a fait une moue déçue et lui a répondu qu'ils vivaient dans un monde sans portes ni fenêtres, dont il était impossible de sortir... Il l'a dit sans élever la voix, en continuant de caresser la queue dressée de son chat, vibrante de plaisir. Il ne l'a pas même regardé, et Diamante a compris que non seulement Rocco n'est plus son ami mais qu'il serait capable de lui régler lui-même son compte, sans l'ombre d'une émotion ou d'un regret.

Agnello fume tristement, recroquevillé dans son fauteuil, et Vita s'approche de lui d'un pas hésitant. Elle avait cru un temps qu'Agnello, se retrouvant seul, quitterait son travail, achèterait des billets pour le paquebot et la ramènerait chez sa mère. Mais elle avait dû déchanter. Son père a continué à escalader les gratte-ciel, armé d'un balai-brosse, et à observer tout en lavant les vitres les employés qui travaillent dans les bureaux. Il n'a pas parlé une seule fois de rentrer en Italie. Bien qu'il n'ait plus jamais prononcé le nom de Lena, Vita sait qu'il pense à elle. Elle le surprend parfois, la nuit, assis à la table devant le phonographe dont il tourne la manivelle. Lors de l'incendie, les disques ont fondu et se sont abîmés sans remède, de sorte qu'aucun son ne sort de la boîte en bois. Mais dans sa tête, Agnello entend la musique : les yeux fermés, il ne bouge pas pendant des heures. Elle voudrait lui dire qu'elle ne voulait pas, qu'elle ne l'a pas fait exprès. Mais à quoi bon, puisque le désastre a eu lieu. D'ailleurs, Agnello répliquerait que Dieu voit tout. Que le Seigneur a voulu qu'il en soit ainsi. Vita, elle, sait que Dieu n'y est pour rien : ce n'est pas lui qui regardait la lampe.

Depuis le malheur, plus personne ne parle de Lena. Pas même Diamante. Seul Moe, ce Juif décharné, est venu la chercher. Il passait toujours à l'appartement de Prince Street, avant de courir à son cours du soir. Il alléguait un prétexte quelconque – la couleur de la fenêtre avait besoin d'être retouchée, il voulait y ajouter un oiseau, ou de la neige sur les montagnes. Juché sur le banc de la cuisine, il peignait pendant que Lena, penchée sur l'évier juste sous lui, décortiquait les crevettes. Moe ne la regardait jamais et ne lui adressait pas un mot, mais il restait dans cette position inconfortable tant qu'elle était là. Un jour, il l'avait invitée au cinéma, où il avait pris l'habitude de passer ses après-midi de liberté quand il était fatigué de rester enfermé dans le studio de Vigorito à développer des clichés. Lena avait refusé, mais il ne s'était pas découragé et avait continué ses visites. Il avait entrepris de peindre le baquet qui servait à tous de baignoire occasionnelle. Il devait évoquer une prairie, avec des roseaux et des grenouilles. Jamais il ne se décidait à l'achever : il semblait attendre quelque chose, avec une patience infinie. Mais la dernière fois qu'il était venu, Lena avait disparu. Moe n'avait pas ouvert la bouche. Il avait regardé autour de lui comme s'il avait perdu on ne sait quoi, puis il avait tourné le dos et était parti. Le baquet est resté inachevé. Maintenant, Vita est la seule femme de l'appartement. C'est elle qui fait tout : cuisiner, laver, repasser, balayer, confectionner des roses. Le soir, elle meurt de sommeil et de fatigue, son dos lui fait mal et elle se fiche éperdument d'être la maîtresse de maison. Parfois, elle se dit qu'elle n'a pas même envie d'entrer dans sa treizième année : elle a déjà eu son compte.

Depuis quelques minutes, on frappe à la porte. Des coups insistants et même impatients. Comme les pensionnaires ont les clés, il doit s'agir du docteur Lanza. Bien qu'il assure que c'est un crétin qui ne guérirait même pas une grippe, Agnello le fait venir tous les dimanches pour vérifier l'état de santé de sa fille. Depuis qu'elle ne dort plus, il redoute qu'elle ne tombe malade.

« Y a le docteur à la porte, va donc ouvrir ! » hurle-t-il.

Vita ne supporte plus la vue des médecins. Les médecins du Bellevue Hospital ont emmené Lena sur une civière. Elle délirait. Ils l'ont recouverte d'un drap – seule une main dépassait. Elle méritait ce qui lui arrivait, car elle avait le diable au corps et par sa faute Agnello avait oublié Dionisia et Diamante avait délaissé Vita. Mais ses hurlements ont réveillé toute la maisonnée et les flammes bleues ont détruit le matelas, les sacs de farine et le rideau à fleurs. Les poules sont mortes, elles aussi. Les médecins ont disparu au troisième étage. Quand ils sont redescendus, Vita en a attrapé un par la manche.

« Ça se voit ? lui a-t-elle demandé.

— Pour sûr que ça se voit, a-t-il répondu d'un ton brusque. Ce sont des brûlures au second degré. »

Les coups redoublent à la porte.

« Bon Dieu, Vita, qu'est-ce que t'attends ?

— Bonjour, messieurs. Donnez-vous la peine d'entrer. »

Le docteur n'est pas seul. En fait, ce n'est pas lui qui entre mais un type au regard glacé, à la moustache en croc et aux lunettes d'écaille. Il est accompagné de deux hommes en uniforme – des policiers. Le type commence :

« C'est bien ici qu'habite un certain... »

Prophète avance lentement, ses bajoues tressaillent à chaque pas. Lui aussi est un dur. Il n'a rien d'un *tòtaro* ni d'un brave homme. Son corps est râblé, tatoué. Dix ans plus tôt, c'était lui qui allait rosser les commerçants, récupérer ses loyers, casser les côtes et le nez de ses victimes. Il vit comme un parasite du sang des travailleurs. N'ayant jamais gagné lui-même son pain, il ignore ce qu'est la fatigue. Diamante n'a pas la moindre sympathie pour lui. Cependant, il éprouve encore une ombre de sympathie pour lui-même... Il lui semble que sa tête va éclater. Il ne parvient pas à faire sortir de son esprit les paroles de cette maudite chanson : *Comme la plume au vent, la femme est volage, elle change de ton et de pensée.* Tout ce qu'il a à faire, c'est siffloter cet air. Dire : « Joyeuses Pâques, Prophète. » Puis s'en aller sans se retourner. Le reste ne le regarde pas. C'est l'affaire de ces deux étrangers, venus tout exprès d'un autre quartier. Ils sont armés. On voit d'ici la bosse de leur pistolet sous leur veste. Des professionnels. Deux balles leur suffiront pour régler son compte à Prophète. Cozza lui fera des funérailles inoubliables, avec l'automobile noire aux vitres en verre fumé et le chauffeur en livrée. Et dans un mois, dans un an, Diamante pourra envoyer un mandat à ses parents. Un vrai. Angela cessera enfin de se lamenter et d'accabler tout le monde avec sa rancœur. Elle n'aura plus à s'attacher des semelles de liège aux pieds avec une ficelle. Il en a toujours eu honte, car les autres femmes avaient au moins les moyens de se procurer une paire de savates. Seule sa mère était contrainte de marcher avec circonspection, comme sur du verre, la semelle ayant une fâcheuse tendance à s'embourber dans la boue ou le fumier et à se détacher si Angela la secouait trop fort.

Combien de fois il l'avait vue se démener pour libérer son pied sans perdre la semelle. Un spectacle pénible, qui lui faisait saigner le cœur. Angela ne passera plus son temps à traiter Antonio d'incapable et de raté. Il ne sera plus forcé d'aller répandre sa sueur sur la terre d'un autre. Il pourra enfin acheter le morceau de terrain que l'Etat et les propriétaires lui ont refusé. Ton père – ton père bien-aimé, vulnérable – ne te demandera plus de descendre à la citerne les dames-jeannes parce que lui, en voyant l'eau si noire et tranquille dans la nuit, il a envie de se noyer. Leonardo et Amedeo ne mourront pas comme tous tes autres frères. Ils vivront. Hier, tu as reçu la lettre où ton père t'écrit qu'Amedeo finit sa troisième année de cours élémentaire et qu'il est encore meilleur élève que toi. Il te demande pourquoi tu écris si rarement, la distance et les années ne peuvent séparer les sangs, nous attendons tous tes lettres avec grande impatience... L'ombre de Prophète est trapue, disgracieuse. Il ne lui a jamais parlé. Il ne le connaît pas. Il a pratiqué les expéditions punitives, le chantage, l'assassinat, sans aucun remords. C'est un bandit. Les bandits meurent comme ça – quand quelqu'un prend leur place. Musolino a tué sept malheureux, dont aucun n'était responsable des brimades qu'il avait subies. Après quoi, on l'a mis en prison jusqu'à la fin de ses jours. Il est devenu fou et a oublié qu'il s'appelait Musolino.

Agnello se décide à se lever de son fauteuil lorsque sa fille se met à hurler. Le type aux lunettes d'écaille est coiffé d'un canotier ruisselant. Une feuille à la main, il répète d'un ton têtu :

« C'est bien ici qu'habite un certain...

— Non, non, non ! » crie Vita.

Agnello se tait, incertain, et observe les hommes qui se sont plantés comme des cyprès entre les caisses et les baquets. Ils sont blonds, imberbes et inflexibles. Il respire, soulagé. Il avait craint de se trouver face à quelques sous-fifres des usuriers, venus lui enlever les derniers cheveux lui restant sur le crâne, ses dernières dents et ses derniers espoirs de se remettre à flot. Mais Rocco les tient en respect : il a juré que tant qu'il serait là, personne ne lèverait un doigt sur Agnello, qui est comme un père pour lui. De fait, Dieu merci, ce ne sont que des policiers. Cela dit, ils arborent menottes et pistolets... Que veulent-ils, ces cornards ? Sont-ils venus chercher Rocco ? Ce pauvre Elmer ? Ou cet ahuri de Coca-Cola ? A moins qu'il ne s'agisse de Diamante. Dieu sait ce qu'il a pu manigancer, celui-là. Agnello n'a jamais aimé ce gamin qui se croyait plus malin que les autres. Il lui a toujours porté la guigne. Depuis son arrivée à Prince Street, tout est allé de mal en pis dans la vie d'Agnello. Il a perdu son magasin, il a perdu son honneur, il a perdu Lena. Que lui reste-t-il, désormais ? Il ne comprend pas ce que ces *polismen* font chez lui. Les voisins ont dû les voir monter. Ils vont en parler pendant des mois, quelle honte...

« Il n'y a personne, dit-il. Je suis seul avec la petite. Tout le monde est sorti. »

Vita surgit derrière le rideau, blanche comme un linge. C'est ainsi qu'elle lui est apparue, cette nuit-là, avec le même regard de possédée. Debout derrière le lit en flammes, immobile – spectrale. Voilà pourquoi il a perdu Lena. Un père doit rester avec sa fille... Même s'il ne retrouvera jamais une femme comme Lena.

« J'ai l'ordre de vous lire le règlement, annonce l'homme aux lunettes d'écaille dans un italien impeccable. LOI SUR L'INSTRUCTION OBLIGATOIRE...

— Non ! hurle Vita. Allez-vous-en, allez-vous-en, qui vous a demandé de venir ?

— *Etat de New York. Amendes aux parents négligeant d'envoyer leurs enfants à l'école. 5 dollars maximum pour la première infraction. 50 dollars maximum pour toute infraction subséquente. En cas de récidive, l'amende s'accompagne de 30 jours de prison.* »

Agnello ne voit pas en quoi la loi de l'Etat de Nouillorque le concerne. Comment une loi peut-elle être enfreinte par quelqu'un qui ignore qu'elle existe ? De toute façon, il a déjà payé l'amende. Ça faisait cinq dollars, si sa mémoire est bonne – est-ce que ce n'est pas assez ? Il essaie de détacher sa fille qui s'accroche à lui en hurlant – car elle a compris bien avant lui que des policiers ne viennent pas chez les gens simplement pour percevoir une amende.

« Bref, je pense que j'ai été clair ? tonne l'homme aux lunettes d'écaille. Suivez-moi sans faire d'histoires. Vous êtes en état d'arrestation.

— Mais qu'est-ce qu'il raconte avec son arrestation ? se met à brailler Agnello en se débattant. Essaie pas de m'embrouiller, ou je t'étripe ! »

Vita crie que c'est elle qui doit aller en prison. Elle a regardé la lampe, le mal est en elle, pas en Agnello. Lui n'est qu'un lourdaud qui a commis bien des fautes, mais c'est elle qui a un vrai crime sur la conscience. Et pourtant, elle ne voulait pas brûler Lena, elle n'était même plus en colère contre elle, elle ne voulait pas lui faire de mal...

« Tata ! » hurle-t-elle en s'agrippant aux uniformes bleus des policiers.

Agnello, lui, se répand en jurons et en malédictions.

« Qu'est-ce que j'ai à y voir, avec cette bon Dieu d'école ? J'y ai jamais été, moi, alors pourquoi j'y enverrais ma fille ? Qu'est-ce qu'elle y ferait ? J'y enverrai mon prochain fils, si Dieu m'en donne un. Je l'appellerai Washington et ce sera un bon Américain, ça, je vous le jure ! Mais lâchez-moi, cornards, fils de pute !

— Tata ! Papa !

— C'est qu'un malentendu, pas vrai, ma petite Vita ? balbutie Agnello pris d'un soupçon soudain. Dis-leur comme ton papa t'adore ! »

Cependant, insensibles à ce sursaut d'amour paternel, les policiers lui tordent les bras dans le dos, lui passent les menottes et le poussent vers la porte.

« Tata ! Papa ! Papa ! »

L'homme aux lunettes d'écaille écarte Vita.

« Les gens de la Children's Society sont en retard, dit-il aux policiers. Qu'est-ce qu'on fait de la gamine ? »

Comme une furie, elle se précipite sur eux.

« Vita, mon âme, l'implore Agnello. Calme-toi, fais pas de grabuge... »

Mais s'échappant des mains des policiers, elle s'agrippe à son père, se love contre lui avec tant d'impétuosité qu'il manque perdre l'équilibre sous le choc de cette explosion d'affection. Elle qui en trois ans, depuis le jour où elle l'a fait attendre en vain à Ellis Island, ne l'avait pas appelé une seule fois son papa, elle qui racontait partout cette histoire d'Enrico Caruso – il a le cœur brisé rien que d'y penser –, voilà qu'elle le couvre de baisers, qu'elle caresse sa joue râpeuse... Agnello se laisse faire sans réagir. A quoi bon, de toute façon son existence entière va à vau-l'eau.

« Je mets la paille à la mer et aussitôt elle va au fond, gémit-il. Pauvre de moi ! Pauvre malheureux qui s'échine pour tout le monde et qu'on laisse même pas fêter Pâques avec sa fille ! »

Vita l'embrasse avec fougue, comme si elle pouvait réparer ainsi le passé – Lena qui a couché avec Diamante, la lampe qui est tombée sur le lit, Lena qui a fini au Bellevue Hospital, enveloppée dans des pansements comme une nymphe dans son cocon de soie, et elle qui n'a plus personne avec qui parler car les garçons, ce n'est pas la même chose, mais maintenant plus jamais Lena ne reviendra à Prince Street...

Vita se démène, distribue gifles et malédictions, comme si elle voulait se faire arrêter, elle aussi. Les policiers finissent par la pousser brutalement contre la table et par sortir sur le palier. Ils hésitent, ne sachant s'ils doivent attendre les gens de la Children's Society, emmener la gamine avec eux ou se contenter du vieux *dago* hébété, dont le menton en galoche tremble de chagrin et de honte. Les portes s'ouvrent les unes après les autres. Les antiques commères se penchent dans l'escalier, recrachent comme des glaires les mots Main noire, coquins, voyous... Toutes ces voisines qui ne permettaient pas à Vita de jouer avec leurs enfants, ces voisins qui au passage de Lena la sifflaient et se fourraient un doigt dans la bouche en émettant d'immondes gargouillis, ces marmots qui agitaient leur médius dans le trou formé par le pouce et l'index, leurs visages n'expriment qu'une seule pensée : « C'est bien fait pour vous, vils pécheurs que vous êtes ! »

Prophète sort sa clé. Quarante ans – pas plus. Les épaules larges et tombantes, le visage obtus. Il n'est plus qu'à quelques pas. Il le frôle. Diamante le regarde. Prophète le regarde, lui aussi. Peut-être se demande-t-il où il a déjà vu ce garçon aux yeux d'un bleu arctique, implacable. Des yeux de tueur. Ce genre de gamin est capable de vous tirer dessus sans le moindre état d'âme. Il passe devant lui et le dépasse, avec un frisson de soulagement. « Ils veulent te faire la peau. Pars tout de suite », chuchote Diamante. Prophète ne se retourne même pas, mais Diamante sait qu'il l'a entendu. Il pénètre dans l'immeuble. Diamante se mord les lèvres. Les deux inconnus au pistolet se tournent et se mettent à fixer un homme qui revient de la messe au bras de sa femme. Diamante leur fait signe que non de la tête. Il reste immobile sous la pluie qui lui dégouline dans le cou. Il fait comme si tout se passait comme prévu. Comme s'il était naturel que les fenêtres se ferment, que quelqu'un soit entré dans l'immeuble de Prophète – mais pas lui... Que faire ? Il faut avoir l'air tranquille, assuré. Innocent. Attendre en souriant.

A une heure, incapable de résister plus longtemps à cette tension, il se lève de sa bouche à incendie. En passant devant les deux étrangers, il dit : « Il a dû s'arrêter dans un bar. » Puis il se dirige vers Prince Street en s'efforçant de marcher d'un air dégagé. Dans une demi-heure, Cozza saura que l'affaire est fichue. Que Diamante, le protégé de Rocco, a trahi. Dans une heure, ils viendront le chercher. Lui couperont-ils la langue ? Ou le petit oiseau, comme à un chapon ? Lui enfonceront-ils une lame en la faisant tourner dans son ventre, de bas en haut, pour que la plaie ne se referme pas ? En le regardant dans les yeux pendant qu'il les suppliera de l'épargner ? A moins qu'ils ne le découpent en morceaux qu'ils fourreront dans un bidon. Ordonneront-ils à Rocco de le faire, afin qu'il puisse se racheter ? Et sera-t-il capable d'obéir ? Diamante connaissait pourtant parfaitement les commandements de la société Bongiorno Bros. Honore les maîtres et les camarades. Ne parle d'eux que si c'est absolument nécessaire. Obéis au Père... Il n'a pas beaucoup de temps devant lui. Dès qu'il a tourné au coin de la rue, il se met à courir.

Il trouva Vita assise dans l'escalier, avec le chat sur ses genoux. La porte de l'appartement était grande ouverte. Des commères hystériques s'agglutinaient sur les paliers, dans l'escalier, dans les cours. Les pensionnaires mangeaient du pain trempé dans de la sauce, déçus de voir leur déjeuner pascal mis à mal par ce grabuge. Dire que la petite leur avait promis de l'agneau de lait au thym... Car à la surprise générale, cette sauvageonne de Vita était devenue la meilleure cuisinière de Prince Street. Ils mirent Diamante au courant aussi brièvement que possible.

« La police a emmené en prison l'oncle Agnello. Personne a compris pourquoi. Mais si on le tire pas de là, le propriétaire nous mettra tous à la rue. Il faut lui donner un coup de main. On va aller à la *stecinosa*.

— A la quoi ?

— A la station de police. Tu nous accompagnes ?

— Plus tard », dit Diamante.

Les étrangers pullulaient dans l'appartement, mais il craignait surtout de tomber sur Rocco et sa douceur mielleuse. Il saisit la boîte de talc où il conservait ses économies, fourra dans sa poche l'unique caleçon de rechange qu'il possédait et enfila sa seconde chemise par-dessus celle qu'il portait. Il s'aperçut de la présence de Vita, mais ne leva pas les yeux. Elle avait un nœud rouge cerise mal attaché dans ses cheveux et elle lui souriait – oui, elle lui souriait bel et bien.

« Sois pas triste qu'ils aient emmené mon père, murmura-t-elle en tirant sur sa veste. C'est moi qui suis allée dire aux inspecteurs que je pouvais pas aller à l'école parce qu'il me forçait à faire des roses en papier et à préparer les nouilles. Moi, je veux retourner à l'école parce que je t'aime et que j'ai envie de retrouver nos mots. On est enfin libres. Maintenant, personne peut plus nous séparer. »

Diamante était si agité qu'il ne parvenait pas à saisir le sens du discours de Vita. Il se rendait compte que quelque chose clochait, qu'elle disait une absurdité, une abomination, mais il n'avait pas une minute à perdre.

« Je t'ai pardonné, Diamà, dit Vita. A Lena aussi, j'ai pardonné. C'est pas moi qui ai fait bouger la lampe. Je le ferai plus. Plus jamais ! »

Diamante ne se retourna pas. Il enfouit dans ses poches, en vrac, tout son bagage : un peigne, un rasoir, son passeport. Ce ne fut qu'alors que Vita réalisa qu'il s'en allait.

« Où tu vas ? lui demanda-t-elle en s'interposant entre lui et le rideau pour l'empêcher de partir.

— Je peux pas te le dire, Vita. »

Il essaya de l'écarter, mais elle s'agrippa à sa veste, l'enlaça et lui serra la main si fort que ses ongles s'enfoncèrent dans la paume du garçon. Ses mains étaient chaudes, poisseuses. Mais comme elle avait changé, Vita ! Ses formes s'étaient arrondies, son corps abritait des échancrures accueillantes, où il aurait aimé se glisser... Je suis en train de perdre la tête, se dit-il.

« M'abandonne pas ! » implora Vita.

Il y avait une telle intensité dans sa voix qu'il pensa un instant l'emmener avec lui. N'était-ce pas ce qu'il avait toujours désiré ? L'emmener loin de tout ça. Mais comment pourrait-il s'en tirer, avec une gamine de douze ans ? Il aurait fini par se faire arrêter, et elle se serait retrouvée en maison de correction.

« Vita, lui dit-il en effleurant son visage du bout des doigts. Moi aussi, je t'aime. T'es mon amoureuse. Je te jure que je reviendrai. »

Ses lèvres se mirent à trembler et elle fixa le bout de caleçon qui dépassait de la poche du veston de Diamante. Il s'en allait en emportant tout ce qu'il possédait. Sans elle. Elle avait l'impression que son cœur allait éclater. Diamante se précipita vers l'escalier. Une minute de plus, et il ne serait jamais parti. En descendant, il songea qu'il avait oublié le manuel de Vita. Sa seule arme, s'il voulait vraiment s'en sortir. Mais il n'avait pas le temps de revenir sur ses pas.

La porte de l'*elevated* se referma et le train passa comme une flèche devant les fenêtres ouvertes des seconds étages des immeubles donnant sur la Second Avenue. L'espace d'un instant douloureux, il vit les tables de fête, les familles réunies autour du déjeuner de Pâques, l'agneau de lait, les pommes de terre, la solitude des crieurs de journaux dans les rues désertes. Et les putains désœuvrées attendant vainement contre les murs des maisons, les chiens errants et les magasins fermés. Et les treuils immobilisés, l'eau métallique du fleuve et le courant gris où flottaient des trognons, des bâches, des bouteilles vides. Il s'aperçut soudain qu'il avait fui avec une telle hâte qu'il s'était trompé de train. Au lieu de se diriger vers le centre, où se trouvait la gare, il fonçait vers Brooklyn. En face de lui, dans le wagon désert en ce jour de fête, était assise une gamine en robe bleue, un ruban rouge cerise dans ses cheveux noirs : Vita.

A Coney Island, Diamante s'était attendu à trouver une foule énorme, cinq cent mille ou même un million de badauds se pressant au milieu des cris et des rires, si bien que personne n'aurait fait attention à un gamin perdu parmi ces centaines de milliers de visages, de corps et de sourires. En se fondant dans la masse, il serait devenu comme invisible. En fait, la foule était clairsemée. Des familles dépaysées erraient devant les attractions désertées du Luna Park. La promenade de Brighton Beach avait attiré tout au plus deux cents âmes en peine. Il avait plu toute la matinée, et personne n'était venu. Mais Diamante n'avait même plus la force de s'en aller. Il finit par s'abandonner à un émerveillement hébété, comme si ce jour de fête n'appartenait qu'à lui, tandis que les autres expiaient une faute dont lui seul était innocent. Au pied des montagnes russes, pendant que les wagons vides montaient en ferraillant à l'assaut des sommets, il fouilla la poche intérieure de sa veste pour s'assurer qu'il avait de quoi payer à Vita un dimanche de joie, envers et contre tout. Entre les baraques, les vendeurs ambulants proposaient du maïs grillé, des beignets, des cacahuètes, des glaces, de la barbe à papa qu'une vieille édentée enroulait autour d'un bâtonnet. Le maïs soufflé ressemblait à une mer de nuages, mais quand Diamante l'enfourna, il craqua sous ses dents. Le pop-corn avait un goût salé et caoutchouteux, et il collait à la langue. Diamante se demanda si c'était là le goût de la salive de Vita...

Vita était tout étourdie. Elle avait cessé de lui demander où ils allaient, pourquoi il avait fui, ce qu'il avait fabriqué – ils n'échangeaient plus un mot. Ils glissaient, presque sans les voir, devant le charmeur de serpents à sonnettes et le faux bateau sur lequel on pouvait monter pour un prix modique afin de jouir des plaisirs du mal de mer. Vita ne s'attarda que devant les couveuses en verre où respiraient des enfants prématurés. Les nouveau-nés étaient aussi minuscules que Bébé, et ils vivaient. Elle fut heureuse de revoir Bébé, car il était son ange gardien et aujourd'hui elle avait besoin de lui. Indifférente aux rugissements d'un tigre, elle poussa un cri amusé lorsque le vent souleva sa jupe, alors qu'elle traversait une passerelle, et révéla un instant, au milieu d'un concert de sifflements, l'ourlet irrégulier de ses bas. Diamante l'entraîna en lieu sûr, en formant des vœux pour que personne n'ait remarqué la blancheur insouciante de ses cuisses harmonieuses – même si lui en avait été ébloui... Il se remit à errer au gré de la foule clairsemée, de l'odeur de friture, des manèges de chevaux, de la musique furieuse de dizaines d'orchestres qui ne semblaient jouer que pour tenter de se couvrir les uns les autres. Il avait l'impression d'avoir coupé les amarres le retenant au port et enfin, enfin, pour la première fois de sa vie accablée d'ordres et de devoirs, d'être libre.

Devant le pavillon obscur se pressaient des couples alléchés par l'espoir d'un espace où donner libre cours à l'intimité et aux caresses, mais l'homme braillant comme une hyène à l'entrée pour convaincre les hésitants rebuta Diamante. Ils virent un clown qui se dandinait sur des échasses et une baraque où l'on vendait des billets de loterie : pour dix cents, on pouvait gagner une bicyclette. Vita ne voulut pas du billet, car elle n'avait rien à faire du lot – même s'il s'agissait d'une belle bicyclette, avec ses roues rayonnées et sa selle en bois. Diamante l'aurait bien aimée, au contraire, afin de pédaler à travers l'Amérique entière en ne s'arrêtant que lorsqu'il aurait été assez loin pour ne plus pouvoir revenir en arrière. Ils passèrent devant des baraques où la foule se battait presque pour admirer des beautés exotiques à moitié nues. Les billets de banque semblaient lourds dans les poches de Diamante. Il décida de tous les dépenser le jour même, afin que ceux qui l'attraperaient ne puissent rien lui voler.

« Tu veux quc jc t'achètc quoi, Vita ? Des caramels ou un ticket d'entrée pour le lanceur de poignards ? Une photographie dans l'appareil automatique ou les danses des tribus africaines ?

— Une photo souvenir, Diamà. On n'en a pas une seule. »

Diamante glissa vingt-cinq cents dans la fente de la machine. Ils prirent la pose devant l'appareil en accordéon, l'air compassé, un sourire forcé sur les lèvres. Lui avec sa cravate en cuir et son chapeau melon, en noir des pieds à la tête comme une chauve-souris, elle avec son ruban rouge cerise tirant ses cheveux en arrière et découvrant ses boucles d'oreilles en or. Il arborait l'expression tendue d'un joueur qui vient de forcer la mise, elle la moue effrontée de quelqu'un qui a enfreint les règles mais est certain de s'en tirer d'une façon ou d'une autre. Dix minutes plus tard, ils recevaient un petit carton couleur sépia. Leurs visages se réduisaient à un halo flou, indistinct, comme si au dernier moment ils avaient préféré ne pas se laisser capturer, ne pas livrer à un souvenir mort l'instant unique qu'ils étaient en train de vivre. Diamante était un éclair noir, Vita une tache claire. Leurs traits superposés étaient aussi impossibles à distinguer que s'ils n'avaient appartenu qu'à une seule personne.

L'orchestre avait donné le signal des danses, et des couples évoluaient maintenant sur la piste de la brasserie. Hommes et femmes se lorgnaient, se choisissaient, s'enlaçaient et s'abandonnaient à la musique joyeuse du piano et du violon.

« Tu sais danser, Diamante ? demanda Vita en suçant le dernier pop-corn du sachet vide.

— Oui », assura-t-il.

En réalité, il n'avait jamais dansé avec une fille. Il s'était contenté de regarder, lors des foires de juillet, les couples se lancer dans une tarentelle frénétique. Mais cette musique ne ressemblait ni à la tarentelle, ni au cancan que les amies de Coca-Cola imitaient dans les cafés. Ces sons ne lui disaient absolument rien.

« On y va, alors, s'exclama Vita. Je meurs d'envie de danser ! »

Elle recracha le pop-corn et entraîna Diamante en le tirant par la manche de sa veste. Il hésitait, craignant de faire piètre figure, mais elle le mena au centre de la piste, au milieu des couples. Elle plaça la main de son compagnon sur sa hanche et la musique sembla bientôt ne faire plus qu'une avec ses jambes. Ils volaient d'un bout à l'autre du cercle des danseurs, et Diamante se laissait ballotter par elle çà et là. Il avait l'illusion de la guider – ils allaient si bien ensemble. Vita était légère, désinvolte. Il oublia les coups de pied des autres, les relents de friture, la vague odeur de macchabée qu'après tant de mois les chaussures de César exhalaient encore, et même sa peur d'être découvert, rejoint, transpercé.

A sept heures du soir, ils mouraient de soif. Ils s'affalèrent à une table de la brasserie. Diamante dilapida une part non négligeable de son trésor en offrant à chacun d'eux un hot-dog et un Coca-Cola. On refusa de leur servir de l'alcool, car c'était interdit le dimanche. Les Américains éprouvaient en effet un dégoût immédiat et définitif non seulement pour la mort, la misère et la maladie, mais aussi pour l'alcool – comme s'il était la cause de l'abrutissement des gens, et non sa conséquence évidente. Alors qu'elle sirotait son Coca-Cola, dont elle effritait les glaçons entre ses dents, Vita crut apercevoir parmi les passants le menton en galoche d'Agnello. L'espace d'un instant, elle se demanda s'il n'était pas mal de sa part d'être ici à danser avec Diamante, pendant que son père subissait par sa faute la honte irrémédiable de la prison. Mais le menton tordu disparut bientôt dans la foule et elle oublia Agnello en même temps que Prince Street, la lampe à alcool, le visage lointain de Lena dans son lit d'hôpital, les trahisons impardonnables et pourtant pardonnées, et tout le reste. Un quartier de lune diaphane se levait au-dessus de l'eau. Les réverbères diffusaient une clarté rougeâtre. Pendant que Diamante buvait à petites gorgées, elle continuait à remuer ses pieds sous la table. Elle le sentait encore dans ses bras : deux danseurs, un seul mouvement.

« Diamante, tu t'es enfui parce que t'as buté quelqu'un ? » commença-t-elle.

Il l'interrompit.

« Chut ! Parlons américain.

— Pourquoi ? Quelle drôle d'idée !

— Faisons semblant d'être américains, Vita, chuchota Diamante en jouant avec le bord de son chapeau. Pour rire. Faisons comme si on était comme les autres, rien que ce soir. I feel so happy... »

Elle le regarda sans comprendre.

« C'est toi qui m'as appris ce mot, tu te souviens ? Je suis content.

— Moi aussi, je suis contente.

— Happy, la corrigea-t-il.

— Comme tu veux, Diamante. Happy. »

Le vendeur proclamait les numéros de la loterie, qu'une fille aux jarretelles bien en vue inscrivait sur un tableau noir.

« T'as gagné ? » demanda Vita en louchant sur le billet.

Diamante se leva à contrecœur et se faufila dans la foule des curieux. Assise dans la brasserie de Coney Island, sous les feux d'un spectaculaire coucher de soleil d'avril, Vita curait ses ongles noirs en les frottant sur le bord émoussé de la table. Elle se surprit à songer que les choses ne sont pas plates comme des tableaux mais apparaissent au contraire dotées de dimensions multiples, comme la Dame verte sur l'île : pendant qu'on en fait le tour, elle change sous vos yeux et vous présente alternativement son dos ou son flambeau, sa couronne ou son cul incrusté de sel. Aujourd'hui, la statue de la Liberté lui montrait sa partie la plus noble – le flambeau – car la vérité ne se trouve nulle part ailleurs que dans vos propres mouvements. Les choses ne sont ni bien ni mal, elles sont ce qu'elles sont, ce qui se produit. En quittant Tufo et en montant dans le train avec Diamante et son père, elle avait pleuré parce qu'elle ne voulait pas partir ni traverser l'océan mais rester où elle avait toujours été et voir mille fois encore, de la fenêtre de sa maison, le soleil se couchant sur la mer Tyrrhénienne, entendre le canari chantant dans sa cage à peine l'aube éclairait-elle la ruelle, récolter les citrons dans le domaine de son grand-père. Maintenant, elle ne reverrait peut-être jamais plus tout cela – mais qui sait si ce n'était pas mieux ainsi, finalement ? Il ne sert à rien de pleurer un malheur. Qui vous dit que ce n'est pas un bonheur ? Il est inutile de se réjouir d'un bonheur. Comment savoir si ce n'est pas un malheur ? Le destin est ce qui ne vous est pas encore arrivé. Diamante revint s'asseoir et l'informa qu'il n'avait pas gagné la bicyclette.

Bah ! à quoi elle m'aurait servi ? Quand ils m'auront jeté dans l'East River avec une pierre dans la bouche et les pieds scellés dans une brique, je pourrai plus pédaler nulle part...

Les danses libres étaient terminées. Un gaillard affublé d'une veste aux couleurs de la bannière étoilée et d'un vertigineux chapeau haut de forme se mit à crier dans un porte-voix qu'il fallait dégager la piste pour que commence le concours de danse tant attendu. L'inscription ne coûtait que dix cents, et tout le monde aurait droit au cotillon et à des prix somptueux. Diamante se dirigea vers le comptoir des inscriptions. Si j'étais américain, si j'étais né dans une maison à colonnes, en face de Central Park, je m'appellerais Diamond Je ne sais quoi, et personne ne me poursuivrait pour m'arracher le cœur... Il écrivit donc sur la feuille, sans hésiter : Diamond. Après quoi, comme aucun nom américain ne lui venait à l'esprit en dehors de celui du président des Etats-Unis, le seul indigène qui lui fût un peu familier, il ajouta : Roosevelt. Si je m'appelais Diamond Roosevelt, je conquerrais le monde... Quand il tendit le crayon à Vita, elle le prit comme s'il était brûlant – un ennemi. En voyant ce qu'avait écrit Diamante, elle ne put en croire ses yeux. Elle trouva ce « Roosevelt » offensant, impardonnable. Elle était fière de porter le même nom que Diamante. Jamais elle ne lui permettrait de renier leur patronyme commun. Elle barra Roosevelt avec une telle rage qu'elle en troua le papier, avant d'écrire pour son compte un griffonnage illisible.

Ils reçurent le numéro 9. Il nous portera chance, pensa Vita, car c'est le jour où nous avons été sauvés. Le concours de danse consistait en un marathon où les couples, jugés par un jury d'« experts », étaient éliminés un à un, jusqu'à la proclamation des vainqueurs auxquels reviendrait le prix : un trophée en métal portant inscrit CONEY ISLAND 1906, trente dollars et un chiot de vingt jours, au pelage blanc et laineux, qui passait la tête à travers une corbeille d'osier. Espérons que nous ne gagnerons pas, se dit Diamante, sinon je finirai par vendre ce chiot et par le faire supprimer comme tous les autres, ce qui quand on y pense est un véritable assassinat – j'aurais préféré faire exécuter un criminel comme Prophète plutôt que de pauvres petits chiens...

Les exclus, les moqueurs blasés, les curieux, les solitaires sans amie et ceux qui n'avaient même pas eu les moyens de se payer une danseuse vénale, se pressaient au bord de la piste en braillant, prêts à épouser la cause de tel ou tel couple au gré de leur caprice. Tout le monde voulait concourir, sans la moindre pudeur ni retenue : jeunes, moins jeunes et même vieillards gâteux, un ouvrier doté d'un énorme goitre avec une jeunette criblée de taches de rousseur, une putain sur le retour accompagnée d'un minet mineur, des couples d'amoureux qui dansaient en se regardant tendrement dans les yeux et en pensant à l'obscurité les attendant sur la plage, des maris et des femmes lassés d'être ensemble et dont la danse se traînait avec une routine sans entrain, deux vieux vendeurs de lacets de la Bowery qui au contraire s'aimaient toujours et s'enlaçaient passionnément, des maçons avec leurs maîtresses, des conducteurs de trains avec des inconnues rencontrées une demi-heure plus tôt et auxquelles ils avaient oublié de demander leur nom, des gangsters en veston et cravate, venus des quartiers les plus mal famés de la ville, et dont toutes les femmes regardaient les costumes criards – vert pomme, jaune soleil, rouge framboise – et aussi les pistolets qu'ils portaient tranquillement sous l'aisselle.

Sans se soucier de sa belle robe bleue, Vita s'agenouilla dans la poussière et dénoua les lacets de ses bottines qu'elle confia à une dame équivoque, assise à une table dans l'attente mélancolique d'admirateurs, en lui demandant de les lui garder. Après quoi, soulagée, elle prit place en face de Diamante, dont elle pressa la main sur sa hanche.

« Tu peux pas danser comme ça, toutes les autres ont des chaussures, on va nous mettre dehors, lui dit Diamante.

— C'est à prendre ou à laisser. »

Elle dansait pieds nus, Vita, et il était si agréable de sentir sous ses pieds la piste en bois qui était froide, désormais, car le soleil s'était couché depuis un bon moment et il régnait une lumière aussi artificielle que la joie de l'assistance, une lumière impossible, dans l'éclat irréel des ampoules électriques. Ils vont nous éliminer tout de suite car nous sommes trop jeunes, pensait Vita en serrant contre elle Diamante vêtu de noir, comme une ombre. Ils vont nous éliminer tout de suite... Elle avait envie de se boucher les oreilles pour ne pas entendre appeler leur numéro, le NEUF – ou plutôt : *NINE.*

TWELVE, THIRTY-THREE, FORTY-FIVE, EIGHT – on n'appelait pas le numéro neuf... Les couples s'arrêtaient, fâchés, et rejoignaient le public clairsemé qui maintenant sifflait et se partageait en deux camps : pour le gangster rouge framboise ou pour les deux ancêtres enamourés. NINETEEN, THIRTY-SIX, TWENTY-TWO, le pianiste était trempé de sueur, des auréoles sombres tachaient sa chemise sous ses aisselles. Il céda la place à un autre pianiste, lequel se déchaîna pendant vingt minutes, en variant les rythmes et en explorant tout le répertoire des bals du dimanche – même si on ne le payait qu'une misère, il tenait à gagner son pain... ELEVEN, THIRTY-FIVE, THIRTEEN, les yeux de Diamante brillaient plus clair car il était sorti de l'ombre et se réjouissait d'être encore en lice – tant qu'il danserait, personne ne viendrait le chercher et il n'aurait pas à penser à cette nuit, à demain, au visage de Prophète et à la déception du grand Rocco qui avait parié sur lui alors qu'il n'était finalement qu'un traître. Et il était heureux de serrer dans ses bras Vita, laquelle ne semblait pas toucher terre, si légère, insensible à la fatigue du marathon, tellement absorbée par la musique qu'elle ne s'apercevait même pas qu'il ne la regardait plus comme la petite Vita qui devait lui vendre des baisers pour le faire rougir. TWENTY, le gangster jaune soleil fut éliminé par le jury d'experts au milieu d'un concert de vociférations, de menaces et de coups de feu en l'air, juste pour faire un peu de bruit. « Keep it up, kids », leur chuchota la compagne du gangster, dont la sueur avait un arrière-goût excitant – elle était contente d'avoir perdu car ce couillon d'Irlandais allait maintenant l'emmener dans un des hôtels louches donnant sur l'océan et la payer enfin pour l'ennui de lui tenir compagnie. FIFTEEN, mes années, pensa Diamante en caressant du bout des doigts la rose de soie qu'il portait depuis des mois à sa boutonnière et qui aujourd'hui lui parut fraîchement éclose et même imprégnée d'un léger parfum... Qu'est-ce que je vais faire de Vita ? Où puis-je aller avec elle ? Pino Fucile a été dénoncé par la mère de Guglielmina. Il a fini en prison pour rapt et elle en maison de correction pour « délinquance juvénile » – car c'est ainsi qu'on étiquette les mineurs qui font l'amour. THIRTY-SEVEN, TWENTY-FOUR, le public scandait le rythme en battant des mains, certains dansaient même hors de la piste, sans se soucier du droit d'inscription, des dollars, du chien et du trophée en métal... Maintenant, on va appeler NINE, se dit Vita en frissonnant. FIVE, FORTY-TWO, THIRTY-EIGHT, Diamante était si beau, tout le monde le regardait, même les danseuses professionnelles buvant une eau gazeuse toutes seules ou ayant réussi à dénicher une compagnie, même les femmes hautes comme des publicités – mais Diamante dansait avec elle, pieds nus, la plus petite de toutes, qui n'aurait pu danser avec aucun autre car elle aurait dû appuyer son nez contre le nombril de son compagnon, et puis quelle harmonie entre eux deux... FOURTEEN, TWENTY-SEVEN, ONE, les têtes tombaient maintenant à toute allure, les jurés se consultaient du regard puis désignaient tel ou tel couple, inexorables. Le petit chien couinait dans son panier, il espérait tomber sur un maître qui ne le vendrait pas à la fourrière ou aux bandes de parieurs faisant tailler en pièces des chiots par des rats. TWO, THIRTY-FOUR, TEN, les pieds nus de Vita laissaient sur la piste une auréole sombre. TIRTY-ONE, SIX, et si je disais que c'est ma sœur ? On porte le même nom, après tout. C'est ma sœur, on se rend chez des parents qui s'occuperont de nous – mais si tu l'aimais vraiment, tu la ramènerais chez elle dès cette nuit... TWENTY-NINE, THIRTY, Diamante regarda autour de lui, la piste s'était vidée et chaque couple avait maintenant plus d'espace qu'il n'en fallait pour ses évolutions. Il se mit à entraîner Vita au centre, sur les côtés, devant le pianiste en sueur, sous les yeux du jury car il ne craignait plus d'entendre appeler le numéro neuf, SEVENTEEN, devant les spectateurs pour qu'ils voient comme ils allaient bien ensemble, Vita pieds nus avec ses boucles d'oreilles en or et Diamante sans rien, FORTY-THREE, et il éprouva une joie maligne à l'idée qu'Agnello croupissait en prison... S'il n'avait pas été sous les verrous, il ne se serait pas contenté de quelques taloches et d'une cage à lapins, il aurait poursuivi Diamante avec son fusil jusqu'au môle de South Sreet, en criant : « Retourne d'où t'es venu, sale pouilleux ! » Mais lui aurait répondu : « Que la tarentule t'entre dans le cul et te fasse chier ! Vita est à moi. Je l'emmène dans l'Ouest, on s'en va tous les deux et vous nous reverrez plus jamais ! » SIXTEEN, THIRTY-TWO, FORTY-ONE, Vita pensait aux foires de Minturno, mais ces souvenirs pâlissaient et elle peinait à les retrouver, même si la place de Minturno était si belle à l'ombre du château, avec les femmes voilées de dentelle et l'odeur des sandwichs au merlu. TWENTY-THREE, elle n'entendait pas les chiffres qu'on appelait, percevait à peine la musique, EIGHTEEN, THREE, maintenant les spectateurs avaient embrassé la cause impossible du petit croque-mort en noir et de la bohémienne aux pieds nus, sales et malins. Ils les encourageaient, un peu par dérision, un peu pour faire enrager les autres : « Look at the kids ! Go, go, kids ! » Mais eux ne s'en étaient même pas aperçus, de temps en temps ils échangeaient des sourires en se répétant *happy* comme une formule magique, en s'exhortant à tenir bon malgré les jambes qui commençaient à s'engourdir, malgré la fatigue d'une journée longue comme une éternité qui pesait sur leurs dos et malgré les pieds de Diamante emprisonnés dans les chaussures vernies d'un mort et se blessant à chaque pas. TWENTY-SIX, FOUR... « Salut, *dago,* tu diras bonjour de ma part à Bongiorno », lance le gangster vert pomme en quittant la piste. Bongiorno ? De qui s'agit-il ? J'ai jamais connu cette maudite race. Le salon de maquillage, les cercueils, le désinfectant, les cadavres, les bandits, tout ça n'était qu'un rêve. Jamais je l'ai rencontré, jamais j'ai volé les chaussures de César... THIRTY-NINE, FORTY, Vita aperçut les deux vendeurs de lacets enamourés qui dansaient étroitement enlacés – la danseuse au corps flasque et aux varices verdâtres prêtes à éclater s'accrochait fébrilement à son mari flétri. Quelle chose étrange, Agnello était resté en Amérique bien que sa femme eût les yeux malades et Angela passait ses journées à reprocher à son mari de ne pas avoir été capable de franchir l'océan... Comme ce pays était différent, peut-être était-il possible de vieillir ensemble, ici, sans se laisser suffoquer par les déceptions. TWENTY-FIVE, combien de temps s'était écoulé depuis les foires de juillet à Minturno ? Trois ans ? On aurait dit une autre vie. Je retournerai pas là-bas – en fait, c'est bizarre, j'en ai plus envie... SEVEN, le talon de Diamante était en sang. Quel était le mot le plus important qu'il eût acheté à Vita ? Le mot *temps*, il l'avait échangé contre un baiser sur sa gorge, le *passé* contre un grain de beauté qu'elle avait sur la joue, l'*avenir* contre ses lèvres rouges et humides, hermétiquement closes. TWENTY-EIGHT, certains sortaient de l'attroupement pour s'éloigner par petits groupes. Il se faisait tard et les ferrys pour Manhattan étaient déjà bondés – il fallait jouer des coudes pour monter à bord. La fête se terminait au son du violon, comme elle avait commencé, et le sol était jonché de papiers sales, de bouteilles cassées, de journaux déchirés, de pépins de courge, de bâtonnets de barbe à papa, d'épis de maïs rongés. Toutes ces ordures qui sont le triste héritage que les hommes joyeux lèguent au lendemain... TWENTY-ONE, les deux vieux amoureux laissèrent l'avantage aux jeunes, mais ils leur avaient donné une belle leçon. Le maître de cérémonie vêtu aux couleurs de l'Amérique se mit à hurler pour encourager ce qui restait de la foule à participer à la douloureuse sélection finale... Diamante et Vita levèrent les yeux et se rendirent compte qu'ils restaient seuls en lice avec un serveur d'Ocean Avenue et sa femme, une créole dont les nichons flasques comme des caroubes visaient non sans succès à rejoindre son nombril. L'orchestre attaqua la dernière valse. Vita regarda Diamante dans les yeux et lui dit avec assurance, un instant avant le dernier appel : « On a gagné, Diamà... – FORTY-FOUR, cria l'homme étoilé, and the winners are, the winners are... » Il s'interrompit, perplexe, en consultant le registre des inscriptions : « Mr. Diamond and Miss Em... » Quelques applaudissements fatigués, puis la musique s'arrêta d'un coup. Les derniers spectateurs crièrent : « Bravo, kids ! » cependant que le bateleur épuisé au pied de l'estrade du jury avait à peine la force de leur crier de venir chercher le trophée et le chien. Diamante la serra contre lui : « Bravo, Vita ! » Elle l'écarta en riant, sans le quitter des yeux. « Bravo, Diamà ! dit-elle. Celui-là, je t'en fais cadeau... » Et elle l'embrassa sur la bouche – il en resta le souffle coupé.

Le chiot jappait sur les épaules de Diamante, qui marchait d'un bon pas derrière Vita en suivant la tache claire de sa robe bleue. Une plage immense bordait l'océan. Il fallait écarquiller les yeux pour distinguer, très loin, les lumières de quelques navires. Ils longeaient des usines interminables, délimités par des cabanons et des clôtures, découvraient des baraques fermées, des hangars à bateaux, des entrepôts. Les vagues refluaient sur le sable avec un bruissement ensommeillé. Les chaussures de Vita se balançaient à son cou et elle avançait à vive allure – la plante de ses pieds noirs était coriace, insensible. Diamante aurait bien aimé l'imiter, mais ses pieds de commis ne le lui permettaient plus. Pendant un certain temps, ils avaient croisé des silhouettes et entendu des voix : d'autres rescapés du parc d'attractions, d'autres retardataires se hâtant vers l'embarcadère et s'égaillant sur la plage. Mais maintenant, ils étaient seuls dans l'obscurité.

« Arrêtons-nous un instant », dit Diamante.

La nuit était froide, le ciel criblé d'étoiles. Diamante se laissa tomber sur le sable humide.

« Rien que dix minutes... »

Vita le regardait, compréhensive mais inquiète car ils devaient absolument prendre le dernier ferry. Il était dangereux de passer la nuit à Coney Island. De plus, beaucoup de trains de marchandises partaient de nuit, quittant leur dépôt sur l'Hudson. Il était plus facile à cette heure tardive de déjouer la vigilance des gardiens et de franchir les clôtures. Il fallait que l'aube les surprenne cachés dans un wagon quelconque, en partance pour Dieu sait où – vers une Amérique meilleure, sans Agnello, sans Cozza, sans Rocco, sans les erreurs et les tentations. Galant, Diamant étendit sur le sable en guise de couverture son veston noir de croque-mort et invita Vita à s'allonger près de lui. Elle l'observa avec attention : il lui souriait tout en desserrant le col de sa chemise. Qu'il lui était familier, le visage de Diamante – fin, lisse, avec l'ombre noire de la moustache au-dessus des lèvres. Elle obéit et cala son dos sur le matelas dur de la plage.

« Il faut pas dormir... »

Diamante constata qu'il était trop fatigué pour faire des projets, alors qu'il aurait aimé dire tant de choses à Vita. Le ciel était noir, les étoiles trop nombreuses, impossible de les compter. Vita pressait sur sa poitrine le trophée de métal où était inscrit CONEY ISLAND 1906. Le métal était faux – il rendait un son sourd si on tapait dessus avec les doigts.

« Est-ce qu'on peut garder le chien ? On l'emmène avec nous ? »

Diamante répondit qu'ils devaient lui donner un nom. De cette façon, ils pourraient le retrouver en toute circonstance.

« On n'a qu'à l'appeler Prince, lança-t-il, désireux d'immortaliser comme il convenait le jour de ses adieux à New York.

— Prince... D'accord », dit Vita.

Les mouettes survolaient les vagues en poussant des cris perçants. L'une d'elle vint dessiner un cercle au-dessus de leurs têtes. En proie à un lyrisme insolite, Diamante eut l'impression qu'elle chantait pour eux.

« Je peux ?

— Quoi ?

— Te prendre la main.

— Oui... »

Il appuya la main de Vita sur son cœur qui battait à tout rompre, ce qui était étrange puisqu'il se reposait et que la fatigue, la peur et l'inquiétude qui l'avaient tourmenté toute la journée refluaient maintenant en lui comme la marée sur le sable. Un épuisement délicieux s'emparait d'eux. Ils n'étaient pas pressés. Ils avaient tout le temps devant eux. Des nuits, des jours, des années. Main dans la main, ils regardaient des traînées de nuages recouvrir un instant les étoiles puis s'éloigner vers l'est, où un reflet clair illuminait la nuit. Là-bas, c'était l'Italie – comme elle était lointaine, cette nuit. Dommage qu'il n'y ait pas d'étoiles filantes en avril, il aurait bien aimé faire un vœu. Il en avait un tout prêt... Ils fixaient le firmament, dans l'espoir d'une impossible étoile filante d'avril, mais le ciel était une tapisserie indistincte, une couverture sans chaleur. Diamante fut distrait par la pression de la main de Vita : une main forte, rêche, criblée de piqûres d'aiguille. Une main qui lui fit honte, l'espace d'un instant – mais un jour, quand on se sera mariés et que je serai devenu employé, elle aura plus à coudre des roses artificielles...

Maintenant, on va se lever, prendre le ferry, se rendre au dépôt sur l'Hudson, se cacher dans un train de marchandises et partir pour l'Ouest. On trouvera un travail à la campagne – il doit bien y avoir une campagne, quelque part. On prétendra être frère et sœur. On mettra un peu d'argent de côté et le jour où on rencontrera un prêtre digne de confiance, on se mariera. A l'église, sans ça j'y croirai pas. Je veux Dieu comme témoin, rien de moins. Et c'est seulement alors que je prendrai Vita, parce qu'il est juste que ça se passe ainsi. Et ensuite ? Qu'est-ce qu'on fera ensuite ? On restera. On retournera plus en Italie – pour y chercher quoi ? Tout nous attend ici – quelque part, tout près.

« Diamante ! » s'exclama soudain Vita.

Sa voix le fit sursauter et l'arracha à la torpeur qui le retenait sur cette plage, les pieds au vent et la tête enfoncée dans le sable humide.

« Je l'ai vue, je l'ai vue !

— Qu'est-ce que t'as vu ? murmura-t-il d'un ton hébété.

— L'étoile blanche, celle qui a une queue ! »

La voix de Vita vibrait d'exaltation. Elle était si différente, tout l'enthousiasmait – un pépin de citron, une pince d'écrevisse –, même un brin d'herbe lui semblait passionnant. Elle ne savait comment l'expliquer à Diamante, mais dans le ciel immobile où les étoiles semblaient accrochées à des béquilles invisibles, peintes sur la voûte comme dans les absides des églises, tout d'un coup, quelque chose avait bougé : une lueur blanche, un éclair qui traversait les ténèbres et s'évanouissait dans le néant. Et la chose avait une queue de lumière, oui, c'était comme une étoile avec une queue... Il se dit qu'il devait s'agir d'un ballon, ou d'un dirigeable. On les lançait depuis le terrain de vol, situé à l'extérieur de la ville, ainsi que les aéroplanes, les montgolfières et les fusées colorées. Mais Vita ne pouvait accepter l'idée que cette lumière n'ait été que le reflet d'un morceau de métal.

« Fais un vœu, maintenant, lui dit Diamante, mais sans me révéler ce que c'est. »

Puis il embrassa ses paupières et la regarda dans les yeux. Si un dirigeable pouvait être une comète, alors rien n'empêchait la plage de Coney Island d'être une cathédrale. Dieu le regardait dans la nuit. Dieu était son témoin, en cet instant même...

Un vœu – mais que souhaitait donc Vita cette nuit ? Pardonner à Agnello et l'accepter tel qu'il était ? Lui acheter son magasin, passer ses journées à peser tomates et pommes de terre ? Voulait-elle que Lena revienne dans l'appartement de Prince Street ? Ou découvrir les secrets du corps, qu'elle pressentait sans parvenir à les percer ? Devenir la femme de Diamante, lui préparer des festins et l'attendre patiemment pendant qu'il travaillerait dans un gratte-ciel ? Lui donner des enfants et l'aimer toute sa vie ? En cette nuit de la comète, cependant, rien de tout cela ne lui paraissait important – vraiment important, décisif. Elle n'arrivait pas à se décider, alors que le temps pressait car il convenait de faire un vœu sur-le-champ ; or l'étoile blanche avait déjà disparu du firmament. Elle avait froid et sous sa robe, à l'endroit où la veste de Diamante cédait la place au sable, les grains irritaient sa peau. Elle chercha un vœu aussi vaste que le ciel, car elle sentait qu'elle avait vu quelque chose d'immense, d'impossible – une étoile filante en avril, une étoile à la queue blanche : une comète.

Elle passa au cou de Diamante la chaîne d'or avec une croix, qui d'après sa mère tenait le mal à distance, puis elle ferma les yeux. Le spectre de l'inspecteur aux lunettes d'écaille s'évanouissait dans la journée tourmentée qui venait de s'achever, en même temps que les jurons d'Agnello et la douleur aux mains, là où l'aiguille avait piqué la chair. Elle entendait déjà la rumeur métallique du train sur les rails... Tandis que ses pensées se dissipaient et que Diamante s'approchait de sa bouche pour découvrir quelle saveur avaient ses baisers dans l'obscurité, elle cherchait sans trêve un vœu qui engloberait toute chose. *Happy.* Être toujours *happy* comme cette nuit.

« Vita, tu dors ? » demanda brusquement Diamante.

Elle ne répondit pas. Il la couvrit avec sa veste et se dit que son sommeil l'avait empêché de commettre une erreur très grave. Dieu ne le regardait pas dans la nuit. Il s'était caché pour l'empêcher de ruiner leur vie. Il resta éveillé, trop excité pour se calmer. Il se sentait prêt à tout affronter, à venir à bout de n'importe quel obstacle. Avec elle, qui s'était tournée sur le côté et dormait. Bientôt, elle serait sa femme. C'était elle qui l'avait choisi, qui lui avait passé autour du cou la chaîne magique. Tout serait différent, à l'avenir. La vie s'étendait devant lui comme un continent inexploré. Elle ne commençait qu'à partir de cet instant où tout prenait un sens, tendait enfin à un but. Il sourit tout seul. Il se mit à sucer la chaîne en or, à presser la croix contre son palais. En regardant les jambes de Vita dépassant de son veston de croque-mort, il bâtissait des châteaux en Espagne. Le monde était à conquérir, comme le corps brun de Vita... Je ne serai pas commis, ni portier dans un grand hôtel, ni employé, je serai quelqu'un. Un jour, je deviendrai un industriel et construirai des gratte-ciel, des voies ferrées, des locomotives, des dirigeables, des fusées. Ou plutôt non, je serai un artiste, comme dit Moe, un peintre aussi grand que Michel-Ange, et on me mettra dans les musées en face de Central Park, où il faut payer un billet pour entrer. Ou mieux encore, j'apprendrai tous les mots, je serai un poète célèbre, Vita, comme Dante. Mes livres se trouveront dans la Lenox Library qui ressemble à un palais et où tout le monde peut entrer sans payer, même les gens comme toi et moi. Le public saura qui est Diamante, mon nom sera connu, et on s'en ira tous les deux, je t'emmènerai avec moi, j'aurai une maison entière pour moi, et je t'écrirai mille poèmes où je parlerai de toi quand tu dors, quand tu danses, quand tu t'éveilles, quand tu penses à Dieu sait quoi, je t'épouserai dans l'église Saint Paul, la première que nous ayons vue ici, même si ce n'est pas une vraie église avec une croix sur le toit, et nous aurons une maison à Washington Square, tu seras ma dame, l'été nous irons à Tufo en première classe pour regarder la mer et nous rappeler la nuit où un dirigeable est devenu une étoile filante et où nous nous sommes liés pour toujours, et tu ne regretteras jamais de m'avoir passé la chaîne au cou, et nous aurons des enfants, ils seront petits comme moi car les diamants ne sont pas aussi gros que des briques, et tu leur auras légué ton don et ton imagination, et je te serai fidèle, et tu me seras fidèle, ma Vita.

# DEUXIÈME PARTIE

# Le chemin du retour

# Mes lieux déserts

En octobre 1943, le capitaine Dy rejoignit la 5e armée du général Mark Clark. Ingénieur diplômé à Princeton avec le maximum des points, il s'enrôla comme volontaire le jour de l'entrée en guerre des Etats-Unis. Bien que son père fût citoyen d'un pays ennemi, soupçonné d'activités antipatriotiques et même, pendant une brève période, assigné à résidence, Dy fut réclamé par ce qu'on appelait l'Armée des Ingénieurs, le corps d'élite destiné à combattre en Allemagne. Désireux de racheter l'infamie que son père avait commise – ou peut-être subie : son opinion devait devenir moins assurée par la suite –, il passa presque deux années à construire des bases aériennes, des dépôts de munitions, des hôpitaux, des hangars, des logements et tous les types possibles d'édifices, de pistes, de ponts ou de ports aussi indispensables à la victoire que l'infanterie et les bombes. Entre les bureaux et les chantiers, la guerre avait été pour lui une pure abstraction. Métaphysique des mathématiques. Pluie d'honneurs et absence de risques. Mais quand Dy apprit que la 5e armée s'apprêtait à attaquer les voies de passage du Volturno, il demanda à être affecté sur le Front sud. On lui expliqua qu'il commettait une grave erreur, au détriment de sa carrière future. La guerre en Italie n'était qu'une diversion en vue de l'opération Overlord. Un simple décor pour attirer le plus d'Allemands possible dans la péninsule et les garder loin des côtes de la Manche, le véritable théâtre où se jouerait la guerre. Il n'y avait pas de médailles à espérer sur le Front sud. Rien que des combats sans gloire au milieu des montagnes, à s'enfoncer dans des torrents tumultueux et à patauger dans la neige sous les tirs de l'artillerie allemande. Finie la guerre des chiffres : il trouverait là-bas une guerre de terre, d'eau, de feu et de boue.

Dy insista. Il avait un caractère obstiné et s'était rarement laissé décourager par les innombrables refus qu'il avait essuyés dans sa vie. A l'automne 1943, il avait vingt-trois ans, une peur limitée de la mort et une seule certitude : il voulait être parmi les premiers à entrer en libérateur dans le village que ses parents avaient fui et où habitaient encore ses grands-parents. Le village dont il avait entendu sans cesse parler, dont il connaissait les saveurs et les parfums, le paradis perdu et l'enfer de la mémoire qu'il n'avait vu que sur une carte postale en noir et blanc fixée au miroir de la coiffeuse de sa mère. Un lieu lointain, un nom étranger, qu'il détestait car il lui rappelait ce qu'il n'était pas – et qu'il désirait détruire afin de s'en libérer définitivement.

Il le désirait depuis le jour de l'émeute de Harlem. Ce jour-là, pour la première fois, il avait compris qu'il n'était pas un vrai Américain. Qu'aux yeux des autres il était pour toujours un Italien, même s'il ne l'avait jamais été et ne le serait jamais à ses propres yeux. L'événement eut lieu le 19 mars 1935. Dy n'avait pas encore quinze ans. Il était le premier de la classe, ce qui l'avait empêché de se faire des amis parmi ses camarades, lesquels l'enviaient pour son aptitude à calculer de tête la racine carrée des nombres à trois chiffres et surtout pour sa propension à accaparer les prix en dollars récompensant les meilleurs bulletins. Il devait se contenter de ses deux petites sœurs, qu'il gâtait d'ailleurs outrageusement. Bien que son père eût été ruiné par la Dépression, sa mère avait réussi par son travail à assurer à la famille une maison confortable en briques sombres, donnant sur la rue la plus animée de Harlem. Dy était le préféré de sa mère, et on pouvait le considérer pour l'essentiel comme un garçon heureux. Par la suite, cependant, la peur et le sentiment de son indignité étaient restés tatoué dans son esprit, comme la marque infamante de sa différence. Il ne savait pas comment les troubles avaient commencé, mais il s'était retrouvé à quatre pattes derrière la table du bureau de son père tandis que dehors, sur le trottoir, des centaines de forcenés armés de barres en fer et de battes de base-ball cassaient tout sur leur passage. En fracassant les vitrines, ils hurlaient : *Hang them, burn them.* C'étaient les slogans les plus en faveur lors des lynchages ou des exécutions capitales. Mais cette fois, *them* c'étaient eux : son père et lui. Parmi les manifestants, Dy reconnut un de ses camarades de classe. Plus que la peur de mourir, l'incrédulité et la honte l'avaient ébranlé. Sa mère n'avait pas su lui expliquer ce que signifiait l'émeute qui avait ravagé le quartier et les avait contraints à déménager précipitamment. Elle lui avait parlé de Mussolini qui s'était mis en tête de conquérir l'Éthiopie, ce qui avait blessé les sentiments de la communauté noire. Mais Dick était son voisin de classe, alors que Mussolini n'éveillait chez Dy, lequel était plutôt taciturne, qu'une certaine admiration pour sa logorrhée intarissable. Pour le reste, il lui semblait aussi mou, bruyant et grossier que les compatriotes de ses parents – desquels il avait d'ailleurs tellement honte qu'il feignait de ne pas les connaître lors des festivités scolaires. *Burn them, hang them...* Le bureau avait été saccagé et les assaillants l'auraient même incendié s'ils n'avaient été arrêtés par la femme de ménage, qui elle aussi était noire. Pendant que Dy se cachait sous le fauteuil pivotant de son père, ils barbouillèrent les murs avec de la peinture rouge. Quand tout fut terminé, les mots FASCIST, MOBFIA, FASCISTS, MAFIA, FASCISTI, MAFIA dégoulinaient sur les parois blanches – comme une blessure ouverte dans sa chair.

La plaie ne se referma pas. Pendant des années, Dy fut hanté par ces insultes écrites sur le mur. Elles étaient comme un message – ou un ordre lui indiquant le chemin du salut. Devant les dégâts, son père se décida à fermer son agence immobilière qui de toute façon périclitait depuis longtemps. Mais l'émeute eut également une conséquence imprévue, et beaucoup plus dévastatrice : à compter de ce jour, Dy cessa de parler italien. Il refusa de répondre à son nom de baptême, qu'il troqua pour le surnom américain dont on l'avait affublé à l'école. Et il commença à détester sans même s'en rendre compte son père, sa mère et lui-même. A l'automne 1943, il demanda avec obstination qu'on lui donne la possibilité d'effacer cette inscription indélébile sur le mur.

Il obtint satisfaction. L'ingénieur de Princeton fut affecté aux unités auxiliaires et échoua dans les bas-fonds d'un bataillon du Génie, où il devait fabriquer des ponts mobiles pour une division exténuée de l'infanterie américaine.

Le temps était abominable. Il plut pendant plusieurs semaines d'affilée. L'aviation ne tentait même pas de décoller. Pendant des jours et des jours, sur tout le front disséminé entre des collines et des montagnes dénudées n'offrant aucun abri, il tomba une bruine fine et opiniâtre, un brouillard humide et visqueux qui finit par se muer en un vent coupant puis en une tempête glaciale. Les routes rares et impraticables, encombrées de gravats et criblées de cratères, étaient couvertes de neige ou devenaient des torrents de boue. Les soldats engourdis se battaient avec des armes rendues à peu près inutilisables par une saleté tenace. Ils avaient beau les nettoyer continuellement, elles ne fonctionnaient jamais. Remonter quelques centaines de mètres de pistes et de voies ferrées leur coûtait une fatigue démesurée. La tactique adoptée par les Allemands durant leur retraite consistait à démolir systématiquement les ponts, les infrastructures des routes, les maisons des bourgs et des villages. Les nœuds routiers, les bords et les talus des torrents pullulaient de mines. Les zones propices au bivouac des troupes étaient piégées à l'explosif. Il n'y avait pas de trêve : les escarmouches entre patrouilles se succédèrent, aussi absurdes que féroces car dans une région de ce genre ceux qui contrôlaient une colline, une crête, un hameau en ruine, avaient plus de chance de rester en vie. Il était également vital de faire des prisonniers afin d'identifier leurs formations. Les Allemands espéraient trouver des indices sur l'offensive alliée, et les Alliés cherchaient à se renseigner sur le plan de retraite allemand. Mais l'offensive stagnait et la retraite n'avait pas lieu. Jour et nuit, les deux camps déversaient l'un sur l'autre tout le feu à leur disposition malgré la pénurie d'artillerie et de munitions. Dy songea que cette guerre de tranchées ressemblait sinistrement à celle de 1914, et il commença à se demander s'il n'allait pas connaître la même fin que Coca-Cola.

Il avait entendu raconter cette mort si souvent, avec un mélange de respect et d'incrédulité. A la surprise générale, en effet, Coca-Cola s'était enrôlé comme volontaire en 1917. Chez les Américains, car il affirmait qu'ils avaient l'armée la plus forte et qu'avec eux on était sûr de la victoire.

« Les Américains n'ont jamais perdu une guerre, déclarait-il.

— L'Italie et les Etats-Unis sont alliés, lui avait-on objecté. Donc l'Italie aussi gagnera la guerre.

— Mais elle la gagnera moins », avait-il répondu, têtu.

C'est ainsi qu'il était entré dans l'Army et non dans le Regio Esercito. On l'avait envoyé à Verdun, puis dans une quelconque plaine belge. Il ne restait de lui qu'une unique lettre, accompagnée d'une photographie où il ne souriait pas afin d'éviter de montrer ses dents cariées. Deux lignes banales pour dire qu'il était satisfait de la soupe – le reste de la lettre arriva rayé de noir par la censure. En 1919, sa dépouille revint dans un cercueil en bois enveloppé dans la bannière étoilée. Il était devenu chauffeur, car il prétendait que tout le monde aurait une automobile après la guerre et qu'il pourrait donc continuer ce métier en temps de paix. L'ambulance qu'il conduisait avait été pilonnée par les mortiers ennemis. Au risque de sa vie, Nicola Mazzucco avait mis en sûreté un à un les blessés puis il avait réparé le moteur, non sans respirer la fumée verte de l'ypérite, avant de ramener derrière la ligne de combat son ambulance brinquebalante au milieu d'un brouillard épais imprégné de gaz asphyxiants. Il s'était brûlé les poumons et était mort peu après, dans des souffrances atroces. On l'avait décoré de la croix de guerre pour mérites exceptionnels – « for exceptional courage and devotion to duty while acting under heavy enemy fire ». Ce soldat improbable était devenu un héros, même si malheureusement il ne devait jamais le savoir. Il était mort avant sa naissance et Dy ne l'avait jamais connu, mais il se sentait proche de lui – plus que de son père – car Coca-Cola avait su choisir son camp. Dy n'aurait pourtant pas aimé mourir comme lui, comme une cible désarmée dans une lande désolée, couverte de boue. Il préférait mourir son *machine gun* à la main, ou les doigts serrés sur la goupille d'une grenade.

En novembre 1943, les Allemands édifièrent une ligne de défense qui coupait l'Italie en deux, de la mer Tyrrhénienne à l'Adriatique. Elle était connue sous le nom de ligne Gustav et s'appuyait sur la seule richesse que l'Italie possédait en abondance : les reliefs. Sa section la plus à l'ouest englobait Minturno et un réseau de rivières privées de gués et au courant tumultueux – le Rapido, le Gari et le Liri qui, une fois réunis, prennent le nom de Garigliano. Sur le flanc sud de la vallée du Liri, se dressait le rempart des monts Aurunci, une masse de chaînes accidentées, dentelées et escarpées. « En somme, concluait Dy dans son journal, la ligne tout entière est constituée de défenses dont aucune ne constitue une position clef. Il est donc impossible de porter un coup décisif qui entraîne son écroulement général : il faudra prendre séparément chaque montagne, ratisser chaque vallée, pour se retrouver devant une autre montagne et d'autres défenses qui devront à leur tour être détruites par les attaques de l'infanterie. » Mais le plus important, c'est de prendre à tout prix Minturno. Bien des fantassins américains, bien des Allemands y laisseront leur peau, mais le capitaine Dy entrera le premier dans Tufo. Il libérera ses habitants, esclaves depuis des millénaires, et prouvera à son père, ou à ceux qui l'ont soupçonné, qu'ils se sont trompés du tout au tout sur leur compte. Les gens comme lui sont toujours du bon côté de l'histoire... Il écrivit à sa mère de ne pas s'attendre à ce qu'il revienne de sitôt. L'entreprise était longue et difficile. Il se pouvait qu'il tombe au combat, mais il ne voulait pas être pleuré. Son devoir était de mourir pour l'Amérique – et pour l'Italie. Ce n'était qu'à ce prix que leur histoire aurait un sens et s'accomplirait enfin.

Le 19 décembre 1943, Mr Churchill, qui est alité à Carthagène à cause d'une pneumonie, fait des reproches aux chefs du *staff* anglais : « La stagnation complète de la campagne engagée sur le front italien devient sans aucun doute scandaleuse. » Les chefs lui répondent qu'ils sont absolument de son avis et que cette situation ne peut durer : une intervention s'impose. Il faut qu'ils entrent à Rome en janvier ou au plus tard en février 1944. On décide de tenter un débarquement au nord de l'embouchure du Garigliano, dans la baie de Minturno. A la faveur de cette manœuvre de diversion, on attaquera par l'ouest les forces allemandes massées sur la ligne Gustav. Si les Alliés réussissent à percer par la mer tout en pénétrant simultanément dans le centre par Venafro, les Allemands seront pris en tenaille. Même si ce mouvement devait échouer, cependant, l'essentiel est de retenir l'ennemi sur les rives du Garigliano, car pendant ce temps le 6e corps d'armée débarquera à Anzio pour contourner la ligne Gustav, en réalisant l'opération dont le nom de code est Shingle. Le 17 janvier, le 10e corps d'armée s'ouvrira par la force un passage sur le bas Garigliano, près de Minturno, établira une tête de pont sur le terrain dominant entre Minturno et Castelforte, puis enverra une division sur la route Minturno-Ausonia afin d'attaquer au nord, dans la région de San Giorgio, et de pénétrer ainsi dans la vallée du Liri. Ce que le langage aride des états-majors dénomme « terrain dominant » répond pour Dy à un autre nom : il s'agit de Tufo. Quand les Alliés passeront de force le Garigliano, Tufo – le lieu de l'origine, là où tout l'appelle –, à deux kilomètres au sud-est de Minturno, sera le premier village sur la ligne de feu.

L'offensive est fixée au 17 janvier 1944 à 21 heures. Mais Dy n'y participera pas. La 5e armée a suspendu ses attaques, car elle doit se réorganiser et attendre des renforts en vue de l'opération qui doit bientôt lui être confiée. Ce seront les Anglais, les Irlandais et les Écossais de Sa Majesté qui auront l'honneur de libérer Tufo. Le soir du 17 janvier, à l'heure où l'infanterie de la 5e division aborde en silence sur la plage, l'ingénieur Dy se trouve dans un bureau du commandement et contemple mélancoliquement la ligne Gustav qui serpente sur la carte militaire. Tufo est un point noir dans le blanc désespérant de l'Italie. Mais si l'offensive réussit, si l'effet de surprise fonctionne, demain matin tout sera fini.

Silence absolu. Conditions atmosphériques exécrables. Des averses se mêlent à un brouillard humide qui croupit sur l'eau. La plaine du Garigliano disparaît dans la bruine. Une division entière se tait, prête à s'élancer sans être couverte par l'artillerie, afin que rien ne vienne gâter l'effet de surprise. Des milliers d'hommes entassés dans quarante-cinq navires d'assaut, chargés de passerelles en kapok, de radeaux, de pontons et de tout le matériel nécessaire pour édifier un pont Bailey sur le fleuve. La rive est plate, plongée dans l'obscurité. Les Royal Scott Fusiliers débarqueront deux kilomètres au nord des lignes allemandes, en amont de l'embouchure du Garigliano. Ils ont pour mission de prendre la colline basse répondant au nom romantique de mont d'Argent. Mais les petits contingents chargés de guider avec des feux d'atterrissage le débarquement des camions amphibies DUKW ont été engloutis par le brouillard. Dans les ténèbres, de nombreux DUKW ne savent plus où se diriger, si bien que les munitions et les canons antichars qu'ils transportent, et qui sont d'une importance capitale, sont débarqués de nouveau sur la rive d'où ils sont partis. Le débarquement se déroule dans un chaos indescriptible, où les soldats se gênent les uns les autres. Les centaines de fantassins sortant des camions amphibies sont épuisés et exaspérés : ils sont en Italie depuis cent vingt-deux jours, dont cent quinze passés à combattre. Beaucoup de leurs camarades sont déjà morts, et ils n'aspirent qu'à se reposer, à dormir. Le commandement avait réclamé 4 686 nouveaux fantassins pour remplir les vides creusés dans les rangs au cours des quatre derniers mois. Il n'en a obtenu que 219. Ce n'est pas ici le vrai théâtre des opérations : il n'est pas question de détourner un seul homme d'Overlord.

Le service de repérage allemand signale immédiatement la présence de huit navires de débarquement, trahis par la phosphorescence de la mer. La première vague de fantassins s'aventure sur la plage sans savoir qu'elle est déjà dans la ligne de mire de l'artillerie tapie dans les bunkers. Les colonnes se mettent en marche dans un silence irréel. Les Hurricane et les Spitfire ne bombardent pas les positions allemandes, les Junker 88 ne tirent pas sur les navires-ateliers américains. La 17e brigade se trouve déjà à deux cents mètres du rivage. Soudain, un éclair enflammé, un minuscule fil de feu brodé sur l'abîme de la nuit. Les soldats lèvent les yeux au ciel. Des méduses phosphorescentes descendent en flottant dans les ténèbres comme dans les flots marins. Elles ont des cheveux blancs et des tentacules couleur de rose. « A l'abri ! » s'écrie brusquement le lieutenant. Ce ne sont pas des méduses mais des signaux lumineux attachés à des parachutes. Ils ne sont pas là pour les réconforter, mais pour les illuminer. Un instant plus tard, les canons allemands commencent à les pilonner.

Ils courent vers la pinède. Les mines ont été soigneusement cachées sous le sable : la première fois qu'on marche dessus, elles n'explosent pas. Mais lorsque les dents des engrenages se mettent à rouler sous le poids de deux, trois, vingt hommes, elles se déclenchent et font sauter tous les soldats à la fois. Le peloton perd tout de suite son officier. Les gémissements des blessés retentissent dans la nuit, angoissants, et les secours ne parviennent pas à les identifier. Tout le secteur est miné : la plage, le sentier serpentant entre les dunes grises, la bande côtière. Ils sont pris au piège entre les canons et la mer, entre les mines invisibles et les parachutes lumineux, entre le devoir d'avancer et la peur de le faire. Sans officier, sans ordres, désorienté, surpris par le déluge de feu inattendu dont il ne devine pas l'origine, terrorisé par les mines qu'il ne peut déceler, le bataillon se débande. La compagnie A prend d'assaut à la baïonnette le mont d'Argent, en s'offrant au feu de l'artillerie légère dissimulée au sommet de la colline. Celle-ci doit peut-être son nom aux oliviers dont elle est couverte. Pendant la guerre, cependant, le seul argent qui brille dessus est celui des barbelés. Les fils hérissés de pointes enserrent les chevilles, blessent les mollets, résistent aux tenailles. Le peloton 9 rapporte que la base de la colline est entourée d'une barrière de barbelés haute de plus de deux mètres, sur au moins quatre mètres d'épaisseur : impossible de la franchir. Les survivants s'abritent sous des arbustes. Ils envoient une patrouille faire le tour de la colline, dans l'espoir que les barbelés s'interrompent de l'autre côté. La patrouille ne revient pas. Au bout de trois heures, une épaisse fumée s'élève au-dessus de masures éventrées et de la pinède en flammes. Les colonnes sont bloquées sur la plage, au milieu des buissons. Les barbelés brillent à la lueur des feux.

Informés depuis des mois de l'intention des Alliés de débarquer dans le bas Latium pour contourner la ligne de résistance établie dans l'Apennin, les Allemands ont eu tout le temps de fortifier la zone côtière. Ils ont pu poster l'artillerie sur les collines, miner la moindre motte de terre de cette plaine dénudée et privée de défenses naturelles, disposer des kilomètres de barbelés, munir d'une garnison et barrer canaux et cours d'eau, couper toutes les routes et tous les sentiers menant aux villages. L'arrière-garde est déployée tout autour de Minturno. Sur chaque sommet, il y a un obusier, dans chaque fossé, un nid de mitrailleuses. En sept mois de campagne en Italie, l'état-major allié a compris que les Allemands défendront le Front sud jusqu'au dernier soldat. Le général Kesselring, auquel a été confié le commandement des troupes allemandes, a expliqué à ses hommes que chaque jour où les Alliés seront arrêtés en Italie sera un jour gagné pour l'Allemagne...

Cette bataille qui paraît une simple diversion, excentrée par rapport au cœur de la guerre, est en fait essentielle. Chaque bombe lancée par les Alliés sur la ligne Gustav est une bombe qui ne tombera pas sur Hanovre, Dresde ou Berlin, les villes de vos familles. Nous devons les attirer en Italie, les occuper, les contraindre à augmenter leurs troupes, à renforcer leurs lignes, à dégarnir le Front est, le Front nord, le Front ouest. Nous devons les retenir ici, les envelopper dans les barbelés, les forcer à se battre pour chaque maison. Les arrêter à tout prix – dussions-nous tous périr jusqu'au dernier.

Mais maintenant l'artillerie alliée elle aussi a rompu la consigne du silence pour appuyer l'infanterie désorientée. A l'aube, le bataillon a réussi à progresser de près d'un kilomètre. Tandis que les ténèbres se dissipent peu à peu, la lumière met à découvert les soldats, qui semblent des acteurs sur le théâtre de leur propre mort. Plus le jour les éclaire, plus le feu de l'artillerie allemande, que seule la pénurie de munitions amoindrit, devient précis et atteint de plein fouet la tête de pont exiguë. Les ordres du commandement sont sans ambiguïté : il ne faut abandonner la tête de pont à aucun prix. Les fantassins redoutent d'y laisser tous leur peau. Ils ont déjà perdu cent quarante hommes, et il ne reste plus un officier en vie. Les prisonniers ont été laissés sur place.

Les soldats débandés errent parmi les dunes, terrorisés. La mer est calme, couleur de perle. Le clapotis paisible des vagues sur la plage paraît irréel. Cependant, la radio annonce enfin une bonne nouvelle. Plus loin sur leur droite, conformément aux plans, le 2e Wiltshires de la 13e brigade d'assaut d'infanterie est parvenu à traverser le Garigliano, deux milles en amont des ruines du pont du chemin de fer. Dans ce secteur, la surprise a été totale. Nous sommes le 18 janvier 1944. A huit heures du matin, les Wiltshires entrent dans Tufo.

Quand Dy était arrivé sur la plaine du Garigliano, le ciel était gris, encombré de nuages, et la terre brune après les semailles. Il avait essayé de distinguer les toits de Tufo sur la crête de la colline. Il ne vit que le reflet argenté des oliviers et une haie hérissée de figuiers de Barbarie. Des pins aux frondaisons verdoyantes, un palmier échevelé au vent... Quelque part là-bas, il y avait le citronnier de Vita, le puits de Diamante, la citerne d'Antonio, la cordonnerie de Ciapitto, le domaine abandonné d'Agnello. Et le vieux savetier boiteux – le père de Geremia –, qui espérait que les Allemands réussiraient à les rejeter à la mer. Et aussi Dionisia, l'écrivain public aveugle, qui l'attendait. Sa dernière lettre remontait à avant l'entrée en guerre des Etats-Unis : « Ma fille, il fallait donc que je voie aussi ceci. Pour t'embrasser de nouveau, désormais, je dois attendre que nous ayons gagné la guerre mais, je te le dis franchement, j'espère bien que cela n'arrivera pas. » Dy regardait cet amas misérable de maisons de pierre groupées sur l'arête de la colline, presque suspendues dans le vide. Un jaillissement de roses rouges l'entourait de tous côtés. Il était si proche. Un village si pauvre dans un paysage opulent de montagnes, de collines, de mer – mais cette richesse de la nature avait toujours ignoré les hommes. Sa beauté avait toujours été trompeuse, indifférente. Cet automne, la terre avait été semée de mines, de sorte que la moindre motte de terre pouvait se révéler un piège. La beauté de ce lieu apparaissait traîtresse – et mortelle. Après le 18 janvier, même sa splendeur illusoire aurait disparu.

A dix heures, les tanks du régiment Hermann Göring commencent à redescendre la voie Appienne. La brume matinale ne s'est pas encore dissipée et la plaine est enfouie sous les vapeurs. Les Wiltshires avancent dans la fumée et le brouillard. Ils ne sont pas sûrs d'aller dans la bonne direction. Pour eux, Tufo n'est qu'un nom sur la carte – or la carte est imprécise. La topographie du village est confuse. Ces hameaux ne sont guère que des maisons s'accrochant les unes aux autres au petit bonheur, comme si elles avaient froid. Paradoxalement, ils sont guidés par les canons allemands qui sont nichés quelque part dans les hauteurs et pilonnent Tufo depuis des heures. A dix heures et demie, les premiers Wiltshires entreprenant de nettoyer le village maison après maison sont tués par les tireurs postés sur les toits. Les fantassins de la 13e brigade cherchent un abri dans les décombres. Les chars censés rendre l'occupation moins précaire n'arrivent pas. Et pour cause... Les sapeurs sont en train d'essayer de compléter le premier pont sur le Garigliano, mais cela prendra des heures, toute la journée peut-être, et de toute façon les Allemands le pilonnent avec tant d'acharnement qu'il ne pourra pas rester longtemps praticable. Quant au pont sur la voie Appienne auquel travaillent les Royal Engineers, il ne sera pas prêt avant le 20 janvier et ne pourra être utilisé que la nuit, car il sera trop à découvert. La vérité, c'est que tous les chars d'assaut – les Churchill et les Sherman de 30 et 32 tonnes – sont embourbés sur la rive méridionale du fleuve. A onze heures, les Allemands surgissent des caves en tirant sur tout ce qui bouge. Les Wiltshires se regroupent derrière les murs effondrés, se consultent puis battent en retraite en bon ordre – dans la mesure du possible – sur la hauteur s'élevant à l'est du village.

L'appui de l'artillerie à l'offensive de la brigade est arrivé quatre-vingt-dix minutes trop tard, mais les Royal Inniskilling Fusiliers, qui avancent immédiatement après le feu de barrage, balaient les positions allemandes en les prenant d'assaut à la baïonnette. Quand la fumée se dissipe, ils se retrouvent à l'improviste devant les Allemands. Ces derniers se sont cachés dans des tranchées, à plus de trois mètres de profondeur, pour essayer de se protéger ou attendre leur destin. Ils se rendent en grand nombre, désireux d'être faits prisonniers afin de sauver leur peau. Les Anglais parviennent enfin à s'emparer de la hauteur à l'est de Tufo, que la carte militaire appelle Pt. 156. Tout semble paisible.

Le soir du 19 janvier, un signal lumineux annonce que l'ennemi a abandonné la colline. Le mont d'Argent est tombé. La division contrôle une ligne qui va de la Cote 413 à Ventosa, Castelforte et les hauteurs de l'est. Dans le même temps, la 5e division a réoccupé Tufo et pris Minturno. Désormais, dix bataillons ont traversé le Garigliano et peuvent progresser vers la vallée de l'Ausente, au nord. Malgré les pertes importantes et l'échec partiel de l'effet de surprise, le plan est un succès : la ligne Gustav a été percée. Mais c'est alors que les Allemands contre-attaquent.

Au quartier général du général Steinmetz, von Senger a téléphoné directement à Kesselring pour lui réclamer l'appui immédiat de deux divisions de Panzergrenadiere tenues en réserve. Kesselring a donné son accord. La 29ᵉ division se dirige vers Castelforte en passant par Ausonia pendant que la 90ᵉ division accourt au sud pour attaquer sur la voie Appienne afin de rétablir la situation dans la zone côtière, où la 5ᵉ division alliée menace de contourner les troupes allemandes. L'avancée des alliés sur la côte est interrompue, les tanks réoccupent un peu de terrain au nord de Minturno et la colline de Tufo change une nouvelle fois de main.

Le 21 janvier, quarante-huit soldats irréductibles des troupes tristement fameuses du Schutzstaffel, après avoir été écrasés vingt-quatre heures plus tôt et contraints de décamper, se rendent compte que les occupants de Tufo sont absolument à découvert et trop avancés par rapport au reste de l'armée. Ils se jettent sur les hommes de la 13ᵉ brigade qui vacillent, reculent et sont repoussés. Dans les rues du village, les SS tuent quatre cents soldats et font deux cents prisonniers.

« Que se passe-t-il ? » demande Dy.

Il a été convoqué d'urgence à la base opérationnelle du XII US Air Support Command, car si les Boston Light Bombers et les Kittyhawks ne décollent pas, l'opération tout entière risque d'échouer.

« C'est l'enfer, là-haut, un déluge de bombes. Les Allemands sont partout.

— Et les civils ? Ils ont été évacués ? Ils ont quitté leurs maisons ? »

Il interroge son ami Joe Parodi, un Anglo-Gênois qui rêvait de remonter la péninsule jusqu'à Gênes – au lieu de quoi il a failli se prendre une balle dans la tête à Tufo...

« Bien sûr que non. Où voulais-tu qu'ils aillent ? C'est leur terre. Ils nous ont attendu, ils nous ont accueillis en pleurant et nous ont implorés de ne pas les abandonner aux SS, de ne pas partir.

— Et vous êtes partis quand même ? hurle Dy.

— Tufo est impossible à défendre. Les Allemands nous canardaient du haut de la montagne. »

Le combat dure quatre jours d'affilée – maison après maison, colline après colline, pierre après pierre. Chaque position doit être prise à coup de grenades ou à la baïonnette. Les chars ne peuvent pas encore entrer en action du fait des obstacles constitués par les cratères ou les gravats. Quant aux camionnettes, elles sont arrêtées : déjà trop de troupes ont sauté sur des mines. Les ennemis se retranchent derrière chaque édifice démoli, dans les caves, les citernes, les puits. Ils se battent pour les moindres décombres. L'air est voilé de brouillard, de fumée et de poussière. Deux compagnies entières de fusiliers écossais s'égarent dans les collines. « Tufo road ! » hurlent-ils en cherchant vainement la route du village. « You're on the wrong hill – on the wrong hill ! You're out of the battle », crachote une voix dans la radio – puis la communication est coupée. Ils échouent dans un ravin et finissent par retourner au camp dont ils sont venus, en criant aux sentinelles de ne pas leur tirer dessus. Du haut des collines, l'artillerie allemande pilonne Minturno. Une route entière tombe en poussière au passage d'un peloton d'Écossais, qui évitent de justesse d'être ensevelis sous une avalanche de décombres. Le brouillard gêne le vol des infaillibles bombardiers américains et rend leurs largages imprécis. Les bombes de mille cinq cents livres des Boston et celles de mille six cents livres des Kittyhawks tombent comme de la grêle sur les vignes, en faisant des dégâts à l'aveuglette. La 46e division d'infanterie britannique est anéantie en tentant de franchir le Garigliano à Sant'Ambrogio. C'est un massacre : 329 morts et 509 prisonniers. Les étudiants d'Oxford, qui sont arrivés sur le Front sud comme pour une partie de campagne, mécontents d'être relégués dans la Spaghetti League, ont déjà laissé sur le champ de bataille des centaines de morts. Le capitaine Fisher, touché par une balle en pleine bouche, se traîne héroïquement sur les coudes pour redescendre en bas de la colline de Monte Natale et supplier son supérieur, en crachant son sang et ses dents, de donner l'ordre aux troupes de se replier sur Minturno. Tufo Road – cette route solitaire et romantique qui mène à Tufo en serpentant entre deux haies d'églantiers – est la cible de prédilection de l'artillerie allemande. Ils laissent avancer la compagnie alliée jusqu'à ce que tous les hommes soient à portée de tir, puis ils les canardent tous d'un coup. Ceux qui échappent aux obus sont tués par les éclats. Les Écossais comptent leurs morts et leurs disparus. Les survivants pris au piège au bord du fleuve vivent dans la terreur d'être piqués par un moustique et de succomber sans gloire à la malaria. Les infirmeries regorgent d'atabrine et de quinine. Mais en janvier, les anophèles n'ont pas encore pondu. Ils le feront au printemps – et à ce moment-là, se dit le capitaine Dy, les nôtres ne doivent sous aucun prétexte être encore enlisés dans cette terre.

Le 22 janvier, Dy déchire sa carte militaire et maudit son diplôme. S'il était pilote, il dirigerait son bimoteur vers les tourelles des tanks dissimulés sous les gravats et s'écraserait sur les Panther. Il les ferait exploser – au moins la charge servirait à quelque chose. Mais il n'est qu'un ingénieur américain. On lui demande de calculer le pourcentage d'erreur des largages et la quantité de bombes qu'un Boston A20 peut supporter. A ses collègues, ingénieurs de Sa Majesté, d'inventer un système pour faire traverser le fleuve aux chars d'assaut. Si l'on ne réussit pas à transporter le plus grand nombre possible d'hommes sur la rive nord, les fantassins installés sur les collines sont voués à l'anéantissement. Les pertes sont d'ores et déjà considérables, et les commandements sont indignés qu'en quatre jours on n'ait pas progressé d'un seul mètre sur ce maudit front. Il faut rompre la ligne de défense. Sans attendre.

Dans la nuit du 22 janvier, la 5e armée débarque à Nettuno, mais sur le Garigliano l'artillerie allemande continue de pilonner l'infanterie et de la bloquer sur le versant de la colline. Les villages ne sont plus qu'une ligne de fumée ininterrompue. La fumée enveloppe les décombres du château de Minturno et de la cathédrale San Pietro, elle s'élève au-dessus des cimetières, des poulaillers, des carrières, des dépôts de munitions, des pompes à essence, des camions, des maisons cantonnières, des gares, des wagons, des locomotives. Tout a été arraché – rails, toits, tanks privés de leurs chenilles, haies de figuiers de Barbarie, et même les ruines romaines au bord du Garigliano. Quand ils sont passés sur la rive nord, les fusiliers écossais ont avancé comme dans un rêve, l'arme au poing, entre les gradins de l'amphithéâtre et les colonnes gravées d'inscriptions latines. Dans leur crainte de voir surgir de ces ruines les fantômes désespérés en uniforme noir, ils tiraient comme des fous sur des stèles renversées et des chapiteaux ioniques. Mais il n'y avait personne, rien que le silence irréel d'une ville abandonnée depuis deux mille ans.

Où en est-on dans les villages ? Les coups de feu font rage. On se cache dans les grottes, les citernes, les puits. Des cadavres encombrent les rues et même les églises. Il n'y a rien à manger, car les malheureux qui s'aventurent dans les champs en quête d'herbe ou de racines sont sûrs de sauter sur une mine ou d'être abattus par un tireur embusqué. En remontant la route de Minturno, quatre Churchill sont atteints par un obus et explosent avec un grondement qui fait trembler la terre. Ils flambent au milieu des touffes de roseau et d'une profusion de glycines à la floraison intempestive. Il se remet à pleuvoir. De violentes averses s'abattent entre des orages tonitruants et des rafales glacées. Des cicatrices électriques sillonnent la nuit. L'hiver, qui semblait patienter pour ne pas compromettre la victoire, se déchaîne à l'improviste. Le déluge accable la terre, pourrit les mines, pénètre par les toits effondrés dans les masures où sont cantonnés les commandements. On attend dans la boue, on s'enfonce dans une terre bourbeuse qui emprisonne les brodequins, alourdit les havresacs et embrume l'esprit. Un épais brouillard flottant sur l'horizon fait disparaître cibles et limites. On combat à l'arme blanche parmi des spectres de maisons. Avant-garde et arrière-garde s'affrontent avec la même détermination, les uns pour pouvoir se reposer après des semaines de bataille, les autres pour ne pas succomber. La guerre n'est plus un calcul abstrait. On s'y assassine en se regardant bien en face, en vidant des chargeurs entiers dans le corps de l'autre, en enfonçant dans les chairs projectiles et couteaux, en déchirant des visages, en arrachant des jambes, des yeux, des plaques d'identité. La nuit du 22 janvier, les Allemands reçoivent l'ordre de relâcher la contre-offensive. Les Américains ont débarqué à Anzio. Ils auront l'honneur de libérer Rome. Mais l'ingénieur Dy rêve de combattre en première ligne sur le Front sud, or ce sont les Anglais qui se battent là-bas. Les motifs personnels n'entrent pas en ligne de compte dans une guerre... Mais ce n'est pas une question personnelle, je ne suis jamais allé là-bas. Je suis américain.

Front sud. Nous ne pouvons pas rester coincés sur ces collines jusqu'à la fin de janvier. Nous nous jetons de nouveau sur leurs lignes. Ils nous canardent du haut de la colline de Scauri, du fond de leurs tranchées, du sommet des montagnes. Ils nous ensevelissent sous des tonnes de projectiles. Joe Parodi meurt sous mes yeux. Touché par un éclat d'obus, il glisse sur l'escarpement de la colline, tente de se raccrocher aux rochers, son bazooka lui échappe des mains, je le perds de vue... Nous avançons. Je vois exploser le tank de John Zicarelli. Nous serrons les rangs. Pourquoi l'aviation ne nous couvre-t-elle pas ? La poussière est si épaisse que nous toussons tous comme si nous nous trouvions dans une tranchée infectée de gaz. Nous progressons sur dix kilomètres, presque à l'aveuglette. Il y a de la fumée, du désordre – nous nous sommes trop avancés. Un haut-parleur allemand nous couvre d'injures terribles dans un anglais approximatif. Sa voix désincarnée semble venir du ciel. Lâches, couards, qu'est-ce que vous attendez pour avancer !

Nous venons, nous venons ! Je sens le but tout proche. Je vois les maisons de Tufo. Non, ce ne sont pas des maisons mais des moignons de pierre, des murs branlants, des toits effondrés. Je vois des cadavres dans les rues, des abîmes – ils nous repoussent vers la voie ferrée.

On combat sur des centaines de kilomètres, sur le moindre pouce de terrain entre la mer Tyrrhénienne et l'Adriatique. Nous devons percer à un endroit ou un autre du Front, mais nous subissons des pertes considérables. Les Allemands ne veulent pas perdre Rome. Le symbole est plus fort que la stratégie et la logique. Mais ils l'ont déjà perdue. La grande bataille d'Italie fait rage, et je suis ici. Front sud. Le 23 janvier au soir. *Maman, je vais bien, je ne peux pas te dire où je me trouve. Si je te dis : où tu aimerais te trouver, est-ce que tu comprendras ? Embrasse les filles pour moi. Je pense à toi à tout instant et je prends courage. Dy.*

Le 24 janvier, le brigadier des Carabiniers Liberato Saltarelli, accusé d'espionnage en faveur des Alliés, est fusillé à Tufo. Le même jour, les Allemands suspendent leurs contre-attaques. La guerre se déplace vers le nord – à Cassino, sur la plage d'Anzio, sur la route de Rome. L'avancée du 10e corps d'armée sur l'autre rive du Garigliano se stabilise. La ligne de défense allemande est maintenant instable. Elle s'incurve, recule, se retranche sur les cimes les plus hautes. Le Front sud se tord comme un serpent – comme une torpille venimeuse.

Le 12 mai, le front Minturno-Scauri a perdu toute solidité. C'est un tamis, une passoire. Les tenailles s'ouvrent et se referment, les ruines sont occupées puis de nouveau abandonnées. Cela fait des semaines que nous ne croisons plus de civils. Ils doivent pourtant se trouver quelque part. Avant la guerre, Minturno comptait au moins dix mille habitants. Tufo, un millier. Quand je regarde le village à la jumelle, je ne vois que de la fumée. Y a-t-il encore quelqu'un, là-haut ? Enfin, un croiseur américain s'approche de la plage de Minturno pour pilonner les positions des batteries allemandes trop éloignées pour l'artillerie de la 5e armée. Quelques JU 88 allemands tentent d'intervenir à Minturno, afin de porter secours aux troupes terrestres désormais à bout de forces. Les bimoteurs monoplaces bombardent en piqué et volent si bas pour nous atteindre qu'ils nous effleurent presque. Je vois les pilotes dans les cockpits, je les vois s'écraser au-delà de nos positions. Les Anglais sont partis pour la Manche depuis la mi-février. Notre heure a enfin sonné : les divisions américaines entrent en jeu. Maintenant, toute notre armée se trouve sur l'autre rive du Garigliano. Il règne de nouveau un grand silence. J'ai plongé mes mains dans l'eau du fleuve. J'ai regardé les roseaux empanachés, les hydres flottant sur le courant, un nénuphar blanc et majestueux, des libellules aux ailes transparentes et un oiseau mystérieux, que je ne connaissais pas, arborant une huppe dressée et une longue queue noire. Il était très beau et j'ai éprouvé une peur étrange. J'ai su que j'en sortirais vivant.

Début juin, les JU 88 ont été rappelés en France. Ce qui reste des divisions allemandes est en fuite. Nous avançons enfin sur des kilomètres et des kilomètres, en ouvrant dans le Front sud une brèche profonde comme une blessure. La presse fasciste reconnaît cette avancée, qu'elle justifie par la création d'une « ligne de défense fluide ». Je pleure car je sais désormais que la ligne Gustav n'existe plus. La 5e armée est aux portes de Rome. Moi aussi, je suis aux portes de chez moi, je suis de retour. J'arrive – et il est peut-être trop tard. Il ne reste plus rien. Mes lieux déserts. Où êtes-vous ? FRONT SUD. Nous avons réussi à percer.

# Le fils de la Femme-arbre

Et voilà qu'après avoir forgé les lances, les tenailles, les sabots et tous les instruments dont les Narts avaient besoin, le dieu Lhepsch commença à s'ennuyer. Il alla demander conseil à la femme qui sait tout. Et Satanay lui dit :

« Maintenant, mets-toi en route et parcours la terre. Va voir comment vivent les autres peuples et rapportes-en des connaissances et des savoirs nouveaux. Si Dieu ne t'abandonne pas, tu pourras trouver en chemin des choses intéressantes et quelques histoires. »

Le dieu des forgerons demanda alors :

« De quoi ai-je besoin pour ce voyage ?

— Il ne te faut guère de bagages, répondit la prophétesse. Prépare des vêtements commodes et pars afin d'accomplir ta quête. »

Lhepsch confectionna une paire de bottes dans l'acier le plus résistant, les chaussa et s'en alla. Il était si rapide qu'il couvrit en une heure la distance que les hommes parcourent en un jour, et en un mois celle qui leur aurait demandé un an. Il franchissait d'un seul pas les plus hautes montagnes, traversait d'un saut les fleuves les plus larges. En marchant et en sautant, en bondissant et en volant, il traversa les sept mers et arriva sur la côte. Il déracina des centaines d'arbres, dont il arracha les branches et lia les troncs pour se faire un radeau. Il le mit à l'eau et leva l'ancre. La mer était infinie et Lhepsch navigua des semaines durant. Quand il parvint au rivage, il vit un groupe de jeunes filles en train de jouer. Elles étaient si belles qu'il en tomba amoureux sur-le-champ. Il tenta de s'en saisir, mais il ne réussit pas à en attraper une seule car elles lui glissaient entre les doigts. Il les poursuivit avec acharnement, sans parvenir à les retenir. Il se mit alors à les supplier :

« Pour l'amour de Dieu, dites-moi qui vous êtes. Je n'ai jamais vu votre pareil dans toute ma vie. Personne ne m'a jamais repoussé.

— Nous sommes les servantes de la Femme-arbre, dirent-elles. Notre maîtresse va te recevoir et elle écoutera tes requêtes. »

Il les suivit. Elles le menèrent auprès de la créature la plus étrange qu'il eût jamais vue. Elle n'était ni un arbre ni un être humain. Ses racines s'enfonçaient dans la terre, ses cheveux flottaient au ciel comme un nuage. Elle avait des mains humaines et un visage merveilleux, en or et en argent. La Femme-arbre sourit à Lhepsch et lui souhaita la bienvenue. Elle traita son hôte avec magnificence, puis l'envoya se coucher. Lhepsch se réveilla au cœur de la nuit. Il trouva la Femme-arbre, la saisit et tenta de la violer.

« Voilà qui est fort discourtois, protesta-t-elle. Aucun homme n'a posé les mains sur moi jusqu'à présent.

— Mais moi, je suis un dieu », répliqua Lhepsch.

Il se mit debout et lui fit l'amour.

Elle en éprouva un tel plaisir qu'elle tomba amoureuse de Lhepsch. Elle lui demanda de rester avec elle, mais il déclina son offre.

« C'est impossible, répondit-il. Je dois suivre ma route. Il me faut trouver le bout du monde et rapporter mes connaissances aux Narts.

— Prends garde, Lhepsch, dit alors la Femme-arbre. En me quittant, tu commettrais une grave erreur. Je puis te donner toutes les connaissances dont les Narts auront jamais besoin. Mes racines plongent dans les profondeurs de la terre : je pourrais te confier tous les secrets qu'elle renferme en son sein. Mes cheveux montent jusqu'au ciel : je pourrais tout te dire sur les planètes et les mille soleils. Tu n'as aucun besoin d'errer de par le monde. »

Lhepsch ne se laissait pas convaincre.

« Il y a une fin pour tout, mais non pour la terre, reprit-elle. Reste avec moi. Je te montrerai toutes les étoiles du ciel. Je t'offrirai tous les trésors de la terre. »

Mais Lhpesch fit la sourde oreille à ses prières. Il choisit de ne pas croire la Femme-arbre et s'en alla. Ses bottes d'acier se percèrent, son bâton de voyageur devint plus petit que son petit doigt, son chapeau s'usa au point de retomber autour de son cou comme un anneau. Il eut beau cheminer, cependant, il ne parvint pas à trouver la fin de la terre.

Il revint alors chez la Femme-arbre.

« As-tu trouvé le bout du monde ? lui demanda-t-elle.
— Non.
— Qu'as-tu donc trouvé ?
— Rien.
— Qu'as-tu appris, dans ce cas ?
— Je sais maintenant que la terre est sans limites.
— Quoi d'autre ?
— Que le corps humain est plus dur que l'acier.
— Et ensuite ?
— Que rien n'est plus triste et fatigant que de voyager seul.
— Tout cela est vrai, dit la Femme-arbre. Mais as-tu découvert quelque chose pour améliorer la vie des Narts ? Quelles connaissances et quels savoirs nouveaux leur apporteras-tu à ton retour ?
— Je n'ai rien à leur apporter.
— Alors ta quête a été vaine. Si tu m'avais écoutée, j'aurais donné à ton peuple un savoir qui l'aurait aidé pour toujours. Vous autres, Narts, vous êtes une race arrogante et têtue. Votre caractère finira par provoquer votre anéantissement. Mais laissons cela... »

Elle tendit à Lhepsch un enfant très beau.

« Je t'offre mon fils, dit-elle. Je lui ai enseigné tout ce que je sais. »

Lhepsch rentra chez lui avec l'enfant.

Un jour, l'enfant demanda aux Narts :
« Vous voyez cette route blanche dans le ciel, la Voie lactée ?
— Nous la voyons.
— Quand vous serez au loin, regardez-la toujours, et vous ne perdrez jamais la direction de votre patrie.
— Mon Dieu, quelle sagesse ! s'extasièrent les Narts. Quand il sera grand, il nous donnera des idées extraordinaires. Il faut que nous l'élevions avec soin. »

Ils chargèrent sept femmes de veiller sur lui et de ne jamais le laisser seul.

Mais un jour, alors qu'il jouait avec les femmes, l'enfant se perdit et disparut.

Les femmes eurent beau le chercher partout, elles ne purent le retrouver.

Quand les Narts apprirent ce qui était arrivé, ils montèrent sur leurs chevaux et partirent à la recherche de l'enfant. Ils trouvèrent des gens qui l'avaient vu, d'autres qui l'avaient rencontré, mais l'enfant lui-même demeura introuvable.

Les gens disaient : « Peut-être est-il retourné chez sa mère ? »

Les Narts envoyèrent alors Lhepsch chez la Femme-arbre. Mais l'enfant n'était pas retourné chez elle.

« Que devons-nous faire ? Quel espoir nous reste-t-il de le retrouver ? demanda Lhepsch à la Femme-arbre.

— Il ne vous reste aucun espoir, répondit-elle. Quand le moment sera venu, il reviendra de lui-même. Mais Dieu seul sait quand cela se produira. Si tu es encore vivant à son retour, la chance vous sourira de nouveau. Mais s'il ne revient pas, malheur à toi, car votre ruine sera assurée. »

Lhepsch revint chez lui accablé de mélancolie.

Après tant d'années, dans ce camion dont les cahots l'arrachaient à une somnolence sans mémoire, le capitaine Dy repensa à cette histoire. La dernière fois que sa mère la lui avait racontée, il devait avoir sept ou huit ans et elle lui parlait en italien. A la fin, il lui demandait toujours : « Et l'enfant, il est revenu ? » Sa mère haussait les épaules. Elle ne s'en souvenait plus. Ce conte circassien lui avait été raconté par la femme de son père, il y avait bien des années, et elle avait oublié de lui demander ce détail. Elle n'en voyait pas l'importance. Dy avait imaginé deux fins possibles. Dans la première, Lhepsch forgeait un sabot magique pour le cheval d'un jeune étranger, et en le voyant s'éloigner au galop vers les collines il se rendait compte soudain que c'était lui l'enfant qu'il attendait. Dans la seconde, la terre des Narts était dévastée par la disette. Le blé ne poussait pas, les fleuves s'asséchaient, les fruits cessaient de mûrir. Les Dieux les avaient abandonnés. Mais au moment le plus triste de leur histoire, l'enfant revenait. Il décrochait du ciel le croissant de lune et, s'en servant comme d'une faucille, leur montrait comment moissonner le blé. Ainsi les Narts n'auraient plus jamais à souffrir de la faim...

« Descends », lui dirent-ils.

Le camion était arrêté devant un dépôt. Une file indisciplinée de gamins, de femmes tristement fagotées et d'hommes mal rasés attendait son tour pour la distribution gratuite de pain. Dy attrapa son havresac et vérifia qu'il avait bien dans ses poches les documents dont il avait besoin : la permission de dix jours signée par ses supérieurs et le papier griffonné par le facteur de Minturno. Après trente mois de guerre, mille deux cents kilomètres, une blessure à la jambe, une promotion, sans oublier les funérailles d'une bonne partie de ses camarades et de toutes ses illusions, il était arrivé à Rome.

Le capitaine s'approcha pour déchiffrer le numéro à moitié effacé de l'immeuble, et regarda s'il correspondait à l'inscription griffonnée sur le papier qu'il avait en poche. Il faisait déjà sombre. Dans la rue, il n'y avait même pas une enseigne allumée. Pour tout arranger, le gribouillage du facteur arthritique était resté trop longtemps dans sa poche et était devenu presque illisible. Il l'éclaira avec son briquet. L'armée fournissait aux soldats un modèle infaillible, dont ni le vent ni la pluie ne pouvait éteindre la flamme – Dy en avait offert des douzaines et vendu quelques-uns. Oui, c'était bien l'adresse : via Ferruccio 30.

L'immeuble avait six étages, des centaines de fenêtres et pas un seul balcon. La couleur maussade du crépi rappelait vaguement celle des pommes de terre. Dy aurait aimé s'informer auprès d'un concierge, se faire annoncer, car il voulait que cet instant soit solennel, mais il ne trouva personne. Il s'engagea dans un vestibule obscur, bas de plafond et éclairé tant bien que mal par une faible lueur semblable à celle des cimetières. La veilleuse brûlait sous une petite Vierge en cire bleue. Au fond, il aperçut un magasin de tissus en gros, dont le rideau de fer était rongé par la rouille. Il devait être fermé depuis belle lurette – sans doute avait-il fait faillite pendant la guerre. Les marches raides et poussiéreuses d'un escalier montaient à l'assaut du premier étage mais disparaissaient dans les ténèbres. Il entendit une porte claquer, un concert de voix. Une radio était allumée quelque part – une musique syncopée, qu'il lui sembla reconnaître.

Il s'immobilisa au seuil de la cour. Contre le mur, une fontaine s'ornait d'un masque en terre cuite rouge. La vasque était couverte de mousse. Il sentit de l'eau ruisseler sur son col – il ne pleuvait pourtant pas. Levant les yeux, il s'aperçut que la cour évoquait un port de mer envahi de voiles blanches. Des dizaines de draps gonflés par le vent étaient suspendus dans le vide à des fils de fer aussi enchevêtrés que des toiles d'araignée. Culottes, taies d'oreiller, socquettes, tabliers : l'immeuble était bondé. Les appartements étaient exigus, entassés à huit par étage. Le seul espace laissé vide par les constructeurs était le corridor. Chaque palier donnait sur une vaste galerie, garnie de deux gros piliers carrés et d'une balustrade en bois. La balustrade était peinte en blanc, mais la peinture semblait déjà s'écailler. Cet immeuble ressemblait à l'Italie : il avait eu sa dignité et il l'avait perdue...

Au premier étage, derrière la balustrade, s'épanouissait une véritable forêt vierge : basilic, sauge, romarin, géraniums. Au deuxième étage, une nuée de marmots étaient accroupis autour d'un terrain de football dessiné à la craie sur le carrelage. Dans la pénombre, Dy réussit à voir qu'ils utilisaient comme joueurs des bouchons de liège et comme balle une capsule de Coca-Cola, qu'ils propulsaient d'une chiquenaude. Les bouchons d'une équipe étaient coloriés en rouge, et leurs adversaires en bleu. Les enfants avaient cessé de jouer pour le fixer, les yeux brillants. Ils ne lui demandèrent rien, mais Dy fouilla dans ses poches à la recherche de chewing-gums et de tablettes de chocolat. Il n'en trouva pas, car c'était le soir et Rome regorgeait de gamins affamés... Au troisième étage, un homme en maillot de corps fumait, assis devant la porte de son appartement. Il l'honora d'un regard indifférent, peut-être hostile. Dy se pencha et regarda en bas. Les draps étendus sur les fils ne lui évoquaient plus des voiles gonflées, et la cour lui apparut comme un puits sans lumière.

Au quatrième étage, accoudée à la balustrade écaillée, une femme l'examinait. Elle jaugea son uniforme avec une avidité compétente, sembla compter les étoiles sur ses épaulettes et lui adressa un sourire. Dy connaissait ce sourire, car toutes les Italiennes étaient à vendre. Ou plutôt : en solde. Il feignit de ne pas l'avoir vue. Il ne trouva pas le nom qu'il cherchait sur les quatre plaques à droite de l'escalier. Pour lire les autres, il dut passer devant la femme, qui se caressa les cheveux avec ostentation. Elle était jeune, vingt ans peut-être. Maigre, les mains gercées et la peau terne, comme éteinte. Une odeur pénétrante de brocoli s'échappait des portes fermées. Il tournait obstinément le dos à la fille, mais il savait qu'elle gardait les yeux fixés sur lui. Malgré son maquillage, ce n'était pas une putain. Dans un sens, il n'y avait plus de putains à Rome.

« Tu cherches quelqu'un, Joe ? » lui demanda-t-elle.

Sa voix était douce et séduisante, mais Dy frissonna car il craignit qu'elle ne fût la fille de cet homme. La plaque indiquait : Moriconi, Di Cola, Feliciani, Scarabozzi.

« Je cherche un homme qui habite ici, répondit-il. Au quatrième étage. »

Alors qu'il se préparait déjà à quitter Tufo avec ses soldats, un vieux édenté et au visage cuit par le soleil s'approcha de lui. Il avait été le facteur de Minturno, trente ans auparavant. Il se rappelait encore l'adresse, car avant la guerre – « la Première, capitaine, celle contre François-Joseph, l'empereur Guillaume et le Grand Turc » –, il voyait chaque jour une lettre quitter Tufo pour cette adresse à Rome. C'était celle d'une « mademoiselle », qui s'appelait Emma. Peut-être une poétesse : elle aussi écrivait une lettre quotidienne. Le facteur ignorait l'emplacement exact de la via

Ferruccio. Elle devait se trouver derrière la gare Termini, dans le quartier des trains. Comme elle avait été construite par les Piémontais, c'était certainement une rue élégante, distinguée.

La fille secoua la tête et assura d'un ton désinvolte qu'il n'y avait aucun monsieur ici ni aucune « mademoiselle Emma » puisque c'était maintenant sa demeure, à elle – qui s'appelait Margherita. Dy appuya son sac sur la balustrade, découragé. Il ne se souvenait même plus depuis combien de temps il cherchait cet homme. Depuis le jour où il avait débarqué, peut-être même plus tôt... C'était l'homme mystérieux, un fantôme qui revenait souvent dans les conversations de ses parents, lesquels baissaient la voix quand ils s'apercevaient qu'il les écoutait. Un personnage à la fois réel et fabuleux, comme Guerrin le Pauvre qui tombait éperdument amoureux de la princesse de Persépolis mais l'abandonnait en lui promettant de revenir dans dix ans – comme le dieu Lhepsch. Il ne partirait pas sans l'avoir trouvé. Il le voulait, mieux : il le devait. Sans cela, les bombes, les décombres, les destructions, la guerre elle-même – tout aurait été inutile. Le soleil se couchait. Au-dessus de la galerie, des pots de géraniums et des draps étendus, les toits dorés de l'Esquilin s'embrasaient en une échappée infinie avant de se confondre avec le bleu des collines lointaines.

Il comprit qu'il fallait la payer. On ne lui ferait aucun cadeau, et ce n'était que justice. Il ouvrit son sac. En vue de la rencontre, il avait emporté des lames et des rasoirs, des bas et du savon, un duffel-coat et des produits de beauté. Il tendit à la fille les bas et la crème pour les mains, qui valaient une petite fortune au marché noir. Margherita eut vite fait de se rappeler que les occupants de l'appartement étaient partis en 1931. Ils avaient été expulsés. Dy devait avoir pris un air soucieux, car elle éclata de rire.

« Tu sais, Joe, ce n'est pas un grand malheur de se faire expulser de cette baraque qui tombe en ruine. Je dirais même que c'est une chance.

— Je ne m'appelle pas Joe », protesta Dy.

Mais la fille déclara que tous les Américains s'appelaient Joe. Elle ignorait où ils s'étaient installés ensuite. Dans un HLM, peut-être.

« Quel HLM ?

— Qu'est-ce que j'en sais ? Les HLM sont tous pareils. Pourquoi cherches-tu ces gens, Joe ? »

Dy n'avait pas envie de lui répondre. D'ailleurs, il en aurait été incapable. Il devait trouver cet homme, voilà tout.

« Tu ne crois pas que c'est un signe du destin, si tu m'as trouvée au lieu de ce type ? Entre donc et raconte-moi d'où tu viens. On t'a déjà dit que tu ressembles à cet acteur – quel est son nom, déjà ? Ah, oui : Dana Andrew. Tu es tellement beau. Pourquoi tu ne restes pas, Joe ? »

Dy cala son sac sur son épaule et répondit qu'il ne s'appelait pas Joe.

Au village, les vieux avaient presque oublié cet homme. Assis sur les gravats, ils fumaient les cigarettes aromatiques de l'Américain et tentaient de comprendre ce qu'il attendait d'eux. Ils ne pouvaient croire que ce capitaine de l'armée des Etats-Unis avait fait tout ce chemin jusqu'à Tufo pour chercher un vieux cordonnier et une aveugle écrivain public, tous deux morts et enterrés, sans compter le fils de l'homme le plus malchanceux du village, Mantu. Le gamin qui est mort de la piqûre d'un moustique ? Le carabinier ? Mais non, l'autre, celui qui est allé en Amérique. Les vieux regardaient la plaine en désignant dans la campagne à leurs pieds un enchevêtrement brillant de métal qui rappelait l'existence, il n'y avait pas si longtemps, de rails, de traverses, de trains. Ils lui dirent quelque chose qui le surprit. En dehors de sa période de convalescence, cet homme n'était jamais revenu à Tufo. Il était parti pour Rome.

Dy trouva étrange de les entendre parler de Rome comme d'un lieu lointain – plus lointain même que l'Amérique, où beaucoup d'entre eux s'étaient rendus ou à défaut leurs frères, leurs pères ou leurs fils. Rome au contraire était aux yeux de ces vieux une réalité étrangère, inconnue et puissante. Un homme qui se trouvait à Rome était forcément quelqu'un d'important. Tel était maintenant le fils de Mantu : un étranger important, un inconnu. Tant que ses parents avaient vécu, il séjournait à Tufo l'été. Toujours bien habillé, parfumé, un œillet rouge à sa boutonnière – un vrai monsieur. Il était devenu chef de bureau. Les gens du pays en crevaient de jalousie. Il avait épousé une Romaine, dont les vieux se rappelaient seulement l'opulente chevelure – « Qu'est-ce qu'elle avait comme cheveux, cette femme-là ! » – et aussi l'habitude qu'elle avait de marcher dans la campagne en chaussures de ville, ce qui leur semblait offensant. Sans bien savoir pourquoi, Dy fut déçu que cet homme eût une épouse. Il aurait voulu rentrer en Amérique et annoncer à sa mère qu'il ne s'était jamais marié. Ensuite Mantu était mort, et on n'avait plus revu son fils à Tufo.

« Comment faire pour le trouver ? demandait Dy.

— Eh, mon pays, comment veux-tu le trouver ? Rome est si grande. »

Il perdit du temps à passer au crible les HLM. Dans les années trente, de nombreux Romains avaient été expulsés de leurs vieilles demeures, par les autorités ou par les propriétaires. Ils avaient été dispersés aux quatre vents – mutés, déportés ou simplement « déplacés ». La plupart avaient fini dans des faubourgs, ou même à la campagne. Cependant Dy s'aperçut qu'il faisait fausse route. Le fils de Mantu s'était effectivement vu attribuer un logement en HLM, mais il l'avait refusé. C'était un type entêté, colérique et terriblement orgueilleux. Apparemment, le fascisme lui était resté en travers de la gorge et il entendait ne rien devoir au Duce. La seule chose qu'il pouvait accepter de sa part, c'étaient l'huile de ricin et les coups de bâton. Dy s'efforça de revoir l'inscription rouge comme du sang sur les murs du bureau de son père – FASCISTS, MOBFIA, FASCISTI, MAFIA... Il ne parvint pas à se rappeler les parois blanches ni la peinture ni les mots exacts. L'inscription s'était décolorée et ne le blessait plus. Il avait toujours su que cet homme se serait comporté ainsi, et il en fut heureux. Quand il était petit, en observant le corps velu de son père, son oreille mutilée par le feu et son bras mort attaché à son cou comme le cadavre de son passé, il imaginait qu'il n'avait été confié que provisoirement à cet infirme car en réalité il avait un autre père. Un héros séduisant et invincible, un voyageur – un dieu. L'homme mystérieux qui un jour viendrait l'emmener.

Il le chercha dans les cercles socialistes, dans les sections du parti. Les gens se souvenaient bien de lui, mais il ne venait pas régulièrement. Il ne s'était jamais inscrit au parti – ni dans les années de la clandestinité, ni après la libération. C'était un solitaire. Quelqu'un se rappelait l'avoir vu demander des informations pour les procès.

« Quels procès ? demanda Dy à un vieillard.

— Vous êtes américain, capitaine, il se peut que vous ne sachiez rien des procès et que vous ignoriez même le sens du mot épuration, mais pour les Italiens, c'est une affaire d'importance. Les victimes sont confrontées aux persécuteurs, les opprimés aux oppresseurs. Les hommes sont responsables de leurs actions, et ils doivent en supporter le poids. Vous comprenez, capitaine ?

— Je crains que non », avoua Dy en souriant.

Je ne sais pas ce qui s'est passé en Italie durant toutes ces années. Je sais seulement ce qu'il en est maintenant : les décombres, la poussière, la misère, la musique, les filles...

« Écoute-moi, Joe, intervint un homme plus jeune. Tout ne peut pas se terminer par une amnistie, tu comprends ? Il n'y a pas de pardon sans justice. Autrement, n'importe quel comportement serait licite. On justifierait toutes les lâchetés, les violences, les horreurs. Une fois que justice sera faite, ce pays pourra repartir. Il renaîtra. Sinon, ce sera comme s'il avait vendu son âme, et tout sera perdu pour toujours.

— Enfin, conclut le vieillard, il est possible que votre homme ait été appelé à déposer contre son supérieur à la Commission des Épurations. Il sera en droit de demander réparation pour les vexations subies, qu'il s'agisse de salaires versés en retard, de promotions manquées, de congés refusés ou de son affectation aux travaux les moins qualifiés et les plus mal payés. Il pourra certainement obtenir un dédommagement financier. Mais s'il témoigne, ce ne sera pas pour cela. Voyez-vous, il est question avant tout d'une sorte de réparation pour les persécutions morales. D'un geste, même symbolique, qui puisse guérir le ressentiment, cicatriser les blessures, les offenses, remédier aux injustices et aux humiliations.

— Il était chef de bureau, objecta Dy, perplexe. Pour quelles humiliations devrait-il obtenir réparation ? »

Son séjour romain était trop bref. On lui avait déjà communiqué la date de son départ. Il allait quitter l'uniforme auquel il avait sacrifié quatre années de sa vie et son rêve d'une carrière fulgurante. Retrouver son travail d'ingénieur pour lequel il avait étudié avec acharnement et qu'il n'avait même pas pu chercher à concrétiser. Revoir son foyer, sa famille. Pourtant, en recevant cette nouvelle, il s'attrista. Il lui fallait dire adieu à l'Italie, à Rome, à tout ce qu'il n'avait pu ou su trouver. Cet homme s'était volatilisé. A sa connaissance, il n'avait jamais écrit, pas même une carte postale. Tant de temps avait passé – sans doute ne se souvenait-il même plus de la mère de Dy. Le capitaine avait appris que peu de choses résistent à l'usure de la vie. Alors qu'on croit qu'elles dureront toujours, le temps les effrite peu à peu jusqu'au moment où l'on se rend compte, en se retournant en arrière, que rien n'est resté du passé. Le dernier jour, malgré tout, il voulut se rendre dans le quartier des Prati della Vittoria afin de vérifier une information. Un carabinier, qui avait été le collègue du frère de cet homme, lui avait conseillé de faire un tour dans les parages de la via della Giuliana.

Le carabinier l'avait connu dans sa jeunesse, puis l'avait perdu de vue. Il se rappelait pourtant les funérailles au Campo Verano. Lui était absent : on ne lui avait même pas accordé un jour de congé pour accompagner sa femme au cimetière.

« Sa femme ? » s'exclama Dy.

La Romaine, la « poétesse » ? « Mademoiselle Emma »...

« Elle est morte jeune, la pauvre, dit le carabinier. La maladie l'a emportée en une semaine. Ça ne remonte pas à hier, ce devait être en 1936 ou 37... »

Dy serra les poings et se mordit les lèvres. Il sentait malgré lui un soulagement confus se faire jour en lui.

« Ç'a été une histoire triste et sordide, continua le carabinier. Son chef l'a accusé de spéculer sur la mort de sa femme, sous prétexte que ses collègues avaient fait une collecte pour lui payer l'enterrement. Ils ont dû se mettre à quatre pour le retenir. Lui qui avait quarante ans passés, il s'est jeté sur ce type comme un jeune homme. Il lui a cassé le nez et arraché sa petite barbiche de Méphisto. En revanche, il n'a jamais obtenu son jour de congé et a été suspendu de ses fonctions pendant six mois.

— Ils ont fait une collecte ? » s'étonna Dy.

Pourquoi diable un homme important comme lui aurait eu besoin d'une collecte ? Le carabinier devait faire erreur. Il le confondait avec un autre.

Dy décida pourtant de se rendre via della Giuliana. Il traversa le Tibre et s'avança dans un quartier d'avenues bordées de platanes, spacieuses et désertes, au milieu desquelles des gamins poursuivaient des ballons de chiffons en se servant des arbres comme buts, des passants comme arbitres et des filles comme cibles. Sur la façade d'une résidence construite en 1930, quelqu'un avait gravé DULCE POST LABOREM DOMI MANERE. Il s'arrêta devant un immeuble aux murs jaune canari, très haut – il devait bien avoir sept ou huit étages. Contre toute attente, l'information du carabinier se révéla exacte. Le marchand de vin lui confirma qu'il habitait bien ici. Dy ôta ses lunettes noires et regarda les fenêtres du deuxième étage. Je t'ai trouvé, songea-t-il. Et toi, tu ne sais même pas que j'existe...

Cependant, les persiennes étaient baissés et il n'y avait personne dans l'appartement. Il était neuf heures du matin : il aurait dû penser qu'à cette heure, les gens travaillent. Mais il ne pouvait pas revenir le soir. Il fallait qu'il se présente à la caserne avant le coucher du soleil, pour la cérémonie d'adieu... Trois gamins lui indiquèrent une silhouette menue qui se hâtait en direction du viale delle Milizie et déclarèrent qu'elle pourrait l'aider. Ils lui coururent après. Ils formaient un cortège étrange : Dy grand et sanglé dans son uniforme impeccablement repassé, avec ses cheveux fraîchement tondus et ses brodequins luisants, les gamins aux pieds nus crasseux et aux cheveux couverts de poussière. Il ne se retourna pas pour les regarder. S'il l'avait fait, il aurait été hanté toute la journée par leurs yeux pleins d'espoir et leurs voix aiguës l'accablant de demandes : « Un crayon, un cahier, des dollars, emmène-moi, Joe, emmène-moi en Amérique ! » Depuis deux ans et demi qu'il était en Italie, il s'était habitué à oublier tout ce à quoi il ne pouvait remédier.

La fille était brune, gracile et pressée. Elle ne s'arrêta pas quand il la rejoignit, mais le regarda d'un air amusé, comme s'il était une figurine ou un acteur déguisé.

« Vous êtes vraiment un officier de l'US Army ? Je n'en avais jamais vu un d'aussi près. Mon père m'interdit de sortir. D'après lui, les Américains sont encore plus dangereux pour les filles que la rougeole. Je suis désolée de ne pouvoir m'arrêter, mais je dois absolument me dépêcher car à neuf heures tapantes je dois pointer ma fiche flambant neuve au bureau.

— Au bureau ? s'écria Dy avec stupéfaction. A quatorze ans ? Vous devriez plutôt être en classe. »

Elle éclata de rire.

« Hélas, j'ai déjà vingt et un ans ! Le temps m'a oubliée, c'est pour ça que j'ai l'air d'en avoir moins. Il a frappé à ma porte et je ne lui ai pas ouvert. »

Dy sourit. Il aurait voulu ajouter quelque chose, mais son italien rudimentaire ne le lui permettait pas. Pour la première fois, il regretta de ne pas s'en souvenir. La fille marchait vite, presque au pas de course. Lorsqu'il lui demanda où il pouvait trouver cet homme, elle lui demanda pourquoi il le cherchait. Il répondit qu'il devait lui remettre une lettre qu'on lui avait confiée en Amérique. Il mentait – il n'y avait pas de lettre. Personne ne savait qu'il était à sa recherche... La fille dit qu'il le trouverait à la Caisse nationale des Accidents, place Cavour, numéro 3. Dy ôta sa veste, mais elle ne l'attendit pas et continua d'avancer à grands pas de soldat. Il voulut l'appeler, mais il ignorait qui elle était. Il ne lui avait même pas demandé son nom.

Comme il pressait le pas pour la rattraper, elle s'arrêta brusquement.

« Si vous voulez vous rendre place Cavour, vous devez redescendre la via Lepanto. Quant à moi, je continue tout droit. Bonne chance, capitaine. Si par hasard vous le rencontrez, ne lui dites pas que nous nous sommes parlés. C'est un type à l'ancienne. »

Dy porta un doigt à sa bouche et lui promit le secret. Mais ensuite il la saisit par le poignet et s'exclama :

« Le secret de qui, à propos ? Qui es-tu ? Comment t'appelles-tu ? »

Il resta immobile au milieu de l'avenue. Ahuri, en sueur, le cœur battant la chamade. La fille s'éloignait rapidement. Ses épaules étaient étroites, sa tête petite. Avec sa jupe grise et sa chemisette blanche, elle avait l'air d'une étudiante. Son visage ne portait aucune trace de maquillage. Elle n'avait sans doute jamais fréquenté ni coiffeur ni fiancé. L'espace d'un instant, Dy se dit qu'il pourrait tomber amoureux d'elle. Un grand nombre de ses amis rentraient en Amérique avec une petite amie italienne. Il serait rentré avec elle. Comme s'il avait combattu dans la plaine boueuse, au milieu des décombres de Tufo, dans les campagnes d'Italie, comme s'il avait exploré les rues de Rome pour elle – pour la retrouver.

En cette matinée de printemps, assis derrière un affreux comptoir tout éraflé, l'huissier surveillait l'entrée de la Caisse nationale des Accidents. A dix heures du matin, les employés avaient pris place derrière leurs bureaux, les secrétaires faisaient crépiter leurs machines à écrire et les visiteurs affluaient vers lui avec leurs problèmes et leurs désarrois toujours nouveaux. Des affaires d'accidents, en cette année 1946, le service devait en traiter des milliers. C'est à peine si, par la porte du hall, il pouvait jeter un coup d'œil sur les palmiers de la place Cavour flottant au vent, le tout jeune employé balayant l'entrée du Teatro Adriano et la serveuse ensommeillée relevant le rideau de fer du restaurant. Il aiguilla distraitement un mutilé vers le troisième étage et une veuve vers le second étage. Après quoi il se retrouva face à un uniforme. US Army, avec les étoiles et le grade de capitaine – encore un de ces innombrables officiers de la 5e armée qui semblaient comme enlisés à Rome depuis la fin de la guerre et incapables de la quitter. Ils rôdaient au milieu des ruines morales d'un pays vaincu avec l'allégresse arrogante de ceux qui ont toujours eu raison. L'huissier éprouvait pour eux de l'admiration mais aussi, sans bien savoir pourquoi, de la haine.

« C'est bien la Caisse nationale des Accidents, ici ? » demanda l'inconnu avec un fort accent étranger.

L'huissier leva les yeux et rencontra les verres impénétrables d'une paire de lunettes noires du modèle Ray Ban, apanage des officiers américains.

« Oui, répondit-il sans enthousiasme. C'est à quel sujet ? Vous avez un rendez-vous ? »

Dy lui accorda à peine un regard. Il scrutait nerveusement l'escalier, intimidé à la vue de la foule désemparée errant de bureau en bureau. Une nouvelle fois, il se sentait perdu. Il ne savait comment s'y prendre pour s'expliquer.

« Je cherche quelqu'un », martela-t-il en s'efforçant d'être aussi clair que possible pour le petit homme caché dans la pénombre du hall. Un Italien à la moustache tirant sur le gris et aux yeux d'un bleu intimidant.

« Dites-moi qui vous cherchez, je vous prie. Je verrai s'il m'est possible de vous aider. »

Les mots venaient automatiquement à la bouche de l'huissier, car c'était par milliers que de telles requêtes lui étaient soumises. Cela faisait vingt-six ans que ses journées se passaient toujours de la même façon. Surveiller le hall pendant huit heures de suite, répéter cent fois par jour des phrases absurdes – « Bonjour, monsieur. Vous avez un rendez-vous ? Troisième étage. L'ascenseur est au fond à droite. Quatrième bureau. Merci. Je vous en prie. Où allez-vous ? Vous avez un rendez-vous ? » – orienter les visiteurs, astiquer les bureaux, vider les corbeilles à papiers et les cendriers... Après quoi, quand tout le monde était déjà rentré depuis longtemps, faire une dernière ronde dans les bureaux déserts où ses pas résonnaient sinistrement, éteindre toutes les lampes et marcher jusqu'au compteur dans l'obscurité. Si insignifiant fût-il, le dernier geste conscient de sa journée l'emplissait toujours d'angoisse : déconnecter la lumière.

« Pouvez-vous répéter ? » demanda-t-il.

Il pensait avoir mal compris. Mais l'officier répéta en articulant avec soin :

« Je cherche Diamante Mazzucco. »

L'huissier le scruta de ses yeux clairs. L'Américain était grand, brun, bronzé. Il devait avoir vingt-cinq ans. Pourquoi cherchait-il Diamante ? Que diable lui voulait-il ? La visite d'un inconnu qui vous tombe dessus sans prévenir et sans se présenter n'est jamais bon signe. Les années sordides de la dictature lui avaient appris à se méfier.

« Il est en vacances, affirma-t-il.

— Quand revient-il ? interrogea Dy d'une voix pressante, inquisitrice.

— Pas de sitôt », éluda le petit homme d'un ton léger.

L'Américain poussa un gémissement, s'appuya de tout son poids sur le comptoir et ôta ses Ray Ban. Il avait des yeux très noirs, de longs cils et un nez droit et autoritaire. Un visage régulier, carré – réfractaire à la mélancolie et à l'introspection. Et pourtant, on ne lisait sur ce visage ni désappointement ni colère mais une émotion plus profonde – et même violente. Une déception sans bornes.

« Si vous saviez comme je l'ai cherché ! J'ai suivi sa trace dans toutes les maisons où il a habité. Mais Rome est si grande... J'ai trouvé des gens qui l'avaient vu, qui lui avaient parlé, mais lui est resté introuvable. Et maintenant il faut que je retourne en Amérique... »

Un jeune Américain de vingt-cinq ans. L'huissier se demanda s'il l'avait déjà vu quelque part. Mais non, son visage ne lui disait rien.

« Vous le connaissez, vous, monsieur Diamante ? lui demanda Dy d'une voix angoissée.

— Seulement de vue, répondit l'huissier qui commençait à avoir envie de ficher dehors cet Américain, d'autant qu'une file d'éclopés en quête d'informations s'était formée derrière lui.

— Quel dommage ! C'est un type extraordinaire, vous savez. Un héros. Il n'y en a pas beaucoup comme lui. »

L'huissier se mit à rire, intrigué et aussi légèrement inquiet.

« Vous m'en direz tant ! s'écria-t-il. Je ne m'en suis jamais aperçu.

— Pensez qu'il est venu tout seul en Amérique... »

Dy avait l'impression de raconter quelque chose d'incroyable. Une légende, comme celle d'Hercule étranglant des serpents au berceau ou de Billy the Kid tuant son premier homme à douze ans...

« A douze ans. Pour faire vivre ses parents, qui étaient si pauvres qu'ils habillaient leurs fils à tour de rôle parce qu'ils ne possédaient qu'un unique pantalon. Pensez qu'il a eu le courage de s'opposer aux bandits de la Main Noire, seul, alors qu'il n'était qu'un gamin et que tout le quartier se taisait, terrorisé, et obéissait. Il était si courageux qu'il a dérobé les chaussures d'un mort en entrant dans sa tombe. Il a défié les *boss* des chemins de fer, traversé l'Amérique sans un dollar en poche, payé la maison de ses parents en y laissant ses reins. Malade comme il l'était, il est allé à la guerre comme volontaire. »

L'huissier se dit qu'il n'avait jamais considéré Diamante sous ce jour. Le Diamante qu'il connaissait était un petit homme têtu et orgueilleux, violent et menteur. Quelqu'un d'ordinaire, dont personne n'était particulièrement fier – et qui, certes, n'était pas fier de lui-même.

« C'est vraiment *pity* qu'il soit en vacances, continua Dy. J'aurais tellement voulu faire sa connaissance. C'était important, pour moi. Si vous le voyez, voulez-vous avoir la gentillesse de l'avertir de mon passage ? »

Dy remit ses Ray Ban et se dirigea vers la sortie. L'huissier disparut dans l'ombre de sa silhouette mince et athlétique.

« Si vous me laissez votre nom, bredouilla-t-il d'une voix troublée, je ferai mon possible pour le joindre. Attendez, je vais l'écrire...

— Ce n'est pas nécessaire, dit le jeune homme en haussant les épaules avec un sourire. Je m'appelle comme lui. Mon nom est Diamante Mazzucco. »

L'huissier aurait voulu dire quelque chose, mais la surprise le rendait muet. Cet officier, qui n'était plus un enfant, parlait de lui, un parfait étranger, d'un ton familier, admiratif, affectueux, comme s'il le connaissait depuis toujours. Et il était au courant de faits et d'événements qu'il n'avait jamais raconté à personne et dont il ne se souvenait plus lui-même. Quand il se reprit, l'autre Diamante traversait déjà le hall à grands pas. Il se leva, sur le point de lui courir après, mais préféra finalement se rasseoir. Le capitaine était venu chercher un héros, pas un huissier. Tandis que l'Américain qui portait son nom s'éloignait sur la place inondée de soleil et disparaissait dans la foule assiégeant les tribunaux, Diamante comprit que cet homme était le fils de Vita.

## Good for father

Après la mort de mon père, quand nous avons classé sa correspondance, je suis tombée sur une liasse de lettres envoyées par avion de New York. Comme l'expéditeur était la société ELECTREX CO. – MANUFACTURER'S EXPORT MANAGERS, 114 Liberty Street. New York 6, N.Y. –, elles ne m'ont pas paru intéressantes et je les ai laissées de côté. J'ignorais ce qui pouvait pousser une société commercialisant du matériel électrique à contacter mon père. Lorsque j'ai commencé à écrire cette histoire, cependant, je me suis souvenue que ces lettres avaient été expédiées dans un espace de temps compris entre le mois d'octobre 1947 et le printemps 1951. Cette période – l'archéologie d'une jeunesse – m'était complètement inconnue. Je les ai donc retirées de l'océan de papier où elles avaient sombré entre-temps, dans ma tentative pour constituer des archives sur mon père, et je les ai ouvertes. Le directeur de la société Electrex écrivait un italien aussi approximatif qu'appliqué. Il s'appelait Diamante Mazzucco, mais signait « Dy ». Son nom m'a surprise, et a réveillé des doutes et des questions auxquels désormais plus personne ne pourrait apporter de réponse. Qui était cet homme ? Quel rapport avait-il avec *mon* Diamante ? Était-il lié à la riche « Américaine » qui nous avait comblés si généreusement de ses colis ? Et cette dame ne faisait-elle qu'une avec la gamine du paquebot ? J'ai lu les lettres envoyées depuis Liberty Street. Maintenant je sais que, sur l'autre embranchement de l'histoire, le capitaine Dy – Diamante II – aurait pu être mon père.

Mes deux pères ne se rencontrèrent pas, même fugitivement, quand Dy parcourut Rome à la recherche de l'homme dont il portait le nom. En octobre 1947, Diamante II avait vingt-sept ans, Roberto vingt ans. Diamante II était un ingénieur, un capitaine de l'armée des Etats-Unis, qui avait fait la campagne d'Allemagne et combattu sur le Front sud avec la 5e armée. Roberto avait vécu la guerre comme élève du lycée Mamiani, en spectateur et en victime – du marché noir et des restrictions qui avaient enlevé toute valeur aux appointements déjà fort maigres de son père. Il était né à Rome et se sentait romain – comme sa mère, ses grands-parents maternels, ses arrière-grands-parents, etc. Quant à ce qui était arrivé au village de son père, il n'avait pu le découvrir qu'à travers quelques articles évocateurs de la presse de l'époque. Le « Messaggero » avait commencé l'année 1944 en annonçant : *Échec d'un débarquement américain à Minturno.* Le 20 janvier, il proclamait en gros titre : *Combats sanglants à Tufo.* Pour la première et dernière fois, ce village sans passé, qui ne figurait même pas sur les cartes de géographie, avait droit à la première page. Il y avait droit au moment de périr assassiné – comme c'est le cas de tous les hommes et de toutes les femmes sans histoire. Le 3 mars, le « Popolo di Roma » publia une déploration sur la fin tragique de Minturno, sous la plume académique d'Americo Caravacci. Véritable hymne à un village détruit, l'article ne faisait aucune allusion même en passant à la guerre mais pleurait le coteau « baigné d'un air lumineux » et la patrie perdue de la nymphe Marica, « déesse marine et terrestre, médiatrice entre l'onde et nos montagnes ». En 1947, Roberto était déjà inscrit en troisième année à la faculté d'histoire. Il se sentait obligé de conquérir son diplôme avant et mieux que les autres. Dans la famille, on attendait la perfection autant qu'on méprisait la médiocrité. Il aurait aimé devenir professeur. Il commençait à collaborer à quelques journaux – le premier fut « Il Minuto » – et cherchait un travail pour gagner sa vie et payer ses études.

Tout semblait séparer et même opposer Roberto et Diamante II. Et pourtant, ils eurent un rêve en commun : devenir riche. Ils voulaient vraiment faire fortune, en profitant du bouleversement mondial consécutif à la fin de la guerre. Comment ? Qu'est-ce qui peut réunir un ingénieur américain et un étudiant romain ? Justement ce qu'ils sont. Ils vendront l'Italie aux Américains et l'Amérique aux Italiens. Avec la simplicité mathématique qui le caractérise, Diamante-Dy précise dans le point 3 d'un mémorandum daté de janvier 1949 : « Toi, tu offres des marchandises américaines sur le marché italien, et moi des marchandises italiennes sur le marché américain. »

« Cher Monsieur Diamante, cette lettre vous est adressée par Roberto, le fils de Diamante, au sujet de votre proposition.

Papa est très occupé et n'a pas la liberté nécessaire pour se consacrer à un autre travail. En revanche, si vous n'y êtes pas opposé, je serais ravi de vous aider. Naturellement, il conviendrait de préciser davantage en quoi consisterait mon activité. Je n'ai pas compris, en effet, si vous avez besoin d'une liste de sociétés et d'usines ou bien d'une liste de magasins. Êtes-vous à la recherche de producteurs devant se fournir chez vous ou bien de commerçants devant vendre des produits déjà fabriqués ? Dès que vous m'aurez fait connaître votre proposition exacte, je serai en mesure d'y répondre. D'autres détails seraient nécessaires ultérieurement, article par article, peut-être sous la forme d'une brochure contenant des explications sur le fonctionnement, le prix, etc. J'espère également que vous êtes au courant de toutes les formalités indispensables en Italie pour les importations et la douane, et qui sont loin d'être toujours faciles. Je me réjouis à l'avance de collaborer avec vous. Dans l'attente de votre réponse, veuillez agréer mes salutations distinguées. Roberto Mazzucco. »

Ils mettront sur pied une société dont Dy sera le directeur et Roberto l'unique représentant. Ils importeront et exporteront. Quoi ? Tout ce que les uns ont en excès et dont les autres manquent. Du matériel électrique, des spaghettis, des rasoirs en plastique, du ciment, des mixeurs, des ronds de fer, des parapluies... Mais aussi des mots. Dy écrit : « dans toutes mes lettres les erreurs de grammaire sont apparentes donc ne crois pas que je m'offense si tu as la gentillesse de me corriger, au contraire cela me faira très plaisir ». Il est prêt en toute humilité à apprendre l'italien : Roberto sera son professeur. Curieusement, l'histoire de leurs parents se répète, mais inversée. Du reste, au-delà de la grammaire et de l'état civil, leurs rôles sont égaux. Malheureusement, chacun est destiné à détruire les rêves de l'autre. Diamante II propose-t-il du matériel électrique ? Roberto explique que le matériel électrique ne peut pas s'exporter car le gouvernement l'interdit. Roberto découvre-t-il que des médicaments comme la pénicilline, la streptomycine, la chloromycétine et l'auréomycine sont très recherchés en Italie ? Diamante II vérifie qu'ils ne peuvent entrer librement en Italie. Il propose en revanche des rasoirs en plastique, qui font fureur en Amérique. Il envoie le catalogue entier :

| PRIX DE REF. | | |
|---|---|---|
| STYLE OU MODELE | DESCRIPTION | PRIX |
| B-2 | Plastique noir | 12 $ |
| S-2 | Plastique noir<br>Manche coloré | 12 $ |
| AA1 | Plastique marron | 9 $ |
| D-2 | Plastique noir<br>Manche en métal | 13 $ |
| D-3 | Plastique ivoire<br>Manche en métal | 13,50 $ |
| C*5 | Nickel<br>Manche en métal | 19 $ |
| ENSEMBLE | Plastique avec paquet de 5 lames | 14,50 $ |

UREA est un plastique spécial plus dur que le métal ordinaire employé pour le manche, allié à un mélange d'aluminium qui ne peut pas rouiller.

Le PRIX est pour la GROSSE consistant en 144 articles complets.

Le 27 juillet 1950, Roberto répond aux précisions pleines d'espoir de Diamante II : « Les rasoirs en bakélite ont joui d'une grande vogue pendant la guerre, mais aujourd'hui ils ne se vendent plus et les commerçants n'en veulent plus. Quant au rasoir en nickel C5, il coûte environ 80 lires par article. Ajoute les droits de douane, qui sont élevés, et les frais de transport, et tu verras toi-même que ce prix est bien supérieur aux 120 lires qui sont le prix moyen auquel les usines italiennes vendent cet article aux commerçants. Sans compter que les produits italiens sont de meilleure qualité. J'ai vu des rasoirs en métal magnifiques vendus au public pour 300 et 350 lires, un prix qu'il serait impossible d'atteindre avec les propositions de ton dernier mémo. Et je n'ai pas encore tout dit. Car *les lames et presque tous les rasoirs,* en tant que produits manufacturés, voient leur importation interdite. Si tu ne peux pas modifier ta proposition, cette affaire est donc vouée à l'échec. Pour le paquet, je le remettrai à ta mère quand elle repartira. »

Entre-temps, pendant que le projet s'enlise dans les lenteurs bureaucratiques, la guerre de Corée éclate. Conformément à la tradition de la famille de sa mère, Roberto s'enflamme pour la politique. Il descend dans la rue manifester contre Eisenhower et l'impérialisme américain, reçoit force coups de matraque sur la tête et se retrouve au commissariat avec nombre de ses jeunes contemporains. Il découvre qu'il n'aime pas ce que représente l'Amérique, précisément au moment où elle frappe à sa porte en lui proposant le rêve inusable d'un bonheur terrestre, matériel et possible. Bien que minée par la crise idéologique de Roberto, la correspondance se poursuit. Dy demande de l'acier, qui se fait rare. Roberto propose du ciment. Quitte à perdre son temps, il se démène, il s'informe : « Voici les nouvelles. L'entreprise BPD, dont les usines se trouvent près de Rome, produit des ciments spéciaux de ce type :

a) ciment superblanc 36 dollars la tonne ; résistance 680 kg.
b) ciment blanc 30 $ xt ; rés. 500 kg.
c) ciment Ari 36 $ xt ; rés. Type spécial très résistant.

Il ajoute : « Point 5. J'ai appris qu'en Amérique vous recherchez des parapluies de soie pour homme ainsi que des mouchoirs de soie. Si tu penses qu'il y a là une possibilité, je te ferai savoir immédiatement les prix. » Malheureusement, ébloui par la fragilité immatérielle de la soie, il laisse tomber la proposition – lucrative – d'exporter des ronds de fer et des tôles. Et quand Diamante II lui annonce qu'il a enfin obtenu la licence pour exporter la pénicilline, les principales sociétés pharmaceutiques l'ont déjà commercialisée en Italie.

Puis Dy disparaît. Il refait surface en février 1951. On devine que des changements sont survenus dans sa vie : « Je suis absent de la maison depuis la fin août, et je n'ai écrit à personne pendant quelque temps. D'où mon silence. » Il ne donne pas sa nouvelle adresse à Roberto, mais l'invite à lui envoyer ses lettres auprès d'une société de Sanborn, N.Y. Il ajoute : « Je n'ai pas le droit de révéler quel type de travail je fais. Tout ce que je peux te dire, c'est que je suis chef de travaux pour la firme indiquée sur l'enveloppe, qui exécute des commandes pour le gouvernement. » Que peut fabriquer en si grand secret une entreprise travaillant pour le gouvernement des Etats-Unis ? Une prison ? Des abris antiatomiques ? Des arsenaux ? Des bombes ? Ce qui est certain, c'est que Diamante II reprend comme si de rien n'était le fil de leur rêve. Une nouvelle fois, il demande à Roberto « quel est le produit qui pourrait intéresser aujourd'hui le public italien ».

Pour la première et dernière fois de sa vie, mon père a un coup de génie commercial et répond : DES TÉLÉVISEURS.

« *Dans quelques mois, la télévision fera son apparition en Italie. Pourquoi n'essaies-tu pas d'obtenir l'exclusivité d'exportation pour l'Italie des meilleurs appareils ? Le temps venu, ce serait là un énorme* business. » Malheureusement, comme toujours, les visionnaires sont en avance. Et ils font tout ce qu'ils peuvent pour ne pas réaliser leurs intuitions. Car rien n'est plus désespérant qu'un rêve exaucé... Quelques mois plus tard, il ajoute : « Pour la télévision, tout est encore prématuré. On n'en est encore qu'aux premières expériences. Je suis l'affaire de près et dès que quelque chose se décidera, je te le ferai savoir. »

Mais il ne lui fera rien savoir. Diamante II et Roberto ne feront pas fortune ensemble – ni séparément. Roberto, qui entre-temps s'est diplômé en histoire, a renoncé à son rêve de devenir professeur. Il a passé un concours pour entrer dans les Chemins de fer nationaux, où il découvrira l'abomination de la vie d'employé typique du vingtième siècle. Quant à Diamante II, il a abandonné les projets d'Electrex pour se laisser accaparer par les mystérieuses activités de la société Venneri. Et il disparaît. Pourquoi s'est-il ainsi volatilisé ? Que signifie travailler pour le gouvernement quand on est un ingénieur, ex-capitaine de la 5e armée ? A-t-il reçu une offre irrésistible ? Est-il entré dans la CIA ? En tout cas, lorsqu'ils cessèrent de s'écrire, vers la fin 1951, leurs routes s'étaient déjà séparées. Pendant que Dy travaillait à quelque projet secret pour le gouvernement des Etats-Unis, Roberto inventoriait des locomotives dans un bureau suspendu au-dessus des voies de la gare Termini. Comme son père avant lui, il regardait passer les trains. En équilibre au-dessus d'un dédale de rails, d'aiguillages, de signaux et de traverses. Après avoir englouti l'avenir de son père, les chemins de fer l'avaient happé à son tour. Et comme Diamante I, il en était venu à trouver odieux le rêve américain de la quête du bonheur terrestre. Roberto ne cherchera plus jamais à s'enrichir. Il aura une idée encore pire que celle de vendre des rasoirs en bakélite en 1950 : il se mettra à écrire.

L'Electrex aura été pour lui ce que l'Amérique avait été pour son père cinquante ans plus tôt : l'apprentissage d'une vocation à l'insuccès. Désormais, au cours des trente-neuf années qui lui restent à vivre, seul l'intéressera ce qui ne marche pas, ce qui est destiné à périr. Tout ce qui se révèle obsolète, inactuel, perdant. Les nations condamnées à la défaite et les peuples enfermés dans les réserves de l'histoire. Les races en voie d'extinction, comme la sienne. Les voix de ceux qui sont réduits au silence. Les causes perdues, les entreprises manquées, les rêves jamais réalisés. Au bureau, il voue les locomotives à la ferraille et archive les modèles dépassés. Chez lui, il écrit des pièces de théâtre dans un pays où il est considéré d'avant-garde de proclamer la mort du théâtre – et du dramaturge. Les journaux où il finit par être engagé comme correspondant n'atteignent jamais la diffusion nécessaire pour pouvoir survivre à l'esprit pionnier de l'après-guerre, de sorte qu'ils sont annihilés par la concurrence. L'ablation de la rate et l'emphysème pulmonaire consécutifs à un accident provoqué par un automobiliste scélérat ne lui valent aucuns dommages et intérêts pour le traumatisme subi. Au contraire, c'est lui qui doit payer une indemnisation considérable au chauffard du fait de la malhonnêteté de son avocat. La coopérative où il s'inscrit dans les années soixante ne construira jamais la maison où il rêve de se fixer, car elle fait faillite en engloutissant au passage l'avance payée. Le cabaret politique qu'il ouvre dans les années soixante-dix dans une cave du Transtévère, en face de San Francesco a Ripa, semble enfin lui valoir une certaine notoriété grâce à un ouvrage provocateur intitulé *Outrage et autres injures ridicules* – mais il sera fermé sous prétexte qu'il n'a pas d'issue de secours. La colline infestée de vipères et de sangliers qu'il achète en Toscane ne sera jamais déclarée terrain à bâtir. Le terrain de Tufo dont son grand-père et son père ont rêvé appartient à une femme qui préfère le garder en friche plutôt que de le céder au fils d'un homme qui est parti. Les romans qu'il écrit dans les années quatre-vingt sont défavorisés par son âge, peu convenable pour un débutant à une époque où la jeunesse est reine.

Même le wagon de marchandises que nous choisissons dans un dépôt de la gare San Lorenzo, excités par l'audace de notre dessein, ne sera jamais transporté au sommet de notre colline inconstructible. De temps en temps, nous parlons de la façon dont nous l'aménagerons, en enlevant les lattes pour ouvrir des fenêtres. Nous projetons de camper au milieu de nos vipères et de conquérir ainsi notre solitude sauvage – notre terre, nous qui n'en avons jamais possédé une. Jusqu'à présent, nous ne nous sommes sentis liés qu'à l'asphalte de Rome et aux cris stridents des mouettes planant comme des vautours au-dessus du Tibre. Nous aurons une maison sur roues, la seule qui nous paraisse adaptée à ce que nous sommes, toi et moi... A soixante ans, il me dira d'un ton serein : « Le meilleur de la vie, c'est un insuccès modéré. » Je me demanderai s'il a raison. Peut-être que oui. Il est aimé – ses amis l'entourent, ses ennemis le respectent. Il est possible que chacun puisse reconnaître dans un insuccès modéré le résultat de ses illusions et la trahison que la vie lui a infligée. Cependant, son insuccès modéré le tue peu après. Dans un de ses récits, *Le Véritable Motif de la démission du commissaire Sperio De Baldi,* publié à titre posthume en 1991, il avait écrit : « J'ignorais la psychologie du vaincu. C'est comme devenir étranger à soi-même. »

En 1978, quand Roberto se rendit pour la première fois à New York, presque à son corps défendant, Diamante II découvrit son nom parmi ceux des « hommes de théâtre italiens » invités à un congrès. Il alla le chercher à son hôtel. Comme j'ignorais à l'époque qui était ce Diamante vivant à New York et portant notre nom, je ne songeai pas à demander à Roberto s'il avait trouvé le temps de rencontrer son « frère » – son jumeau ou l'homme qu'il n'avait pas été. Je n'avais qu'un moyen de réparer mon erreur. Lorsque je suis retournée à New York, en l'an 2000, j'ai cherché dans l'annuaire. Il y avait Daniel, Diana, Donato – l'habituelle foule plébéienne des Mazzucco –, mais pas de Diamante. Ce printemps-là, il aurait eu quatre-vingts ans. Je l'imaginais serein, heureux, dans une villa de banlieue du New Jersey dotée d'un garage et d'un gazon à l'anglaise. Je ne me trompais pas. J'ai découvert récemment qu'il habitait vraiment dans le New Jersey, à Clarksburg, Monmouth. Mais il m'aurait été impossible de le rencontrer. Diamante II est mort en octobre 1996. Je suis sûre qu'il n'a jamais regretté de n'avoir pas vendu des téléviseurs.

Dans ses lettres remplies d'une passion bureaucratique, d'un pragmatisme vainqueur et d'un optimisme ingénu, j'ai trouvé une phrase où il cherche à impliquer mon père dans le rêve américain. Elle m'est restée en tête, et j'imagine qu'elle constitue l'enseignement qu'il m'aurait transmis : « *Je suis certain,* affirme Dy, *que nous nous lançons tous les deux dans une entreprise qui sera une source de grands profits, toujours avec l'aide de Dieu et avec LES FORCES ET LES ÉNERGIES QUI SONT EN NOUS. Car quand on veut, on cherche.* »

Forte de cette phrase, j'ai feuilleté de nouveau leur correspondance. 1948, 49, 50. Roberto veut rendre les rasoirs en bakélite à la mère de Dy. Qu'est-ce que cela signifie ? Où se trouve donc Vita, en cet été 1950 ? C'est alors que mon regard tombe sur l'apostille du 30 mai. Ces mots brefs, mais intimes et affectueux, sont le signe que je cherchais. Je savais que Vita aurait tenu sa promesse. Parce qu'elle voulait, elle avait continué de chercher. Trente-huit ans après avoir quitté Diamante en pensant le revoir dans trois ans, Vita a traversé l'océan et elle est allée le trouver. Roberto écrit : « Ta mère n'est restée qu'un jour chez nous, mais nous espérons qu'elle reviendra bientôt de Tufo et séjournera un certain temps à Rome. »

RAGAZZA ITALIANA SPARITA

# Jeune Italienne disparue

Des pèlerins font la queue patiemment en attendant de franchir la Sainte Porte. Le soleil de plomb atténue l'ombre de la colonnade et transforme la place en un bain éblouissant de lumière. Des religieuses sont en sueur dans leurs robes blanches et un groupe de jeunes dominicains admire l'obélisque égyptien apporté en ces lieux par Caligula, en se demandant s'il est licite de changer les symboles païens en symboles catholiques. Ils concluent par l'affirmative – les dieux qui meurent renaissent, et tel est le sens de leur éternité. Le bulbe de la coupole scintille au soleil et des touristes se pressent sur la terrasse, aussi minuscules et affairés que des fourmis. Nombreux sont ceux qui profitent de l'année sainte pour s'offrir un voyage à peu de frais et en bonne compagnie. On a vu passer le prince Schwarzenberg et Jennifer Jones, Eleonore Roosevelt et le roi Léopold, le prince Pierre de Monaco et David O'Selznick, le roi nègre du Nigeria et le ministre libanais des Affaires extérieures, le prince Baudouin, le poète Paul Claudel et la princesse Henvianne de Champonny, descendante de la reine Jeanne de France, et bien d'autres encore sont attendus. C'est un hommage qui ne mécontente personne et satisfait tout le monde : les croyants, les commerçants, les hôteliers, les vendeurs de souvenirs, de rosaires en plastique ou en os, de chapelets et de cartes postales, les paroissiens des cinq continents, les religieux de tous les ordres et certainement aussi Notre Seigneur. Le pape chaussé de ses lunettes commencera l'audience à onze heures, mais la basilique est déjà comble et seuls sont admis les visiteurs qui ont réservé.

Un groupe bariolé d'Américaines entre deux âges se détache au milieu des dominicains comme une poignée de dragées sur une nappe blanche. Il s'agit d'un pèlerinage strictement féminin. Certaines attendent depuis des années ce moment – la vision de Sa Sainteté, de la basilique Saint-Pierre, de la chère et lointaine

Italie, etc. – et elles ne retiennent pas leurs larmes. D'autres, moins sentimentales, s'aèrent bruyamment avec des éventails synthétiques et jacassent avec animation tout en s'immortalisant à tour de rôle à l'aide de petits appareils photo automatiques. Elles arborent des chapeaux en forme de disque, de bombe ou de courgette, des gants en daim, dentelle ou satin, des robes rose bonbon ou couleur de pastèque, de cédrat, de gazon... Seule la dernière de la file est habillée en noir. C'est une petite dame qui porte d'audacieuses lunettes noires évoquant un papillon, ainsi qu'une voilette de dentelle qui châtie sans pitié sa mise en plis exubérante. Elle regarde autour d'elle, se hausse sur la pointe des pieds pour scruter la marée de têtes déferlant sur la place. On dirait qu'elle attend quelqu'un, mais elle a l'air désabusé d'avance, comme si elle savait qu'il était vain de chercher une aiguille dans une botte de foin. Elle est la seule à tourner le dos à la Sainte Porte.

Une demi-heure plus tard, quand les Américaines franchissent la Sainte Porte avec une expression contrite et subjuguée puis s'asseyent sur leurs sièges réservés au centre de la nef, elles s'aperçoivent que la présidente de l'Association des Italiennes de New York n'est plus avec elles. Comme personne ne l'a vue s'en aller, elles s'agitent et se consultent avec une certaine fébrilité.

« Elle était ici. Le temps de me retourner, elle avait disparu... Elle s'est peut-être fait voler ? »

Pendant l'audience, les paroles de Pie XII se perdent dans leur brouhaha affolé.

Inutile de nous inquiéter. Elle a dû faire un tour. Habillée de noir comme elle l'était, elle devait avoir chaud, la pauvre, avec ce soleil... Elle est sans doute allée prendre une glace... Mais elle y tenait tant, à cette audience. C'est elle qui a contacté la paroisse dès l'année dernière pour organiser ce voyage. On ne peut pourtant pas dire qu'elle soit dévote ni qu'on l'ait vue beaucoup au catéchisme... Elle a dû faire un vœu. Il faut bien respecter un vœu... Quelle histoire ! Madame Vita voulait retourner en Italie et elle a profité de cette occasion, c'est tout. Ce n'est pas facile pour une femme de son âge d'annoncer de but en blanc : Je vais en Italie. Car que vont dire les gens ? Et les enfants ?... Madame Vita se fiche complètement de l'opinion des gens. Ç'a même toujours été son problème... En tout cas, nous n'avons pas à nous faire de souci pour elle. Elle est assez grande pour se tirer d'affaire. Prions et profitons de cette journée. Il fait trop chaud pour que le soleil dure longtemps, il va se mettre à pleuvoir. Je parie que nous la trouverons à l'hôtel... »

Mais en rentrant à leur hôtel, elles constatèrent que ses clés pendaient toujours au tableau de la réception. Le portier leur communiqua un message de sa part, dans un anglais bâclé : « Mrs Mazzucco s'excuse mais elle a une affaire urgente à régler. Elle dit de ne pas l'attendre. »

Avec ses cheveux frisés et ses yeux très noirs, le garçon avait l'air d'un Sarrasin. Il était grand, maigre et engoncé dans un costume trop étroit, comme un arbuste de pépinière qui devient trop gros pour le bracelet portant sa fiche signalétique. Sa veste de drap était rapiécée aux coudes et son pantalon avait l'aspect épuisé et hostile des vêtements qui redoutent de finir dans la corbeille à chiffons. Le Maure la fixait avec insistance, et elle crut qu'il en voulait à son sac à main – les dames américaines d'un certain âge sont les victimes de prédilection des malfaiteurs romains. Depuis son arrivée dans la ville éternelle, on avait déjà tenté à trois reprises de lui subtiliser son portefeuille sous prétexte de son air désorienté et de son accent étranger. Elle avait appris à se taire et à sourire d'un air dégagé, en serrant son sac contre sa poitrine. De toute façon, elle avait laissé ses bijoux dans le coffre-fort de l'hôtel. Elle regarda donc le jeune Maure avec un sourire dégagé, tout en tenant à l'œil la colonnade où elle s'attendait à être transpercée d'un instant à l'autre par le regard d'un bleu arctique de Diamante. Dans sa peur d'être foudroyée par ce regard, elle s'abritait derrière ses lunettes noires. Mais Diamante était décidément en retard. Elle commença à craindre qu'il ne vienne pas. Les sept basiliques, les prières chuchotées, les coups d'œil anxieux sur sa montre, le Dieu si nouveau auquel elle s'était convertie, tout cela n'avait peut-être servi à rien. Diamante était mort comme les martyrs chrétiens, lointain, pétrifié et inaccessible comme les anges du pont Saint-Ange, gardiens fantomatiques d'un passé réduit en cendres. Quand le garçon fronça les sourcils d'un air mécontent, elle rougit – et cessa un instant de respirer. Elle se faufila parmi les religieuses, le rejoignit et le tira par la manche. Il ne lui ressemblait pas du tout. Et pourtant, il avait son regard fuyant, son nez indépendant, ses lèvres trop belles et cette timidité que n'importe qui aurait pris pour de l'arrogance. Il devait avoir le même âge que lui lorsqu'ils s'étaient donné rendez-vous... Elle se rendit compte soudain qu'elle attendait absurdement ce garçon dépenaillé et orgueilleux, et non un monsieur affaibli par l'âge et marchant peut-être avec une canne.

« Mon père vous prie de l'excuser, lui dit-il d'une voix gênée. Des occupations urgentes l'ont empêché de venir. Il m'a dit de vous saluer de sa part et de vous remercier pour tout le mal que vous vous êtes donné pour nous. Nous avons reçu les colis et nous vous en sommes infiniment reconnaissants. »

Reconnaissants ? pensa-t-elle. Que veux-tu que j'en fasse, de votre reconnaissance ? Je te couvrirais d'or, je t'achèterais la lune si seulement tu pouvais me rendre mon Diamante... Le garçon se tut, épuisé, comme s'il avait fait son devoir. Mais Vita déjà le prenait par le bras, se frayait un chemin dans la foule se pressant vers la Porte et l'entraînait en plein soleil.

« Si ton père ne peux pas venir me voir, déclara-t-elle d'un ton insouciant, c'est moi qui vais aller chez lui. »

Roberto se demanda ce que voulait cette petite dame aux lunettes en forme de papillon. Il n'y avait que trop de femmes tournant autour de Diamante, et il était loin de s'en réjouir. Un père est un père, pas un homme. Pour rencontrer ses conquêtes, Diamante se noyait dans un océan de mensonges. Un fils devrait ignorer ces choses, mais il les sait toujours. Quand un père a épuisé tout l'amour, dans une famille, il n'en reste guère pour ses enfants. L'aîné s'est marié très jeune, avec la première fille qui lui a souri. La cadette ne veut pas entendre parler d'un époux. Et lui, à vingt-trois ans, il n'est encore jamais tombé amoureux... Cependant, cette femme ne ressemblait pas aux autres. D'abord, elle n'était pas jeune, alors que toutes les amies de son père étaient en âge d'être ses filles. Ensuite, elle n'était pas pauvre, condition qui semblait indispensable à toutes les aventures séniles de Diamante. Elle était même américaine...

« A cette heure, mon père est au bureau », tenta-t-il de lui expliquer.

Vita lui jeta un regard méfiant.

« Je croyais qu'il était à la retraite, affirma-t-elle avec un sourire malicieux, enfantin, qui contrastait de façon surprenante avec son cou ridé.

— C'est vrai », avoua Roberto avant d'ajouter, comme pour le justifier : « Mais seulement depuis peu. »

Les rues étaient encombrées de cars immatriculés à l'étranger, de troupeaux de pèlerins à pied, de mendiants estropiés et de voitures cabossées par les années. Les bicyclettes proliféraient à l'excès et les rares autobus étaient scandaleusement bondés, avec des voyageurs entassés jusque sur les marchepieds. Des trams à l'air indolent se prélassaient au soleil au milieu des palmiers de la place du Risorgimento. Le visage semi-lunaire de Totò, décoloré par les intempéries, pendillait sur une affiche arrachée. On apercevait derrière, sur l'affiche précédente, l'œil myope d'Anna Magnani talonnée par un volcan. Des hommes vêtus de chemises démodées sifflaient généreusement au passage de n'importe quelle créature féminine âgée de moins de quatre-vingt-dix ans. La ville entière semblait regretter des fastes disparus et attendre des temps meilleurs. Le garçon ne faisait pas exception. Il avait déjà révélé à Vita qu'il voulait devenir écrivain mais s'était trouvé un emploi dans les chemins de fer, du fait du « calvinisme du travail » qui régnait chez eux – ce furent ces propres mots, et elle se demanda ce qu'il voulait dire. Dans leur famille, chacun devait dès que possible assurer lui-même son indépendance, sa survie, sa liberté...

« Un emploi dans les chemins de fer ? s'exclama Vita en tressaillant. Pourquoi avoir fait un tel choix ? »

Le garçon répondit qu'il avait toujours aimé les trains. Elle lui demanda ce que Diamante avait dit à ce sujet, et Roberto affirma que c'était lui qui l'avait poussé à passer le concours d'entrée. Elle pressa ses lunettes papillon sur son nez, car elle ne voulait même pas imaginer que Diamante fût devenu un de ces pères qui infligent à leurs enfants leurs propres défaites, dans leur impuissance à s'en libérer eux-mêmes. Roberto ajouta que depuis qu'il était à la retraite, son père débordait de projets. Il caressait même de nouveau son vieux rêve d'acheter une maison de campagne, à Tufo. Il disait qu'il n'avait plus d'autre désir, désormais, que de passer le reste de sa vie à regarder la mer et à cultiver des citronniers. Le citronnier est nanti d'épines qui peuvent causer des piqûres douloureuses, mais il est le seul agrume s'épanouissant à longueur d'année, de sorte que le même arbuste peut porter simultanément des fleurs, des citrons verts et des fruits mûrs. En fait, le citronnier est la seule plante ne connaissant ni l'hiver ni la vieillesse.

« Le reste de sa vie ! » s'écria Vita avec une hostilité mal dissimulée.

Pour les jeunes gens, un homme de cinquante-neuf ans est un cadavre ambulant. Mais d'après les statistiques récentes des instituts du ministère de la Santé, que le « New York Times » a publiées dans un article retentissant, un homme occidental peut s'attendre à une espérance de vie de soixante-dix ans. Dans le cas d'une femme, en Amérique, cette espérance s'élève à soixante-quinze ans ou plus. Avec un peu de chance, Vita et Diamante pourraient avoir encore une douzaine d'années devant eux. En somme, ils pourraient rattraper une bonne partie du temps perdu...

« Quelle maison Diamante voudrait-il acheter ? s'enquit-elle avec circonspection tandis que le garçon s'appuyait au poteau de l'arrêt en scrutant la via delle Fosse di Castello au cas où l'autobus passerait.

— Mais la vôtre, madame Vita.

— La nôtre a été détruite par les bombardements.

— Il pourrait donc prendre à la place la maison du domaine de son grand-père, ou du vôtre, je n'ai pas très bien compris. Cela dit, ce n'est qu'un rêve. Il n'a pas les moyens de l'acheter, et je crois qu'au fond il n'en a pas vraiment envie. Nous n'y allons jamais, à Tufo.

— Tu te plais là-bas ? lui demanda Vita tout en ajoutant mentalement à sa liste des nombreux défauts de Rome les vastes étendues de pavés inégaux sur lesquels les bicyclettes imprudentes tressautaient en faisant retentir leurs sonnettes stridentes et obsédantes...

— Pour être franc, pas du tout. Je déteste les villages. Leur conformisme, leur étroitesse. Cette impression d'être épié avec malveillance par les murs, les fenêtres, les clochers... Vous voyez ce que je veux dire ? »

Vita se mit à rire.

« Ton père aussi les détestait, à ton âge. Et tu sais quoi ? Moi-même, je les ai en horreur. Nous appartenons moins à l'endroit d'où nous venons qu'à celui où nous voulons aller.

— Et où donc voulez-vous aller ? »

Vita plissa les yeux en observant non sans inquiétude la progression d'un monstre poussif qui osait se parer du nom d'autobus.

« Chez nous », répondit-elle.

C'était bel et bien un autobus. Il longea l'éventaire prodigieux du fleuriste et frôla presque au passage les callas cireuses, les gardénias et les œillets bariolés proliférant dans des seaux en fer. Il ralentit, en enveloppant dans des nuées noirâtres les clients somnolant sur les chaises en plastique du café, puis s'immobilisa enfin bruyamment au niveau de l'arrêt. La porte à soufflet s'ouvrit sur l'uniforme trempé de sueur du receveur et sur les visages hostiles des voyageurs agrippés aux poignées de cuir vagabondant avec malignité le long des mains courantes. Roberto fit signe à Vita de monter.

« Le trajet jusqu'à la via della Giuliana est très bref, expliqua-t-il. Et l'autobus s'arrête juste devant notre porche.

— Mon garçon, lança Vita en le retenant par la manche de sa veste, je n'ai pas travaillé pendant quarante années pour périr écrasée comme une sardine dans sa boîte. Prenons un taxi !

— Ce n'est pas donné, observa le garçon.

— Je suis riche, répliqua-t-elle avec un rire amusé. Plus riche que je n'ai jamais rêvé le devenir, plus même que je n'en ai besoin... »

L'ascenseur était occupé. Le nettoyage hebdomadaire des escaliers laissait fortement à désirer. Quant à la décoration des paliers, elle dépendait de la bonne volonté des locataires. Manifestement, Diamante et ses enfants considéraient les plantes ornementales comme un luxe superflu. Manifestement, Diamante était pauvre comme l'Italie... Dans l'avion, Vita avait lu avec un mélange d'effroi, d'horreur et de tristesse un article de « Life » affirmant qu'en Italie 25 % des maisons étaient privées d'eau courante, 67 % n'avaient pas le gaz, 40 % étaient dépourvues d'installations sanitaires, 73 % de cabinets, 70 % de radio, 90 % de chauffage central et 93 % de téléphone. Au début de l'année 1950, à peine six cent mille Italiens étaient abonnés au téléphone – Diamante ne faisait pas partie de cette élite.

Sur la porte d'entrée, une plaque gravée annonçait son nom – leur nom. Elle se dit qu'une des raisons qui l'avaient décidée à épouser Geremia était qu'il lui apportait en dot leur nom dur comme un caillou lancé par une fronde. Peut-être Roberto aurait-il dû au moins sonner, mais il s'en abstint de peur que son père n'ouvre pas. Diamante n'aimait pas les surprises. C'était un homme méthodique, circonspect et hostile à tout ce qui ressemblait à une nouveauté. Il se donnait l'illusion de nier le passage du temps en s'efforçant de le figer, de l'appauvrir et, en somme, de le tuer. Il avait recommandé à son fils de tenir compagnie à la mère si gentille de Dy – « Cette gamine étrange que j'ai connue en Amérique, il me semble que je t'en ai déjà parlé... » Qu'il lui fasse admirer les beautés de Rome : la chapelle Sixtine, le château Saint-Ange, la fontaine des Quatre-Fleuves – « N'oublie pas de lui dire qu'il s'agit du Gange, du Danube, du Nil et du Rio de la Plata, et qu'il n'y a ni le Mississippi ni l'Hudson ni l'Ohio... ». Mais il ne fallait à aucun prix l'amener via della Giuliana. Il n'y avait rien de beau à voir, dans cet appartement...

L'appartement était sombre. Aucune fenêtre ne s'ouvrait sur le couloir long, étroit et anonyme comme un rêve, si bien que des ombres charitables masquaient la tapisserie jaunie et le crépi s'écaillant au plafond. Une console des années vingt s'ornait d'un vase de fleurs, mais les œillets rouges penchant la tête avaient péri, personne apparemment ne s'étant soucié de changer l'eau. Ils furent accueillis par le sourire austère de Giacomo Matteotti et par l'affiche des *Parents terribles* mis en scène par Luchino Visconti au Teatro Eliseo – une relique de la passion d'Amedeo, l'aîné, pour le théâtre. Dans la salle de séjour, Vita fut saluée par la photographie d'une femme vêtue d'une robe à rayures et d'un châle noir. Sa chevelure exubérante, rassemblée à grand-peine en chignon sur sa nuque, semblait aussi touffue que robuste. Avec son corps épanoui, maternel, elle était comme une Madone brune, aux sourcils froncés, aux grands yeux noirs et au regard lointain, plein de douceur, de gentillesse et de désarroi. Elle avait l'air de fixer quelque chose devant elle qui la terrifiait. C'était la femme de Diamante, bien sûr. Dy lui avait dit qu'elle s'appelait Emma.

Il flottait une odeur légère de poussière et de vieux livres. Seuls les livres abondaient en ces lieux. Ils s'amoncelaient sur les rayonnages, s'empilaient en formant des tours penchées, s'entassaient sur les tables et les chaises. Vita comprit que dans cette famille chacun se perdait dans les histoires des autres pour oublier la sienne. Tout d'un coup, de délicieux effluves de tomate se répandirent par la porte entrebâillée au fond de la pièce.

« Mon père est convaincu d'être un cuisinier hors pair, expliqua le garçon. Surtout, ne le décevez pas. »

Vita répliqua qu'elle n'avait pas traversé l'océan dans un avion vibrant comme un moustique à malaria, qu'elle n'avait pas quitté sa maison confortable, son restaurant de la Cinquante-deuxième rue, ses enfants inquiets et ses petits-enfants adorés, qu'en somme elle n'était pas venue jusqu'à Rome pour décevoir Diamante...

Diamante brandissait une cuiller en bois. Il la plongea dans un pot où mitonnait une sauce vivement colorée. Il effleura des lèvres la trace rouge restée sur la cuiller, goûta en fermant les yeux, hocha la tête d'un air satisfait et éteignit le réchaud. A l'instant où il se retournait pour prendre la marmite, il aperçut Vita.

« Sainte Vierge ! » s'exclama-t-il après un silence, en poussant un soupir en guise de cri d'étonnement et de discours de bienvenue.

D'autres pensées se pressèrent dans sa tête en la voyant. Elle avait bien pris dix kilos – peut-être même quinze, hélas. Sa coiffure ne l'avantageait pas, sa teinture trop vive la faisait paraître pâle, un peu irréelle. Elle semblait plus petite et une ombre violette assombrissait ses yeux. Sa peau brune avait perdu son éclat. Cet instant qu'il avait imaginé pendant près de quarante ans avait la simplicité brutale d'un coup de pierre. Le veuvage de Vita sautait aux yeux.

« Quand est-ce arrivé ? » souffla-t-il.

Il pensait à la mort de Geremia, naturellement. Mais comme ses enfants se dressaient derrière elle, comme une couronne d'épines, et scrutait leur père impitoyablement, prêts à déceler le plus léger fléchissement de sa part, sa question parut indiscrète, intime et lourde d'allusions.

De toute façon, Vita ne répondit pas. Immobile sur le seuil, les yeux écarquillés, elle le fixait avec une expression sévère, presque hostile, comme s'il n'était qu'un vil imposteur, un voleur qui lui avait ravi l'homme qu'elle était venue chercher. L'homme qu'elle aimait. Diamante n'aurait pas dû se laisser surprendre ainsi, affublé d'une robe de chambre écossaise fanée et de pantoufles en tissu-éponge, avec un tablier maculé de sauce, dans cette cuisine qui était un horrible capharnaüm. Pris sur le fait, car voilà près de quatorze ans, depuis la mort d'Emma, qu'il fait la cuisine, la vaisselle, les courses, qu'il est pour lui-même comme une ménagère, une épouse détestée. Si la terre pouvait s'ouvrir et l'engloutir... Il n'eut même pas le temps d'enlever son tablier : elle s'était déjà faufilée dans l'espace exigu entre la table et le réchaud et s'avançait vers lui, les mains tendues.

« Mon Dieu ! Si seulement tu m'avais averti, Vita... » balbutia-t-il.

Ses mains sont parfumées, maintenant, si douces, et ses ongles s'ornent d'un vernis rose opalescent. Un anneau d'or enserre son annulaire – Diamante, lui, en porte deux : deux alliances réunies comme un souvenir ultime et contraignant d'Emma.

« Qu'as-tu fait à tes cheveux, Diamà ? » demanda Vita d'une voix étonnée.

Il ne leur a rien fait. C'est pour cela qu'ils sont tout blancs.

Diamante lui donna le choix entre une chaise en formica paraissant sortir tout droit d'un hôpital et un tabouret à trois pieds, qui fléchit sous le poids non négligeable du corps de Vita. Il se rendit compte avec mélancolie, si désespérément tard, qu'étrangement, bien que sa beauté se fût bel et bien estompée, elle ressemblait encore à la « Jeune Italienne disparue » dont tous les commerçants de Mulberry Street avaient accroché la photographie sur leurs vitrines et qui faisait rêver les clients des cafés, lesquels ne souhaitaient d'autre récompense que de la retrouver. Mais c'était lui qui aurait dû la retrouver – et il ne l'avait pas fait. Il remplit un verre d'eau et le vida d'un trait. Il avait la gorge sèche et mourait de soif. C'était certainement à cause de cette émotion violente. Il ne voulait pas penser aux prophéties du médecin sur une soif excessive – il en avait par-dessus la tête de la néphrite. Aujourd'hui, il tiendrait le coup. Il allait mettre son plus beau costume – un complet de flanelle grise sentant légèrement la naphtaline –, ses chaussures au bout ajouré et sa cravate de soie aux motifs dorés. Parce que la Jeune Italienne disparue était ici. Parce qu'elle lui avait appartenu – jadis.

« Prends le service du dimanche », ordonna-t-il à sa fille, qui s'éclipsa docilement.

Son unique fille avait des épaules étroites et une petite tête. Elle était vêtue d'une jupe grise et d'un chemisier blanc. On ne lui avait pas donné le nom de la mère de son père, Angela, ni celui de sa grand-mère maternelle : elle portait le nom de Vita. C'était sa mère qui l'avait voulu. Emma était une femme d'une sensibilité et d'une intelligence peu communes. Peut-être Diamante ne méritait-il pas une telle épouse, mais le hasard, ou ce qui se cache derrière ce nom, la lui avait donnée – pour la lui reprendre bientôt. Cette deuxième Vita n'avait pas regardé une seule fois dans les yeux la visiteuse, car son ombre avait obscurci cette cuisine et son nom avait depuis toujours rappelé à la jeune fille qu'elle n'était pas celle qu'elle aurait dû être.

« Le service du dimanche, pour moi ? s'exclama Vita en riant.

— Il convient d'honorer les invités, expliqua Diamante d'un ton embarrassé.

— Parce que je suis une invitée ? » demanda-t-elle.

Il ne répondit pas. Il l'observa, en explorant son visage comme une carte où il devait apprendre à s'orienter. Les sourcils jamais épilés, encore noirs, qui ourlaient ces yeux si sombres, les lèvres serrées en une moue perpétuelle d'intense curiosité, la raie claire divisant la chevelure, légèrement sur la gauche, le grain de beauté sur la joue droite, qu'on sentait en l'effleurant du doigt... Puis il fourra un glaçon dans sa bouche et le serra entre ses mâchoires – comme cela, au moins, elle ne s'apercevrait pas qu'il claquait des dents comme un noyé.

Vita remarqua que ses yeux étaient complètement décolorés, aussi transparents que la vitre d'une fenêtre.

« Mais qui te parle d'être une invitée, lui dit Diamante. Tu es ici chez toi... »

Il se rendit compte en prononçant ces mots qu'il ne lui faisait pas une bien grande faveur : cinquante mètres carrés dans les immeubles neufs de la via della Giuliana. On racontait que Vita possédait trois appartements à Manhattan et un restaurant sur la Cinquante-deuxième rue, recommandé par tous les guides de New York. Diamante n'avait jamais eu grand chose à lui offrir. Même maintenant, il ne parvenait pas à imaginer que ce qu'elle voulait qu'il lui offre, c'était lui-même.

Comme le service du dimanche avait été en fait vendu pendant la guerre, la vaisselle était passablement dépareillée. Les verres étaient de dimensions diverses – certains cannelés comme des pétales de fleurs, d'autres striés de rainures horizontales –, le bord doré des assiettes avait pâli et elles s'étaient craquelées sous l'effet de la chaleur. La table était bancale et de temps à autre, en soufflant, Diamante se penchait pour mieux fixer la cale. On entendait monter de la rue un vacarme de véhicules à deux et quatre roues, d'autobus poussifs et de marchands ambulants proposant d'aiguiser couteaux, lames et ciseaux, de réparer les parapluies ou de vendre des graines de lupin et des olives, des balayettes et du vin, si bien qu'après la première bouchée – horriblement salée – Vita eut l'impression de se trouver dans la cuisine de Prince Street. Même les tomates avaient le même goût qu'à l'époque – une saveur acide, légèrement poussiéreuse, qu'elles avaient perdue depuis des lustres en Amérique. Diamante n'ouvrit pas la bouche et le déjeuner se déroula dans un silence tel que mâcher devenait embarrassant, chacun entendant distinctement les autres... Les enfants assurèrent à Vita que ce n'était pas à cause d'elle : Diamante avait toujours été le père le plus laconique de la villc. Il scmblait n'avoir ricn à lcur dirc, ou du moins nc pas savoir comment le leur dire. Vita se plut à penser qu'il avait oublié les mots, et qu'il avait besoin qu'on lui en enseigne de nouveaux. Qui sait s'il en a gardé en mémoire – les hommes ne songent jamais au passé. Elle, ces mots devenus irrémédiablement inutiles, elle les a tournés et retournés dans sa tête comme les grains d'un chapelet, pendant trente-huit ans.

« Tu restes ? lui demanda-t-il quand ils retournèrent dans la salle de séjour. L'appartement est petit, mais tu es ici chez toi. Vita te donnera sa chambre, elle peut dormir sur le canapé. »

Elle ne savait comment lui expliquer qu'elle n'avait pas abandonné ses enfants de l'autre côté de l'océan pour se trouver une nouvelle famille. Diamante semblait convaincu qu'elle était venue pour séjourner chez eux, alors qu'elle avait maintenant hâte de s'enfuir, de rester seule, de se demander si vraiment elle était venue chercher à Rome cet homme compassé et taciturne, qui ne semblait nullement avoir pensé à elle durant toutes ces années ni se rappeler ce qui s'était passé entre eux – il ne se donnait même pas la peine d'entamer une conversation... Au bout du compte, ils ne dénichèrent qu'un seul thème les concernant tous deux : leur veuvage. La tumeur de Geremia et la mort imprévue, prématurée et mystérieuse d'Emma.

Diamante raconta qu'elle avait été opérée pour une infection rénale. Le médecin lui avait montré le rein malade de sa femme, mais ce diagnostic lui paraissait un cauchemar, une erreur grotesque. Emma avait des reins en parfait état, c'était lui le malade. Entre les mains du médecin, le rein incriminé n'était qu'un sachet insignifiant couleur de rouille. Un amas d'abats bons pour les déchets de la boucherie : voilà donc à quoi ressemblait l'ennemi qui tourmentait Diamante depuis l'époque de Denver, qui corrompait son sang et l'accablait d'une soif lancinante. L'incision au flanc d'Emma donnait l'impression qu'elle avait été poignardée. Plongée dans son sommeil artificiel, elle gisait sur le côté, les cheveux emprisonnés dans un bonnet de papier. Son visage incliné sur l'oreiller avait une expression indéchiffrable – un sourire d'une douceur inflexible, peut-être, ou une suprême indifférence. En regardant ce visage solennel, réduit à l'essentiel, une pensée glaçante avait traversé son esprit. Il se dit qu'Emma avait pris dans sa propre chair la maladie de son mari. Le médecin avait assuré que l'opération avait parfaitement réussi. Pendant qu'il parlait, un peu de pus s'était écoulé de l'organe malade sur la blessure encore ouverte. Il avait vu tomber ces gouttes. Hypnotisé par ce sachet rougeâtre d'aspect insignifiant qui dégoulinait sur le corps inanimé de sa femme, il continuait de se demander pourquoi. Si elle avait voulu par ce moyen lui transmettre un message, le sauver ou tout simplement le libérer... Le lendemain, l'infection s'était étendue. Emma était morte sans reprendre conscience. Il s'était soudain rendu compte qu'en rentrant à l'appartement, il ne la retrouverait plus dans sa position habituelle, faiblement éclairée par la lampe, penchée sur l'ourlet d'une pièce de tissu, occupée à coudre ou à doubler les manteaux de ses clients sur sa Singer. Seul le bourdonnement hautain de la navette piquant les points troublait le silence. Emma avait travaillé dans un atelier de couture, mais elle écrivait aussi des poèmes et des récits. Peut-être aurait-elle aimé continuer cette vie. Après son mariage, cependant, comme Diamante lui-même l'avait voulu, elle s'était consacrée exclusivement à son mari. Elle avait vécu pour lui, il était devenu tout son monde. Elle travaillait désormais comme couturière à domicile. Mais Diamante n'entendrait plus jamais le bourdonnement de la navette. Sa femme, sa douce épouse *était morte pour lui – à sa place.* Du moins, c'était ce qu'il avait pensé.

Vita ne parvint pas à lui décrire la sensation qui l'avait envahie le soir où Geremia l'avait quittée. Ce corps décharné dans le lit, qu'elle avait accompagné dans les meilleurs hôpitaux pour le torturer avec des traitements aussi douloureux qu'inutiles, cette présence angoissante, tout entière livrée à la souffrance, ne lui avaient révélé que la santé triomphante de son propre corps. Geremia ne connaissait pas le sens du mot résignation. Il était persuadé de se remettre, de s'en sortir, lui qui avait surmonté l'incendie du monte-charge, la perte de toute sa fortune, la fin de l'amour de sa femme, deux infarctus et l'humiliation d'être assigné à résidence comme ennemi du pays où il avait pourtant choisi de vivre. Mais cette fois, il ne s'en était pas sorti. Et elle était restée figée sur le seuil de leur chambre, avec le plateau du dîner auquel Geremia n'avait pu toucher. Elle n'éprouvait ni douleur ni gratitude, mais plutôt un trouble effaré à l'idée d'être encore vivante. Ses muscles, ses tendons, ses veines, ses articulations, ses os, son cœur ne poussaient qu'un cri : vivante. Je suis vivante, vivante... Devant elle s'ouvrait un gouffre terrifiant d'années dont elle ne savait que faire. Vingt années, peut-être – comme un patrimoine dont elle héritait et qu'elle ne méritait pas. Vingt années ! Plus qu'il n'était donné à beaucoup de vivre. Un temps vide, absolument inutile, presque désespérant. A moins que... A moins que Diamante n'existe encore et ne soit celui qu'elle a cru si longtemps qu'il était.

Mais toutes ces émotions sombrèrent dans le silence qui accompagnait un café fort, âpre et poussiéreux comme un souvenir. Se pouvait-il que ce fût lui ? Était-ce Diamante, cet homme aux yeux transparents ? Était-ce le garçon qu'elle revoyait quand elle songeait au passé, si vivant, si vrai, et qui venait la rejoindre dans le canot de sauvetage et la serrait dans ses bras toute la nuit ? Les diamants ont beau être précieux, étincelants, capables de couper le verre, la lumière dont ils brillent n'est jamais qu'un reflet. Dans l'obscurité, ils ne servent à rien.

Diamante fixait sa jaquette à trois boutons et ses bas à peine voilés sous sa jupe à quarante centimètres – par amour pour les femmes, il lisait les revues féminines et avait appris que la mode imposait d'évaluer ainsi l'élégance, en mesurant la distance entre la cheville et l'ourlet de la jupe. Jaquette, jupe et bas étaient noirs : une toilette de veuve... Vita est seule. Libre. Nous sommes libres tous les deux. Désespérément tard.

« Je ne reste pas », lui dit Vita, en évitant de croiser le regard évidemment soulagé de la jeune fille qui portait son nom.

Diamante glissa un autre glaçon sur sa langue. Il s'efforça de trouver un sujet de conversation, n'importe lequel pourvu qu'il ne fût pas question d'eux. Il parla d'Eisenhower, de la Corée, de la bombe à hydrogène, mille fois plus puissante que la bombe atomique, si destructrice même que l'utiliser contre des hommes reviendrait à tirer sur un moineau avec un mortier. Les armes atomiques anéantiront ce monde, ce qui ne sera peut-être pas un mal vu que l'espèce humaine est la plus dangereuse de toutes, preuve que la sélection naturelle est incapable de favoriser le progrès... Il parla d'Ingrid Bergman, venue accoucher en Italie l'enfant du péché. Étant donné le puritanisme du public, ce sera sans doute la fin de sa carrière, non ? Il évoqua Piero D'Inzeo, le jockey de Destino, qui avait gagné quelques jours plus tôt la coupe des Nations. Vita y avait-elle été ? Pas lui, même s'il en aurait eu envie – toujours son vieil amour pour les chevaux. Lesquels portent des noms étranges, d'ailleurs : Uranio, Aladino, Ombrello... Et Benny Goodman qui a joué à Milan. Et Duke Ellington qui doit venir jouer à Rome – mais là non plus, il n'ira pas, car il ne comprend pas la musique nouvelle – *jungle,* c'est bien comme ça qu'on dit ? Lui, il en est resté à Enrico Caruso, à Aïda – *à ton beau ciel je voudrais te rendre, les douces brises du sol natal...*

Vita se demanda si Diamante en parlant cherchait à la retenir ou bien à l'éloigner définitivement. Les mots avaient toujours été leur monnaie d'échange – mais une monnaie qui n'avait plus cours, sinon dans leur pays. Et ce pays ressemblait maintenant à la lune, à un désert de cratères creusés par une guerre depuis longtemps terminée. Ce n'était plus qu'un satellite inhabité, continuant à tournoyer dans le vide en brillant pour les siècles des siècles de l'éclat affaibli d'une lumière reflétée. Mais restait-il de la lumière... Diamante parla de Rome qu'il aimait pour tout ce qu'elle avait été et n'était plus, pour tout ce qu'elle n'était pas et ne serait jamais. Une ville sans mer, sans port, comme coupée du monde. Il évoqua la via Ferruccio où il avait vécu pendant des années, de ce quartier des voyageurs où échouent les objets perdus que personne ne se soucie de récupérer et qui s'entassent sur les étagères des bureaux avant d'être vendus à bas prix à ceux qui en veulent bien. Dans quel autre lieu aurait-il pu vivre ? Lui aussi avait été si longtemps comme un objet perdu. Il parla également des mouettes qui remontent le cours du Tibre et se rassemblent le soir sur les toits de Rome, en ranimant par leurs cris le souvenir de la mer. Elles ont toujours l'air déplacées, comme si elles s'étaient trompées d'endroit – il avait eu si souvent l'impression d'être comme elles.

Il aurait voulu ajouter : Parce que je n'ai jamais pu rentrer chez moi, Vita. Je n'avais plus de monde où revenir. Il ne me restait même plus le souvenir d'un paysage ou d'un lieu, rien que leurs noms. Il ne m'était plus possible de dire *les miens* en parlant d'une communauté. Je n'avais plus rien de commun avec ma famille. J'étais stupéfait de leur naïveté, irrité de leur avidité qui me rappelait que j'avais perdu la mienne. Leur ignorance me blessait et leurs projets m'indifféraient. Je ne connaissais plus mes parents. Je les aimais plus que jamais, je me serais jeté au feu pour eux, mais désormais mon amour n'était fait que de compassion et de piété filiale. Qui étais-je ? Un homme venu d'ailleurs. Un *étranger*. J'ai continué de m'en aller, je n'ai plus jamais cessé de repartir. On aurait dit que le bateau où je m'étais embarqué n'était jamais arrivé au port et errait toujours entre les deux rives de l'océan, sans but et sans retour. J'ai voulu faire partie de quelque chose – de la Douane, de la Marine, de l'Armée. Mais on n'a pas voulu de moi, ma maladie me tenait à distance. J'ai essayé avec la politique. Ça n'a servi à rien : j'ai seulement découvert combien ils étaient nombreux, les volontaires prêts à siffloter pour vous désigner à l'attention de vos assassins aux aguets... Et pourtant, j'ai obtenu ce que je désirais. L'Amérique a fait de moi un homme respectable, un bourgeois. On m'a engagé dans un bureau. On m'a *accepté,* Vita. Mais moi, j'étais toujours ailleurs. Jusqu'au jour où je n'ai plus été nulle part et où je n'ai renoncé à me suicider que parce que j'étais déjà mort. Mort comme tous ces morts qui se bousculent dans le tram, qui jouent des coudes dans les bureaux, les avenues, les cinémas, les églises. Qui échangent des phrases usées. Qui ne savent pas et refusent de savoir, abusés par l'illusion de survivre à leurs corps morts, à leurs âmes mortes, à leurs pensées mortes. Ils ont été assassinés par la misère, la médiocrité, la violence, la tyrannie de la nécessité et du manque. Jamais, cependant, pas une seule fois, je n'ai été tenté de revenir en arrière...

Vita ne l'interrompit pas. Même quand les enfants se retirèrent, les laissant seuls, assis l'un en face de l'autre dans leurs fauteuils élimés, même quand la lumière commença à décliner derrière les persiennes, elle laissa s'écouler le flot de ses propos absurdes, désordonnés et hypnotiques comme le clapotis monotone du ressac. Tout d'un coup, alors que les œillets flétris et le regard éperdu d'Emma avaient sombré dans la pénombre de la salle de séjour, elle prit les mains de Diamante et les couvrit de baisers.

Il caressa sa nuque du bout des doigts. Le temps perdit ses contours, se dissipa. Il faisait déjà nuit quand le cri lugubre d'un marchand ambulant dans la rue déchira l'oubli : « Je répare les parapluies... Qui a des parapluies cassés ? Je-ré-pa-re... » Son passage signifiait qu'il n'allait pas tarder à pleuvoir.

Il aurait pu demander à Vita si elle voulait bien qu'il la raccompagne à son hôtel. Mais le regard de ses enfants lui semblait plus sévère que celui de Dieu, plus effaré que celui d'Emma. Sa proposition aurait paru équivoque, inconvenante. Ils n'avaient plus l'âge pour les chambres d'hôtel. Peut-être Ingrid Bergman allait-elle obtenir son pardon, faire oublier sa faute et poursuivre sa carrière. Mais elle était une star immortelle de l'écran, alors qu'ils n'étaient que des gens ordinaires. Pour eux, il n'y aurait pas de pardon. Il se contenta donc de l'escorter en bas de l'escalier puis dans la rue, où il marcha un moment à son côté. Ils se taisaient tous deux, perdus dans leurs réflexions sur tout ce qui avait été dit au cours de cette journée sans pourtant avoir été exprimé clairement, sans que les mots aient été prononcés. Et ils se sentaient émerveillés par cette conscience soudaine de ce qui existait dans le silence entre les mots, stupéfaits par la complexité de tout discours humain.

« Je suis fatiguée, finit par dire Vita en s'arrêtant. Pourrais-tu héler un taxi, mon Diamà ? »

Diamante reconnut le lugubre réparateur de parapluies, toujours vêtu de noir. Il était blotti à l'abri d'un porche devant un bric-à-brac de manches de parapluie en bois ou en caoutchouc, de baleines métalliques et d'étoffes déchirées, dont l'état paraissait désespéré. En l'entendant psalmodier son cri monotone, Diamante frissonna.

« Quels sont tes projets ? » demanda-t-il à Vita tandis qu'elle ajustait sa voilette en s'observant dans la vitrine éteinte d'une pharmacie.

Elle s'était accoutumée à élargir sa jupe tous les six mois et à se reconnaître dans la dame replète dont elle apercevait le reflet en s'approchant des vitrines. Elle ne détourna pas les yeux. Jamais elle n'avait vécu dans le passé, et elle avait renoncé à essayer d'arrêter le temps ou de le revivre. Elle aimait le passé, l'ombre où il est plongé, le réconfort de savoir qu'il n'a rien à nous enseigner et qu'il sera perdu, sa plénitude repue qui ne demande rien – mais elle avait toujours préféré l'avenir. Elle y voyait une silhouette en robe de chambre et en pantoufles, pauvre et silencieuse, qui marche sur l'eau sans laisser la moindre empreinte...

« Je vais aller à Tufo, lui répondit-elle en cherchant dans ses yeux transparents un reflet bleu. Je pourrais m'acheter une maison à la campagne pour y passer un peu de temps, l'été. A présent, le restaurant peut marcher même en mon absence. »

Diamante haussa les sourcils, ne sachant s'il s'agissait d'une aumône, d'un cadeau ou d'une simple coïncidence. Il n'était pas habitué aux bonnes nouvelles. L'homme se remit à crier : « Je-ré-pa-re les parapluiiies ! »

Diamante demanda à Vita quand elle devait reprendre l'avion. Non qu'il eût envie de la renvoyer à New York, au contraire. Il était sûr soudain qu'il la voyait pour la dernière fois. Elle sourit en pressant sa main gantée sur sa lèvre fendillée par sa vieille blessure.

« Je n'ai pas acheté le billet du retour », dit-elle.

Diamante desserra le col de sa chemise. Il n'arrivait plus à respirer – cela lui arrivait parfois. Il déglutit. Il se sentait brûlant, comme si on avait mis le feu à son corps. Il se consumait, il était déjà brûlé de l'intérieur – son squelette noirci était sur le point de se défaire et seule sa peau le maintenait en place. Sans l'appui précaire d'un fragile épiderme, il s'effondrerait.

« Si je l'achetais, cette maison, continuait Vita, tu viendrais ? Je l'achèterais pour toi. Pour nous, en fait. Je veux que tu viennes vivre avec moi, ou mourir avec moi. Je veux que tu fasses tout avec moi.

— Tu es folle, Vita, lança-t-il.

— Réfléchis, Diamante... »

Elle ne s'en rend peut-être même pas compte, mais elle a brisé sa vie. Elle l'a foudroyé comme un arbre abattu par l'orage. Il n'est resté de lui que le tronc. Fracassé mais bien droit, au début, solidement planté dans la terre. La mousse l'a recouvert, les oiseaux y ont fait leur nid – mais il ne pouvait plus retrouver sa vigueur. Jusqu'au jour où ses racines ont pourri à leur tour et où il est tombé à la renverse, en brandissant un enchevêtrement de branches tordues à la face du ciel qui l'a puni.

« C'est impossible, Vita. Ce n'est même pas la peine d'y penser.

— Tu ne veux vraiment pas venir ? reprit-elle en relevant le col de sa jaquette car le vent préludant à la pluie s'était levé. Dis-moi simplement que tu viendras.

— Non, non...

— Pourquoi ? »

Diamante se raccrocha à l'opacité translucide de sa voilette. Il était en train de la perdre : devant ses yeux avait surgi une radieuse fillette de neuf ans, assise sur le banc d'un canot de sauvetage et occupée à faire briller un couteau en argent en soufflant dessus. Le scintillement de ce couteau dans la grisaille alentour est toute la lumière qui lui reste. Elle ne s'est pas encore aperçue qu'il l'a trouvée. Elle lui tourne le dos. La masse noire de ses cheveux ébouriffés sur ses épaules... *Reste avec moi, tu dois pas lâcher ma main, sous aucun prétexte...* S'il allonge la main, il peut encore la rejoindre. Mais il ne parvient pas à la retenir.

« Tu es en train de me dire non ? » lui demande Vita.

Quelle barbe, alors que tout le monde se plaint de devoir attendre des heures pour dénicher un taxi dans cette ville de piétons infatigables, en voilà un qui débouche des Medaglie d'oro et aperçoit les deux silhouettes côte à côte sur le passage clouté. Dans la rue vidée par le soir, cet homme aux cheveux blancs et cette femme en voilette, figés l'un en face de l'autre, on dirait presque pétrifiés, sont aussi visibles que des statues... Les phares du taxi projetèrent un halo lumineux sur les bas noirs de Vita, illuminèrent son visage, révélèrent au passage l'homme lugubre accroupi derrière eux. La voiture s'approcha, freina. Vita ouvrit la portière et comme Diamante recula, car il n'aurait pas survécu au contact de ses lèvres, elle se pencha pour se glisser dans l'habitacle et s'installa sur la banquette dont la largeur paraissait démesurée pour elle seule. D'une voix incertaine, elle donna le nom de son hôtel. Elle ajusta la voilette sur son visage. Jeune Italienne disparue. Diamante appuya sa main sur la vitre sur laquelle scintillaient des gouttes de cristal. Il n'avait rien à ajouter – et tout encore à lui dire. Vita essaya de baisser la vitre, mais le mécanisme devait être bloqué car elle ne s'ouvrit qu'à peine. Par la fente entrouverte, il aperçut sa bouche où brillaient une rangée de dents blanches, carrées, parfaites. Des dents d'Américaine. Et cette bouche lui disait : « La vie est si longue, Diamante. De ce carrefour à Tufo, il y a cent soixante-six kilomètres. En d'autres temps, c'était un trajet long, inconfortable et compliqué, mais tout a changé aujourd'hui. Avec le train, il suffit de trois heures. Fais ces cent soixante-six kilomètres. Viens. Tout sera différent et nous serons heureux pour toujours. »

Le chauffeur de taxi ne s'était pas rendu compte qu'il en allait de la vie de sa passagère et de l'homme aux cheveux blancs s'appuyant à la portière. Isolé par une cloison de verre, il n'entendait qu'un vague bruissement des mots... « Je resterai tout l'été. Je ne t'attends pas demain, évidemment, ni après-demain. Mais dans une semaine ou dans un mois, je ne sais pas, tôt ou tard, viens vivre avec moi. Tu me dois cet espoir. Pour moi et aussi pour toi... » Le compteur se met à tourner bruyamment. Le chauffeur écrase déjà la pédale de l'accélérateur et la berline noire, une vieille guimbarde des années trente, s'ébranle dans un nuage de fumée. « Au revoir », promet Vita à son Diamante. Les essuie-glaces entrent en action, grinçants, opportuns et efficaces, mais ils sont incapables de sécher ses larmes. Le voilà qui essaie d'ouvrir son parapluie – puis elle ne voit plus dans le rétroviseur, avant le tournant, qu'une masse de cheveux blancs mouillés de pluie et qui brillent dans la pénombre comme des diamants.

A la fin du mois de septembre, Vita monta dans l'avion de la PanAm. En janvier, Roberto lui envoya à New York un télégramme de deux mots : DIAMANTE MORT.

# TROISIÈME PARTIE

# Le fil de l'eau

# Waterboy

Sur la photographie prise en 1906, vers la fin de l'automne, dans la forêt tachetée de blanc par la première neige, ils sont neuf. Alignés au milieu des rails, ils semblent vouloir barrer la route au train imminent et fermer la perspective. Car en fait, derrière eux, il n'y a encore ni route ni voie ferrée. Si les neuf hommes sont ici, c'est précisément pour déblayer la forêt et construire la voie. On n'aperçoit dans leur dos que des sapins et un chargement de pierres suspendu à un treuil invisible. Ils portent tous l'uniforme de l'ouvrier américain : la salopette en blue-jean. Ils le complètent avec des chemises à carreaux et des chapeaux de formes diverses – coppolas et bérets basques. L'un d'eux est coiffé d'un bonnet de laine tricoté à la main. Ce sont des hommes aux traits méditerranéens, à la peau sombre : des Italiens. Étrangement, en dépit des caricatures du *dago* tel qu'il apparaît dans les journaux de l'époque, ils ne sont que trois à avoir une moustache. Ils ont tous moins de trente ans et arborent des physiques athlétiques, des visages concentrés, fatigués mais énergiques. Le dernier sur la droite, un peu à l'écart, est le seul à poser derrière les traverses, debout sur les rochers. C'est lui qui porte un bonnet de laine, et ses joues sont encore glabres. Avec sa petite taille, ses chaussures percées et ses mains sur les hanches, il affiche un air de défi et une moue boudeuse. Bien que le cliché soit en noir et blanc et passablement fané, il semble bien que le garçon ait les yeux clairs.

La photo parut en 1907, dans une publication de la Compagnie Baltimore & Ohio destinée à vanter aux actionnaires les progrès des travaux sur les sections intérieures de la ligne. La Baltimore & Ohio Railroad, la plus ancienne et l'une des plus fréquentées des Etats-Unis, rejoignait via Cincinnati, Saint Louis et Kansas City la ligne Atchinson, Topeka & Santa Fé pour se terminer à Los Angeles. Au nord, via Toledo, Chicago et Omaha, elle rejoignait la mythique Union Pacific et aboutissait à San Francisco.

Peut-être le garçon au bonnet, si différent de ses compagnons, n'est-il autre que Diamante. Il devait se trouver dans la région. Vers sa quinzième année, soudain, toute l'eau du monde qui miroitait dans son destin finit engloutie dans le seau en bois qu'il devait traîner le long des rails. Sans le vouloir, il était devenu ce qu'il avait rêvé d'être : le porteur. Celui qui réunit ce qui est éloigné et tend un pont entre les distances – le garçon de l'eau. En américain, on l'appelle le *waterboy.*

Il a pour mission de désaltérer les ouvriers. Cela paraît facile à dire, et Diamante lui-même ne se tient plus de joie quand le chef d'équipe lui confirme qu'il a obtenu ce poste. Son engagement durera au moins jusqu'au moment où l'équipe à laquelle il est affecté aura terminé la section dont elle est responsable. Il se voit attribuer une couverture de cheval et deux seaux en bois réunis par une sorte de joug. Le chef d'équipe l'avertit que s'il les abîme il devra les rembourser, car ils appartiennent à la Compagnie. Diamante trouve qu'il serait difficile d'abîmer ces seaux qui sont plus vieux que son grand-père – quant à la couverture, même un cheval n'en voudrait pas. Mais comme le chef d'équipe a une mine patibulaire et un fusil, Diamante se hâte d'assurer en souriant qu'il en prendra grand soin.

L'équipe de Placido Calamara loge dans le camp n° 12. Diamante n'a pas eu la main heureuse. Dans les chemins de fer, c'est le contraire du système en usage à New York : les numéros les plus élevés sont les moins chanceux, car le compte commence à partir de la base la plus proche de la ville. Pasquale et Giuseppe Tucciarone se trouvent au camp n° 6, avec quinze autres garçons de Minturno. Mais là-bas, on n'avait pas besoin d'un waterboy. Diamante grimpe dans le chariot des provisions, à côté de Placido Calamara. Brutal, courtaud et luisant comme une olive, l'homme lui rappelle Nello et ne lui inspire aucune sympathie, cependant il espère de son côté conquérir sa sympathie. Ils couvrent trente milles sur un sentier de moins en moins entretenu et traversent une forêt effrayante. Diamante n'a jamais vu autant d'arbres. A Tufo, ils ont été si bien coupés par les charbonniers et les bergers que les monts Aurunci sont tout pelés. Quand le chariot s'arrête, il fait nuit et il n'y a rien d'autre qu'un wagon de marchandises désaffecté, datant de l'époque où les locomotives fonctionnaient au bois. Enfin, qu'y faire : c'est le camp...

Diamante fait coulisser la portière et entre dans le wagon.

« Salut les camarades ! lance-t-il d'un ton joyeux. Je suis le nouveau waterboy. »

Les ouvriers, déjà couchés, se contentent de cracher en guise de réponse, car on n'est quand même pas dans un salon. Au milieu d'une forêt, à cinquante kilomètres du centre habité le plus proche, mieux vaut se comporter comme un loup. Diamante bat des paupières. Devant lui, une vingtaine d'hommes, une trentaine peut-être, aux barbes hirsutes et aux visages émaciés, sont allongés sur des bancs de bois placés en travers du wagon et faisant apparemment office de lits. Il se dirige vers le banc le plus éloigné de l'entrée, et donc des courants d'air. Dans l'obscurité, il bute contre un gros bidon rouillé et se fait agonir d'injures car ce bidon sert de poêle – et sans poêle, on crève de froid, dans cette sacrée baraque... Diamante s'excuse. Comme il fait mine de s'asseoir sur la paillasse, une voix évoquant un morceau de craie crissant sur un tableau noir se met à glapir :

« Dis donc, gamin, tu peux pas t'installer ici. Cherche-toi un autre endroit !

— *Orrait* », soupire Diamante.

Il comprend tout de suite que le waterboy occupe dans la hiérarchie du camp la même place que le mousse dans celle du paquebot : la dernière. Il s'étend sur la paillasse située près de l'entrée, où il se fera peigner par le vent et poudrer par la poussière. Avec tous ces arbres, il est également probable que la pluie ne soit pas rare en Ohio. De toute façon, il n'a pas envie de se déshabiller. Cette paillasse est noire de crasse et pue autant que si on avait caché un cadavre à l'intérieur. Mais ce n'est pas le moment de faire le difficile : il va devoir dormir dessus pendant au moins six mois. Comme il doit commencer à travailler dès l'aube, le lendemain, il se couche. Son nouveau lit évoque une chaîne de montagnes, hérissée de pointes acérées et bosselée de renflements si durs qu'ils ont l'air d'être en bois. Malheureusement, Diamante n'a pas sommeil. Il se sent trop heureux à l'idée de se trouver dans l'Ohio fabuleux, d'avoir trouvé un travail assuré et de commencer une vie nouvelle. Hélas, la chaleur de son corps se communique à la paillasse et il est bientôt pris d'assaut par une armée crépitante et affamée de punaises.

Il déménage derechef. Après avoir poussé sous le banc de son voisin les ordures amoncelées sur le plancher – noyaux, pépins, sciure et crottes de mouches et de souris –, il déploie la couverture de cheval et s'étend dessus. Il tente en vain d'expulser sans effusion de sang deux cafards qui s'obstinent à trottiner sur son nez, et finit par les écraser avec son poing. Sur la paroi du wagon, il fait deux encoches avec son couteau. Quand il quittera le camp nº 12, en novembre, il laissera derrière lui cinq cent dix encoches. Diamante aura exterminé une colonie entière de cafards, et en aura même mangé un certain nombre. Le cafard américain a un goût farineux, qui rappelle celui du pois chiche.

Pendant cent quatre-vingt-dix jours, quinze heures par jour, Diamante parcourt dans les deux sens la voie ferrée. Il part du camp, où se trouvent le wagon-dortoir et le puits, en empruntant un chariot qu'on manœuvre à la main et qu'il appelle le « métro aérien », en souvenir de New York et aussi parce qu'il se plaît à s'imaginer qu'il survole des avenues, des automobiles, des marchés et des immeubles. Arrivé au bout de la voie, il descend et continue à pied, en portant sur ses épaules les seaux pleins d'eau qu'il maintient en équilibre avec maestria. Il y arrive sans peine, car les gens de Tufo sont capables de porter n'importe quoi sur leur tête – un panier rempli d'œufs, une botte de foin ou même un cercueil. Il ne faut pas que les seaux se vident pendant le trajet, car si le chef d'équipe croit qu'on cherche à faire le malin avec lui, il vous envoie son poing en pleine figure. L'ennui, c'est que les ouvriers boivent comme des chameaux, peut-être parce qu'ils travaillent sans arrêt et ne peuvent souffler un peu qu'en buvant. Ils assèchent les seaux en un rien de temps, si bien que Diamante est forcé de les remplir continuellement en retournant au bout de la voie ferrée pour remonter dans le chariot jusqu'au puits, et ainsi de suite. A force de faire des allers-retours, accablé de fatigue et trempé de sueur, il n'en peut plus. Le soleil semble ne jamais décliner et brûle ses épaules et sa nuque, qui se couvrent de cloques. Sa peau se décolle comme la pelure d'une pomme de terre bouillie, et il lui faut attendre un mois pour qu'elle devienne aussi noire que celle des ouvriers. Quand le vent se lève, on a l'impression qu'il vous fouette le visage, car en Amérique il arrive directement du pôle Nord sans rencontrer aucun obstacle en chemin. S'il se met à pleuvoir, les hommes restent trempés toute la nuit et toussent tellement que le wagon évoque un sanatorium. Mais Diamante a quinze ans, de sorte que le soleil, le vent polaire et la pluie de l'Ohio ne lui font ni chaud ni froid. Il marche de l'aube jusqu'au soir avec ses seaux, dont l'eau clapote contre le bois, et monte dans son chariot qui grince sur les rails. Entouré de silence et de chants d'oiseaux inconnus, heureux d'avoir un salaire assuré et de pouvoir bientôt mettre assez d'argent de côté pour s'en aller avec Vita.

Il est payé un dollar et quatre-vingts cents par jour. Moins que tous les autres. Mais eux sont des *shovellers*, c'est-à-dire des virtuoses de la pelle. Ils connaissent tous les secrets du bois, du fer et de la pierre. Ils déblaient, creusent, poussent la brouette pleine de cailloux, aplanissent le terrain, transportent des traverses, les alignent, les disposent, les vissent aux rails. La Compagnie les paie pour entretenir et construire des tronçons de voie ferrée, les ballaster et les consolider, dynamiter des obstacles naturels, poser ou redoubler des rails. Le waterboy est petit mais robuste. S'il le veut, l'année prochaine, il pourra lui aussi casser des pierres avec une masse. Mais Diamante a calculé qu'il gagnerait dix dollars et quatre-vingts cents par semaine. En six mois, cela fera bien deux cent cinquante-neuf dollars. Si bien que l'année prochaine, il se trouvera déjà dans un endroit plus agréable – avec Vita.

Il est dommage que le camp n° 12 soit si isolé, trop loin des équipes de Japonais où officient des cuisiniers. Il n'y a pas le choix : il faut acheter à manger dans le magasin du chef d'équipe. Les hommes l'appellent le *pluck-me store* – le « viens-te-faire-plumer ». Diamante met une semaine à comprendre pourquoi. Calamara vend à des prix exorbitants des anchois pourris, des boîtes de tomates rancies et des conserves de haricots voilés de moisissure qui donnent la dysenterie. Le septième soir, il est pris d'une diarrhée terrifiante. Faute de cabinets, il faut caguer sur place ou dans un trou infect creusé dans la terre et recouvert d'une planche vermoulue. Si un malheureux se libère à proximité du wagon, ses camarades le chassent à coups de pelle et le forcent à s'enfoncer dans la forêt. Entre la dysenterie, les aliments avariés et la fatigue, on finit par se sentir aussi mou qu'une motte de beurre et incapable de se lever de sa paillasse le matin. Le chef d'équipe recourt à son fusil pour vous stimuler un peu – ce n'est pas une façon très plaisante de commencer la journée.

Diamante préfère se débrouiller plutôt que de se lamenter. Il renonce à acheter des vivres dans la boutique et confectionne une fronde. Avec une branche écorcée, il se fabrique également un gourdin. Après le travail, pendant que les ouvriers mangent autour d'une table couverte de vieux journaux, en pétant continuellement tant leurs intestins sont détraqués, lui part à la chasse. Il tue écureuils et taupes d'une morsure dans la tête. Avec sa fronde, il abat des pics, des cailles et des pinsons, en retrouvant la précision meurtrière acquise dans son enfance. Il ramasse des champignons, des glands et des escargots dans les ravins humides. Les autres le regardent d'un air horrifié, mais il apprend à se préparer des ragoûts savoureux. Seul le rat sent si mauvais que même les myrtilles et la moutarde ne peuvent y remédier. Le loir, au contraire, est délicieux. Quant au faisan, Diamante peut même le revendre car il est fort apprécié. La chair du faucon pêcheur, elle, rappelle celle du poulet... Damiante mâche avec satisfaction. Il voudrait bien que Vita soit là, ou du moins qu'elle le voie. Vita aime les garçons capables de s'en sortir seuls. Elle serait fière de lui.

Il n'a pas eu de ses nouvelles depuis le jour où il l'a quittée. Elle courait le long des rails du dépôt, en équilibre sur le fil métallique, et sa robe bleue se confondait avec l'obscurité bleuissante de l'aube. Elle avait couru jusqu'à ce que le train où il s'était caché eût pris de la vitesse et tourné au bout des aiguillages. Puis, comme ils en étaient convenus, elle était rentrée à Prince Street... Dès qu'il a trouvé du travail, Diamante lui a écrit une carte postale. Il lui a indiqué le nom de sa compagnie de chemins de fer, en la priant de ne pas le divulguer de peur que Cozza, vindicatif, ne médite encore de le punir. Il n'a pas encore reçu sa réponse. Le facteur n'est jamais passé au camp n° 12. Dimanche prochain, Diamante compte aller se plaindre auprès de l'agent de sa compagnie. Avec le peu d'anglais dont il se souvient, il réussira bien à lui faire comprendre qu'il n'est pas juste de faire attendre ainsi les ouvriers. Eux qui vivent au fond de la forêt, ils perdront définitivement le moral s'ils n'ont même pas de nouvelles de leurs proches. Il ne veut pas que Vita s'inquiète. Tout marche à merveille.

Le jour de la paie, il s'aperçoit qu'on lui a retiré sept dollars pour des « dépenses au magasin ».

« J'ai rien acheté au magasin, proteste-t-il. Je suis allé à la chasse. »

Calamara l'observe avec incrédulité. Il n'a toujours pas compris si le waterboy est très intelligent ou complètement idiot. Il crache sur ses godillots.

« Tu dois payer même si t'as rien acheté.

— Pas du tout. C'est pas sur le contrat. J'ai accepté le travail pour un dollar et quatre-vingts cents par jour. Je te paierai ce que je te dois, et rien de plus.

— Alors t'as pas compris, dit le chef d'équipe en se levant lourdement.

— C'est toi qu'as pas compris. Si ça se passe comme ça, je m'en vais... »

Quand il rouvre les yeux, Santo Callura presse une serviette sur son visage. Elle est trempée – et ce n'est pas de l'eau. La nuque de Diamante est en sang. Maintenant, il comprend que le fusil de Calamara ne lui sert pas seulement pour surveiller, menacer ou stimuler les hommes.

« Quand il se mettra à neiger et que le fleuve sera gelé, tu pourras partir, lui explique patiemment Callura. On partira tous. Personne peut quitter le camp sans permission ou avant la fin du contrat. Si tu t'échappes, Calamara va te chercher et te ramène au camp. Si tu continues à lui casser les couilles, il te dénonce pour vol et l'agent de la Compagnie t'expédie en taule. »

Diamante gémit doucement tant il a mal.

« On n'est quand même pas prisonniers, murmure-t-il. On nous a pas déportés dans un camp de travaux forcés... »

Callura hausse les épaules en continuant de tamponner sa blessure.

« T'es aux chemins de fer depuis combien de temps ? » demande Diamante, pris de soupçon.

Callura s'essuie les mains sur son jean et ne répond pas.

En juillet, le soleil embrase le wagon et les ouvriers ont l'impression de dormir dans une fournaise. C'est alors qu'arrive une vieille demoiselle méthodiste qui affirme vouloir apprendre l'anglais à ces « hommes d'airain ». Diamante demande s'il faut payer quelque chose, et Miss Olivia Campbell lui répond que le cours est gratuit – « Les généreux paroissiens de Lima veulent aider les étrangers à s'intégrer dans notre nation... » Diamante explique qu'il aimerait bien s'inscrire au cours, mais qu'il est catholique. Il a été baptisé et a fait sa première communion. Pour sa confirmation, il n'a pas eu le temps, car il est allé en Amérique. La demoiselle sourit. Elle doit avoir une quarantaine d'années. C'est une rousse, sèche comme une feuille d'automne. Elle n'a pas froid aux yeux, pour être venue toute seule chez ces *dago* que les Américains considèrent comme des violeurs invétérés. Diamante précise qu'il n'est d'ailleurs pas si catholique que ça et qu'il n'a jamais mis les pieds dans une église depuis son départ.

« Nous sommes tous chrétiens », réplique Miss Campbell.

Diamante s'inscrit. Le cours a lieu le soir, au camp n° 9, et il faut traverser quinze kilomètres de forêt pour y arriver. La première fois, ils sont une trentaine à y assister, entassés dans un vieux wagon qui pue la bouse de vache. Au septième cours, ils sont dix. Au quinzième, Diamante se retrouve seul avec Miss Campbell. Les *dago* ne manifestent malheureusement guère d'intérêt pour les avantages de la langue américaine, et la pédagogue sera contrainte d'aller offrir ses trésors aux camps des Ukrainiens, des Hongrois ou des Finnois.

« Oh, non, Miss, implore Diamante. Ne partez pas. Je suis prêt à me convertir au méthodisme. »

Miss Campbell sourit. Elle n'est pas venue acheter l'âme d'un waterboy. Malgré tout, elle lui offre un livre. Non pas la *Holy Bible* dont ils viennent de commencer l'étude. Le livre est écrit par un certain London Jack et s'intitule *The Call of the Wild.* C'est l'histoire d'un chien qui à force d'être vendu, battu et humilié revient à la férocité de la vie sauvage. D'après Miss Campbell, l'ouvrage devrait plaire à Diamante. En fait, il a un mal fou à comprendre l'intrigue et finit par déclarer forfait à la page 47. Pendant des années, il se demandera quel a pu être le sort de l'indomptable chien Buck.

A la mi-août, le sac de la poste arrive enfin, mais il n'y a aucune lettre pour Diamante Mazzucco. Peut-être Vita n'a-t-elle pas reçu sa carte de Cleveland. A moins qu'elle n'en ait pas été contente, à cause de son ton un peu constipé. Il faut qu'il lui récrive sans avoir honte de lui dire combien il l'aime. Les camarades du camp, qui s'y connaissent mieux que lui, affirment que les mots sont aussi indispensables aux femmes que les actes impurs aux hommes. Lorsque Diamante saisit la plume, cependant, il s'aperçoit qu'il ne parvient pas à plier les doigts. A force d'agripper la corde des seaux, il a pris l'habitude de toujours serrer les poings. C'est peut-être pour ça qu'il a sans cesse envie de se bagarrer... Il remue ses doigts pour les assouplir. A partir de maintenant, il devra faire des exercices tous les soirs s'il ne veut pas attraper des rhumatismes ou l'arthrite déformante.

*Chère Vita,*

*Je n'ai pas encore pu te faire venir, mais je fais des économies et le moment approche. Je te garantis que je pense sans cesse à toi et que je n'oublie pas que nous nous sommes promis l'un à l'autre. Je n'aspire qu'à être avec toi et à ne plus te quitter.*

*A toi pour toujours Diamante*

Les fentes des planches du wagon laissent maintenant entrer l'automne. Quand le vent glacé du pôle Nord l'assaille, le wagon tressaute, vacille et frémit comme si la terre tremblait. Un nouveau sac de la poste arrive, début octobre, mais il n'y a toujours pas de lettre pour le waterboy.

Crocefisso Cassano soutient que la plupart des lettres de leurs femmes ne parviennent jamais aux pelleteurs : quelqu'un les vole avant. La Compagnie préfère leur éviter les accès de nostalgie... Si on a assez d'argent, on peut les racheter. Sinon, il faut se résigner à l'idée qu'un autre les lit et se vante d'avoir une amoureuse qui l'attend quelque part.

« Mais c'est *mon* amoureuse, dit Diamante.

— Pour l'instant, il semble que ce soit celle de Giobatta Reato », répond Crocefisso.

Diamante débourse trois dollars pour la lettre de Vita. Il la lit avec mélancolie, les yeux mouillés. Cela dit, la lettre est adressée à un certain Pietro par une dénommée Assunta. Quand Diamante se plaint et réclame son argent, Reato refuse de le rembourser. Il affirme qu'il lui a fait une faveur, car il n'y a aucune lettre signée Vita.

A la fin de la saison, Diamante est fermement décidé à lâcher les chemins de fer pour se trouver un travail quelconque à Cleveland. Mais il s'est trompé dans ses comptes. Une fois ôtés les frais – pour le logement, l'usure de la couverture de cheval et des outils de travail, l'achat de produits alimentaires, les amendes pour les infractions et les retards apportés au plan de travail impraticable que le chef d'équipe a élaboré afin de ne pas se faire virer avec tous ses hommes au profit d'un autre groupe encore plus désespéré –, non seulement il ne lui reste plus un sou à envoyer à ses parents et à mettre de côté pour aller retrouver Vita ou lui demander de le rejoindre, mais il doit de l'argent au chef d'équipe qui l'a engagé. Pour éponger cette dette, il n'y a qu'un moyen : travailler pour lui pendant encore une saison.

Il passa l'hiver dans la pension de la belle-mère de Calamara, un wagon crasseux échoué dans les terrains vagues s'étendant derrière la gare de marchandises de Cleveland. L'endroit était hanté par les coups de sifflet et les lueurs des fanaux, par des chocs errants et la rumeur des trains. Décidé à gagner la somme nécessaire pour sortir des griffes du chef d'équipe, il prospecta le quartier italien, coincé entre la Cent dix-neuvième et la Cent vingt-cinquième rue. On lui conseilla de tenter sa chance au port, à la raffinerie de la Standard Oil ou dans les fabriques de papier, mais le salaire ne lui permettait même pas de payer son loyer. Il travailla dans une fonderie et sur un chantier naval. Il vendit des crèmes contre les hémorroïdes et des pommades contre les durillons. Dans un enivrant gratte-ciel de vingt étages, il fut préposé aux crachoirs des ascenseurs, où les employés des bureaux exprimaient leurs déceptions. Puis il se consacra aux lettres : il les déchiffrait et les écrivait pour les analphabètes de la communauté, en essayant d'imaginer ce que leurs destinataires en Italie avaient envie de lire. Pour finir, il remplaça un facteur. Distribuer des lettres l'emplissait d'une joie indescriptible. Il lui semblait que ce sac gonflé de papier contenait tous les mots du monde, y compris ceux qui avaient été écrits pour lui. « Cher Diamante, je suis heureuse que tu te portes bien. Je vais bien, moi aussi. Je n'en écris pas long car je n'ai jamais aimé manier une plume, mais je suis pour toujours ta promise Vita... » Diamante pédalait au-delà du quartier italien, loin des rails et de l'odeur des trains. Parfois les chiens gardant les pavillons de banlieue des blonds lui déchiraient son pantalon, mais il s'en fichait en songeant qu'il allait recevoir une lettre de Vita. Puis le facteur en titre revint, et il éprouva jusqu'à la fin de ses jours un dégoût insurmontable pour les lettres des autres.

Et il dut retourner auprès des forçats des wagons. Cloués aux rails, même en hiver. Courbés sur les aiguillages gelés, occupés entre deux signaux lumineux à déblayer avec leurs pelles la neige recouvrant les traverses. Quand les locomotives surgissaient dans un nuage de fumée, elles n'étaient qu'une vibration qui se propageait dans leur chair, sans qu'ils réussissent à les apercevoir. Elles passaient comme des fantômes exhalant une odeur de feu et de rouille. C'étaient des hommes perdus, violents, privés de femmes. On les appelait les oiseaux migrateurs, mais loin d'être poétique cette image évoquait plutôt des rapaces avides, sinistres. Après la mauvaise saison, cependant, les migrateurs sont censés retrouver le chemin de leur patrie...

Au contraire, le printemps venu, Diamante constata que sa dette envers le chef d'équipe avait doublé. Il dut recommencer, trois cents milles plus à l'ouest. Il changea d'Etat, de compagnie, de paysage. Il ne savait même pas où il se trouvait. La nuit était tombée quand il était arrivé au camp, dans un wagon plombé où ne filtrait qu'un pâle rayon de soleil. Lorsqu'il fit jour, il ne vit que la voie ferrée brillant entre les cailloux dans un univers aplani, comme privé de forme et de dimension, où elle poursuivait vainement l'azur du ciel. De nouveau les rails. De nouveau le wagon de marchandises brûlant, les anchois pourris, les allers et retours incessants avec le joug sur les épaules et l'eau clapotant dans les seaux. De nouveau la vision tremblante d'hommes alignés sur la voie, et l'ombre malingre d'un garçon traînant deux seaux de bois.

Mais Diamante était content d'être le waterboy. Il se sentait semblable à l'eau. Sans saveur, sans odeur, sans qualités apparentes, indépendant de la terre et du ciel, fluide, malléable, disponible, prêt à prendre la forme de tout ce qui le contient, mais en réalité immuable, résistant et même, à l'occasion, dangereux, mortel et en tout cas *nécessaire.* Contrairement à lui, les gens de son village avaient peur de l'eau – « l'eau et la mort attendent toujours derrière la porte », disait le proverbe. Elle n'avait jamais amené que maladies et invasions, malaria et sarrasins. Sa mère lui avait souvent raconté la dernière incursion des corsaires, qui avait marqué d'un sceau funeste l'année 1860. Ils avaient débarqué sur la plage de Scauri et étaient montés piller Minturno et les villages voisins, en massacrant adultes et enfants jusque dans les ruelles de Tufo, si bien que des ruisseaux de vin et de sang coulaient le long de la via San Leonardo. Angela, âgée de six ans, avait sauvé sa vie en se cachant dans une corbeille. Par la suite, cependant, elle n'était plus jamais allée au bord de la mer, qui ne se trouvait pourtant qu'à quelques kilomètres. Pour Antonio aussi, l'eau n'était que l'ennemie perfide de ses espérances. Durant ses deux traversées malheureuses il avait souffert du mal de mer, et la ville où il ne devait jamais arriver lui sembla édifiée sur l'eau, comme les rêves irréalisés. Mais Diamante n'y avait jamais cru. L'eau n'était que le miroir de son inquiétude et le chemin de sa fuite.

Elle venait à lui, et il la débusquait dans toutes ses cachettes. Eau stagnante des marais, où barbotent larves opportunistes et crapauds irascibles. Eau pure au fond d'un puits. Eau si verte du Garigliano, s'écoulant sans barrières et sans règles vers son embouchure à travers la plaine desséchée. Eau bleue de la Méditerranée, qui l'avait toujours invité à la distance, au départ, à la liberté. Et la grande eau, enfin, l'océan couleur d'indigo, s'étendant brumeux et infini sous les pâles étoiles de l'Atlantique. D'ailleurs, le bleu était la première couleur que Diamante eût vue, car Angela l'avait mis au monde dans les champs de la plaine du Garigliano, où elle était descendue à l'aube, malgré sa grossesse avancée, une corbeille sur la tête, afin de récolter de la chicorée. Dans le village, on expliquait ainsi les yeux bleus de la mère et du fils au milieu de tant de regards noirs. Et maintenant il aimait aussi l'eau américaine qui clapotait, prisonnière, dans les seaux de bois, en reflétant la limpidité impitoyable du ciel. Peu à peu, cependant, il commença à rêver de s'enfuir, d'abandonner seaux, pelleteurs et voies ferrées. De devenir pour de bon un oiseau de passage, un migrateur guidé non par la faim mais par le rythme des saisons. D'être libre. Il rêvait de prendre un de ces trains dont le sifflement déchirant de sirène, dans le lointain, le faisait tressaillir.

Son train l'amenait à la Penn Station. Il descendait, traversait des rues qui lui étaient devenues plus familières que celles du village de ses parents. Il marchait en serrant entre ses lèvres la chaîne d'or et sa croix, en se laissant conduire par le bonheur, et soudain il reconnaissait l'odeur rance de la cour de Prince Street. Son rêve éveillé n'allait pas plus loin que l'escalier, car il s'interrompait toujours avant l'apparition de Vita. Il ne voulait pas contraindre sa radieuse fiancée à partager avec lui les nuits dans le wagon de marchandises, les poux et les rails. Il avait envie d'un sort meilleur, pour elle. Tandis qu'il avançait courbé sous le poids de l'eau, pressé par ses camarades qui parfois l'insultaient ou le frappaient parce qu'il allait trop lentement, il se demandait comment il pourrait se présenter à son amoureuse aussi loqueteux qu'un vagabond, sans un dollar en poche, retourné comme le chien Buck à l'état sauvage. Il n'était même plus capable de parler dans sa propre langue. L'équipe ne comprenait parfois que des montagnards du Nord, qui vivaient entre eux et faisaient la fierté des inspecteurs écossais. Quant aux Calabrais, il ne les comprenait pas et se contentait d'échanger avec eux le soir, dans l'obscurité du wagon, quelques mots en lingua franca, c'est-à-dire en américain. Il en fut réduit à essayer de se faire accepter par les Celtes, à mendier leur respect.

Un jour, un inspecteur envoyé par le gouvernement italien pour vérifier les conditions de vie des *railroad workmen* lui demanda d'où il venait. Diamante répondit : de Turin. L'homme voulut savoir s'il était apparenté à ce vieux Federico Mazzucco, l'horloger de la via Lagrange, et Diamante se risqua à prétendre que c'était son grand-père. Du coup, l'inspecteur l'invita à boire un verre de quinquina et se mit à parler dudit Federico Mazzucco, qui avait participé à l'expédition des Mille et failli se faire tuer, tout ça pour appeler des Italiens ces canailles qui donnaient maintenant l'impression aux Américains que l'Italie était un pays de pouilleux. Il aurait encore mieux valu ne pas faire l'Italie du tout, et tout laisser comme c'était avant. Diamante fut indigné par ces propos, mais il lui dit qu'il avait raison. Après le départ de l'inspecteur, cependant, il eut honte d'avoir vendu sa fierté à la Great Northern Railway Line.

Il fut alors assailli par un doute affreux : et s'il avait vendu quelque chose de plus précieux encore – son avenir ? Dans ces moments-là, pour se rassurer, il gardait la chaîne d'or entre ses lèvres. La nuit, il la glissait dans sa bouche et la serrait entre ses dents. Il avait tout vendu, mais il lui restait la certitude tenace qu'il s'en sortirait d'une manière ou d'une autre. Il ne se présenterait pas devant Vita les mains vides.

Si Diamante fourre la chaîne d'or dans sa bouche, c'est qu'il a peur des bandits depuis qu'ils ont fait irruption dans le wagon-dortoir, le jour de la paie, et sont repartis avec leurs salaires. Comme les pelleteurs n'étaient pas disposés à se laisser dépouiller, il s'ensuivit une terrible bagarre à laquelle le waterboy participa avec une fureur déchaînée et un talent indiscutable. Mais il n'y avait rien à faire, car les assaillants étaient armés de haches et de poignards. Après leur départ, le wagon était maculé de sang et des plaintes s'élevaient de toutes parts pour une main, une pommette ou un nez cassés. Un silence empoisonné, lourd de rancœur, s'était abattu sur les hommes dévalisés, rossés et bouleversés.

Et pourtant, ce ne sont pas les bandits des autres camps qui ont volé à Diamante ce qu'il avait de plus précieux, mais ses propres camarades. Les gens du Nord disent que les méridionaux n'ont aucun esprit de classe et que c'est la cause de leur arriération. Diamante n'avait jamais entendu parler de cet esprit de classe, mais il a appris que ses soi-disant camarades sont capables de fendre le crâne d'un des leurs ou de le jeter dans le fleuve pour une poignée de sel ou un bonnet. Tel le bonnet de laine que Vita lui avait tricoté – ils le lui ont volé à la fin de sa deuxième saison. Dans les plaines, le froid est impitoyable. Deux jours plus tard, le bonnet réapparaît sur la tête de Raffaele Rotundo. En dehors de la chaîne-talisman et de la photo prise à Coney Island, ce bonnet est tout ce qui lui reste de Vita.

Il décide de reprendre son bien. Pendant que Rotundo dort, il le lui dérobe en l'enlevant de sa tête avec l'adresse d'un prestidigitateur. Pelotonné sous la couverture de cheval, il presse le bonnet contre sa bouche en tentant de reconnaître dans l'odeur rancie de la laine le parfum de Vita. Vita sent le romarin, la sauge et les pignons, le pouliot, le sucre et la mélisse. Elle ne lui a jamais écrit. Pas une ligne. Mais il doit y avoir un malentendu, car elle n'est pas du genre à manquer de parole... Les pelleteurs lui sautent dessus pendant qu'il manœuvre le chariot. Ils s'étaient dissimulés derrière une rangée de peupliers. Personne ne peut sauver le waterboy. Ils défoncent ses seaux en les piétinant avec leurs brodequins. Ils le traînent dans l'herbe et le rouent de coups jusqu'à ce qu'il se résigne à tirer de sa salopette le chiffon en laine. Rotundo le lui fourre dans la bouche, le lui enfonce dans la gorge à coups de pied. Diamante ne peut plus respirer, étouffé par le bonnet de Vita. « C'est elle ? lui demande Rotundo en agitant le cliché pris à Coney Island. C'est ton amoureuse ? » Diamante allonge la main, mais quelqu'un le cloue au sol et il ne peut plus bouger. Ils se passent la photographie. Diamante ne peut entendre ce qu'ils disent – le sang bouche ses oreilles. Quand il voit Rotundo glisser la photo de Vita dans la poche de son jean, il se dégage et se jette sur lui. A défaut de la garder, il faut au moins qu'il la détruise, car ici l'image d'une femme est encore plus précieuse qu'une croix en or. Les hommes sont capables de se masturber en regardant le goulot d'une bouteille ou même le cul fripé du chien de Calamara – que dire alors d'une fillette brune qui sourit... Mais Diamante a le dessous. Ils le flanquent sur le chariot. Il ne saura jamais qui a fait éclater sa lèvre d'un coup de pied.

La plaie saigne pendant des heures, gonfle et s'infecte. Mâcher devient une opération aussi douloureuse que se faire arracher une dent. La croûte rugueuse ne cesse de se fendiller et Diamante ne parvient plus à sourire. Du reste, il n'en a pas envie. Il n'éprouve plus qu'une colère furieuse – contre le monde, le destin, ses employeurs, les capitalistes, les exploités lâches et stupides, les bandits et les corniauds. Avec le temps, la bouche reprend son aspect ordinaire et la colère elle aussi s'affaiblit. Cependant la lèvre reste imperceptiblement plissée, comme s'il était perpétuellement mécontent ou sur le point de manifester sa désapprobation. Cette cicatrice, même le temps ne put l'effacer : elle resta la seule trace indélébile de ses années américaines.

Le temps passait comme le vent sur la plaine, sans rencontrer de résistance. 1907 tira à sa fin, puis 1908. Nombreux furent ceux qui retournèrent dans leur patrie. Diamante suivit la direction opposée : les rails l'entraînaient vers l'Occident. Plus à l'ouest que tout ce qu'il voulait, plus à l'est que tout ce qu'il attendait... La panique gagna le pays. L'Amérique traversait une de ses crises « physiologiques » récurrentes, les compagnies fermaient leurs portes, les sociétés cotées en Bourse faisaient faillite et les équipes des chemins de fer se retrouvaient oubliées au bout d'une voie. A la fin de 1908, celle de Diamante fut abandonnée dans un camp perdu du Minnesota. L'entrepreneur s'était enfui avec leurs derniers mois de salaire quand la Compagnie avait annoncé qu'elle ne renouvellerait pas leur engagement : le titre avait perdu la moitié de sa valeur lors du krach de Wall Street. Les chantiers fermaient. Il fallait attendre. On était en pleine campagne électorale. Peut-être la crise serait-elle de courte durée ? Les républicains assuraient qu'ils répareraient les désastres qui étaient l'héritage de huit années euphoriques de présidence Roosevelt. Le sourire optimiste de Theodore fut renié en hâte, en même temps que ses chasses spectaculaires au loup et au chat sauvage et que ses promesses ronflantes de détruire le pouvoir des trusts, lesquels en fait le finançaient. Le nouveau président fut William Taft, un politicien dont l'énorme embonpoint promettait l'opulence pour tous. Les « hommes d'airain » n'avaient pas le temps d'attendre la reprise. Ils prirent d'assaut par milliers les paquebots des compagnies Veloce, Lloyd Sabaudo et Navigazione Generale Italiana : ils fuyaient. Parmi eux se trouvait Giuseppe Tucciarone. Lorsqu'il arriva à Tufo, en 1908, il remit à Antonio une lettre de Diamante. Elle disait : *Ma santé est bonne, j'ai du travail, vous recevrez bientôt des versements, ne vous inquiétez pas pour moi.* Diamante n'était pas rentré au pays. Quelque part en Amérique, quelque chose l'attendait – il ne savait pas quoi, mais il voulait le découvrir.

Il tint bon. Il resta. Il ne devint pas plus pelleteur que chef d'équipe. De même qu'il avait été incapable de siffloter au passage de Prophète, il n'aurait jamais pu menacer ses camarades ou les frapper. Il ne l'aurait pas voulu, en fait : il n'en avait ni l'envie ni l'ambition. Il ne fit pas carrière dans les camps. Même quand il eut seize, dix-sept puis dix-huit ans, il demeura un waterboy. Il devint un vrai maître dans l'art de transporter de l'eau... A l'aller, il convient d'avancer d'un pas rapide et régulier, en équilibrant les seaux avec son corps. Ils doivent rester parallèles aux épaules, en dessinant une croix avec le dos bien droit, les jambes souples et les mains tenant fermement la corde, environ cinq palmes en dessous du joug. Diamante apprend quelques trucs, comme de percer un petit trou au fond des seaux afin qu'ils s'allègent chemin faisant et que l'eau pèse moins lourd. Au retour, il ne faut pas adopter la même technique qu'à l'aller. Le dos doit se détendre, les muscles engourdis des bras se relâcher, le sang couler posément : il faut marcher lentement et économiser son énergie, car l'essentiel, c'est de profiter de ces brefs instants de liberté avant de ployer de nouveau sous le poids du chargement. De temps en temps, il est bon d'arrêter le chariot à peu près à mi-chemin entre le wagon et le lieu de travail de l'équipe, afin de regarder tranquillement le ciel où brille un soleil empourpré comme une contusion.

Il dansait entre les rails, l'esprit vide, loin de tout et de tous. Les traverses étaient étrangement disposées, trop proches ou peut-être trop éloignées les unes des autres... Il écoutait les bruits du silence, l'eau suintant par les fentes du seau, le vent giflant l'herbe, les averses soudaines crépitant sur les traverses. Parfois il chantait pour scander ses pas, en balançant ses seaux, les paroles que Vita lui avait enseignées dans un passé qu'il ne savait même plus dater... Le souvenir de Vita faisait resurgir, intacte, une souffrance ancienne, lancinante et irrémédiable. Cette souffrance était bienfaisante. Il finit par acquérir un tel automatisme que son corps, les seaux, l'eau qu'ils contenaient, le chariot, les rails, le joug, les cordes et les traverses ne firent plus qu'un. Son corps avait mémorisé chaque mouvement, qu'il ne devait plus jamais oublier.

Au début de l'année 1909, il n'avait toujours pas trouvé le moyen d'échapper à la fatalité de ces rails ignorant virages et déviations. Leur ligne droite inexorable lui disait qu'il n'y avait pas d'avenir dans les chemins de fer – pas plus que dans un bagne.

Durant toutes ces années, Diamante vécut coupé du monde. De même qu'il ne savait rien de Vita, Nicola ou Geremia, il n'avait aucune idée de ce qui se passait chez lui, en Italie. La nouvelle de la mort d'Amedeo n'arriva pas jusqu'à lui : il ne devait l'apprendre que des années plus tard. Il continua longtemps à porter de l'eau en pensant à l'avenir de son petit frère. Quand il reprit sa correspondance avec son père et lui suggéra de le lui envoyer en Amérique, car il était son préféré et il avait envie de l'avoir à son côté, Antonio n'eut pas le courage de lui répondre qu'Amedeo ne pourrait jamais le rejoindre. Il était mort à treize ans, un moustique lui ayant inoculé la malaria alors qu'il nageait dans les étangs du Garigliano, un après-midi d'été. Diamante n'entendit même pas parler du tremblement de terre dévastateur de Messine. Une seule nouvelle lui parvint dans les grandes plaines, avec la violence d'une explosion de dynamite. Ahuri, il la lut sur une feuille graisseuse d'un vieux journal servant à emballer les sardines dans le *pluck-me store.* Cette nouvelle ne le concernait pas. Et pourtant, elle éveilla en lui une inquiétude inexplicable, comme un obscur avertissement.

Enrico Caruso, l'idole des foules, dont toutes les femmes étaient folles et qui recevait chaque soir dans sa loge des admiratrices hystériques prêtes à tout pour attirer un regard du fougueux Italien – quitte à le dénoncer pour comportement incorrect s'il ne répondait pas à leurs avances – ce roi des séducteurs avait été trahi. Par sa femme, c'est-à-dire la seule dont il se souciât. Pendant qu'il vendait sa voix en chantant dans tous les théâtres d'Amérique, la compagne qui partageait sa vie depuis près de dix ans l'attendait en Italie – dans la villa toscane que Caruso, comme n'importe quel Italien l'aurait fait à sa place, avait achetée dès que le succès lui avait souri. Soprano douée d'un certain talent, cette femme avait renoncé à sa carrière, comme n'importe quelle Italienne était censée le faire et comme Diamante espérait que la sienne le ferait elle aussi un jour : elle avait décidé de vivre pour lui. De sacrifier son monde et ses ambitions, si elle en avait, à la gloire du ténor. Lequel ne pouvait passer que l'été dans cette villa monumentale, pompeusement baptisée Bellosguardo et bourrée d'armoires baroques, de bahuts Renaissance et de bergers de crèche en carton-pâte. En mai 1907, un correspondant anonyme eut l'honneur de l'informer que sa bien-aimée vivait dans ladite villa *more uxorio* avec un autre. Un certain Cesare Romati. Le chauffeur...

Caruso n'ajouta pas foi aux ragots. Il méprisa les nouvelles qui traversaient l'océan pour venir frapper à la porte de son appartement, au treizième étage de l'hôtel Plaza. Il ne voulait croire qu'Ada. Il partit et elle vint le chercher à la gare de Milan. Le chanteur décida de se montrer magnanime. Comme il l'aimait plus que jamais, malgré ou à cause de sa trahison, il lui dit qu'il préférait ignorer cet épisode et continuer – ou recommencer – leur vie commune. A une seule condition, néanmoins : elle devait renvoyer le chauffeur et ne plus jamais le revoir. Ada accepta et ils se réconcilièrent.

L'automne venu, Caruso quitta sa bien-aimée retrouvée pour entreprendre une tournée en Hongrie, qui se conclut par un fiasco. Il chanta à Vienne, Leipzig, Hambourg, Francfort, Berlin. Puis il retourna à New York, en novembre. Au printemps suivant, en rentrant en Italie, il apprit l'atroce nouvelle qu'Ada s'était lassée de l'attendre. Elle était partie avec le chauffeur. Caruso passa le mois de juillet à les poursuivre à travers l'Italie et même en France, avec un acharnement aussi indécent que pathétique. En vain. Son ami de New York, Marziale Sisca, directeur de la revue « La Follia », reçut une lettre désespérée du ténor : « On m'a brisé le cœur au moment le plus beau de ma vie ! J'ai tant pleuré, mais les larmes n'ont servi à rien ! J'espère qu'avec le temps mon pauvre cœur frappé d'un coup si soudain pourra guérir et que la vie sera plus brillante pour moi. »

La nouvelle des « troubles of a tenor » fut abondamment reprise par la presse, car tout ce qui concernait l'idole – y compris la coupe de sa moustache – faisait la une des journaux. Cet épisode avait aussi l'intérêt de contraster avec l'image d'amant prodigieux du mâle italien qui commençait à faire son chemin dans l'imaginaire américain. Les peines de cœur de Caruso occupèrent le « Daily Telegraph » et même l'austère « New York Times ». Un quotidien de Montevideo envoya un journaliste pour lui demander comment il se sentait. Sa réponse fut lugubre : « J'espère ne pas mourir vieux. En règle générale, la mort est préférable à la vie. »

En somme, il avait reçu un coup mortel. Il annula tous ses contrats. Il voulait disparaître dans quelque trou perdu du monde. Rester seul. Il se rendit à Tunis, à Naples, à Leipzig. Puis il retourna à New York où, naturellement, il dut se remettre à chanter – *the show must go on.* Et il chanta, même s'il savait que le moindre spectateur du poulailler connaissait son histoire et le scrutait avec ses jumelles pour voir comment il parvenait à dissimuler l'angoisse de l'abandon – mal, semble-t-il, malgré tout son talent d'acteur. Il chanta, mais il sombrait dans une mélancolie vertigineuse dont en fait il ne se remit jamais.

A la fin du mois de janvier 1909, la fugitive se présenta, sans se faire annoncer, à l'hôtel Knickerboxer où il s'était installé pour oublier le Plaza. Caruso jaillit de sa baignoire pour la chasser. Grooms, liftiers, portiers, voisins de chambre, curieux et admirateurs entendirent avec délice les hurlements du chanteur et les pleurs de l'infidèle (et vice versa). Ils s'insultèrent abondamment, puis Ada repartit avec un chèque – qu'elle trouva misérable car ce n'était pas de l'argent qu'elle était venue chercher – et un désir féroce de revanche. Caruso resta seul avec sa colère et ses regrets. Peu après, il fut victime d'un effondrement nerveux, le premier d'une série devant se répéter régulièrement dans les années à venir. On découvrit qu'il avait un nodule hypertrophique au larynx, qui pouvait aussi bien être un cancer. Il cherchait sans le savoir à détruire l'unique bien vraiment précieux qu'il possédait : sa voix. Il fallut l'opérer, mais personne ne savait s'il remonterait jamais sur une scène. On tailla dans sa gorge à coups de bistouri. Même ses admirateurs les plus fervents affirmaient qu'Enrico Caruso était fini.

Diamanta rumina ces événements pendant des mois. La morale de l'histoire, c'était qu'on ne pouvait laisser seule une femme si longtemps, car la trahison n'était qu'une question d'occasion. Et tôt ou tard, l'occasion se présentait... Il devait absolument se débrouiller pour quitter les chemins de fer et retourner à New York.

## Le droit au bonheur

Le phallus se dresse contre le ciel décoloré par la canicule. Il surgit au-dessus des têtes, comme un cierge votif. Qui sait s'il s'élève pour implorer fertilité et dureté, ou pour remercier d'avoir obtenu l'une et surtout l'autre. La foule se pressant des deux côtés de Mott Street vibre, frémit d'excitation, tressaille et entraîne Vita, qui se retrouve engloutie dans le cortège. Elle se dresse sur la pointe des pieds, pousse et joue des coudes, mais en vain car au-delà des dos, des corps et des cris il n'y a que la statue, suspendue en un équilibre précaire sur des dizaines d'épaules. L'effigie se penche en avant, comme pour bénir, vacille en arrière, comme sur le point de tomber, s'incline sur le côté, se redresse, se remet d'aplomb. Et le phallus majestueux a disparu.

Les gens agitent des centaines de petits drapeaux tricolores en papier, distribués par les associations qui voudraient transformer même un saint en patriote. En fait, ils les agitent surtout pour s'éventer, car bien qu'il ne soit que dix heures du matin l'air est lourd et épais comme une eau stagnante. Les curieux venus des beaux quartiers pour assister sans bourse délier à un spectacle d'« authentique folklore méditerranéen » sont reconnaissables à leurs visages violacés, mais ils ne sont pas aussi nombreux que pour la fête de saint Janvier. Le seize août, les Américains de *uptown* ont quitté la ville. Dans le quartier, au contraire, personne ne s'en va. Les garçons n'ont jamais manqué une procession, les années précédentes. Non pas pour le saint, mais pour les phallus. Celui qui touchera à cette occasion le bourgeon arrosé d'eau bénite de la statue s'assurera une virilité sans faille. Si Diamante est de retour à New York, Vita est sûre de le rencontrer dans cette foule.

Le saint a un regard indulgent. On a peint sa bouche en carmin et ses mains en ocre afin que son teint soit présentable, mais comme c'est le patron des malades et des pestiférés, des pétéchies criblent ses joues et des pustules déforment son nez. Pour cette raison, il est le favori des garçons, qui combattent l'acné à longueur de jour. C'est le seul saint dont Coca-Cola implorait le nom en contemplant avec horreur les boutons surgissant sur son front. Peut-être aussi devait-il sa popularité au fait d'être le protecteur des prisonniers. En tout cas, il s'agit d'un saint compréhensif, car il a beaucoup souffert. C'est pourquoi, depuis l'instant où il est sorti de l'église de la Transfiguration, les gens se battent pour embrasser sur son corps les bubons de la peste. Et même si les organisateurs font exploser pétards et feux de Bengale qui colorent de fumées rouges le blanc brumeux du ciel, même si le roulement rythmique des tambours devient assourdissant et déchaîne les danses en transformant la procession en une vague de corps suants et gesticulants, tout le monde prie sérieusement et ceux qui ne croient pas aux miracles se surprennent eux-mêmes à faire le signe de croix. Car nous sommes tous blessés et contaminés par une peste quelconque, même si nous ignorons laquelle.

A Mott Street, rien n'a changé. La taverne du père d'Elmer est toujours là, avec ses tables dépareillées et sa vaisselle en fer-blanc. Au carrefour de Spring Street, Gennaro Lombardi tient toujours sa boulangerie où il est le seul dans toute l'Amérique à vendre de la pizza. Vita aperçoit aussi le bazar chinois où Diamante lui a acheté un châle en soie, il y a tant d'années. Elle retrouve même l'enseigne du docteur Vincenzo Cione, distributeur de la FOSFYMBINA du professeur Carusi, membre de l'Université Royale de Naples, un remède capable de guérir radicalement l'impuissance fonctionnelle. Les garçons de Prince Street s'amusaient à couvrir de quolibets obscènes les malheureux qui entraient au n° 178. A cette époque, Vita ne savait même pas ce qu'était l'impuissance fonctionnelle – en fait, elle l'ignore toujours. La procession l'entraîne dans la direction opposée et l'empêche de se précipiter à Prince Street, de se risquer dans l'escalier glissant et de vérifier si la porte de son ancien foyer s'orne encore d'une corne contre le mauvais œil. Mais le passé reviendra quand la lune sera toujours pleine, quand la mer sera aussi calme qu'un miroir et quand les chats commenceront à parler... Il ne sert à rien de regarder en arrière.

Vive saint Roch ! Il nous guérira du typhus et de la tuberculose, de la syphilis et de la néphrite, de la folie furieuse, du trachome, de la silicose et de tout le reste. Ceux qui implorent une grâce et ceux qui l'ont déjà obtenue se traînent derrière la statue, en brandissant l'objet de leur gratitude : une jambe taillée dans un morceau de cèdre par le meilleur ébéniste du quartier et qui leur a coûté toutes leurs économies, un téton de cire au mamelon rosé, lequel plonge dans l'extase puis finit par horrifier les deux journalistes du « World », un pied semblant façonné dans une matière organique, un poumon, un cœur de tissu et enfin des phallus, une foule de phallus en bois, en pierre, en porcelaine, en carton-pâte, en terre cuite... Elle l'a retrouvé. Le regard de Vita se fixe, ébloui, sur le phallus de marbre blanc. La femme qui le porte ne regarde personne et ne s'intéresse à rien d'autre. Elle sourit, en murmurant une prière connue d'elle seule.

Soudain, dans la confrérie des porteurs courbés sous le poids de la sainteté, trempés de sueur et accablés de chaleur et de fatigue, elle le reconnaît. Il est si grand que de son côté il semble que saint Roch va trébucher à force de s'élever. Ses bras sont robustes, habitués à déplacer les objets lourds servant à lester. Il porte un costume croisé sombre à six poches, qui contraste outrageusement avec le misérable habit de pèlerin du saint. Ses cheveux sont luisants de brillantine. Il a les joues lisses et ses yeux noirs sont ombragés par des cils si longs qu'on les croirait retouchés au rimmel. Ce visage serein et distant, ce sourire mystique appartiennent bel et bien à Merlu. Vita sursaute, fait un pas en arrière et essaie de se cacher, mais trop tard pour se soustraire au regard de Rocco, qui incline la tête de côté pour mieux offrir son cou au martyre. Il semble stupéfait de la voir, mais elle croit lire aussi dans ses yeux un certain contentement. Il lui fait un petit sourire, comme le premier jour où elle l'a rencontré, dans la cuisine bondée de Prince Street, six ans plus tôt.

Mais où donc est Diamante ? Ce n'est quand même pas ce gringalet adossé au porche de l'église ? Mon Dieu, il lui ressemble, c'est lui... Mais non, voyons, il n'a pas les yeux bleus. Ce n'est qu'un petit voleur venu gagner son pain. Le quartier au grand complet suit la procession. Même si cette fête était à l'origine celle des Lucaniens, elle est maintenant célébrée par tous car les saints, comme les vagabonds, n'ont pas de patrie. Vita reconnaît ses anciens voisins de palier, les vendeurs ambulants, les commerçants. Ils sont tous là : pharmaciens, médecins, sages-femmes, charlatans, entrepreneurs de pompes funèbres, fabricants de cercueils pour le compte de Cozza. M. Bongiorno est venu en personne, coiffé de son panama et balançant sa canne en bambou. Elle aperçoit même les commis nègres, et les amis des amis... Dans cette foule qui prie, danse, demande pardon, pleure et s'agite en proie au désespoir ou à la nostalgie, Rocco lui-même est sans doute venu expier quelques péchés capitaux – mais Diamante n'est pas là.

« On le voit plus à Prince Stretto », l'informe le crieur de journaux qui implore Vita de lui acheter *le dernier* qui lui reste sur les bras...

Elle le reconnaît, lui aussi. C'est Giose Cirillo, dit Cherry, un gamin qui quelques années plus tôt vendait « L'Araldo » avec Diamante.

« La dernière fois qu'on l'a vu, il était dans l'Oaio. Il faisait le waterboy aux chemins de fer.

— L'Oaio ? soupire Vita. Je sais bien qu'il est allé là-bas. Mais où est-il maintenant ? »

Il l'observe avec émotion. Elle va sur ses quinze ans. Ses cheveux relevés sur les oreilles laissent à découvert la chair voluptueuse de son cou. Sa robe rayée la moule étroitement et l'étoffe légère dessine les rondeurs éloquentes de ses seins. Giose Cirillo se sent tout chose et profite de la confusion générale pour se presser contre elle. Pendant un instant, il savoure le contact de son corps ferme.

« Je sais pas, Vita, répond-il d'une voix béate. Quelque part dans l'Ouest. »

La procession s'engouffre derrière la statue dans l'église du Très Précieux Sang, au 115 Baxter Street. Comme il n'y a pas assez de place pour tous, la foule déborde des portes et s'entasse dans la rue. Le reste reflue vers les étalages et cherche un peu de fraîcheur à l'ombre des bannes des magasins. Vita n'est pas étonnée que Diamante soit parti pour l'Oaio. Où pouvait-il aller ? Il y a d'autres garçons du village, là-bas. Mais pourquoi n'a-t-il pas répondu à ta lettre, Vita ?... Tu lui écrivais que tu voulais le rejoindre, comme convenu. Tu avais même gagné l'argent nécessaire en cousant le linge, au collège. Peut-être s'est-il fâché parce que tu as mis trop de temps à lui répondre ? Dix jours après son départ, il t'a envoyé une carte postale où l'on voyait le grand fleuve Oaio. Mais tu l'as reçue avec une année de retard, car plus personne n'habitait à Prince Street. Tu désirais tellement le rejoindre au bout des voies ferrées de la Compagnie. Tu voulais vivre avec lui et devenir la femme-enfant d'un waterboy. Mais peut-être Diamante préférait-il que les choses se passent ainsi. Il était sûr que tu ne t'en irais sous aucun prétexte, et qu'il lui suffirait de revenir pour te retrouver où il t'avait laissée : sur les rails des dépôts de l'Hudson River, d'où partent ces trains que tu ne prendras jamais...

Vita se glisse dans l'église, en se frayant un chemin à coups de coude parmi les femmes en vêtements de deuil. Dans la pénombre, elle entrevoit la statue, le prêtre revêtu de ses atours de cérémonie et, derrière l'autel, Merlu occupé à éponger sa sueur avec un mouchoir de soie et à rajuster sa cravate. Ce qui suit semble à Vita aussi absurde que si elle voyait Nicola dans le club des millionnaires ou elle-même en robe de religieuse : Rocco chante dans le chœur. Jésus, je ne rêve pas – il chante les louanges de Dieu. Que lui est-il arrivé ? songe-t-elle. Et moi, que suis-je devenue ?... En le regardant, pâle et ému dans son complet bleu foncé, elle se rappelle comme il se moquait de Geremia, quand ce dernier se levait aux aurores, le dimanche, pour s'éclipser dans l'escalier. Il lui disait que la messe était bonne pour les poux, qui se contentent de s'agripper comme des malheureux aux poils de la pine et restent dans cette position inconfortable pendant qu'elle s'amuse et se donne du bon temps. Et voilà que maintenant la voix de Rocco couvre toutes les autres – une voix juste, limpide et sincère...

« Merlu est généreux, il me prend toujours mon dernier journal, murmure Cherry en secouant Vita par la manche de sa robe. Et toi, qu'est-ce que t'attends ? T'as oublié comment ça marche ? Achète-moi mon dernier ! »

Pendant qu'elle fouille dans son sac à la recherche de quelques pièces pour le lui acheter, son sacré journal, le gamin chuchote que Rocco est à tu et à toi avec don Casimiro depuis qu'il suit le catéchisme pour sa confirmation.

« Il n'est pas un peu grand pour être confirmé ? » s'exclame Vita en riant.

Elle déniche un quart de dollar entre les peignes de corne et le tube de rouge à lèvres *kissproof* que lui ont offert ses amies du collège pour fêter son retour dans le monde mais qu'elle n'a pas encore osé utiliser.

« C'est vrai, mais quelle espèce d'homme tu es si t'as pas fait ta confirmation ? Un de ces jours, tu peux même pas te marier à l'église parce qu'on veut pas de toi...

— Merluzzo ne veut pas se marier, réplique-t-elle en souriant. Les gens se marient parce qu'ils n'ont pas le choix, ou qu'ils sont désespérés, ou qu'ils ne supportent pas l'idée de perdre quelqu'un. De toute façon, les bandits et les révolutionnaires n'ont pas de femmes. »

Giose Cirillo l'observe d'un air perplexe.

« C'est seulement qu'il avait pas de temps pour les femmes, décrète-t-il.

— Et il a le temps, maintenant ? » s'informe Vita avec précaution, en déposant la pièce dans sa main crasseuse.

Le petit crieur ne répond pas. Il lui tend son dernier journal de la veille et s'éloigne, triomphant, en l'abandonnant au milieu de l'extase dévote de la foule. Elle fixe avec stupeur Rocco en train de chanter l'*Ave Maria.* Malgré son nez écrasé de boxeur, ses blasphèmes et tous les gnons qu'il a distribués dans le quartier, il a l'air d'un ange. Et de son côté, il ne la quitte pas des yeux, comme si elle seule existait parmi toutes ces femmes armées de jambes, de tétons et de phallus en marbre. Il la parcourt du regard pour évaluer les changements qui se sont produits durant ces trois années, et Vita devine à son sourire qu'il les trouve positifs. Sans bien savoir pourquoi, son admiration la flatte. Elle ferait mieux de partir avant la fin de la messe pour rentrer à Harlem, où Agnello a trouvé refuge. Il lui a défendu de revoir Rocco, et elle-même veut essayer maintenant de vivre avec son père, de recommencer à zéro, comme si elle venait de débarquer. Mais elle ne bouge pas. Elle reste, comme si elle attendait Dieu sait quoi. Et lorsque le chœur s'est tu et que la cérémonie est achevée, elle laisse Rocco la rejoindre. Elle ne dit rien quand il passe son bras autour de sa taille, avec une intimité qu'elle ne devrait pas lui permettre.

Elle se retrouve en train de lécher une glace à la vanille, dans la chaleur qui suffoque les rues maintenant que le soleil de midi est au zénith. Elle se dirige avec lui vers sa station et l'écoute en rougissant tandis qu'il la complimente pour son allure de princesse et sa jolie robe rayée – qui en réalité a été confectionnée au collège avec les restes des usines de Newark. En attendant le train, elle s'évente avec le journal de la veille et se maudit d'avoir voulu assister à la fête de saint Roch. D'un autre côté, elle est heureuse d'avoir été remarquée par un jeune homme comme Rocco, qui doit avoir vingt-trois ou vingt-quatrc ans. Commc il est devenu civilisé et raffiné, Rocco... On dirait un de ces bienfaiteurs américains qui venaient leur porter des cadeaux le dimanche. Elle a beau se maudire intérieurement, elle se réjouit que le train n'arrive pas et qu'elle puisse ainsi passer quelques minutes supplémentaires à côté de Rocco, tandis que les gamins se battent pour lui cirer les chaussures et que les femmes lui décochent des sourires en passant devant lui. Comment le définir ? Il est... rassurant. C'est cela, grand comme il est, il lui donne l'impression d'être protégée, en sûreté. En même temps, étrangement, il paraît doux. Comme la glace à la vanille...

Tout en lui respire un bien-être sans vergogne, une insolente supériorité. Il a fait son chemin. Il est installé. Qui l'aurait dit ? Rocco voulait devenir riche, mais personne ne croyait qu'il y parviendrait. Tout le monde pensait qu'il finirait en prison – et en fait, c'est Vita qui s'était retrouvée en prison. Quand elle lui demande où il a logé, après qu'Agnello a été contraint de fermer la pension, il répond qu'il a essayé plusieurs établissements mais qu'il ne s'est plus jamais senti aussi bien que chez eux. Au lieu de s'enfuir, Agnello aurait dû se confier à lui. Il les aurait aidés, lui et Vita, car ils étaient comme son père et sa petite sœur. Il aurait empêché ces sales bonnes femmes de l'emmener à la Children's Society, et il aurait réglé leur compte aux ennemis d'Agnello. Enfin, on ne peut pas changer le passé. Maintenant, il habite dans une vraie maison, avec chauffage central, baignoire et eau courante. Bien qu'il se refuse à lui donner l'adresse exacte, il lui révèle qu'elle est située dans les parages de la Huitième rue. Vita sait que la Huitième rue se trouve au-delà de Houston, ce qui signifie que Rocco a franchi la frontière de la misère et habite réellement en Amérique. Après quoi, sans la moindre trace d'ironie, Rocco se vante d'être désormais à la tête de l'entreprise de mister Bongiorno.

« Tu es devenu croque-mort, toi aussi ? » l'interrompt-elle en riant.

Rocco se contente d'acquiescer d'un air vague, car c'est à la fois vrai et faux – mais comment l'expliquer à une fille comme Vita, qui a passé trois ans dans ce collège pour jeunes délinquantes où on lui a certainement fait subir un vrai lavage de cerveau ?

Vita soutient sans embarras le regard enveloppant de Rocco. Quand il se jette enfin à l'eau et s'informe de Diamante, elle lui répond qu'ils sont fiancés. Elle lui explique que Diamante s'est engagé dans les chemins de fer, mais qu'ils sont restés en contact tout au long de ces années grâce à la force de la pensée. Peu importe la distance. Elle sent toujours quand Diamante pense à elle, et elle aide alors la lune à dessiner les traits de son visage sur les nuages et sur les fenêtres des trains, de façon qu'il ne puisse jamais oublier sa promise. Mais maintenant, il va revenir.

« Tu te souviens que mes yeux faisaient bouger les objets, Rocco ? Eh bien, ça n'a pas changé. Sauf que maintenant je me fiche des cadenas et des couteaux : c'est Diamante que je veux. Je suis en train de l'appeler, et il est déjà en route... »

Rocco hoche la tête, sceptique. Il tient en respect un chômeur qui vient lui demander un prêt, mais après avoir fouillé dans la poche de son complet bleu il en extrait sans hésitation un billet qu'il lui donne, pour lui prouver qu'il est toujours prêt à aider ceux qui sont dans le besoin.

« Je suis content que Diamante ait une amoureuse comme toi, dit-il à mi-voix. C'est un garçon qui m'a toujours plu. »

Vita n'est pas certaine qu'il dise la vérité. Elle sait que Rocco s'est trouvé dans un sérieux pétrin, par la faute de Diamante, même si elle ne connaît pas les détails.

Rocco remarque que ses yeux se mettent à briller dès qu'elle parle de Diamante, et il comprend comment cette gamine a pu supporter trois interminables années de collège. D'une façon ou d'une autre, Diamante lui a donné l'espoir, la perspective d'un avenir possible. Et elle en a fait autant pour lui de son côté. Quand les portes des wagons se referment, Rocco agite la main, comme si elle partait pour un long voyage et qu'il ne devait plus jamais la revoir. Vita reste debout derrière la fenêtre, et elle ne s'aperçoit même pas qu'elle lui a envoyé un baiser.

Ce que Vita a appris au collège :

1. Les délinquantes de moins de seize ans sont rares. Pour toute l'année 1906, elles ne sont que 1 011 à avoir encouru un procès, alors que les garçons étaient 9 418. 113 d'entre elles ont comparu devant le tribunal pour dépravation morale ou risque d'y succomber du fait de l'entourage. 44 étaient accusées de fugue, 31 de vol, 4 de hold-up – mais ces dernières ont été acquittées faute de preuves –, 1 de tentative de suicide.

2. Les filles arrêtées pour vol sont toutes des Italiennes.

3. Vita a été enfermée afin d'être soustraite « à un milieu familial dégradé ». Et afin de recevoir une instruction. Pour son bien, en somme.

4. En Amérique, il n'y a que des étrangers, et tous deviennent des Américains. Même la statue de la Liberté est étrangère – française, pour être précis. Un concours fut organisé pour savoir qui écrirait le poème de circonstance. Ce fut une femme qui l'emporta. Elle s'appelait Emma Lazarus.

5. Son poème affirme : *Contrées anciennes, gardez pour vous vos fastes ! Confiez-moi vos multitudes souffrantes, pauvres et affamées, qui aspirent à respirer librement, rebuts malheureux de vos terres fertiles. Envoyez-les-moi, ceux qui n'ont pas de maison, ceux que la tempête a dispersés. J'élève mon flambeau auprès de la porte dorée.*

6. Personne ne se souvient d'Emma Lazarus, mais Vita n'avait jamais lu une poésie aussi belle. On ne lui avait jamais expliqué qu'on peut apprendre à lire non pas pour déchiffrer les inscriptions des magasins ou les étiquettes des prix fixés aux pyramides de tomates, mais pour découvrir des poèmes qui semblent avoir été conçus pour vous.

7. N'importe qui peut devenir président des Etats-Unis.
8. Le droit au bonheur est prévu par la Constitution.
Tout le monde a le droit d'être heureux.

Durant l'automne 1909, Rocco prit l'habitude de se rendre avec Cozza au bain turc de l'hôtel Ansonia. Ils se déshabillaient dans la même cabine et s'étendaient sur le carrelage, vêtus d'une simple serviette blanche. Ils se faisaient masser et polir par les employés moustachus. Ils arrivaient toujours à la même heure, et quand ils avaient sué suffisamment ils allaient reprendre des forces en dînant au restaurant de l'hôtel. On les prenait souvent pour le père et le fils, désormais. Bien que l'un fût d'une maigreur squelettique et l'autre aussi gros qu'un platane, ils avaient fini par se ressembler. Ils avaient la même démarche séraphique, les mêmes manières cérémonieuses et circonspectes. Grâce à leur générosité avec les serveurs, ils étaient toujours servis les premiers, même s'ils arrivaient les derniers. A la fin du repas, Rocco allait au lavabo redresser son toupet qui tendait à se dégonfler, la brillantine fondant inexorablement au bout de quelques heures. Et il profitait de la proximité de la cuisine pour y faire un tour.

Vita n'aimait pas qu'il la vît dans cet endroit, où elle était la dernière et la moins respectée des trente personnes s'occupant simultanément qui des marmites sur les fourneaux, qui des sauces, qui des biftecks. Dans ce tumulte, leurs dialogues étaient aussi menteurs et affectueux qu'entre deux membres de la même famille. Vita le tenait au courant des changements incessants marquant la carrière professionnelle de Nicola. Jusqu'en septembre, il avait fait partie des préposés aux bagages des clients de l'hôtel Ansonia, ce qui lui avait permis d'obtenir une place pour sa sœur dans les cuisines. Malheureusement, Coca-Cola était étourdi, confondait les numéros des chambres et baragouinait un américain indécent qui horrifiait les clients, sans oublier sa propension à tomber amoureux des filles d'étage qu'il poursuivait en abandonnant les valises dans les ascenseurs. Bref, il avait reçu son congé et Vita s'était retrouvée seule dans cette tour de Babel enfumée où chacun parlait sa langue personnelle sans même essayer de comprendre les autres. Elle aurait voulu s'en aller à son tour, changer de travail, mais elle n'avait pas le choix en cette période de récession et devait s'estimer déjà heureuse d'avoir un emploi. Au collège, on lui avait trouvé une place chez un médecin américain qui vivait sur Madison Avenue avec sa femme et leurs deux enfants en bas âge. Elle était prête à accepter, curieuse de pouvoir ainsi approcher de près une famille américaine, mais Agnello s'était mis en tête qu'il était mal d'envoyer une ingénue comme sa fille dans une famille étrangère. Les Polonais et les Irlandais pouvaient consentir à ce genre de barbarie s'ils le voulaient, mais pas les Italiens. Jamais il ne laisserait sa fille travailler chez des étrangers... Agnello était si rétrograde qu'il ne comprenait pas que la situation de Vita à l'hôtel Ansonia était bien pire. Les marmitons grecs lui répétaient les seuls mots américains qu'ils connaissaient, lesquels concernaient tous l'anatomie féminine, le serveur basque la pelotait en lui donnant ses ordres et le maître d'hôtel roumain la suivait quand elle rentrait chez elle, si bien qu'elle ne quittait pas d'un pouce les autres femmes de la cuisine de peur qu'il ne lui saute dessus malgré ses cinquante ans bien sonnés. Malgré tout, elle était condamnée à rester en attendant mieux alors que Coca-Cola, sur les instances d'Agnello, avait été engagé comme vendeur chez Rizzo, un magasin de bananes sur la Cent vingt-sixième rue.

Rocco faisait preuve de compréhension et proposait à Vita de lui trouver un emploi moins pénible chez des amis du quartier. Elle aurait pu garder les enfants d'un des Bongiorno brothers, par exemple. Mais elle ne pouvait accepter, car Agnello ignorait qu'elle rencontrait de nouveau Rocco. Elle le priait de s'intéresser plutôt à Nicola, qui s'affligeait d'en être réduit à vendre des bananes. Elle lui demandait ce qu'avait fait son frère pour mériter son indifférence. Coca-Cola était profondément blessé de voir que Rocco l'évitait comme s'il avait la gale, alors qu'il se serait fait tuer pour lui. Rocco mentait, s'inventait des excuses, car il ne pouvait expliquer à Vita que c'était précisément à cause de son dévouement qu'il évitait Nicola. Tout en parlant, il garait son corps massif pour laisser passer les serveurs qui entraient et sortaient en poussant la porte, chargés de plateaux couverts d'assiettes et de verres dont ne s'échappait pas une goutte de vin. Ils hurlaient les commandes et laissaient des feuillets sur les comptoirs. Tout en invectivant les *commis* [*] pour leurs retards, ils réclamaient les filets *saignants*[*], les *escargots*[*], le *civet de lapin*[*], et comptaient les pourboires. Ils se gardaient bien, cependant, de les partager : même si les clients étaient satisfaits, les pourboires n'arrivaient jamais en cuisine.

Tout cela répugnait profondément à Rocco. Il ne comprenait pas lui-même pourquoi il continuait de fréquenter le restaurant de l'hôtel Ansonia, où de surcroît on mangeait français. La cuisine

[*] Les mots en italique suivis d'un astérisque sont en français dans le texte.

française était un signe de distinction dont ne pouvaient se passer les gens respectables. Mais elle n'était guère faite que de sauces, qui servaient à masquer traîtreusement le goût des choses. Rocco, lui, aimait les choses – et les gens – qui ne se cachaient pas et ressemblaient à ce qu'ils sont. Peut-être parce qu'ils étaient ainsi à l'opposé de lui-même...

Il lui fallait déjà s'en aller, car Bongiorno l'attendait à sa table. Vita ne pouvait même pas le saluer, avec ses mains enfoncées dans la farine et l'odeur de friture et de sauce qui l'imprégnait. Les relents de cuisine s'attachaient aux vêtements et collaient à la peau, avec tous ces restes graisseux que les gens abandonnaient, à demi mâchés, sur les assiettes sales. Le savon ne réussissait pas à en débarrasser les mains, le visage et les cheveux. Même dans la rue, on pouvait reconnaître quelqu'un sortant d'une cuisine rien qu'à l'odeur lourde et déplaisante qui l'environnait. Les parfums, les couleurs et les saveurs restaient de l'autre côté de la porte, dans la salle où s'épanouissaient rires, chapeaux à plumes et bonnes manières, où resplendissaient bijoux et parures. Dans les cuisines, il n'y avait de place que pour les mauvaises odeurs et la fatigue.

Mais Rocco ne s'apercevait même pas de ces misères. Son regard s'attardait sur le tablier blanc de Vita, sur ses bras nus travaillant la pâte feuilletée, son visage enflammé par la réverbération d'une lumière venant d'on ne savait où. Il ne pouvait détacher ses yeux de ce visage absorbé et concentré. Il semblait que rien n'existât pour Vita en dehors de cette pâte qui ne lui était pas destinée. Elle était capable de se distraire et de se concentrer avec la même intensité. De se perdre en vous en vous parlant ou en vous écoutant, aussi bien que d'oublier non moins totalement votre présence et même la sienne. C'est cette faculté de s'oublier qui est le secret de toute spontanéité et en constitue le plus grand mystère. Cette capacité extraordinaire de ne faire qu'un parfaitement avec soi-même... Rocco aurait pu lui dire qu'il avait tué un homme ou changé de nom, d'histoire, de passé, qu'il avait vendu tout ce qu'il aimait pour quelque chose qu'il avait voulu plus que tout mais qui maintenant lui apparaissait parfois comme une illusion inconsistante – Vita ne l'aurait pas écouté. Rien n'était plus beau que de voir quelqu'un d'aussi absorbé en soi-même. Elle savait transformer une illusion en réalité. Comme ce monde ne lui plaisait pas, elle en inventait un autre. Si le monde est vivable, ce n'est peut-être pas grâce à ceux qui s'efforcent de le changer, comme lui croyait le faire, mais grâce aux gens tels que

Vita. C'est peut-être là ce que signifie rêver... A contrecœur, il glissait une main dans sa poche et s'extirpait de la cuisine.

Elle voyait sa tête brune flotter de l'autre côté de la vitre, dans la salle illuminée, son grand corps lent s'éloigner parmi les tables... Il se penchait sur le crâne chauve et luisant de M. Bongiorno, l'aidait à enfiler son pardessus et le précédait dans l'ombre perfide de la nuit.

Puis Rocco finit par comprendre pourquoi il retournait à l'hôtel Ansonia : il était tombé amoureux de l'amour que Vita faisait rayonner sur un autre.

Le jour du quinzième anniversaire de Vita, Rocco lui proposa de la raccompagner chez elle. Il se rendit compte qu'elle s'attendait à cette proposition, et il se reprocha d'avoir tant tardé. Peut-être Vita s'y attendait-elle depuis le jour de la fête de saint Roch – il n'avait jamais rien compris aux femmes. Il était incapable de deviner leurs invites ou leurs refus. Il savait seulement combien c'est fatigant, les femmes. Elles demandent tant d'attentions, exigent tant de vous. Le pire étant qu'elles s'attendent toujours à ce qu'on tombe amoureux d'elles, ou du moins qu'on le prétende... Mais Vita refusa. Elle rentrait toujours avec les autres cuisinières, pour éviter les avances du Roumain et des autres voyous hantant la nuit les rues de New York.

« Je peux t'emmener dans l'automobile du mister », insista Rocco.

Il savait que la nouvelle Hudson Touring de Cozza suscitait l'admiration générale, avec ses jantes en argent, son volant fin, ses sièges capitonnés, son toit décapotable, sa vitre anti-poussière, son moteur rugissant et ses phares immenses lui donnant des allures de paquebot. Rocco conduisait avec maestria au milieu de la circulation anarchique de New York, en jouant du klaxon pour avertir les malheureux passants de se garer. Son carrosse filant comme une flèche dans Mulberry Street humiliait les antiques charrettes traînées par des ânes ou des chevaux. Mais Rocco était aussi généreux que clairvoyant. Il permettait aux cireurs de chaussures d'astiquer la carrosserie et aux gamins des rues de se hisser sur les marchepieds afin de lorgner le système complexe de leviers et d'engrenages. Il n'y avait jamais fait monter personne, en revanche – mais du jour où il avait revu Vita, il avait eu envie de l'avoir comme passagère.

Pourquoi avait-elle refusé ? se demanda-t-elle. Après douze heures perdues dans cette cuisine étouffante, n'avait-elle pas gagné une course nocturne à l'air libre ? D'ailleurs, elle était fascinée par ce Rocco si compassé dans son costume croisé, si luisant de brillantine et si mystérieux... Elle était déçue quand il ne venait pas la saluer. Elle ne savait pas s'il était vraiment un bandit, comme l'affirmait Agnello, qui le calomniait peut-être par jalousie devant sa réussite. De toute façon, elle s'en fichait totalement. Les cow-boys aussi tiraient sur les gens pour les tuer, et le public les applaudissait. Dès qu'elle avait un jour de libre, elle le passait dans un cinéma de Harlem, à croquer du pop-corn tout en exécrant les shérifs et en soutenant les pistoleros. Elle rêvait qu'elle se faisait enlever par un cavalier solitaire, qui l'emmenait dans le désert, avec le ciel en guise de toit et la selle comme oreiller. Si Rocco avait été un Américain, peut-être serait-il un cow-boy.

Agnello ne voulait plus en entendre parler. Il n'avait plus envie de lui demander la permission de survivre. Il avait une charrette, maintenant. L'hiver, il vendait du charbon aux commerçants de Harlem, et l'été, il leur proposait de la glace. Qu'il pleuve ou qu'il vente, il arpentait les rues tandis que les glaçons fondaient en laissant un sillage derrière sa charrette, comme pour lui permettre de ne pas se perdre en rentrant. Tout ce qu'il voulait, c'était vivre tranquillement avec ses enfants, dans un quartier où personne ne connaissait l'histoire de son magasin, d'une Circassienne nommée Lena, de Coca-Cola qui allumait les incendies et de Vita qui avait passé trois ans dans le collège où l'on enfermait les jeunes délinquantes. Il ne voulait plus s'entendre appeler oncle Agnello. De son côté, Rocco avait rompu avec le passé. Il éprouvait encore une certaine affection pour l'homme qui avait été pour lui comme un second père, mais il l'avait remplacé, maintenant : par M. Bongiorno. Quant à ses projets, ils n'intéressaient pas Vita. Elle avait cessé de faire des projets. Elle ne voulait plus se soucier du passé ni de l'avenir. Elle vivait au présent, comme elle l'avait toujours fait... Elle observa les larges épaules de Rocco, son nez aplati, ses lèvres d'un rouge aussi sombre que du vin français. Il était adossé aux étagères de la cuisine, au milieu des nuées de vapeur, l'air avantageux et un peu absent. Tout le monde disait qu'il n'aimait que Cistro, et qu'il avait moins d'estime pour les femmes que pour son chat. Mais Vita se jugeait différente des autres femmes.

« Je viens », lança-t-elle soudain.

Elle traversa dans l'automobile les avenues de Manhattan, debout, appuyée au pare-brise, sans se soucier de la pluie sur son visage. Même le dimanche soir, les rues étaient bondées. Les gens se bousculaient sur les trottoirs, faisaient la queue devant les théâtres. Dès novembre, un air de Noël commençait à se répandre dans toute la ville et donnait envie à chacun de dépenser et de s'amuser. Les puritains s'en indignaient et proposaient dans des manifestes belliqueux de faire fermer théâtres et cinémas, afin de contraindre les New-yorkais à passer les fêtes dans la prière et le recueillement. Personne ne les écoutait, heureusement. Les cinématographes restaient ouverts même le dimanche, car ils encaissaient des millions, surtout s'ils projetaient les films les plus demandés – avec les cow-boys et les peaux-rouges, les fusillades et les poursuites. Rocco serrait le volant dans ses mains gantées, sans se résoudre à remonter jusqu'à Harlem. Il bifurquait, reprenait la Cinquième rue, longeait le parc obscur, passait sous les lumières de Noël suspendues en guirlandes au-dessus des rues, accélérait en épouvantant piétons et vendeurs ambulants, freinait brusquement pour avoir le plaisir de voir Vita s'agripper au pare-brise, d'entendre son rire éclatant... Elle ne savait pas combien elle était devenue belle, combien ses yeux avaient gagné en profondeur. Rien n'est plus attirant qu'une femme inconsciente de sa beauté. Vita n'avait pas confiance en son propre charme, car elle l'ignorait – elle ne se fiait qu'à ses convictions et à ses sentiments. Cet état de grâce était si bref, si précaire. Rocco avait envie de l'attirer contre lui et de plonger sa bouche dans ses cheveux.

Au bout d'une demi-heure, ils étaient glacés. Il ne pouvait lui proposer de fêter son anniversaire dans le bel appartement nanti d'une cheminée qu'il habitait maintenant. Il ralentit donc devant le café Boulevard, une joyeuse brasserie hongroise de la *Deuxième Avenue,* dont le cabaret animé par un orchestre tzigane attirait une clientèle essentiellement masculine. Les dockers italiens astucieux venaient y racoler les magnifiques Hongroises aux yeux verts. C'était un repaire de marins, de voyous et d'amateurs de putains – pas un endroit pour Vita. Mais quel endroit convenait à Vita ? Il avait toujours eu le sentiment de ne pas vraiment la connaître. Comme si elle n'avait jamais daigné lui montrer de quoi elle était capable. Pour lui, elle n'avait pas fait bouger des objets, mis le feu à une rivale ni dénoncé son père. Elle ne l'avait pas appelé... Il eut soudain une meilleure idée. Il accéléra, parcourut quelques rues et se gara devant l'agence de pompes funèbres plongée dans l'obscurité. Vita déclara qu'elle ne voulait pas déranger les morts. Il se dit qu'en ce monde où chacun se mêlait des affaires d'autrui, les morts avaient au moins le mérite de ne pas faire de ragots.

Dans le salon des veillées, il alluma le candélabre et les cierges aussi gros que des bûches. Il tira le rideau pour dissimuler le catafalque trônant dans la chapelle et tourna le crucifix contre le mur afin de ne pas se sentir transpercé par sa réprobation. Après quoi, il mit sur le phonographe un disque d'Enrico Caruso. Il savait maintenant qui était Cavaradossi et pourquoi il mourait désespéré. Il connaissait *Rigoletto, Aïda, Carmen* et *L'Elixir d'amour.* Il lui arrivait de se rendre au Metropolitan. Le spectacle en soi l'ennuyait, car il n'avait rien d'authentique – ce n'était que rhétorique et carton-pâte, emphase et invention. Mais s'il fermait les yeux et s'abandonnait à la voix virile et passionnée de Caruso, il avait l'impression d'être de nouveau dans la cuisine de Prince Street, au milieu des garçons – Geremia tourne la manivelle, Coca-Cola couvre les disques d'empreintes digitales et Diamante écoute, trop orgueilleux pour avouer qu'il ne comprend rien à la musique. Et Lena, drapée dans son châle et enceinte du fils américain, lui dit que voler est un péché, et Vita apparaît, ensommeillée et stupéfaite d'avoir été retrouvée par son père secret... Les applaudissements faisant trembler le théâtre lui apprenaient qu'Enrico Caruso, une fois encore, avait triomphé. Mais la cuisine de Prince Street, elle, n'existait plus.

Vita commençait à se sentir mal à l'aise, car il était tard et elle n'aurait jamais dû se trouver dehors à cette heure. Et surtout pas avec un homme – jamais, jamais. Le plancher impeccablement ciré crissait sous leurs chaussures. Les chaises vides lui reprochaient son audace. En ces lieux où les gens venaient pleurer une perte, elle était venue fêter des retrouvailles. Cependant, ce n'étaient pas celles qu'elle désirait. Rocco n'était pas Diamante, il était même son contraire. Elle aurait dû avoir honte – et elle n'en ressentait aucune. Rocco l'enlaça. Elle voulait lui dire de la laisser, mais elle sentit ses genoux se dérober. Il posa sa bouche sur la sienne. Quand leurs lèvres s'unirent, il lui sembla qu'elle sombrait dans un rêve dont elle aurait voulu ne jamais s'éveiller. Rocco comprit que Vita n'avait pas envie de tendresse, de respect, de circonspection. Elle attendait un vrai baiser. Il répondit à son désir avec une incroyable douceur, en explorant sa bouche, en mordillant, en suçant, sans jamais se hâter, et elle oublia les pompes funèbres et le salon où une odeur de friture se mêlait au parfum des fleurs fanées. Ils restèrent ainsi à s'embrasser interminablement, immobiles au milieu de cette pièce trop silencieuse, entourés de ces chaises vides qui semblaient les épier, jusqu'au moment où elle sentit qu'elle avait la bouche sèche et que ses lèvres commençaient à lui faire mal.

## The track gang

Durant l'été 1909, un des camarades de Diamante lui fit une proposition. C'était un type jovial qui la nuit jouait de l'harmonica et le jour parlait de sa femme, laquelle était une vraie beauté et qu'il regrettait comme un autre regretterait son poumon. Il s'agissait de se procurer une invalidité permanente. Agosto Guerra avait entendu dire que la Compagnie payait une indemnité en cas d'accident grave sur le lieu de travail. Une indemnité conséquente : jusqu'à 1 500 dollars. Cependant, il fallait perdre au moins une main ou un pied – en somme, se retrouver dans l'incapacité de travailler. Agosto était décidé à se rendre invalide. Ces 1 500 dollars changeraient sa destinée. Il voulait fonder une entreprise de construction. D'après ce qu'il avait vu, l'Amérique était à moitié vide. Il convenait de la remplir. En construisant des maisons, on était assuré non seulement de ne jamais être au chômage mais aussi de devenir millionnaire en dix ans. Comme il était généreux et avait de la sympathie pour ce waterboy si taciturne, il lui révéla son projet et lui suggéra de s'y associer.

Alléché par ces perspectives, Diamante commença à se demander de quel organe il pourrait se passer. Les pieds étaient hors de question. Il avait autant besoin de marcher ou de courir que de respirer. Le dimanche, pendant que ses camarades se rendaient à la première gare pour s'enivrer et se bagarrer avec les hommes des autres équipes, histoire de se défouler un peu, il avait pris l'habitude de s'enfoncer dans les plaines, en arpentant la terre nue et aride jusqu'à ce que l'immensité et le silence l'engloutissent. Il ne rentrait qu'à la nuit tombée, et ne se perdait jamais. En marchant toujours en direction du soleil couchant, il aurait pu atteindre l'autre océan... Et une oreille, serait-il possible de la sacrifier ? Au fond, il ne comprenait pas la musique. Il n'avait reçu aucune éducation musicale. A Prince Street, il était le seul à ne pas s'enthousiasmer pour le phonographe et à siffloter uniquement quand il faisait le « phare ». Les nuits où Agosto Guerra jouait de l'harmonica, dans le wagon, il se cachait la tête sous sa couverture car la mélodie se dissipant dans les ténèbres lui rappelait Vita et son rêve évanoui. En revanche, il aimait écouter. Rien ne lui échappait : discours, sous-entendus, nouvelles, préjugés, allusions, rumeurs. Il était capable d'entendre le grondement d'un orage à plusieurs kilomètres de distance aussi bien que le bruissement d'un serpent dans l'herbe. Il percevait même le clapotis de l'eau au fond du puits. Non, il ne renoncerait pas à une oreille. Une main, alors ? Mais un manchot ne pouvait même plus enlacer une femme. Même s'il n'en avait pas tenu une dans ses bras depuis plus de trois ans, au point d'avoir presque oublié comment on faisait, rien n'était plus merveilleux dans son souvenir que de chatouiller des deux mains le dos velouté d'une femme. Ou de lui caresser les seins avec les doigts – dans ces moments-là, il aurait voulu en avoir cent, pas dix. Mais peut-être pourrait-il se contenter de neuf ? Perdre un doigt ? Cependant, Agosto l'avertit que pour la Northern Pacific un doigt ne valait que 500 dollars. On ne changeait pas de vie avec 500 dollars... Un œil – il suffirait d'un coup de la fourchette aux pointes tordues avec laquelle il écrasait les haricots. Même un borgne est encore capable de voir les couleurs, les distances. Mais lui, le ciel lui était tombé dans les yeux – il ne voulait pas se priver de l'unique coin de ciel qu'il eût reçu en partage. Les poumons sont indispensables. De même que le cœur, le cerveau, le foie. Restait la rate, peut-être. Ou un rein. Oui, il aurait pu renoncer à un rein. Mais comment ?

« Avec la pelle, proposa Agosto. Je suis un artiste de la pelle. Je sais où il faut taper, au bas du dos. Je t'écrabouillerai un rein en un seul coup. »

Diamante accepta. En échange, il couperait à la hache la jambe gauche de son associé. Après quoi, ils diraient que le train leur était passé dessus.

Un soir, sur le chemin du retour, Agosto monta avec lui sur le chariot. Ils le manœuvrèrent sur quelques centaines de mètres puis, arrivés à l'aiguillage, le laissèrent rouler sur la mauvaise voie. Tout était immobile. Seul le soleil déclinant semblait raser la terre et incendier ses confins les plus lointains. C'était tout ce que Diamante connaissait de l'Amérique. Cela ne ressemblait à rien, mais n'était pas dénué d'une beauté dépouillée. Il n'y avait pas un vallonnement, pas un arbre derrière lequel se dissimuler. Aucun obstacle ne venait tempérer la lumière ni altérer les contours. Ils étaient parfaitement visibles pour l'équipe, comme des Indiens pour des sentinelles dans le désert. Ils continuèrent de faire rouler le chariot : leurs ombres se dessinaient distinctement à l'horizon. Jusqu'au moment où les dos des hommes retournant au camp ne furent plus qu'une lueur au loin. Le chariot étincelait au milieu de l'herbe maigre. Diamante bloqua les roues.

Agosto ficha la pelle dans la terre, s'assit sur la lame et but une gorgée d'eau-de-vie de sa gourde. Il dut lire une certaine hésitation dans le regard du waterboy, car il déclara qu'il ne fallait jamais reculer, dans la vie, et être prêt à n'importe quel sacrifice pour avancer. Lui, par exemple, en quoi avait-il besoin d'une jambe ? Il lui resterait toujours la seconde. Au lieu de garder une jambe qui ne l'avait jamais mené nulle part, ou dans le cas de Diamante un rein qui ne lui servait qu'à filtrer sa pisse, ils allaient pouvoir bâtir des maisons de dix étages. Avec de vraies fenêtres, à deux battants, pas comme dans cette foutue Amérique où en fait d'ouvrir tout grand sa fenêtre le matin on doit se contenter de glisser sa tête comme sous une guillotine. Et ils feraient venir leurs familles, dans ces maisons. Ils y logeraient leurs parents, leurs frères et surtout leurs femmes.

« J'aurai ma femme avec moi, et toi ton amoureuse. T'en as bien une, non ? A dix-huit ans, c'est forcé que t'en as une.

— J'ai une amoureuse, dit Diamante. Elle a des mains petites et des yeux noirs comme des aimants...

— Allons-y, mon gars », l'interrompit Agosto, car il ne servait à rien de rêvasser davantage.

Diamante tira la hache de dessous le chariot, où il l'avait cachée la veille. Une hache rudimentaire, à la lame aussi irrégulière qu'une scie.

« Ça va faire mal, t'es sûr que tu veux ? demanda-t-il d'un ton incertain.

— Oui, affirma Agosto. Encore un mois ici, et je me jette sous un train. Je me ferai faire une jambe de bois. Mes enfants marcheront pour moi. J'ai déjà tellement marché... »

Diamante hésita. La lumière déferlant sur la plaine lui troublait la tête. Agosto le fixait de ses yeux qui avaient la couleur d'une peau de banane pourrie. Il était vraiment laid, mais ses yeux brillaient d'espoir. Diamante pensa à ses enfants. Il en avait six. Agosto devait être un bon père. Il ne se disputait jamais, ne s'enivrait pas. C'était un homme aux principes solides. Comment pourrait-il couper une jambe à un homme pareil ?

« J'ai compris, lança Agosto. On va commencer par toi. Moi, je mettrai ma jambe sous le chariot, t'auras rien à faire. T'inquiète pas, on reste associés de toute façon. »

Il saisit la pelle. Diamante enleva sa chemise et frissonna. Son dos était bronzé, ses muscles ondulaient sous sa peau. Il baissa les bretelles de sa salopette et serra son mégot entre ses lèvres. Il n'avait pas peur... Qu'est-ce qu'un rein ? Une sorte de rognon de bœuf, un sachet couleur de rouille, tout mou et répugnant. Le chariot bloqué sur les rails brillait d'un éclat aveuglant. Il flottait une odeur de poussière. Des étendues immenses, comme il n'en avait jamais vu. Tout était démesuré, ici. Grandiose. A l'image de ce qu'avaient été jadis ses rêves et ses ambitions...

« J'ai pas envie de vendre un rein à la Northern Pacific, dit-il en se retournant.

— Tu restes chez eux, alors ? observa Agosto d'une voix déçue. Tant pis, moi, je me coupe quand même ma jambe. »

Agosto Guerra ne reçut aucune indemnité. La somme fabuleuse qu'il croyait obtenir en se mutilant n'était qu'un mythe. Un mirage entretenu par des hommes insatisfaits, dans l'obscurité d'un wagon ou au cours des interminables heures de travail où ils alignaient des kilomètres de rails ne devant les mener nulle part. Personne n'a jamais obtenu 1 500 dollars pour une jambe. Achille Serra, qui perdit un pied en 1908 en travaillant pour la Missouri Pacific Railway Company, dut se contenter de deux mois de salaire en guise de dédommagement.

L'histoire ne s'est pas déroulée comme Diamante l'a racontée. Il ne s'est pas enfui du camp parce qu'il ne voulait pas vendre son rein à la Compagnie. Il a fui après avoir vu son camarade mourir, et sa vie estimée à moindre prix que l'eau tremblant dans les seaux de bois. On n'était pas en été, mais en octobre 1909. Ce jour-là, il s'était rendu compte que sa propre vie, au contraire, avait encore quelque valeur.

Le nom d'Agosto Guerra – à la fois solaire et belliqueux – s'est gravé dans ma mémoire comme autrefois dans celle de Diamante.

Il est peu probable qu'il eût un homonyme. Quand je suis tombée sur son cas, dans les archives historiques diplomatiques du ministère des Affaires étrangères, à Rome, j'ai tout de suite compris qu'il s'agissait de la même personne. Son nom était un des derniers des 378 cités dans le « Résumé des activités du Service juridique du consulat de Denver mis à jour au second semestre 1909 ». Parmi les camarades qui déclarèrent à l'enquêteur que la version officielle de l'accident fournie par la Compagnie était fausse – présence invisible, individu sans nom et sans visage pour les rouages de la bureaucratie et de l'histoire –, il y avait aussi Diamante.

Institué depuis peu, le Service juridique se battait malgré l'indifférence du ministère et un manque de moyens déprimant : même les machines à écrire étaient rares, et le consul dut s'abaisser à justifier l'emploi d'une Remington louée au mois par le fait qu'il ne pouvait céder au secrétaire sa propre Smith Premier. En 1909, le service fonctionnait pourtant activement, soutenu par les convictions humanitaires du nouveau consul, l'ex-serveur et ex-journaliste Adolfo Rossi, qui voulait faire oublier le comportement indigne de son prédécesseur, le cavaliere C**. Ce dernier, non content de laisser moisir les vieux dossiers, s'était attribué indûment les indemnités (misérables) des mineurs et des ouvriers des chemins de fer morts sur leur lieu de travail, volant ainsi sans état d'âme les veuves et les orphelins condamnés à attendre en vain en Italie ces dollars qui n'arriveraient jamais. Les histoires dont s'occupait le service juridique étaient tristes : indemnisations en cas de décès, dédommagements en cas de blessures, brûlures ou amputations. Le tout pour des accidents se produisant dans un territoire dix fois plus vaste que l'Italie. En 1909, le consulat de Denver s'occupait de tous les Italiens dispersés entre dix Etats et deux territoires indiens : Colorado, Utah, Wyoming, Kansas, Dakota du Nord, Dakota du Sud, Nebraska, Idaho, Oklahoma, Montana, Nouveau-Mexique, Arizona. Des Etats récents, voire tout nouveaux. Des contrées désolées, dépeuplées, riches seulement en mines et en voies ferrées. D'après la page relative à son cas, Agosto Guerra se trouvait en octobre 1909 au cœur des grandes plaines, dans le Dakota du Nord. Cette liasse de feuillets attachés avec une épingle rouillée – 378 vies en 30 lignes, tapées par le secrétaire Ferrari sur une machine à écrire Remington – constitue une sorte de *Spoon River,* une suite poignante de noms, de croix et de tombes, un florilège de vies brisées et sans valeur.

Lorenzo Lucci avait dix-huit ans, comme Diamante, et était lui aussi un waterboy. Son père, résidant à Eveleth, Minnesota, obtient de la Compagnie 200 dollars pour la vie de son fils. La veuve de Zeffiro Magnani et sa petite fille, « menacée d'un jugement d'interdiction pour illégitimité », n'obtiennent rien. Rien non plus pour les héritiers de Giuseppe Addabbo, mort à Sheridan, Wyoming, en 1906, ni pour ceux de Giuseppe Bacino, mort à Helena, Montana, en 1908 : la Burlington Company et la Northern Pacific Railway Co. refusent toute indemnisation. Giacomo Motto est le n° 88. « Les tentatives pour obtenir un subside de la Compagnie se sont poursuivies en vain. En juin 1910, la mère du défunt s'est adressée de nouveau au consulat pour qu'au moins les frais de l'enterrement lui soient remboursés, mais la Compagnie a refusé d'accéder à sa requête. » Antonio Ferrari, le cas n° 107, a été grièvement blessé. La Compagnie lui offre 200 dollars. Il refuse, considérant qu'il est désormais invalide à vie. Une action en justice est engagée. Sur douze jurés, onze votent pour condamner la Compagnie à verser une indemnité de 3 000 dollars, le dernier se prononce pour l'absolution. L'unanimité étant exigée, le tribunal reconnaît la Compagnie coupable et la condamne à... 1 dollar de dommages et intérêts. Le consulat fait appel contre ce « verdict honteux » – on n'en sait pas plus. Michele Sanna, cas n° 172, est retrouvé mort à Berwind, Colorado, le 3 mars 1909. Il a été assassiné à coups de masse par des camarades de travail au cours d'une bagarre, et non écrasé lors de la chute d'une poutre, comme il semblait. Aucune responsabilité pour la Compagnie... Carlo Fossen meurt asphyxié par la fumée dans la Liberty Bell Mine à Telluride, Colorado, le 9 août 1909, alors qu'il tentait de sauver ses compagnons restés prisonniers d'un incendie. Il s'avéra que lors des faits « il n'exécutait pas des ordres de la Compagnie mais accomplissait de sa propre initiative un acte héroïque. Il ne s'agit donc pas d'un accident dont le propriétaire puisse être retenu coupable ». Il laissait une épouse à Telluride, enceinte. Le 23 septembre 1909, Domenico Lunardi se blesse sérieusement à Oak Creek, Colorado. Transporté à l'hôpital, « il fut amputé de la jambe droite et on lui arracha plusieurs dents. Grâce à l'intervention immédiate du consulat, et bien qu'il s'agît d'une compagnie pauvre, celle-ci régla pour lui tous les frais d'hôpital et de médecin et lui offrit un subside en argent comptant ainsi qu'un petit dentier. Le malade fut rapatrié à moitié prix dans son pays d'origine. » Francesco Doglio, blessé le 9 avril 1909 à Spring Gulch, Colorado, fut lui aussi amputé de la jambe droite. Après un séjour de plusieurs mois à l'hôpital, il s'adressa au consulat trop tard pour qu'il fût possible de réunir des témoignages. On ne put obtenir que le remboursement de 159 dollars et 65 cents pour sa prothèse. Michele Garbo, cas n° 276, eut un accident le 27 juin 1909 dans la mine de Sackville, Colorado, de sinistre mémoire – en octobre 1910, cinquante-cinq ouvriers de l'équipe de nuit, dont treize Italiens, y trouvèrent la mort. Il est soigné à l'hôpital de Pueblo. Son cas est désespéré. Du fait de la fracture d'une vertèbre, il est jugé incurable. La Compagnie offre de payer le voyage de Pueblo à Palerme à l'infirme et à la personne qui l'accompagnerait. Quant à l'indemnisation... Rien. Une aumône de 100 dollars en espèces. « Garbo serait prêt à accepter, mais il n'a encore trouvé personne pour l'accompagner. »

On meurt aussi dans les camps des chemins de fer. Alfonso Miulli meurt le 5 septembre 1909 à Culberston, Montana, à la suite d'une inflammation intestinale. Il avait cinquante-neuf ans et travaillait pour la Great Northern Railway Co. Sans doute avait-il mangé pendant des années la nourriture avariée du *pluck-me store*. La Compagnie paie 20 dollars pour le cercueil et 15 dollars pour le corbillard. Sous prétexte que les appointements revenant à Miulli ne s'élevaient qu'à 30 dollars et 45 cents, elle estime qu'elle ne doit rien aux héritiers. Les hommes des trains succombent souvent à une pneumonie, comme Raffaele Brandonisio, le cas n° 277. Il meurt le 24 mars 1909. A Missoula, Montana, le printemps n'est pas encore arrivé et l'hiver a duré trop longtemps. Mais la pneumonie tue aussi bien le 31 mai, à Green River, Utah. Le défunt avait une épouse à Turin et une petite amie en ville. Il les laisse toutes deux « sans moyens de subsistance ». On meurt également de fièvre typhoïde et de tuberculose. Ou brûlé dans l'incendie du wagon-dortoir, comme Giuseppe Caringella. Le drame a lieu le 16 août 1909 – le jour de la saint Roch. Le wagon appartient à la Chicago Milwaukee & Saint Paul RR Co. Un compatriote encaisse les appointements dus à Caringella et prend la clé des champs... On peut encore périr électrocuté par un fil électrique lors de la collision de deux trains. C'est ce qui arrive à Martino Pollu le 18 septembre 1909, à Dostero, Colorado, sur la ligne du Denver & Rio Grande Railroad. Le plus souvent, cependant, on meurt écrasé par un train. C'est le cas de Giuseppe Mangiaracina, à Cheyenne, Wyoming, le 19 septembre 1909. « L'enquête du coroner aboutit à un non-lieu en faveur de l'Union Pacific Railroad Company. » Bellanca est tué dans le Nouveau-Mexique le 30 août 1907, alors qu'il procédait à des travaux d'entretien des rails. « L'Union Pacific Railway Co. a persisté à répondre qu'aucun ouvrier de ce nom n'avait jamais travaillé pour elle et trouvé finalement la mort à Dawson, Nouveau-Mexique. » Le cadavre de Giuseppe Scappellato est retrouvé sur une voie ferrée à Omaha, Nebraska, le 19 janvier 1909. Il laisse une femme et quatre enfants vivant à Carlentini, près de Syracuse. Pas moins de onze compagnies utilisent cette voie ferrée. Il sera peut-être possible d'engager des poursuites contre l'Union Pacific Railroad Company. Peut-être, seulement, l'enquête n'ayant pas réussi à prouver que le train à l'origine de l'accident appartenait à la « compagnie susdite ». Cesare Recchio est tué à Fargo, Dakota du Nord, le 30 novembre 1908, en déblayant la neige recouvrant les rails du Northern Pacific Railway. Rocco Carchedi meurt après avoir été heurté par un train du Great Northern Railroad à Belmont, Montana, le 4 octobre 1909. Il n'est pas question d'indemnisation. La Compagnie soutient qu'il n'était pas en service au moment de l'accident, et qu'il était ivre de surcroît. On meurt aussi en tombant du chariot du waterboy, comme Luigi Ungaro, le cas n° 365. « Alors qu'il voyageait sur un chariot de la Denver & Rio Grande RR Co, pour laquelle il travaillait, il se pencha imprudemment malgré la vitesse, afin de rattraper un seau menaçant de passer par-dessus bord, et fit une chute mortelle. La Compagnie ne saurait être tenue pour responsable de l'accident. Elle a payé à sa veuve et à ses deux enfants le voyage de Salida, Colorado, à New York. » Mais Ungaro ne pouvait pas laisser tomber le seau. C'était pour lui, en fait, qu'il voyageait sur le chariot. Il avait 25 ans et travaillait encore comme waterboy car il était tuberculeux.

Les trains troublent l'esprit, leur rumeur métallique et monotone déchaîne l'angoisse, fait éclater les peurs et les obsessions. Costante Dolcini, le cas n° 329, part de San Francisco le 28 août 1908 pour retourner en Italie. Il se produit quelque chose. D'un seul coup, « il perd la tête ». Il est admis dans l'asile d'aliénés de Norfolk. « Les procédures pour la déportation sont en cours, d'accord avec les services américains d'immigration. » Les trains, ces corbillards traversant en grinçant les espaces sans fin du néant, semblent le lieu idéal pour rencontrer la mort. Giovanni Massa, le cas n° 350, succombe à la tuberculose dans un train de l'Union Pacific. On le débarque à North Platte, Nebraska. Il s'apprêtait à rentrer en Italie. Les parents qui l'attendaient là-bas savent qu'outre la maladie mortelle il rapportait 150 livres sterling. Mais le cadavre est dévalisé par le coroner et les entrepreneurs de pompes funèbres. Les autorités affirment avoir trouvé sur lui « quatre dollars en argent, un couteau, une montre et un peu de linge ». Les trains sont également propices au suicide. Pietro Pompeo Zambelli revient de San Francisco à New York, où il doit s'embarquer pour Gênes. Il décide de ne pas achever son voyage. Il n'y aura pas de retour : il se jette sous un train venant de la direction opposée, à Gallun, Nouveau-Mexique, le 12 avril 1910. « Une malle du défunt, récupérée par le consulat, contenait du linge sale, qu'il fallut brûler par mesure d'hygiène, quelques papiers sans valeur et des photographies qui restent à la disposition de la veuve. »

Les trains de la Northern Pacific RR Co. tuent, eux aussi. Nous sommes le 15 octobre 1909. La scène se passe à Taylor, Dakota du Nord. Aujourd'hui, c'est un petit cercle sur la carte, équivalant à 163 habitants. A l'époque, ce n'était qu'un pur signe graphique. Le Dakota du Nord est un cauchemar de monotonie et de solitude. Les hommes y travaillent au milieu du néant. Il souffle un vent furieux, il pleut à torrents et ils ne devraient pas être encore dehors car leur contrat stipule qu'à cette heure ils doivent être rentrés dans leurs wagons-dortoirs. Mais l'équipe est sans doute en retard sur le plan de travail fixé par l'employeur, étant donné que l'automne s'avance et qu'elle n'a toujours pas achevé le tronçon de ligne qui lui a été attribué. Les ouvriers se dirigent vers le camp. Peut-être l'ont-ils dépassé, qui sait, car avec cette pluie il est difficile de distinguer les lumières des wagons. Le train surgit soudain de la nuit et fonce sur eux. Il n'y aura qu'une victime : un homme est renversé et traîné sur des centaines de mètres avant de rester accroché à un aiguillage. « 85 dollars trouvés dans les poches du cadavre furent remis à la direction, qui s'en servit pour payer l'enterrement. » Honte éternelle à l'*undertaker* qui gagna 85 dollars pour ensevelir un homme dans le Dakota du Nord. « Quant à l'indemnité, impossible de l'obtenir. La Compagnie récuse toute responsabilité dans cet accident. » Elle affirme que la victime était « avinée » au moment où elle tenta de traverser la voie. Les camarades du défunt témoignèrent qu'il ne buvait jamais d'alcool. A la date du 19 mars 1910, cependant, une bonne partie d'entre eux sont introuvables. Ils ne pourront pas répéter leur témoignage lors du procès. De toute façon, ce serait inutile. L'histoire du Service juridique est là pour démontrer que la Northern Pacific dispose d'avocats excellents et n'a jamais payé le moindre dédommagement. « De sa famille, à Padula, il reste ses deux vieux parents et cinq enfants (de 11, 9, 7, 4 et 3 ans), dont la mère est morte depuis peu, ainsi qu'une petite fille adoptée. » Le défunt avait 31 ans. Il s'appelait Guerra. Agosto Guerra.

Diamante préféra se souvenir de lui tel qu'il l'avait connu, durant cet été qu'ils avaient passé ensemble. Un rêveur nostalgique et crâneur, prêt à se faire couper une jambe avec une hache rouillée pour donner un avenir à ses six enfants – au contraire des bureaucrates, il considérait comme sa fille la petite adoptée. Il est possible qu'à force de raconter cette histoire Diamante ait fini par croire qu'elle s'était vraiment déroulée de cette manière. Qu'aucun train n'avait surgi de la nuit et de la pluie. Qu'aucun cadavre n'avait été broyé par les roues, éparpillé sur les rails. Enterré à la sauvette comme un vulgaire voleur dans une fosse auprès de laquelle personne ne pourrait venir se recueillir, dans un non-lieu des Grandes Plaines où nul ne saurait jamais qui était ce mort. Diamante se persuada qu'il n'y avait eu ni enquête ni calomnie ni mensonge. Qu'ils avaient tous deux obtenu ce qu'ils voulaient. Agosto Guerra, l'argent. Et lui, la liberté.

Il s'évada du camp dans la nuit. Ses camarades dormaient sur les couchettes, enveloppés dans leurs couvertures. Il savait à quoi ils rêvaient, s'ils en avaient la force. Il ne les reverrait jamais – n'en aurait jamais envie. Ils lui auraient rappelé le goût des anchois pourris, la démangeaison des poux, les irrépressibles rêveries érotiques autour des poêles, les bobards sur les indemnités et les automutilations. Il n'y avait rien de beau à emporter du camp, aucun souvenir. Il faut savoir oublier le mal pour retenir le bien. Sans quoi, ce dernier se décolore et s'empoisonne, submergé. Le chef d'équipe n'était pas là : la portière de son wagon était entrouverte. Peut-être mettait-il au point avec les gens de la Compagnie la version officielle de l'accident dont avait été victime Agosto Guerra. A moins qu'il ne fût en train de s'enivrer au rabarbaro avec le chef d'équipe du camp le plus proche. Il était secoué, lui aussi, quand il perdait un de ses hommes. Chacun savait qu'il aurait pu être à la place du mort.

Diamante longea la voie ferrée dans l'obscurité, guidé par la seule lueur des rails. Si l'eau pouvait parler, il resterait quelque chose de ces années. Elle dirait ce qu'elle lui a enseigné. Combien sont lourdes les choses les plus transparentes, les plus légères. Combien il faut d'efforts pour retenir ce qui ne peut se retenir, l'eau qui glisse entre vos doigts, vous laissant les mains vides, en proie à la même soif. Mais il ne restera aucune trace, dans l'eau sans mémoire, de la colère et de la solitude qu'il a connues. Il a perdu ces années. Pour toujours... Le wagon resta longtemps visible, comme un relief insolite dans la plaine. La faible lumière filtrant à travers les planches l'illuminait comme une boîte en papier, une lanterne chinoise suspendue dans les ténèbres. Puis il disparut et Diamante se retrouva seul, avec pour guide la succession à l'infini des traverses. Il mesura son pas sur elles, s'adapta à leur rythme. Il courait en sautant de l'une à l'autre, presque en dansant. En équilibre sur le métal de ces voies parallèles et enchaînées. De ces rails qui voudraient s'enfuir chacun des deux côtés du monde et ne le peuvent, vissés qu'ils sont l'un à l'autre à jamais. Il arrive que même la dynamite ne parvienne pas à les séparer.

A l'aube, il se trouvait encore au milieu d'une plaine déserte et silencieuse. On n'entendait ni bruissements de feuillages ni chants d'oiseaux, aucune rumeur n'indiquait que la nature se réveillait. Le soleil se levait sur la plaine comme sur un océan. Des flots de lumière succédaient à des flots de ténèbres, perdus dans ce silence profond, ineffable. Les herbes ondoyant à l'infini, l'immensité du ciel, l'absence de tout abri contre le soleil, le vent et les tempêtes, tout ici lui rappelait l'océan. Un paysage marin, hors du temps et de l'histoire, muet et informe, sur des milles et des milles. Les rails gelés luisaient sous les premiers rayons du jour comme les blancheurs phosphorescentes de la mer. Il ne voyait pas la fin de cette étendue dont la solitude obsédante l'étourdissait, le glaçait, le désorientait. Il perdait le sentiment de la direction, de son corps, de son être. Il devenait une touffe d'herbe égarée dans la prairie, déracinée par le vent. Mais les rails mènent toujours quelque part.

Une lointaine éminence interrompant le paysage monotone, comme une virgule sur le blanc d'une page, finit par prendre la forme d'une gare. Autour de cette baraque en bois à l'enseigne fraîchement peinte s'agglutinaient déjà des maisons provisoires, qui s'arrogeaient le nom de ville sous prétexte que des trains venaient les frôler à intervalles réguliers. Une ville surgie du sol en trois jours, et portant probablement le premier nom venu à l'esprit de l'ingénieur de la compagnie ferroviaire – le nom de sa femme, de son fils, d'une cité qu'il aimait ou d'un personnage qu'il vénérait : Taylor, Howard, Winfred, Canova, Cavour, Ipswich, Java, Seneca ou même Rome. Diamante reconnut les panneaux publicitaires disséminés le long du trajet qu'il avait suivi quelques mois plus tôt pour se rendre au camp. Il dépassa la réclame pour une bière trônant sur une étendue solitaire de cailloux, l'affiche du sirop de grain Karo, le baril du Sanitol Tooth Powder se reflétant avec ennui dans un étang infesté de moucherons et avertissant que *Sanitol produces cleanliness as quickly as a breath of pure mountain air – 25 cents everywhere. EVERYDAY, AS YOU GO.* Puis il se retrouva de nouveau seul dans un monde sans courbes, sans épaisseur. D'une nudité absolue. Hébété par la découverte de sa propre insignifiance, minuscule, tremblant de froid, Diamante scrutait avec angoisse les nuages s'accumulant au-dessus de sa tête et le menaçant d'une averse torrentielle, dont il ne pourrait s'abriter. De temps en temps, il sursautait en entendant le sifflement caractéristique d'un train de voyageurs, qui rappelait une sirène de paquebot. Il le regardait approcher, emplir de fumée l'immensité sans bornes puis s'y volatiliser sans laisser de trace. Mais il le laissait passer, car il n'était pas pour lui. Il attendait un convoi chargé de céréales et de troupeaux de bœufs destinés aux abattoirs de Chicago – un train pour les marchandises et les animaux.

On était déjà l'après-midi quand un train à sa convenance fit enfin vibrer les traverses. Il se posta sur le terre-plein et attendit le passage du monstre de fumée, de fracas, de bois et de charbon. Il le poursuivit sur une centaine de mètres, laissa défiler des wagons dépareillés, couverts de suie, jusqu'au moment où il trouva une poignée à laquelle s'agripper. Il se balança longtemps dans le vide, en effleurant des pieds le terre-plein – s'il avait glissé, les roues l'auraient broyé, auraient déchiqueté ses jambes et il aurait rejoint le cortège des cadavres sans nom, gisant défigurés après avoir été traînés le long des rails. Puis il réussit à se hisser sur le toit. Le vent barbouilla de charbon son visage, l'orage le noya sans ressource. Il n'avait rien à manger et trente dollars en poche – fruit misérable de quatre années de travaux forcés. De son bagne immérité. Ou mérité, peut-être, car il avait fini par se fourvoyer il ne savait quand, à New York, par renier tout ce qui était important pour lui, et il s'était perdu.

Il ignorait où se dirigeait le train et ce qu'il transportait – les wagons étaient scellés. L'Amérique était immense. Des millions de kilomètres de voies ferrées la sillonnaient, la traversaient, la quadrillaient même là où il n'y avait encore rien. Mais quelle que fût leur destination, elles aboutissaient toutes au même endroit : New York.

## Les hésitations d'Amleto Attonito

Durant l'hiver 1909, après la fermeture de l'hôtel Ansonia, Rocco et Vita se rencontraient chaque fois qu'ils le pouvaient dans le salon de la société Bongiorno. Ils s'embrassaient debout, car les chaises avaient un air funeste et les divans lugubres semblaient trempés de larmes. Après avoir déboutonné leurs manteaux, ils pressaient leurs corps l'un contre l'autre pour oublier le froid régnant dans cette pièce destinée à abriter des chairs insensibles, plus glacées que les murs, le parquet et l'hiver. Vita savait qu'elle commettait une grave erreur. Elle n'avait pas oublié l'intensité de son amour pour Diamante. Mais sa présence en ces lieux prouvait manifestement qu'elle aimait aussi Rocco. Elle l'aimait même tant que chaque dimanche, bravant son interdiction formelle de se montrer dans le Mulberry District, elle fixait avec des épingles la toque de fourrure qu'il venait de lui offrir et enfilait son manteau – encore un cadeau de Rocco : il n'en finissait pas de lui faire des présents pour ses quinze ans, si bien qu'il semblait que chaque jour fût son anniversaire. Elle s'engouffrait dans le métro aérien et se hâtait vers l'église de Baxter Street, rien que pour l'entendre chanter... Du reste, elle n'arrivait pas à lui dire de remettre sa robe en ordre et d'arrêter d'explorer sa chair. Elle avait toujours considéré son corps comme un enclos réservé, un jardin où mûriraient un jour des fruits précieux mais qu'il convenait pour l'instant de laisser en friche, comme s'il attendait le retour de son propriétaire légitime. Mais elle l'offrait maintenant à Rocco avec autant d'opiniâtreté qu'elle l'avait défendu, afin qu'en le découvrant il le lui révèle. Le souvenir de Diamante ne pâlissait pas – au contraire, elle pouvait maintenant imaginer de façon plus réaliste son retour imminent. Elle songeait à lui durant ses longues heures de cuisine, en pétrissant des pâtes et en sucrant des gâteaux, ou même quand elle déchirait le papier du dernier cadeau de Rocco, se laissait conduire par lui en voiture jusqu'à Bowery et le regardait agenouillé devant elle, le visage pressé contre le triangle interdit. En pensant à Diamante, cependant, elle pensait maintenant également à Rocco. Elle les aimait tous deux avec la même ardeur, bien qu'elle n'eût jamais imaginé que ce fût possible – et peut-être ne l'était-ce pas, en effet. Elle ne se sentait pas différente ni plus mauvaise qu'avant. Simplement, elle espérait ne pas avoir à choisir. Pouvoir continuer de fermer les yeux, de frissonner et d'écouter la voix de Caruso s'élevant du pavillon du phonographe, dans le silence irréel de ce salon. Jusqu'au moment où elle disait soudain à Rocco : « Ça suffit, ramène-moi chez moi. » Elle l'interrompait toujours à temps, car malgré tout elle ne voulait pas épouser Rocco mais Diamante – ou éventuellement l'un et l'autre, encore qu'aucune loi n'eût encore inventé un moyen pour accorder ces deux désirs.

Rocco n'insistait pas, étant lui-même en pleine confusion et incapable de comprendre ce qui lui arrivait. Il laissait Vita devant sa porte, à trois heures du matin – décoiffée, les vêtements en désordre, les yeux brillants, elle lui souriait d'un air complice. Resté seul, il se répétait que cette fois c'était terminé. Il fallait qu'il cesse de hanter l'hôtel Ansonia, car ni l'automobile ni l'entreprise de pompes funèbres n'étaient à lui, et Bongiorno l'appelait son fils. Le printemps précédent, Rocco avait épousé sa fille, Veneranda – à laquelle on donnait le surnom flatteur de Venera. Il l'avait fait par ambition. Parce qu'il était las d'être considéré comme un fidèle garde du corps, comme une machine obtuse et insensible, un *gorille.* Un sous-fifre tout juste bon pour agir et se salir les mains, mais auquel personne ne demande son avis et qui n'est pas censé se servir de cet organe superflu voire nocif qu'on appelle le cerveau. Rocco, lui, avait un cerveau. Il voulait se rendre maître de l'entreprise et de l'argent que Bongiorno ne savait pas investir, du fait de sa mentalité arriérée et étriquée. En achetant des camions, des excavatrices, des grues, il réussirait ce que son chef n'avait pas été capable d'entrevoir : une carrière d'homme d'affaires.

Il avait vu Venera pour la première fois après avoir sauvé la vie de Cozza lors d'un attentat, en récoltant au passage une balle dans le fémur. A peine sorti de l'hôpital, il avait été récompensé par une invitation à dîner chez Bongiorno. Pendant que son patron célébrait son courage devant son épouse, sa fille et les Brothers, Rocco contemplait en ouvrant de grands yeux les cheminées, les tapis, les vases chinois et les meubles anciens importés d'Italie et trônant dans ces pièces donnant sur la Saint Mark's Place. Il décida que cet endroit serait à lui – à n'importe quel prix. Il s'était toujours imaginé qu'il voulait tout détruire et ne rien posséder, qu'il n'avait envie ni d'argent ni de belles choses. Mais il n'en avait encore jamais vu, pas plus qu'il n'avait approché une jeune femme comme Veneranda Bongiorno. Mince, diaphane, coiffée d'un épais chignon de cheveux cuivrés et habillée en gris pâle, on aurait dit une gravure ancienne. Sa voix était aussi légère qu'un nuage de talc... A l'époque, Rocco vivait encore dans une pension, tenue par une mégère avide qui le plumait pour l'abreuver de bouillons infects et de regards malveillants quand il revenait avec des blessures qu'il lui arrivait de recoudre avec le fil de sa broderie. La demeure de Bongiorno devint son obsession. Et lui, son protecteur, fut désormais l'ennemi dont il voulait conquérir la forteresse pour le chasser de son bonheur terrestre. Veneranda avait étudié chez les sœurs et ignorait tout des affaires de son père et des amis de ce dernier. Elle aurait méprisé Rocco si elle avait su que, le jour où il avait reçu une balle, il venait de sortir de la prison de Blackwell's Island. Il avait eu du reste la présence d'esprit de donner une fausse identité, quand il avait été arrêté à Brooklyn en train d'encaisser la rançon mensuelle d'un hôtelier, de sorte qu'il avait été emprisonné sous le nom d'Amleto Attonito. Manifestement, cependant, personne n'avait raconté cette histoire à Venera, et elle fut donc séduite par ce garçon cérémonieux au visage angélique, dont la réserve prouvait qu'il n'appréciait pas plus qu'elle la compagnie vulgaire des amis moustachus de son père. Le jeune invité n'avait pas ouvert la bouche de toute la soirée, même lorsque Bongiorno l'avait invité à choisir un disque pour le phonographe. Il s'était contenté de passer en revue l'abondante discothèque de Cozza, qui possédait tous les enregistrements des compagnies Victor et Columbia, après quoi il avait fait jouer une chanson napolitaine triste et langoureuse qui disait : *Ah ! quel bel air frais, quelle odeur de rose trémière, et toi tu dors...* Et de fait, la fille de Bongiorno dormait, assoupie sur ses certitudes rassurantes, tandis que Rocco veillait, prêt à saisir sa chance. Quand le chanteur cria : *Je voudrais t'embrasser, je voudrais t'embrasser...* Rocco laissa errer son regard sur les cheveux cuivrés de la jeune femme, et elle comprit qu'elle était tombée amoureuse.

Chaque fois que Rocco raccompagnait son père, Venera l'épiait de sa fenêtre, dont elle laissait retomber le rideau dès qu'elle se rendait compte qu'il l'avait aperçue. Rocco portait la main à son chapeau en s'inclinant légèrement. Il n'osait lui parler, car un jour

Pino Fucile lui avait dit que ses manières, son langage et ses gestes auraient fait de lui la risée de la bonne société. Rocco l'avait très mal pris. Après s'être assuré que personne ne pouvait le voir, il s'était précipité dans une librairie. Quand le vendeur, redoutant un hold-up, lui avait demandé d'une voix tremblante ce qu'il pouvait faire pour lui, Rocco avait chuchoté qu'il désirait un vocabulaire anglais et un livre enseignant ce qu'il fallait faire, dire et éviter – en somme, un guide des bonnes manières. Les deux ouvrages lui coûtèrent dix dollars, mais se révélèrent un investissement judicieux. Bongiorno avait évidemment d'autres projets pour sa fille que de la livrer à son garde du corps à la tête chaude, mais Rocco planifia son mariage avec la même efficacité qu'il mettait à organiser des expéditions punitives pour le compte de son patron – sauf que cette fois, c'était ce dernier la victime.

Il enleva Venera, avec son consentement, à la sortie de son cours de piano. Il se réfugia avec elle dans l'église d'un prêtre de ses amis, en attendant que s'apaise la fureur homicide de Bongiorno. Après quoi il fit savoir au père outragé qu'il était prêt à sauver son honneur et celui de sa fille en convolant en justes noces. Bongiorno médita une hécatombe puis céda, peut-être parce qu'il adorait Venera. En réalité, Rocco n'avait nullement à sauver l'honneur de la jeune femme, car il ne l'avait jamais touchée. Il ne la désirait pas avant de l'enlever, et elle n'éveilla pas davantage son désir ensuite. Il aurait épousé un train, s'il avait cru pouvoir en tirer quelque chose. Leur mariage était heureux, du reste, même si Venera se plaignait de le voir trop peu. Il se justifiait en invoquant des voyages d'affaires. Ayant été éduquée pour devenir l'épouse d'un *businessman,* elle acceptait ses longues absences et ses disparitions mystérieuses. Elle faisait semblant de croire que les précautions de son mari envers la police étaient dues à son allergie pour les impôts – il lui avait avoué qu'il n'en payait pas et comptait bien faire de même à l'avenir. Bien qu'elle n'eût que vingt-deux ans, elle était d'une sagesse confondante. L'atmosphère chargée de trop de mensonges où elle avait grandi lui avait appris à ne pas se poser de questions et à ne pas en poser aux autres. Elle savait apparaître comme l'ingénue qu'elle n'était pas mais que tout le monde désirait qu'elle fût. Rocco éprouvait pour elle une gratitude sincère, et il n'aurait pas supporté de la blesser ou de lui faire du mal. Il ne voulait pas rendre malheureuse sa seule alliée. Il était donc fermement décidé à ne pas s'enliser dans une relation clandestine – et à rompre avec Vita.

Mais la pensée de Vita l'obsédait tout le jour avec une intensité inconnue, réduisant à néant tout le reste. Il la voyait fraîche, saine comme une journée de grand vent et éperdument amoureuse de Diamante... Lors des réunions, il était distrait, s'abritait derrière un regard encore plus absent qu'à l'ordinaire. Il expédiait ses devoirs à la hâte, presque avec répugnance, et n'aspirait qu'à raccompagner enfin son beau-père chez lui. Au lieu de ramener la voiture au garage, il allait chercher Vita. Il conduisait en silence jusqu'aux bureaux de la société, ouvrait la porte et disait à sa compagne de l'attendre, pour éviter que la vision d'un catafalque ne vienne assombrir sa joie. Puis il allumait les cierges, tournait le crucifix contre le mur et enlevait son manteau à Vita. Il la serrait contre lui, heureux de son ardeur mêlée de douceur, pressait ses lèvres sur son sein et s'immergeait dans l'odeur de friture, de bougie et de fleurs fanées, en sombrant dans un oubli aussi ferme et soyeux que sa chair.

Peut-être l'enviait-il pour les sentiments qu'elle ne dissimulait pas et qu'il ne parvenait pas à éprouver. Pour sa force, son assurance, son absence de doutes – son obsession. Rocco avait toujours été séparé des autres par une paroi invisible, le poids de mots imprononcés et de pensées indistinctes. Il était comme emprisonné sous une couche de glace qui le rendait invulnérable. Il ne se souvenait même plus de la dernière fois où quelque chose l'avait touché. Vita était comme un fil de toile d'araignée, fin et solide, suspendu dans un coin entre deux murs et profitant à la fois de l'ombre et du soleil. Le vent l'agitant imperceptiblement tente en vain de le rompre : le fil est élastique, simple et net. Une ligne étincelante coupe en deux le vide limpide. Nous sommes habitués à n'estimer que ce qui est confus. Nous cherchons la force dans l'enchevêtrement des nœuds, et il nous semble impossible que l'âme puisse conjuguer la grandeur et la simplicité. Mais les choses complexes sont opaques, pauvres et ternes, tandis que l'âme est simple comme ce fil.

« Vita, murmurait-il alors, est-ce que tu penses toujours à Diamante ?

— Oui, répondait-elle avec sincérité. Diamante est mon fiancé, nous nous sommes promis l'un à l'autre. Je l'ai appelé et il revient vers moi. »

Jusqu'au jour où elle dit : « Il ne revient pas. Je suis libre. »

Rocco tendit la main vers la flamme de la bougie agonisant au milieu des courants d'air, afin que la douleur lui prouve qu'il ressentait vraiment du bonheur. Il n'éprouva aucune douleur, mais se crut quand même heureux.

« Je m'en fiche de Diamante, maintenant », lança Vita en enlevant un bas.

Aimer sans être aimé, c'est du temps perdu.

Elle avait la tête en feu car elle s'était soudain avisée qu'elle ne l'aurait peut-être même pas reconnu si elle l'avait rencontré dans la rue. Elle n'arrivait pas à se rappeler sa bouche, la couleur de sa peau, la ligne de son nez. Elle avait perdu son visage, sa voix. L'oubli avait fait son œuvre. Son nom n'était plus qu'un écho lointain, sans chaleur, une histoire chuchotée, réduite à un vague souvenir – perdue dans le passé, dans leur enfance.

« Dans ce cas, je devrais t'épouser, observa Rocco d'un ton pensif.

— Il faudra d'abord m'enlever », s'exclama Vita en riant.

Rocco souffla sur le candélabre et dit : « Je t'ai déjà enlevée. »

# Un billet pour l'Ohio

La vertu la plus précieuse d'une femme est le sacrifice, et elle en est récompensée non pas en ce monde mais par le Paradis éternel. Vita le sait. Et si elle l'oublie, les voisines se chargent de le lui rappeler. Recluses dans deux pièces, elles passent d'interminables journées à coudre des boutonnières et des œillets pour la maison Levy & Co. de Broadway, au milieu d'une nuée de bambins sous-alimentés qui ne savent pas encore parler. Existences sereines, faites de montagnes de vaisselle à laver, de piles de draps à repasser. Destinées stables, passées dans un paysage immuable d'immeubles et de linge à sécher, avec toujours la même vue consolante de la fenêtre : la rue s'étirant jusqu'à l'horizon, car New York ignore les courbes, tout y est droit et implacable. Tout le monde disait que Lena était folle. Mais Vita n'était pas moins folle qu'elle, puisqu'elle vivait depuis des années avec un rêve qui ne reviendrait jamais et depuis quelques mois avec un autre qui l'emmenait faire l'amour dans une entreprise de pompes funèbres, sur des divans trempés de larmes. Elle n'avait jamais pleuré sur ces divans, cependant, pas même la nuit où elle avait été enlevée – au contraire, ses rires résonnaient et ne voulaient pas s'éteindre dans ce salon rempli de cierges, de catafalques dissimulés derrière les rideaux et de crucifix tournés vers le mur afin de ne pas assister au bonheur interdit des êtres humains.

Rocco ne cessait de répéter que Vita, *sa* Vita, ne devait pas gaspiller sa jeunesse dans un quartier comme Harlem, au milieu de rustres ignorants et brutaux qui méprisaient le bonheur et la beauté et s'abrutissaient de fatigue et de regrets en rêvant à une richesse inaccessible, dont ils n'auraient d'ailleurs su que faire si jamais ils l'avaient obtenue. Rocco voulait l'emmener au loin – la *déplacer*. Et Vita désirait qu'il y réussisse, si bien qu'elle accepta sa proposition de s'enfuir avec lui. Elle voulait changer, se libérer de la chaîne accablante des devoirs et du malheur médiocre qui menaçait de la recouvrir comme une nappe de brouillard. Ils se donnèrent donc rendez-vous à la gare, directement sur le quai car ils ne devaient pas être vus ensemble – *jamais, à aucun prix.* On était au printemps 1910. Vita sortit en hâte de l'appartement. Elle courut jusqu'à la gare, car elle craignait d'être poursuivie par ses remords.

Rocco avait vraiment l'intention de l'épouser. Il n'avait jamais songé à la tromper. De même que Vita lui avait annoncé d'emblée qu'elle était fiancée à Diamante, il voulait la prévenir qu'il était déjà marié. Mais il n'était plus temps de le lui avouer. Il savait qu'il l'aurait perdue, or il ne pouvait se résigner à se passer d'elle. Il maudissait la Children's Society qui avait sauvé Vita de l'ignorance et lui avait révélé ses droits, ou du moins ce qu'elle considérait comme tel. Il se maudissait lui-même de lui avoir laissé entrevoir une issue lumineuse à sa morne existence. Pendant des mois, il vécut deux vies mutilées, et toutes deux périlleuses. Entre un rendez-vous clandestin et un autre, des ragots commencèrent à circuler. Et ils lui étaient aussitôt rapportés, en signe de déférence pour le directeur de l'entreprise. Au début, il s'en amusa, mais ils finirent par le terrifier.

« Tu vois qui est Vincenzino Vadalà, le préposé au lavage des cadavres ? lui demanda Fagiolino, le croque-mort phtisique. Eh bien, imagine-toi qu'un soir il a oublié les clés de son appartement ici. Il est venu les chercher à minuit. Il entre par la porte de derrière, et voilà qu'il entend un râle épouvantable en provenance du salon. Ses cheveux se dressent sur sa tête tellement il a la frousse des trépassés, mais il faut bien qu'il rentre chez lui, à moins de vouloir dormir à la belle étoile. Bref, il prend son courage à deux mains et il entre à tâtons dans le salon, sans allumer la lumière. Les soupirs deviennent frénétiques. Il se jette à genoux, prêt à demander grâce. Tout ça pour quoi ? Tu ne vas pas me croire... Il y avait deux amants en train de faire l'amour au milieu des cercueils. »

Filomeno Scaturro jure que ce récit est vrai. Lui aussi a tout entendu, tout vu, tout compris. La femme était nue. Elle avait la peau brune, les cuisses bien faites, les cheveux noirs. Ce n'était qu'une gamine, mais le démon dans son abjection prend une apparence innocente pour mieux séduire le monde. Rocco sentit un frisson glacé le parcourir. Scaturro était le graveur de cercueils. Un petit homme dévot, bossu et fidèle depuis toujours à la société Bongiorno Bros. Il était venu lui raconter cette histoire dans son bureau, en lui demandant d'un ton obséquieux d'intervenir pour faire cesser ce scandale obscène, cette immonde profanation.

« Et l'homme, tu l'as vu ? demanda Rocco en résistant à l'impulsion malvenue d'attraper le graveur par la gorge et de lui casser le cou.

— L'homme ? répondit Scatturo en le regardant avec froideur. Il est jeune et fort, mais s'il continue comme ça il finira au fond du fleuve, avec un bloc de ciment aux pieds et sans l'instrument de son péché. »

Scatturo fut retrouvé quelques jours plus tard dans la décharge, la nuque brisée, mais les locaux des pompes funèbres étaient redevenus pour Rocco ce qu'ils avaient toujours été : un lieu anonyme, sinistre, rempli de cercueils et de cadavres à enterrer au Calvaire ou à renvoyer dans la mère patrie aux frais de leur famille, un salon où les gens venaient veiller la mort ou la planifier. Désormais, quand il s'asseyait sur ces chaises au dossier droit, il se sentait inquiet, malpropre et mécontent. Il ne savait plus où rencontrer Vita alors qu'il était rongé du désir de passer plusieurs heures avec elle. Il ne pouvait se contenter de garer la voiture de son beau-père sur les quais déserts, de dérober quelques minutes à l'obscurité des dépôts et des usines fermées. Ce n'était pas ce qu'il voulait pour Vita. Peut-être devrait-il se faire bigame : être le mari de Venera à New York et de Vita dans une autre ville.

En février 1910, il voulut faire une surprise à Vita – un cadeau de plus. Il l'amena au Metropolitan et la conduisit après le spectacle à la loge d'Enrico Caruso. Comme des centaines d'autres admirateurs vrais ou faux qui se vantaient de venir de Naples, de Campanie ou en tout cas d'Italie, Rocco avait souvent approché le chanteur pour se faire offrir des liasses de billets qu'il revendait ensuite à prix d'or à l'extérieur du théâtre. Ce soir-là, Vita resta silencieuse. Elle avait peine à reconnaître dans ce petit monsieur gras et maladif, respirant la tristesse et la mélancolie, l'homme à la voix de velours qu'elle avait idolâtré pendant des années et dont elle avait rêvé d'être la fille. Elle l'observait, émue. Il lui semblait familier, intime et perdu comme la part la plus heureuse de son propre passé, mais elle ne trouva pas les mots pour le lui dire. Rocco fit signer au ténor une carte postale le représentant dans le costume de clown de Canio. Il lui dicta même la dédicace, avec une effronterie que Vita jugea déplacée : « A la fille la plus mignonne d'Amérique. » Caruso paraissait du reste partager cette appréciation, car il était manifestement sous le charme des yeux noirs de Vita. Comme chacun savait qu'il était en quête d'une amoureuse capable de lui faire oublier celle qui l'avait abandonné, Rocco coupa court à l'entretien, prit Vita par la main et l'entraîna. Elle se retourna cependant sur le seuil de la loge pour sourire au chanteur. Rocco avait commis là une grave imprudence, car Caruso devait se souvenir de lui aussi bien que de Vita.

Quelques semaines plus tard, trois hommes se mirent en route pour aller chercher quinze mille dollars. Après une brève correspondance de lettres de menaces, Caruso avait cédé. Il se déclarait prêt à payer quinze mille dollars, qu'il déposerait enfermés dans un paquet sous l'escalier d'une usine de Van Brunt Street, à Brooklyn. En fait, comme tous ceux qui ont connu la faim et sont devenus riches, il défendait avec un acharnement furieux l'argent qu'il n'aurait jamais imaginé posséder et qu'il était prêt à prodiguer au premier venu mais non à se laisser voler. Il fit un paquet de vieux papiers auxquels il joignit, par dérision, deux billets d'un dollar. Après quoi, il envoya des policiers au rendez-vous. Deux des bandits furent arrêtés, le troisième réussit à s'enfuir. Antonio Misiani, importateur, et Antonio Cincotta, liquoriste, furent emprisonnés et leur caution fixée à mille cinq cents dollars. La police voulait à tout prix identifier les commanditaires, mais les deux inculpés se taisaient obstinément tandis que leurs amis faisaient tout pour les mettre hors de cause en égarant l'enquête. Le 17 mars, la police reçut une lettre bourrée de fautes dans laquelle une soi-disant dame génoise s'accusait du chantage. « Monsieur Caruso, disait la lettre, je suis la fame qui vous a écrite les 2 lètres pour ce que je vous emme et come je peus pas vous emmer car je suis marié je me suis promise à faire ces lètres pour vous faire peure aumoin vené plus enamérique et aussi contenté les persones quont été arété alorque inocent. Sauvé les inocent. MNSDM. » Cette missive maladroite, malgré sa signature en forme de sigle – Main Noire Société de la Mort –, n'eut aucun résultat. L'enquêteur chargé de l'affaire espérait obtenir un succès retentissant étant donné la notoriété de la victime, et il voulait absolument mettre la main sur le troisième homme. Il montra à Caruso des centaines de photos signalétiques d'individus suspects arrêtés au cours des années précédentes pour des cas d'extorsion ou de lettres de menaces. En apercevant le sourire énigmatique d'un certain Amleto Attonito, le chanteur se souvint du géant venu le voir avec cette fille délicieuse appelée Vita.

Le 19 mars, Misiani et Cincotta furent relâchés en liberté provisoire, avec pour garants Eugenio Gentile, liquoriste de Carroll

Street, et Pasquale Porrazzo, coiffeur de Hicks Street. Frank Spardo avertit Rocco qu'Amleto Attonito était activement recherché par la police aussi bien que par les deux bandits furieux, qui s'estimaient trahis et voulaient se venger ou extorquer à l'auteur du plan un dédommagement pour les années qu'ils allaient devoir passer en prison. Il fallait que Rocco disparaisse, qu'il quitte la ville – tout de suite.

Ils montèrent chacun dans un wagon différent d'un train à destination de Saint Paul. Il ne se passait pas d'heure sans que Rocco Attonito ne remonte le couloir, secoué par les cahots et étourdi par le fracas du train. Il feignait de se diriger vers la plate-forme, mais en fait il voulait seulement s'assurer que Vita s'était réellement enfuie avec lui. Elle portait une robe sombre au grand col carré, comme un costume marin. Comme elle n'avait rien à faire, elle regardait par la fenêtre. Que l'Amérique était grande... Elle n'en finissait plus. La séparation forcée ennuyait Vita. En apercevant le reflet tremblant de Rocco sur la vitre, elle se retournait et lui adressait un sourire anxieux mais aussi chargé de désir. Elle semblait lui dire : Quand arrivons-nous ? Quand pourrons-nous enfin dormir ensemble ? Nous réveiller dans le même lit ?... Rocco restait interdit devant ce sourire et l'intensité à la fois candide et absolue de son désir, qu'il ne réussissait pas à partager. Il se demandait comment il avait pu se mettre dans un pareil pétrin – et y entraîner Vita. Il se précipitait vers la plate-forme pour fumer. Il grillait cigarette sur cigarette, au point que la gorge lui brûlait. Si Vita apparaissait, comme par hasard, et s'immobilisait près de lui, ils se penchaient ensemble à la balustrade, en s'effleurant à peine des mains et en regardant le paysage disparaître dans la nuit. L'Amérique défilait, proche et inaccessible, comme le rêve d'un autre.

Ils logèrent dans le seul hôtel de luxe du Flat, dans une chambre tapissée d'un papier à fleurs et donnant sur les voies ferrées des compagnies Great Northern et Chicago & Omaha. Rocco était habitué aux hôtels et à leur fausse splendeur, mais Vita n'avait jamais vu une chambre pareille, de sorte qu'elle lui sembla princière. Elle s'extasia devant la largeur du lit, la baignoire où coulait l'eau chaude, la lampe sur la table de nuit. Sa joie faisait plaisir à Rocco, et il avait envie de lui acheter une vraie maison donnant sur l'océan, hors de New York – à Hoboken, Newark ou même Orchard Beach, où il n'était allé qu'une fois mais dont il se rappelait avec mélancolie la plage solitaire et romantique. Il voulait lui offrir une bonne, une automobile, de l'argenterie, des tableaux, des vases chinois, un chien – tout ce qu'elle désirait sans même en soupçonner l'existence. Elle était le fil solide et tenace qui le reliait à la part la plus authentique de lui-même. Il ne s'était jamais senti aussi proche de quelqu'un dans toute sa vie.

Vita courut à la salle de bains pour revêtir la chemise de nuit dont il venait de lui faire cadeau. Un chiffon bruissant de satin mauve, comme au cinéma ou dans les vitrines de Macy's. « Comment me trouves-tu ? — Merveilleuse. » Elle se pelotonna sur le lit, mais Rocco resta immobile près de la fenêtre. Comme elle s'étonnait qu'il n'essaie même pas de l'embrasser, elle lui demanda ce qu'il avait. Elle ne lui plaisait donc plus ? Rocco finit par parler. Il lui annonça qu'il était déjà marié.

Vita répondit qu'elle ne le croyait pas. Il jura que c'était vrai. Il espéra qu'elle n'allait pas pleurer, essayer de lui tirer dessus ou vouloir rentrer chez elle... Elle ne dit pas un mot. Ils se turent toute la nuit, en fixant chacun une fleur différente sur la tapisserie. Chaque fois que Vita se retournait, sa chemise de nuit faisait un bruit léger, comme un soupir de déception.

Ils s'épousèrent dans une maison où officiait un type au regard halluciné, qui prétendait être prêtre et savait le latin. Cet ami de Rocco, qui s'appelait John Palmieri, avait bel et bien exercé la prêtrise. Notre Mère l'Église l'avait chassé de ses rangs car à force de fréquenter les Chinois du quartier, dans le but de les convertir à la vraie foi, il s'était pris d'une passion effrénée pour l'héroïne. Lorsqu'il s'était mis à voler ses paroissiens pour s'acheter son poison, on l'avait contraint à quitter l'habit. Cependant, comme personne ne voulait aller dans le Midwest – que les prêtres considéraient à peu près comme l'équivalent du bagne –, John Palmieri, bien que défroqué, visitait les camps des ouvriers des chemins de fer l'Évangile à la main et les consolait en leur racontant les paraboles et en leur remettant le courrier. La cérémonie du mariage se déroula comme suit. Vita était habillée en blanc, Rocco nu à partir de la ceinture. Le prêtre, ou ex-prêtre, dit à Vita d'écrire à l'encre à l'emplacement du cœur de Rocco un V. « V comme la virginité que tu m'as donnée, la violence dont j'userai contre tes ennemis, la victoire de notre amour sur tous les obstacles. V comme toi – ainsi je porterai à jamais ton nom sur mon cœur... » Puis l'officiant brandit une aiguille de matelassier et tatoua la lettre sur la poitrine de Rocco, dont Vita tenait la main. Ils étaient désormais unis jusqu'à ce que la mort les sépare. Pour

Rocco, ce mariage était parfaitement valable. En effet, s'il n'épousait pas Vita devant Dieu, dans lequel il ne croyait pas, ni devant les hommes, qu'il méprisait, il s'était uni à elle avec son sang et devant sa conscience – ce qui rendait ce lien indissoluble, car elle était le seul guide qu'il respectait et à qui il obéissait. Sa conscience savait qu'il n'avait jamais pensé à tromper Vita et voulait vraiment la rendre heureuse. Il répéta sa promesse en serrant dans sa grande main la main brune de Vita : « Je te protégerai du mal. Je prendrai soin de toi. Quoi qu'il arrive. »

Rocco sortait la nuit, comme les chauves-souris. Le jour, il restait avec Vita, enfermé avec elle dans la chambre où ils s'aimaient jusqu'à l'épuisement. Avec le temps, la négligence et la décadence masquées par la patine prétentieuse du luxe se révélèrent : la tapisserie était tachée d'humidité, de moustiques sanguinolents et de toutes sortes de liquides organiques, les tapis étaient galeux et les draps parsemés de vieux trous de cigarettes. Bien que les vêtements offerts par Rocco fussent bruissants et à la dernière mode, comme ceux des mannequins, Vita se lassa vite de les endosser. Le lit était moelleux mais restait étranger, hostile – comme tout lit de passage. Et même si les serviteurs en livrée lui apportaient son déjeuner dans sa chambre et l'appelaient *Ma'am,* les clients de l'hôtel avaient l'air des malfrats qu'ils étaient selon toute probabilité. Quant au panorama se déployant de l'autre côté de la fenêtre, il était d'un réalisme social sans concession. Des baraques en bois, en tôle ondulée ou en restes de boîtes de conserve s'étendaient à perte de vue. Des troupeaux de porcs ou de chèvres, des potagers malingres, des terrains vagues envahis de mauvaises herbes. Des fumées d'usine enveloppant des spectres accablés par la misère et par la faim. Un monde d'épaves de l'industrie et de l'humanité, de rebuts, de désolation. Un fleuve aux eaux troubles et un pont paraissant inutilisable. Et des voies ferrées, des centaines de voies ferrées encombrées de wagons oubliés, abandonnés, se désagrégeant peu à peu.

Voilà donc ce qu'était la vie avec Rocco. Une apparence mensongère et un éloignement intérieur. Quelque chose qu'ils ne parvenaient pas à se dire et qui les séparait. Qui serait toujours entre eux, même s'ils ne s'en rendaient peut-être pas compte eux-mêmes. Qui s'insinuait jusque dans leurs étreintes et s'installait ensuite dans leurs silences. Des nuits solitaires et des jours immobiles, semblables à ces wagons décrochés et gisant sur une voie abandonnée, incapables de se rendre quelque part. L'attente de ce qui ne viendra pas. L'isolement. La sensation de n'être pas aimé pour ce qu'on est mais pour l'apparence qu'on se donne. Le monde réduit à un corps, et le corps réduit à un peu de peau humide. Quelques instants partagés, et au fond de soi un vide vertigineux... Le septième soir, quand Rocco sortit pour ses « affaires », Vita traversa les voies ferrées, atteignit péniblement le guichet des billets et demanda un aller pour l'Ohio. L'employé tenta de lui expliquer que l'Ohio n'était pas une gare. Quelle était sa destination ? Où voulait-elle aller ? « Oaio », insista Vita, inébranlable. Elle posa sur le comptoir un billet de cinq dollars tout chiffonné, et l'employé lui dit qu'avec cette somme elle ne pourrait même pas se rendre dans le centre-ville.

Quand elle rentra dans la chambre, Rocco n'était pas encore de retour. Elle regarda la valise en haut de l'armoire, les rideaux tirés, les fleurs proliférant sur la tapisserie. La cravate de Rocco nouée au cintre, ses complets voyants, trop ajustés et trop raffinés. Son odeur douce, musquée, flottait partout. Vita aurait voulu ne pas avoir épousé Rocco, même si de toute façon leur mariage n'était pas valable. Elle voulait rentrer chez elle, tout en sachant qu'Agnello ne la laisserait pas entrer car désormais, outre celles de son père et de Lena, elle avait ruiné sa propre vie. Elle voulait retourner dans la cuisine de l'hôtel Ansonia et gaspiller ses seize ans entre la fumée des marmites et le sucre des gâteaux, même si elle avait perdu son emploi en s'enfuyant avec Rocco et ne le retrouverait jamais. Elle voulait écrire à Diamante et implorer son pardon – mais elle ignorait où il se trouvait. Elle voulait laisser Merlu à ses affaires mystérieuses et à son épouse qui se contentait peut-être de sa réticence. Elle voulait que M. Bongiorno meure criblé de balles et que Rocco soit libre de quitter les pompes funèbres, de se racheter et de devenir une personne normale, s'il en était capable. Elle voulait sauter dans un train, n'importe lequel de ceux qui faisaient vibrer les murs de l'hôtel et disparaissaient dans l'obscurité, et être engloutie comme eux par l'Amérique. Elle voulait changer. Elle voulait mourir cette nuit même, dans le Flat de Saint Paul, noyée dans le Pheelan Creek.

Rocco gardait son pistolet attaché à sa ceinture, et la nuit il le glissait dans ses chaussures. Cette nuit-là, après si longtemps, Vita se mit à appeler l'arme. A répéter comme une incantation : tire-moi dessus, tire-moi dessus, tire-moi dessus. A la regarder jusqu'à ce que tous les autres objets cessent d'exister – et la chambre, le monde entier, tout disparut absorbé dans la lueur du pistolet. Sous son regard, l'arme glissa hors de la chaussure, son canon se redressa, elle se souleva, comme si elle ne pesait plus rien, et resta un instant suspendue en l'air. Le métal luisait dans la pénombre. Inutile de tendre la main pour presser la détente – le coup partirait tout seul...

Mais il n'en fut pas ainsi. Le pistolet retomba pesamment. Elle eut beau le rappeler, il resta où il était, inerte. Peut-être n'était-elle plus capable de faire bouger les objets. De même que Diamante n'avait pas accouru à son appel, l'arme refusait de lui obéir. Elle ne savait peut-être plus vouloir avec autant d'intensité que jadis. Elle avait perdu son don. Elle n'était plus qu'une fille quelconque, aux désirs opaques, à la volonté débile, au regard limité à la réalité froide et superficielle des choses. A moins que son envie de mourir n'allât pas jusqu'à se tirer une balle dans la tête. Elle désirait mourir, mais seulement un peu. Elle voulait aussi vivre et être heureuse – *happy.* Comme on peut l'être même quand on a tout perdu. En s'endormant, elle pensa : Ce n'est pas vrai, il n'est rien arrivé. Demain, je vais m'apercevoir que tout ça n'était qu'un rêve.

# Jeune Italienne disparue

Diamante ne réussit à revoir les tours de Manhattan que neuf mois après sa fuite du camp de la Northern Pacific Railway Company. Il avait fait deux mille milles à pied. Il avait pris en marche et quitté des dizaines de trains de marchandises. Il pesait quarante kilos, avait les cheveux rasés, une douleur lancinante dans le dos et une faim chronique. Quand il s'avança en boitillant dans Broadway, il ressemblait à l'un des nombreux miséreux se pressant dans les rues en ces années de récession. C'était l'été 1910. Il portait un maillot de corps noir de cambouis et un pantalon militaire échangé avec un vétéran nègre qu'il avait accompagné pendant quelque temps. Le premier message qui l'attendait à New York, il le lut sur le mur du refuge de l'Armée du Salut où il entra pour se restaurer : QUAND AS-TU ÉCRIT POUR LA DERNIÈRE FOIS A TA MÈRE ? Diamante se rappela qu'il n'écrivait plus à Angela depuis des années. Il avait été une déception pour elle comme pour toute la famille. Ils l'avaient envoyé en Amérique pour qu'il y fasse son chemin et leur ouvre la voie là-bas. Résultat... il se retrouvait encore plus fauché qu'avant, sans même un avenir à inventer. Il était resté seul si longtemps qu'il avait oublié le son de sa propre voix. Et si longtemps dans l'Amérique des Américains qu'en entendant parler italien, dans les boutiques et les tavernes de Mulberry Street, il se sentit violemment ému.

Il ne rencontra aucun de ses amis ou ennemis d'autrefois. Beaucoup étaient rentrés en Italie, d'autres avaient changé de quartier. Ils s'étaient installés à Brooklyn, à East Harlem, en abandonnant aux plus féroces et déshérités ces rues oubliées de l'espérance. Il apprit des choses insignifiantes et d'autres qui le touchèrent dans sa chair et lui firent regretter que du sang coule dans son cœur. Tom Orecchio était mort, le crâne fracassé dans une auberge du Tenderloin. Nello était en prison, et si son procès tournait mal, il finirait sur la chaise électrique. Merlu chantait dans le chœur de l'église de Baxter Street et se promenait vêtu d'un costume croisé à six poches, dont chacune abritait des billets de banque de diverses valeurs. Suivant l'importance du suppliant, il en sortait une coupure d'un, dix ou vingt dollars. En somme, il était devenu un gros bonnet – il était inutile de préciser dans quel domaine. Le cousin Geremia avait perdu son travail dans les mines d'anthracite où il avait trimé sous terre comme un rat. Dans l'attente d'un nouveau contrat, il végétait dans une pension de Humboldt Street. Coca-Cola vendait des bananes dans le magasin de Rizzo, à Harlem, et en pinçait toujours pour les danseuses, lesquelles étaient les premières à bénéficier de son maigre salaire, au grand dépit de l'oncle Agnello. Bref, il était toujours aussi stupide et bon à rien. Moe Rosen avait cessé de photographier des cadavres. Il avait rejoint les gens du cinéma et était parti au Colorado où il filmait les westerns de Broncho Billy, le cavalier solitaire aux bottes et aux jambières de cuir cloutées. Vita s'était volatilisée et Agnello, comme tous les parents des centaines de filles disparaissant chaque année à New York, avait inséré une annonce dans le « Progresso » :

*Vita est absente de chez elle depuis une semaine. Elle est sortie le matin pour aller travailler, mais elle n'est pas rentrée. On ignore où elle s'est rendue ou a été emmenée. Elle mesure cinq pieds et pèse cent dix livres. Elle portait une robe sombre, des bas noirs et des escarpins noirs. Son père est un homme de bien et ne croit pas avoir d'ennemis. Toute personne pouvant le mettre sur la piste de sa fille ferait une bonne action. Il est à craindre que ce père ne devienne fou de douleur.*

L'annonce était suivie d'une photographie. Une photo posée, prise par un professionnel : peut-être était-elle destinée à sa mère, en Italie. Peut-être l'avait-on prise au collège, car sur ce cliché Vita n'a pas quinze ans et demi, comme lors de sa « disparition » au printemps 1910, mais douze ou treize ans. Elle est habillée en noir et sa robe austère pourrait être un uniforme. Ses cheveux noirs très longs sont divisés par une raie un peu sur la droite et rassemblés en deux bandeaux sur les oreilles. Elle a porté ses mains à son cou, le menton appuyé sur ses annulaires. Elle ne regarde pas l'objectif. Elle ne regarde pas qui la regarde. Ses yeux noirs, légèrement cernés, sont fixés sur quelqu'un qui n'est peut-être pas là – ou sur rien. Elle ne sourit pas. Son expression est pensive et mélancolique, insolite chez une gamine de son âge.

C'était une Vita que Diamante ne connaissait pas, qui n'existait pas encore quand il était parti, et il aurait voulu qu'elle n'existe jamais.

Sous la photographie était écrit JEUNE ITALIENNE DISPARUE. La page contenant l'annonce était encore affichée dans de nombreuses tavernes du quartier, car Vita était photogénique et les hommes avaient le vin moins triste quand ils s'enivraient en rêvant qu'ils allaient retrouver cette gamine perdue.

Mais Diamante apprit aussi qu'en fait d'avoir disparu, Vita s'était enfuie avec son amant, lequel n'était autre que Rocco. Tout le monde faisait semblant de l'ignorer, du reste, car Merlu avait juré qu'il briserait la nuque à quiconque oserait ne serait-ce que prononcer le nom de Vita, et c'était un type plutôt convaincant. Diamante écouta tous ces détails en affichant une parfaite indifférence – y compris et surtout quant à la fugue de Vita. C'est la loi de ceux qui ont grandi dans la rue : il faut faire comme si on se fichait même de ce qui vous tient le plus à cœur.

Le même jour, il entra dans l'établissement de prêt du père de Moe Rosen et lui remit la chaîne avec la croix de Vita. Il l'avait gardée durant toutes ces années, en préférant même mourir de faim plutôt que de s'en séparer. Elle était son talisman, le seul signe visible de la promesse qu'ils avaient échangée. Eh bien, il allait profiter des dollars qu'il en avait tirés pour prendre un nouveau départ. JEUNE ITALIENNE DISPARUE. Disparue pour tous, mais surtout pour lui. Il ne voulait plus jamais entendre parler de Vita, et l'Amérique était assez grande pour lui offrir cet oubli. Il se fit écrire par le vieillard frisé l'adresse de Moe à Denver, Colorado, et envoya un télégramme à son vieil ami : THERE IS UN JOB FOR DIAMANTE ? JE FAIS EVERYTING.

Après quoi, il alla dormir dans la pension du cousin Geremia, en partageant son lit comme il l'avait fait pendant tant d'années. Leurs corps allongés symétriquement mais à l'opposé, de sorte que le visage de l'un frôlait les pieds de l'autre. Ils ne se racontèrent rien de ce qu'ils avaient vécu, car ils avaient tous deux envie de faire une croix sur le passé. Chacun d'eux trouva l'autre extrêmement changé. Geremia était terriblement velu, et sa peau avait pris cette couleur de chemise sale typique de ceux qui ont passé des années sans voir la lumière du jour. Diamante avait un crâne rasé de bagnard, une ride nouvelle sur le front, entre les sourcils, et sur les lèvres le pli d'une cicatrice qui durcissait son sourire. Ils n'accordèrent que quelques paroles à Vita. Diamante marmonna seulement qu'il s'y attendait. Ça devait arriver...

Geremia n'arrivait pas à croire aux bobards qu'on racontait dans le quartier. Que l'amoureuse de Diamante, cette Vita si adorable et passionnément adorée, ait pu le quitter pour ce voyou de Rocco – qui du reste ne pouvait l'épouser, puisqu'il était déjà le mari de la fille de Bongiorno –, qu'elle ait pu perdu la tête pour lui au point de s'enfuir avec lui... C'était tout bonnement inconcevable. Il ne parvenait pas à associer l'image de Vita, qu'il avait connue petite fille, avec cette cruauté à la fois stupide et futile. Cependant, lui qui était resté seul des années durant dans les mines, sans même la pensée d'une petite amie pour le consoler, il éprouvait en songeant à cette histoire une telle compassion qu'il prenait en pitié même l'orgueil exagéré de Diamante, qui mettait son point d'honneur à ne pas exprimer ce qu'il ressentait et à faire comme si, au contraire, il le supportait bien mieux qu'on n'aurait pu s'y attendre. Et plus il plaignait son cousin, plus il pensait avec mépris et même avec répulsion à Vita, qui naguère, dans les ténèbres de la mine, lui était parfois apparue comme une vision lumineuse et réconfortante d'innocence enfantine.

Durant l'été 1910, on voyait désormais de nombreuses automobiles circuler à New York : on pouvait acheter pour 4 500 dollars une Fiat d'occasion de 1909. Au théâtre Garibaldi, on donnait *Le Lanternier du port*, *Rosa la folle* et *Masaniello.* Un phonographe neuf ne coûtait que 28 dollars et n'était plus un privilège réservé aux riches ou aux voleurs. Le 3 juillet, à Madison Square Garden, on retransmit en direct par radio le match de boxe opposant sur le ring de Reno le blanc Jeffries et le nègre Jefferson. Le bulletin mensuel du State Department of Health rapportait qu'on avait recensé en juin à New York 116 suicides, 53 homicides, 146 noyades, 145 accidents mortels de chemin de fer, 86 brûlés, 46 tués par des véhicules à traction électrique ou animale, 7 victimes de la foudre, 15 morts du fait du tétanos ou d'un empoisonnement, 2 à la suite d'une explosion. La majorité des suicidés choisirent le gaz d'éclairage. Le nombre des suicides était tel que les journaux leur consacraient des rubriques spéciales, appelées *Les déserteurs de la vie, Fatigués de la vie, Les volontaires de la mort.* Mais si on manquait son coup, on pouvait être arrêté pour « tentative de suicide ». Parmi les homicides, 18 furent commis avec des armes à feu, 7 à l'arme blanche et 19 à l'aide d'instruments divers. Au cours du mois de juin, il y eut à New York

17 727 naissances et 10 865 morts, de sorte qu'en un seul mois la population de la métropole augmenta de 6 862 âmes. En une seule semaine, 31 000 étrangers étaient arrivés au port. Rien que le 12 avril, le paquebot *Madonna* avait débarqué 1 174 Italiens et 5 670 immigrants en provenance d'Europe centrale. Le 20 avril, le *Celtic* avait débarqué 2 047 Italiens venant de Gênes et de Naples. En six mois, 843 enfants étaient morts dans la ville. Quatre d'entre eux avaient succombé à la rage après avoir été mordus par un chien, douze étaient tombés d'une échelle anti-incendie, cinq avaient été écrasés par un train ou une voiture et deux atteints par des balles perdues alors qu'ils jouaient dans la rue. En moins de trois mois, du 19 janvier au 29 mars, quinze jeunes filles disparurent et ne furent jamais retrouvées. En seulement vingt-quatre heures, entre le 5 et le 6 avril, dix-neuf personnes furent déclarées disparues. On avait promulgué une loi « sèche » interdisant la vente de boissons alcoolisées le dimanche et les jours fériés. Une ordonnance municipale interdisait de fouiller dans les poubelles et les décharges. Les contrevenants risquaient une amende et une peine de prison. Un type avait été arrêté pour avoir volé des pigeons, un autre pour avoir mis le feu à la barbe d'un Juif, un troisième pour avoir vendu de la cocaïne à des écoliers, un quatrième pour avoir dérobé les griffes d'un ours mort et un cinquième pour avoir volé des talons de semelles en caoutchouc d'une valeur de 200 dollars. Nicola Maringi et Francesco Ceccarini avaient été exécutés à Norristown pour l'assassinat d'un cordonnier commis en août 1909. Les ouvriers s'étaient organisés en associations et sociétés de secours mutuel. Une vague de grèves traversait le pays, dans les usines textiles et dans les ports, dans les chantiers et dans les mines. 47 000 mineurs faisaient grève dans l'Ohio, 100 000 en Pennsylvanie, 18 000 dans l'Indiana, 5 000 dans le Colorado. Ils demandaient la demi-journée de travail le samedi et une augmentation des salaires. Le plus étonnant, c'était qu'un journal bourgeois comme le « Progresso » approuvait ces mineurs et soutenait les grèves par une campagne de presse sans précédent.

Il s'en était passé des choses dans le monde, pendant que Diamante s'enlisait dans des wagons perdus sur une voie ferrée en cul-de-sac. Comme les syndicats et la propagande socialiste, la Main noire avait gagné en efficacité. Les crimes s'étaient multipliés. Désormais, les bombes composées avec des bâtons de dynamite faisaient sauter magasins, épiceries et restaurants, voire des immeubles entiers. On ne pouvait plus dormir la nuit à cause des détonations : on se serait cru en guerre. Les journaux italiens en tenaient une comptabilité scrupuleuse, à partir du début de l'année. Leurs articles commençaient ainsi : LA BOMBE N° 24 ! Les journalistes avaient honte de leur prolifération. Cette année, ils se demandaient si on n'atteindrait pas la cinquantaine. Les maîtres chanteurs ordonnaient à leurs victimes d'apporter mille dollars au Pont de Brooklyn ou au Jardin zoologique. Dans les quartiers où traînait Diamante, en attendant que la réponse de Moe Rosen soit arrivée au bureau de poste de Mulberry Street, les gens parlaient avec respect des membres de la Main noire. Diamante leur criait qu'ils n'étaient que des idiots, de respecter ainsi ceux qui faisaient leur ruine. Il se fichait que ses propos puissent être répétés. Bien plus, il aurait aimé qu'on vienne lui demander des comptes pour ses opinions, afin de se prouver à lui-même qu'il était prêt à payer sa liberté d'un coup de couteau ou même de sa vie. Il affirmait que plus on respectait ces bandits, plus ils vous méprisaient et vous écrasaient. S'ils voulaient qu'on leur apporte l'argent au zoo de Brooklyn, c'était simplement parce qu'ils étaient eux-mêmes des bêtes féroces, même s'il leur arrivait de porter un costume croisé.

Il n'avait envie de voir personne. Pourtant, en ces jours de l'été 1910, il se mit à arpenter les allées de Central Park, où il savait qu'Enrico Caruso aimait se promener pour apprendre ses rôles à l'ombre des arbres. Il se sentait proche de lui, car ils avaient subi tous deux la même offense, affronté en même temps la souffrance et la mélancolie. Leurs vies semblaient suivre un cours parallèle. Ils étaient arrivés à New York la même année, en 1903. En 1906, ils avaient tous deux risqué d'être pris au piège des rouages de la justice américaine. Ils avaient été trahis et abandonnés au même moment, et maintenant ils traversaient l'un comme l'autre une convalescence lugubre, où ils tentaient à la fois de guérir et de se punir d'un désastre qui avait brisé leur vie. Mais alors que le chanteur était tombé malade, Diamante était encore debout. Il cherchait du regard sa silhouette alourdie autour du lac et sur les gazons desséchés. Il voulait le rencontrer, ou du moins l'apercevoir de loin. En vain. Enrico Caruso ne vint pas : il se trouvait en Italie. Cependant les allées du parc rappelaient Vita à Diamante. Leur premier jour en Amérique... Il se jura qu'il viendrait à bout de cette nouvelle épreuve. Il ne se fabriquerait pas un cancer de la gorge. Il ne détruirait pas ce qu'il possédait de plus précieux. Il ne s'effondrerait pas.

Lorsque Diamante reçut le télégramme de Moe – COME MON AMI JOB POUR BRONCHO BILLY'S REDEMPTION BIEN PAYÉ DOLLARS X RAILROAD FOLLOW SOON – Geremia se demanda comment il pourrait retenir son cousin. Il se sentait perdu dans cette ville dont il ne parvenait pas à suivre le flot tumultueux, sans cesse renouvelé. Etait-il possible que tout fût vraiment fini ? Diamante s'échauffait en lui expliquant ce que signifiait la grève des mineurs du charbon et pourquoi il devait refuser d'accepter la proposition de son *boss* qui voulait qu'il devienne un briseur de grève. Comme on disait ici : « Strikebreaker, scabs ». Il était permis de trimer comme l'oncle Tom et de vivre comme un rat. On pouvait ramasser des ordures, voler les chaussures neuves d'un mort, voyager dans un train sans payer. On avait même le droit d'accepter la charité – au fond, celui qui vous donne une aumône ne fait que restituer une petite partie de ce qu'il vous a volé. Mais devenir un *scab,* non. Autant dérober le pain d'un homme qui meurt de faim. Il faut faire preuve d'esprit de classe.

Geremia devinait que son cousin éprouvait le besoin – qu'il ne connaissait lui-même que trop bien – de s'enflammer pour un sujet qui au fond lui était indifférent, dans le seul but de faire taire des pensées intimes trop douloureuses.

« Je t'offre un verre, cousin, lança Diamante en faisant glisser vers lui une chope sur le comptoir. Il faut que tu boives à la santé de Broncho Billy qui me paie le voyage au Colorado.

— Et Vita ? » murmura Geremia.

Diamante leva sa chope de bière.

« Je bois à sa santé ! »

Geremia observa d'un air soupçonneux le breuvage trouble écumant dans la tasse. En fait de bière, c'était surtout de la mousse, et elle laissait dans la bouche un arrière-goût amer.

« Si tu la vois, ajouta Diamante avec un clin d'œil, dis-lui qu'elle était et est toujours libre, et que je lui souhaite d'être heureuse.

— Mais c'est absurde, hasarda Geremia. Tu ne peux pas partir comme ça, sans même lui parler. Et si c'était une invention ? Il ne faut pas croire n'importe qui, car n'importe qui est capable de raconter n'importe quoi...

— Ce n'est pas une invention, trancha Diamante d'une voix âpre.

— Et après ? insinua Geremia. Quand je racontais qu'on devrait quitter Prince Street parce que Lena n'était pas une femme sérieuse, tu la défendais, tu disais qu'il fallait pardonner à une femme qui a fauté.

— Mais je n'ai jamais dit que moi, je pourrais lui pardonner », observa Diamante en pressant son front contre sa chope.

Il se mit à crier avec colère :

« Tu voudrais que je demande à Agnello la main de Vita, que je fasse preuve de compréhension ou quelque chose de ce genre ? C'est sûr, ce serait très noble. Seulement, moi, je ne veux pas des miettes du festin de Rocco. Le festin de Rocco, je lui ai craché dessus. »

Il vida la chope d'un trait.

« Si tu veux qu'on reste amis, ne m'en parle plus jamais. »

Geremia heurta sa chope contre la sienne, en signe d'assentiment. Il tint à payer une autre tournée, et ils trinquèrent derechef – à l'amitié, à la liberté, à la fidélité, aux femmes qui les attendaient... Ils firent ainsi tous les cafés qu'ils aperçurent sur le chemin de la gare, si bien qu'ils finirent par être ivres morts et pliés en deux de rire, même si rien n'était plus triste que leurs deux personnes. C'est ainsi que Diamante l'étreignit et lui dit en riant : « *Kubbai*, oncle Tom, sois sage. Peut-être qu'on se reverra bientôt. » Et Geremia continua de rire en rentrant à la pension, jusqu'au moment où il s'aperçut que Diamante était bel et bien parti.

Vita cousait dans la minuscule salle de séjour, et dès qu'il l'aperçut Geremia fut bouleversé par son indifférence. Elle était plus maigre et plus pâle qu'avant, mais contrairement à son attente elle ne montrait aucun signe de honte, d'humiliation ou d'embarras. Elle ne se leva pas pour le saluer et ne le remercia pas d'être venu la voir. Quand il s'assit dans un fauteuil, elle lui sourit à peine, avec cet air à la fois détaché et soupçonneux qui est l'apanage de la déception. Elle le regarda sans le voir, et tout son visage n'exprimait qu'une unique question : était-il avec elle ou avec son père, à propos de Rocco ? En lui-même, Geremia n'existait pas. Il n'avait d'ailleurs jamais existé : c'était le cousin sérieux, le brave oncle Tom... Vita ne se justifia pas. Elle ne se soucia ni de mentir, ni de démentir. Ce qu'on dissimule finit toujours par pourrir. Elle lui demanda au contraire, en enfilant son aiguille dans sa broderie, s'il avait des nouvelles de Rocco et s'il lui était arrivé quelque chose. Geremia rougit et répondit d'un ton belliqueux qu'il ne lui était absolument rien arrivé et que plus personne ne parlait d'Amleto Attonito. Enrico Caruso, qui était trop généreux – à moins que même lui n'ait pris peur – avait d'abord témoigné courageusement contre Misiani et Cincotta, ce que peu d'hommes auraient fait. Mais ensuite, il avait demandé leur grâce, en disant qu'au fond ce n'étaient que deux garçons « qui avaient commis une erreur ». Tôt ou tard, cependant, Rocco paierait pour ses trahisons et ses mensonges. Il se ferait tuer en pleine rue comme un chien, et il l'aurait bien mérité.

Vita posa sa broderie sur ses genoux et le regarda avec étonnement. Ils gardèrent le silence – un silence tendu, inconfortable. Vita n'éprouvait ni haine ni rancœur envers Rocco, mais personne ne l'aurait crue si elle l'avait dit. Il l'avait trompée, certes. Mais elle commençait à soupçonner que la capacité de tromper les autres ressemble à celle de les guider. Au fond, nous devons tous, un jour ou l'autre, être abandonnés sans recours afin de faire l'expérience de la trahison au plus profond de nous, là où nous sommes seuls. Il nous faut découvrir ce qui nous soutient quand nous ne sommes plus capables de nous soutenir nous-mêmes : seule cette épreuve peut nous armer d'une force indestructible. Vita était passée par là en cette nuit où elle n'avait pas su mourir, dans la chambre de l'hôtel de Saint Paul. Mais Geremia comme Agnello n'auraient jamais pu la comprendre. Elle attendit que Coca-Cola ait disparu dans sa chambre pour demander en hâte, sans même prononcer son nom :

« Je sais qu'il est revenu. Tu l'as vu ? Comment va-t-il ?

— Il s'en tire, répondit Geremia d'un air embarrassé. Tu sais comme Diamante est dur. Même un couteau ou la dynamite ne réussiraient pas à l'entamer.

— Tu es son cousin, ajouta-t-elle sans le regarder. Toi, il t'écoutera. Dis-lui de me pardonner. »

Nicola revint, tiré à quatre épingles et parfumé à en avoir un haut-le-cœur. Il prit Geremia par le bras et lui chuchota que son amoureuse l'attendait au coin de la rue. Elle s'appelait Joyce et travaillait comme pédicure dans le *barbershop* du rez-de-chaussée. Ils habitaient sur le même palier. Ce vieil ours d'Agnello lui avait cassé une poêle sur le crâne quand il l'avait surpris avec elle, mais il s'en fichait complètement et il voulait absolument que l'oncle Tom connaisse Joyce car elle était sensationnelle. A côté d'elle, Nicola avait l'air d'un cadavre. Bref, c'était une négresse. Stupéfait, Geremia lui dit de l'attendre un instant, qu'il arrivait... Il ne savait comment annoncer à Vita que Diamante était déjà parti. Il craignait qu'elle ne lui reproche de n'avoir pas su le convaincre de rester. Peut-être Vita, dans l'ingénuité de ses seize ans, dans son ignorance du cœur d'un homme, s'imaginait-elle qu'elle pourrait tout recommencer, recoller les morceaux, fermer les plaies...

Elle le détrompa en disant elle-même : « Je sais que c'est fini. »

A voix basse, car elle ne voulait pas que son père l'entende. Ce sujet était banni de l'appartement de la Cent treizième rue, de même que le nom de Rocco, le souvenir de Lena et l'amoureuse imprésentable de Coca-Cola – en somme, tout ce qui pouvait être important pour eux.

« Je regrette de lui avoir fait du mal. Dis-lui de me pardonner. Pour tout. »

Geremia détourna les yeux. Les murs de l'appartement exigu étaient tapissés d'images arrachées dans des illustrés. Des vues du Grand Canal de Venise, de la basilique Saint-Pierre, du Dôme de Milan. Mais c'était une vraie maison de gens respectables. Vita devait passer des heures à astiquer avec acharnement les carrelages, histoire de tuer le temps. Agnello la gardait sous clé et racontait à tout le monde que sa fille avait les poumons malades.

« Considère-moi comme ton ami », risqua Geremia.

Il avait déjà envie d'être dehors, car sa visite en ces lieux était une erreur – quand une chemise commence à se déchirer, elle ne redevient plus jamais comme avant.

« Je reste jusqu'au 17, puis je vais dans les mines de charbon. On m'a nommé chef d'équipe. »

Il se garda évidemment de faire allusion aux grévistes, aux briseurs de grèves et aux idées de Diamante sur l'esprit de classe. On lui avait promis un salaire considérable, et il se fichait des mineurs en grève. Chacun devait penser à soi et faire sa vie. Lui aussi, en Pennsylvanie, il aurait préféré gagner davantage, mais il s'était soigneusement abstenu de réclamer ou d'exprimer son opinion. Les expériences désastreuses de ses premières années en Amérique lui avaient enseigné l'endurance, la patience, et aussi la conviction qu'il vaut mieux conserver le peu qu'on possède plutôt que de poursuivre un mieux qui risque de ne jamais venir. Au fond, à force de ne vivre de rien et de ne rien se permettre, il avait économisé au-delà de ses espérances. Encore quelques années, et il pourrait rentrer satisfait en Italie.

« Quand je serai installé, je t'enverrai mon adresse, ajouta-t-il en pétrissant son béret dans ses mains. On ne sait jamais. Si tu as besoin de quelque chose, d'un conseil... Souviens-toi que je suis là.

— Un conseil ! s'exclama Vita en riant. Et à quel sujet ? »

Geremia évita de croiser son regard. Il continua de fixer ses ongles. Il avait beau les laver sans cesse, ils restaient ourlés de noir. La poussière de charbon imprégnait encore le moindre pore de sa peau.

« Tu es jeune, tu sais. A même pas seize ans, tu as toute la vie devant toi. Il t'arrivera de prendre des décisions, et tu n'auras peut-être personne sur qui compter...

— Quelles décisions veux-tu que je prenne, Geremì ? demanda-t-elle en souriant tristement. J'ai tout gâché, maintenant. »

Ses yeux si noirs ressortaient dans la pâleur de son visage comme les veines d'anthracite sur les parois angoissantes de la mine, où Geremia les cherchait à tâtons dans l'obscurité. Ces taches noires étaient son pain et son avenir, la chose la plus précieuse de sa vie – la seule qui comptait.

« Si je n'étais pas celui que je suis, bredouilla Geremia en se levant pour la quitter en hâte, sans même lui serrer la main, les yeux fixés sur le bout déformé de ses chaussures. Si j'étais le garçon le plus séduisant, le plus fort, le plus intelligent de cette ville, et si j'avais assez d'argent pour pouvoir fonder une famille, je te demanderais en cet instant même ta main et ton amour. Je te les demanderais à genoux, Vita. »

# La bombe n° 53

Il n'était jamais venu « Chez Agnello ». Il connaissait assez Vita pour savoir qu'elle l'aurait forcé à sortir, car elle ne voulait ni le servir ni recevoir de l'argent de lui. Le restaurant était un petit local de dix tables sur la Cent treizième rue, à l'angle de la Troisième Avenue. Rocco ne s'y présenta qu'une seule fois, le 5 juillet 1911. Il regarda au passage l'enseigne lumineuse : certaines ampoules devaient avoir éclaté, et l'inscription se réduisait à cinq lettres : AGELO. Des rideaux blancs ne préservaient que médiocrement la salle de l'agitation de la rue. Derrière la caisse, les plats du jour étaient écrits à la craie sur une ardoise : PETITES PIZZAS AUX ANCHOIS, SPAGHETTIS AUX MEATBALLS, RIZ AUX PALOURDES, MOZZARELLA IN CARROZZA, FLAN A LA RICOTTA. Il poussa la porte et entra le premier, en précédant Bongiorno, comme il l'avait toujours fait.

Trois ouvriers aspiraient bruyamment leur soupe. Un garçon au tablier peu engageant versait du vin d'une fiasque. Soudain, le sol se mit à trembler, les verres tintèrent, les bouteilles roulèrent sur les nappes. Un vacarme assourdissant couvrit les conversations – puis s'éteignit : ce n'était que le métro aérien... Il passait toutes les dix minutes. Le garçon les invita en gesticulant à choisir une table. Ils avaient le choix : le restaurant était à moitié vide. Rocco savait que le mercredi le service était assuré par Tony Viggiani, un sourd-muet ami de Nicola et légèrement timbré. Il n'avait jamais vu Rocco, de sorte que Vita ne saurait rien de sa présence ici avant la fin du repas. Elle avait l'habitude de sortir alors de sa cuisine et de faire le tour des tables pour savoir si les clients étaient contents, s'ils avaient apprécié la cuisine ou s'ils avaient quelque reproche à lui faire, au cas improbable où ils avaient laissé ne fût-ce qu'une goutte de sauce sur leur assiette. Elle finirait donc par apparaître également ce soir – mais comme ce dîner n'arriverait jamais à son terme, Rocco ne s'en inquiéta pas.

Il était venu en compagnie de ses hommes les plus sûrs et de son beau-père. Il avait revêtu un complet bleu pétrole, comme pour une fête, et un gardénia blanc ornait sa boutonnière. Il avait pris l'automobile de Bongiorno, qu'il avait conduite pendant tant d'années comme chauffeur. Même s'il était certain que personne n'aurait osé signaler la plaque d'immatriculation de sa propre voiture, il ne voulait courir aucun risque. Il préférait les choses simples, sans fioritures ni complications – il en avait déjà suffisamment comme ça. Il avait mis une cravate noire. Bongiorno s'était abstenu de lui demander pourquoi : Venera lui avait raconté en riant que la mort du vieux Cistro avait plongé Rocco dans la consternation. Pour ce chat décrépit, à moitié écorché et qui louchait, cet homme que personne n'avait jamais vu ému ni même troublé, ce colosse impassible avait pleuré. Il l'avait fait embaumer et lui avait fait construire un tombeau en marbre orné d'une statue de chat. Bongiorno espérait qu'il se consolerait à la naissance de son premier fils, qu'il se refusait pour l'instant obstinément à mettre au monde. Mais Rocco ne portait pas le deuil de son chat.

Ils choisirent la table n° 3, au fond de la salle, près de la porte de la cuisine – qui leur permettrait de s'enfuir par l'arrière, en cas de guet-apens. Bongiorno eut le privilège de s'asseoir dos au mur. Pino Fucile lui poussa sa chaise avec empressement tandis que Rocco l'aidait à ôter son veston. Malgré le ventilateur grinçant que Viggiani approcha de leur table, dans l'espérance d'un bon pourboire, l'air manquait dans la petite salle et la chaleur était étouffante. Lundi, le thermomètre était monté jusqu'à 105° Fahrenheit. Un record : c'était le mois de juillet le plus chaud des quarante dernières années. Bongiorno partait dès le lendemain pour la mer. Les propriétaires avaient décoré le local à grand renfort de festons et d'aquarelles, de fleurs et de nappes blanches, mais ces ornements ne parvenaient pas à masquer la modestie des lieux et la simplicité sans élégance des verres et des couverts. C'était donc là le décor auquel Vita avait préféré revenir, l'existence qu'elle avait choisie.

Frank Spardo observa les clients du restaurant. Venus pour la plupart des pensions du voisinage, ils avaient tous l'air parfaitement inoffensifs. Rassuré, il dénoua le nœud de sa cravate – la sienne aussi était noire. Ils parlèrent pour plaisanter du malheur advenu à Rocco. Mais ce dernier fit remarquer avec un sérieux imperturbable qu'au fond Cistro avait été comblé par la vie. Lui qui avait été un chat galeux errant par les rues, il avait eu la chance de mourir dans une belle maison, dans le quartier même où neuf ans plus tôt des gamins avaient essayé de le faire flamber. Il n'est pas donné à tout le monde de finir ses jours sur des coussins moelleux, après avoir parcouru un long chemin en attendant enfin d'être renvoyé par le destin au point de départ.

Tony Viggiani identifia sur-le-champ Sabato Prisco, Pino Fucile et Frank Spardo, des hommes de main bien connus du Mulberry District. Mais en s'approchant pour prendre les commandes, il reconnut à son tour le vieux chauve à la moustache teinte. Il aurait voulu se jeter à ses pieds pour le remercier d'honorer ainsi « Chez Agnello » de sa présence. Il fut sur le point d'avertir Vita, afin qu'elle cuisine comme si le roi d'Italie en personne se trouvait dans la salle. Il préféra cependant s'abstenir, car elle était trop sauvage. Elle tenait à ne pas avoir affaire à ce genre de personnes, même si Nicola objectait qu'ils ne pouvaient pas demander à vérifier le casier judiciaire des clients. De toute façon, trois mois après l'ouverture, ils ne s'étaient pas encore fait une vraie clientèle. Le soir, il leur arrivait de se regarder d'un air mélancolique, seuls dans la salle où les dix tables étaient vides. Et les cinq personnages un peu voyants de la table n° 3 étaient tranquilles, au moins en apparence.

Ils ne voulurent pas entendre parler des plats du jour et affirmèrent qu'il n'y avait que deux occasions où un homme ne devait pas être pressé : au lit et à table. Ils commandèrent une soupe à l'ail à la napolitaine, une *capponata* aux aubergines et une morue à la marinière. Rocco savait que Vita se plaisait à accommoder le merlu de toutes les façons imaginables : en papillotes, gratiné, frit, à l'arlequin, en ragoût, à la crème... Peut-être était-ce un avertissement ou sa revanche, bizarre – ou simplement un hasard. La morue à la marinière de Vita avait même fini dans les colonnes du « Telegraph », au milieu des recettes qu'un journaliste dénichait, comme il l'écrivait lui-même, « en hantant les tavernes crasseuses des bas-fonds italiens où l'on peut goûter l'exotique cuisine du Sud ». Il se l'était appropriée avec désinvolture, en copiant la recette d'après les indications fournies par Vita. « Après avoir acheté et fait nettoyer une belle morue, on la fera légèrement bouillir, afin de pouvoir retirer facilement la peau et les arêtes en prenant garde que le poisson ne tombe pas en morceaux. Entretemps, on préparera un hachis d'oignon, de marjolaine et de persil, qu'on fera revenir dans une casserole avec de la bonne huile. On y placera la morue en ajoutant sel, poivre et épices, et on incorporera le tout. Dans une autre casserole, on versera du vinaigre blanc et une louchée de jus de poisson. On ajoutera deux feuilles de laurier et on fera cuire cette sauce en ajoutant un peu de fleur de farine, pour épaissir un peu, et en remuant bien. Ensuite, on enlèvera les feuilles de laurier et on retirera cette casserole du feu. Après avoir fait frire des croûtons en forme de cube, on les disposera en couche au fond du plat. On y déposera alors la morue, avant de verser la sauce sur l'ensemble. » Vita ne s'était pas offusquée du larcin. Comme elle l'avait fait remarquer avec sérénité, même si un autre reprenait sa recette, il ne la ferait pas exactement comme elle. Les plats sont le reflet de celui qui les prépare. Les ingrédients, les ustensiles et les proportions auront beau être les mêmes, le résultat ne sera jamais identique. Cette recette, Rocco ne l'avait jamais goûtée. Vita aurait refusé de la préparer pour lui.

Frank Spardo fronça son nez, ferma à demi les yeux d'un air béat et murmura qu'il sentait déjà l'odeur du ragoût. Bongiorno appela le serveur pour lui demander qu'on ajoute des pâtes de la maison – des *scilarielli,* précisa Rocco. Il avait faim. Il ne se sentait ni nerveux ni inquiet. Mentir à sa femme lui avait toujours davantage coûté qu'agir, de même qu'il se sentait moins à l'aise pour consoler une veuve que pour lui tuer son mari. Il constata avec désappointement qu'aucun autre client n'était entré après eux. Si Vita l'avait voulu, il lui aurait acheté un local dans le quartier des théâtres, à Broadway. Un vrai restaurant, qui aurait attiré acteurs et artistes, millionnaires curieux de la moitié du monde où ils ne mettraient jamais les pieds, étudiants de l'université, boxeurs et aviateurs. Si seulement elle lui avait révélé que c'était ce qu'elle désirait. Si elle avait daigné le lui demander... Il évita de penser à Vita en train de surveiller le bouillonnement de l'eau et de faire frire le merlu. On mangeait bien, « Chez Agnello », mais ce n'était qu'une gargote pour ouvriers et manœuvres – pour tout ce qu'il n'avait pas voulu être. Bongiorno lui demandait déjà pourquoi diable il l'avait emmené dans un endroit pareil. « Parce que la cuisine d'ici me rappelle celle de chez moi », répondit distraitement Rocco. Puis il se corrigea : « Cette ambiance me rappelle comment tout a commencé. »

Bongiorno se sentait détendu. En juillet, un accord tacite faisait régner la paix dans la ville. Jusqu'à la fin août, tout resterait tranquille. Les problèmes étaient remis à plus tard – et Dieu sait s'il y en avait. Quelqu'un était en train de vendre les Brothers à la police. Au cours des douze derniers mois, la plupart avaient fini en prison ou au cimetière du Calvaire. Bongiorno survivait, de plus en plus discrédité. Maître d'un royaume assiégé et réduit au quartier de son agence, il n'était cependant nullement disposé à prendre sa retraite. Il se mit à exposer ses projets, que Rocco avait déjà écoutés ou fait semblant d'écouter des dizaines de fois. Bongiorno avait entendu dire que Caruso remonterait sur les planches cet automne. La résurrection du chanteur lui rappelait les événements du printemps précédent. C'était une chance qu'il eût retrouvé sa voix, car ce garçon avait beaucoup à se faire pardonner. Rocco s'en souvenait certainement ? Comment ce cornard avait-il pu reconnaître Attonito ? Il n'avait jamais pu s'expliquer cet épisode... Rocco se contenta d'acquiescer. Il n'avait pas envie de repenser au printemps précédent, car s'il n'était pas entré dans la loge de Caruso pour lui présenter Vita, tout ça ne serait pas arrivé. Le ténor ne se serait pas souvenu d'un énième revendeur de billets de faveur, mais il n'y avait pas beaucoup de filles comme Vita – peut-être même était-elle unique... Et s'il n'avait pas été obligé de s'enfuir à Saint Paul à cause de cette histoire, tant de choses auraient été différentes. Cependant Bongiorno insistait. Ces deux types, Cincotta et Misiani, avaient payé les pots cassés. Malgré toute sa diplomatie, il n'avait pu rattraper cette affaire avec les Siciliens. Le vieillard secoua la tête d'un air dégoûté. A quoi s'attendaient-ils ? Caruso était un bien à partager, il n'était pas tolérable que seuls les mafieux en profitent. Il était napolitain, après tout ! Rocco ne put s'empêcher de tâter la crosse de son pistolet. Il aurait pu charger de la besogne Frank Spardo, Sabato Prisco ou un autre, mais il ne voulait pas déshonorer Bongiorno, pour qui il avait toujours éprouvé du respect. C'était un homme important – ou du moins il l'avait été, il y avait des années. Même s'il n'était plus qu'une épave d'une époque révolue, un vieux prétentieux incapable de comprendre que l'heure de la retraite avait sonné, il lui devait l'honneur de mourir par sa main.

Le serveur vint enlever leurs cinq assiettes où il ne restait pas une miette. Bongiorno convint qu'on mangeait bien, dans cette gargote.

« On y boit bien, en plus », ajouta-t-il en agitant son verre vide.

On les resservit, mais Rocco ne but pas. Il voulait rester lucide. Savourer chaque instant de cette soirée qu'il attendait depuis près de dix ans.

Bongiorno revint à Caruso. Peut-être le moment était-il venu de poser une bombe dans sa loge ou d'enlever son fils. Histoire de lui faire vraiment peur.

« Non, pas son fils, l'interrompit Rocco en s'efforçant de cacher son dégoût. Les enlèvements ne marchent plus. On ferait mieux de lui voler ses bijoux. »

Bongiorno le fixa avec stupeur.

« Les gens d'honneur n'ont jamais volé de bijoux. Même la police le sait.

— Ce n'est pas parce qu'une chose ne s'est pas faite dans le passé qu'elle ne doit pas se faire à l'avenir ! lança Rocco en criant pour couvrir le fracas du métro. Le risque est plus rentable que la nostalgie. Il ne faut pas avoir peur des nouveautés. »

Il continua en esquissant un sourire indiscret :

« Ce gars est en train d'accumuler des milliers de dollars en bijoux. Des brillants, des rubis, des diamants, des perles, des émeraudes : il y en a peut-être pour cent mille dollars. Comme ils sont assurés, ce ne serait pas une grande perte pour lui. Si on touche à son enfant, même un homme paisible devient capable de tuer. Mais un homme ne pleure pas pour une poignée de joyaux. Il peut se résigner à les perdre, ne serait-ce que parce que ce sera l'assurance et pas lui qui en sera pour ses frais...

— Ces discours ne sont pas dignes de toi, mon fils », dit Bongiorno.

Rocco alluma une cigarette. Il feignit de s'intéresser à la nappe. Il la gratta de l'ongle, et de la poussière blanche resta attachée à son doigt : les taches avaient été camouflées à la craie. Il se sentit irrité et offensé par ce truc minable. S'il n'était pas venu ce soir-là avec un autre projet en tête, il en aurait été ému. Mais il ne se trouvait pas « Chez Agnello » pour admirer le courage de la fille qui l'avait laissée en plan dans un hôtel de Saint Paul, pas plus que son repentir tardif se manifestant par un dévouement forcené pour sa famille qu'elle avait pourtant abandonnée naguère sans l'ombre d'un regret. Il n'avait pas non plus envie de discuter avec son enquiquineur de beau-père. Du reste, ç'aurait été inutile. C'était un homme dépassé et obtus, incapable de s'adapter aux temps nouveaux et de changer de stratégie. Il péchait par excès de brutalité. On n'en pouvait plus des bombes et des violences. Une avidité sans frein ne profite à personne : elle réduit les gens à la misère et les dresse contre ceux qui les rançonnent. Les gens voulaient seulement être en sécurité, protégés, pour pouvoir faire leurs affaires en paix – comme ils en avaient le droit. C'était justement ce que Merlu allait leur offrir. Et les commerçants, boulangers, propriétaires d'hôtels, de restaurants ou de bars, patrons de cireurs de chaussures, marchands ambulants et vendeurs de journaux, tous paieraient volontiers et lui en seraient même reconnaissants. Les Brothers n'étaient pas d'accord. Comme des brigands postés au bord d'une route, ils voulaient tout tout de suite et frappaient le premier passant venu, même si sa bourse était vide. Ils ne savaient pas penser le long terme, ni choisir leurs ennemis. Le quartier était comme un écrin vide, désormais. Il était assiégé par les Chinois, qui déferlaient depuis Peel et Mott Street et accaparaient les unes après les autres les vieilles boutiques, qu'ils convertissaient en blanchisseries. Il vieillissait aussi, car les nouveaux arrivants préféraient Brooklyn et East Harlem, et il s'appauvrissait si bien que les affaires périclitaient à vue d'œil. Tout semblait à l'agonie, et il n'y avait plus grand-chose à ramasser dans ces parages. Les vieux Brothers ne comprenaient pas les opportunités illimitées qu'offraient la transformation du paysage urbain, les alliances avec les syndicats, le contrôle du port et du commerce de la glace, du charbon et de l'essence. Ils s'obstinaient à traire une vache morte. Il fallait tout changer, et c'était lui, Rocco, qui allait s'en charger. Il abandonnerait les pompes funèbres au profit d'une entreprise de transports. Les convois de cadavres étaient terminés : il allait supprimer définitivement la mort.

« Il faut apprendre à distinguer un diamant d'un morceau de verre, dit-il en écrasant son mégot au milieu des restes du merlu. Il n'y a plus de place dans cette ville pour les bandits des grands chemins. »

Quand le serveur leur apporta le café, la salle était presque vide. Il se faisait tard, mais les clients de la table 3 ne demandaient toujours pas l'addition. Ils s'attardaient, et Vita avait recommandé qu'on commence à desservir afin qu'ils se rendent compte que l'heure de la fermeture approchait. Bongiorno se lissa la moustache. Elle était d'un noir de jais mais sa couleur, qui devait tout à la teinture, jurait avec sa calvitie et son visage ridé et dénonçait son âge véritable. Malgré tout leur art, les maquilleurs de la société Bongiorno Bros ne pourraient rendre à cet homme un sourire acceptable, car il n'aurait bientôt plus de lèvres, de moustache ni même de visage.

Le vieux ne connaissait pas Vita, et elle ne le connaîtrait que mort. Au fond, elle le haïssait. L'homme que Rocco se préparait à liquider avait été l'idole des garçons, le protecteur qui aimait les commis et leur apprenait à se faire craindre et respecter, mais aussi celui qui avait cherché à se rendre maître de sa vie – de leur vie. Au bout du compte, c'était lui qui les avait séparés. A sa façon, Rocco venait rendre hommage à Vita en lui permettant de contempler le cadavre de Bongiorno. Comme les chats, qui apportent à ceux qui les nourrissent ou qu'ils veulent conquérir la souris déchiquetée par leurs soins. Rocco recommanda au serveur de dire à la patronne qu'il était satisfait et qu'il reviendrait, si elle n'y voyait pas d'inconvénient. Après quoi il glissa cinquante dollars dans la poche du tablier de Tony. Celui-ci s'éloigna, radieux, et se précipita vers la cuisine pour récolter les louanges de Vita – car s'il avait mérité un pourboire aussi généreux, cela signifiait que les messieurs de la table 3 avaient vraiment passé une soirée inoubliable. Et c'était justement le but de Vita : rendre inoubliables les moments qu'on passait avec elle. Rendre les gens heureux, ne serait-ce que pour quelques heures.

« Qu'est-ce que tu voulais dire avec cette histoire de bandits des grands chemins, mon fils ? » demanda Bongiorno.

Rocco allait lui dire d'arrêter de l'appeler comme ça, quand il s'aperçut que le serveur revenait. Viggiani lui tendit les billets en gesticulant pour lui expliquer que la patronne l'avait forcé à les restituer, sous prétexte qu'on ne pouvait accepter un pourboire trop important car cela reviendrait à se faire acheter. Nous ne sommes pas à vendre, avait-elle déclaré. Frank Spardo et Pino Fucile applaudirent, amusés. Rocco, lui, ne voulut pas entendre parler de reprendre ses dollars, et Tony sourit en faisant disparaître les billets dans la poche de son pantalon.

« Où sont les toilettes ? » s'enquit Bongiorno en se levant.

Viggiani désigna la porte près de la cuisine. Il resta debout devant la table, un sourire hébété sur les lèvres. Rocco attendit qu'il se soit retourné pour suivre Bongiorno.

Il s'arrêta un instant pour regarder par l'ouverture percée dans la porte de la cuisine et rappelant le hublot d'un bateau. La cuisine était si petite qu'il fallait exécuter un véritable ballet pour ne pas casser la vaisselle ni se brûler en renversant des marmites bouillantes. Il entrevit une ombre parmi les fourneaux. Puis il la reconnut : Vita. Ses cheveux rassemblés sous un petit bonnet blanc laissant à découvert sa nuque brune. Sa peau brillant dans un nuage de vapeur... Il appuya la main sur le battant, hésitant. Il aurait voulu lui dire tant de choses. Il avait des poèmes entiers à lui révéler, des mots qui n'attendaient que l'instant d'être entendus. Je ne peux ni toucher à ta vie ni la sauver. J'ai encore tant à faire pour sauver la mienne... Il ne lui dit rien. Quand Vita fit mine de se retourner, il poussa en hâte la porte des toilettes.

Bongiorno écartait largement les jambes et un jet abondant rebondissait contre les carreaux de l'urinoir.

« Vous avez bien mangé, mon père ? demanda-t-il en refermant la porte dans son dos.

— Comme un roi », répondit le vieillard sans se retourner.

Il se secoua lentement. Ses vêtements étaient noirs, comme toujours. Le sol commença à vibrer sous leurs pieds : le métro arrivait avec fracas. C'était le moment.

« Tournez-vous, regardez-moi en face, s'entendit dire Rocco. Je ne veux pas vous tirer dans le dos.

— Qu'est-ce que tu as dit ? »

Bongiorno se retourna. Peut-être entrevit-il dans la pénombre le reflet métallique du pistolet pointé vers son visage. Il n'eut pas le temps de parler, car Rocco pressa sur la détente. La pièce était si exiguë qu'il dut se pousser quand Bongiorno s'écroula. Il tira encore deux coups et le corps fut enfin immobile. Il entendit confusément le vacarme du train reprenant sa course vers *downtown,* le tintement des bouteilles et un bruit de chaises repoussées brutalement dans la salle. Il se rinça dans le lavabo, car il avait l'impression d'avoir reçu un seau d'eau sale en pleine figure. Quand il retourna dans la salle, elle était vide. Une chaise renversée, comme si son occupant s'était enfui précipitamment... Pino Fucile tenait la porte ouverte et l'engagea à se dépêcher, mais Rocco fouilla dans sa poche et n'oublia pas de payer le dîner.

Au bout de quelques minutes, Vita fit son apparition dans la salle. Le moment était venu de demander aux clients de la table 3 s'ils avaient passé une bonne soirée. Ceux qui ne travaillent pas aux fourneaux trouveraient peut-être humiliant de s'exposer ainsi au jugement du premier venu. Vita risquait de tomber sur un imbécile qui s'était gâté le palais avec un cigare, ou souffrait d'une mauvaise digestion, ou était en proie à ses nerfs ou Dieu sait quelles idées noires. Mais Vita savait que si on ouvre un restaurant, il s'agit de cuisiner pour les autres et non pour soi-même. Il était donc essentiel de satisfaire ses hôtes, et elle avait l'ambition de les voir repartir contents et sans regrets d'avoir dépensé leur argent chez elle.

La salle était déserte. Tout était en ordre, mais il ne restait plus un seul client attablé. Ils s'étaient enfuis, volatilisés. Alors que leurs verres étaient encore pleins. Sur la table 3, bien en vue sous la bouteille de vin, elle découvrit un billet de cent dollars. C'était incompréhensible. Puis Vita poussa la porte des toilettes – elle était bloquée. Elle finit par s'ouvrir sous sa poussée, et Vita vit l'homme gisant devant l'urinoir, le pantalon encore ouvert, débraillé, surpris dans l'instant de la faiblesse la plus extrême, la plus indécente, la plus humaine. Elle le reconnut sur-le-champ.

Quand la police arriva, il fut impossible de retrouver la trace ne fût-ce que d'un seul des treize clients qui avaient dîné

« Chez Agnello ». Tony Viggiani était encore sous le coup de l'émotion d'avoir servi le *boss* – et stupéfié que quelqu'un ait eu le courage inconcevable de le tuer ainsi. Nicola avait son jour de congé et Agnello s'était rendu à la réunion du comité de quartier pour la défense des locataires italiens, que les propriétaires étaient en train d'expulser au profit des nègres, auxquels ils pouvaient demander un loyer trois fois plus élevé. Les assassins de Bongiorno savaient que le mercredi Vita était seule au restaurant avec ce malheureux sourd-muet. Les policiers couvrirent le cadavre avec une nappe. Le serveur ne leur fut d'aucun secours. Il fixait sur les agents un regard exorbité et vaguement idiot. Quant à la jeune propriétaire, elle faisait preuve d'une froideur déconcertante. Tout ce qui la préoccupait, c'était de laver le sol des toilettes au plus vite. Elle déclara aux policiers qu'elle n'était pas sortie dans la salle et ignorait qui pouvaient être les quatre jeunes gens accompagnant le vieillard. Le serveur qui s'était occupé d'eux ne les avait jamais vus. Ce n'étaient pas des habitués.

Ce ne fut que bien plus tard, en se glissant dans son lit, que Vita se rendit compte qu'elle savait parfaitement qui avait dîné avec Bongiorno. Il l'avait amené chez elle, où il lui avait fait manger à volonté toutes les spécialités de la maison. Il lui avait permis de savourer des assiettes entières de croquettes de pommes de terre et de pains d'épice, jusqu'aux limites de l'indigestion, et il avait attendu que le vieux aille se soulager, content et repu, pour le liquider. Dans les toilettes, pas dans la salle. Avec son pantalon déboutonné, dans toute sa misère et sa déchéance. C'était un règlement de comptes personnel. Plus l'homme à tuer est digne de respect, plus il est indispensable de l'honorer. Le livrer à un homme de main aurait été un signe de bas mépris. L'assassin de Bongiorno ne le méprisait pas. La démonstration était claire : il lui offrait un repas royal, mais ensuite venait le moment de lui présenter la note. Vita se tourna sur le côté avec circonspection, incapable de dormir. Elle revoyait Rocco, si grand, inquiet et inaccessible, qui disait : *J'ai peur de vieillir. J'ai peur de devenir flasque, résigné, lâche et obéissant. J'ai peur de finir sous les coups de couteau d'un gars comme moi.*

Quand elle fut convoquée au poste de police, Vita décida de ne pas s'y rendre. Elle avait gardé une méfiance atavique envers les autorités, qui n'avaient jamais cherché qu'à l'emprisonner – d'abord à l'école, puis dans un collège pour jeunes filles rebelles et moralement corrompues. Pourtant, elle souhaitait que les policiers réussissent à coincer Rocco. Qu'il soit puni pour ce qu'il lui avait fait, et même pour ce qu'il ne lui avait pas fait mais dont elle préférait en elle-même le juger responsable. Que s'effondre sa façade hypocrite d'homme d'affaires bourgeois, et qu'on lui enlève son épouse américaine et sophistiquée, son automobile, sa luxueuse demeure, ses soirées dans un fauteuil d'orchestre au Metropolitan, ses vacances à Long Island – tout ce qu'il possédait. Peut-être lui en voulait-elle ainsi parce qu'elle ne s'était pas avisée autrefois qu'elle aussi pourrait désirer l'automobile et tout le reste, et souffrir de ne pas les avoir – ou peut-être justement parce qu'elle ne les avait jamais désirés, en fait, alors que lui n'avait aspiré à rien d'autre et avait vendu et renié, pour les obtenir, tout ce en quoi il avait cru.

Cinq jours après le crime, la police vint la chercher chez elle. Ils avaient reçu une lettre anonyme, expédiée depuis le bureau de poste d'East Harlem et leur suggérant d'enquêter sur un certain Richard Maze. Vita était le seul témoin de l'homicide à avoir un peu de jugeote. Elle avait affirmé n'avoir rien vu, mais qui sait si elle n'avait pas quelque chose à cacher. A moins qu'elle ne fût elle-même l'auteur de la lettre anonyme, qu'elle n'aurait écrite qu'afin qu'on l'aide à collaborer.

Vita portait sa robe du dimanche, une tunique à franges rose crevette qui la serrait un peu – peut-être n'aurait-elle pas dû tant grignoter en faisant la cuisine – et mettait en valeur la rondeur impérieuse de ses seins. Elle arborait des anneaux d'or aux oreilles, un petit chapeau vert bouteille de forme vaguement conique, des chaussures à lacets usées au talon mais impeccablement cirées – sans oublier son plus beau sourire.

Au poste de police de Harlem, personne ne parle italien. Bien qu'elle soit capable, quand elle le veut, de bavarder à bâtons rompus avec l'amoureuse américaine de son frère, Vita affiche un accent bâtard et un vocabulaire limité qui contribuent à aggraver la méfiance entre elle et le policier qui l'interroge. Le témoin jure qu'elle n'est jamais sortie de la cuisine ? Mentir sous serment est un délit grave...

QUESTION – Quelle fonction occupez-vous dans le restaurant ?

RÉPONSE – Je suis la fille du propriétaire. Nous avons une licence légale.

— Si vous êtes la fille du propriétaire, que faisiez-vous dans la cuisine ?

— Je suis également la cuisinière.

— Pourquoi avez-vous menti, quand je vous ai demandé si vous étiez sortie de la cuisine ?

— Je n'ai pas menti.

— De quoi avez-vous peur ? Vous avez reçu des menaces ?

— Je ne suis pas sortie de la cuisine. Je le jure sur la tête de mon père.

— Connaissiez-vous Lazzaro Bongiorno ?

— Qui ne le connaît pas ? Il possédait l'entreprise de pompes funèbres la plus renommée du Mulberry District.

— Avez-vous déjà vu cette lettre ?

— Non.

— Ce n'est pas vous qui l'avez écrite ?

— Je ne sais pas de quoi vous parlez. Je ne connais personne s'appelant Maze.

— Vous ne connaissez pas Richard Maze, dit Rocky ?

— Non.

— Je trouve curieux qu'il vous soit inconnu alors que vous portez le même nom de famille.

— Je ne m'appelle pas Meize.

— Ce monsieur n'est pas américain. Ou plutôt, il l'est maintenant, mais il a changé de nom quand il s'est fait naturaliser.

— Ah bon.

— C'est un Italien. Vous êtes tous deux originaires du même pays.

— Les Etats-Unis sont mon pays.

— On le surnomme Merlu et il semble qu'il se soit fait appeler Amleto Attonito, mais son vrai nom est Rocco. Vous voyez de qui je veux parler ?

— Je crois que oui.

— Vous pourriez le reconnaître ?

— Bien sûr. Je vois très bien qui c'est.

— Qui est-ce ?

— C'est un *undertaker,* il organise les enterrements.

— Quand avez-vous entendu prononcer son nom pour la première fois, dans l'exercice de ses activités ?

— Je n'ai pas compris la question.

— Quand avez-vous fait sa connaissance ?

— Le 13 ou le 14 avril 1903. Je venais à peine d'arriver.

— Dans quelles circonstances ?

— Il logeait dans la pension de mon père.

— Êtes-vous liée à cet individu ?

— Non.

— Quand l'avez-vous vu pour la dernière fois ?

— Il y a plusieurs années.

— Pourriez-vous être plus précise ?

— Je ne sais plus très bien, en fait. Nous avons quitté le quartier. J'habite à Harlem depuis la fin de l'été 1909.

— Et vous n'avez jamais eu de rapports avec lui ?

— Ce n'était qu'un pensionnaire de mon père.

— Il a pourtant été vu dans votre restaurant le soir de la mort de M. Bongiorno.

— Il ne me semble pas.

— D'après vous, cet homme n'a donc rien à voir avec le meurtre ?

— Il ne me semble pas qu'il soit venu dans mon restaurant.

Une telle obstination finit par paraître suspecte au policier. Il demande à Vita si elle est au courant des activités criminelles dont cet individu est soupçonné, etc. De plus en plus mal à l'aise, elle se sent rougir. Elle répond que beaucoup de légendes ont toujours circulé sur le compte de Merlu. On racontait qu'il était un voleur, une sorte de brigand, un paladin, un pirate, enfin, des histoires de ce genre. Mais elle n'y a jamais accordé d'importance, car Rocco, c'est-à-dire Merlu, ou Meize, si l'on veut, était un locataire très généreux, un brave garçon dans tous les sens du terme, et elle le croyait incapable de nuire à son prochain. Il aimait faire le bien, au contraire. Il achetait des cadeaux à tout le monde, aidait les amis dans le besoin et répétait que Jésus-Christ préfère les pauvres, car c'est à eux et non aux riches qu'il ouvre les portes du Paradis. Merlu ne faisait partie d'aucun groupe, il détestait les associations, les bandes et les mafias. C'était un indépendant, seul contre tous, de sorte qu'il avait pas mal d'ennemis même si beaucoup de gens l'admiraient.

— Pensez-vous que cet individu possède un pistolet ?

— Comment le saurais-je ?

— Vous prétendez donc qu'il n'en possède pas...

— Mais si, peut-être. Le quartier que nous habitions était plutôt dangereux.

— Et celui-ci, il ne l'est pas ?

— Tous les quartiers où les gens sont mécontents sont dangereux.

— Vous n'avez jamais entendu parler des Forty Thieves ?

— La bande des Quarante Voleurs ?

— Les voleurs et malfaiteurs juifs et italiens qui infestent Harlem.

— Ce sont des criminels.

— Que pouvez-vous me dire du Car Barn Gang ?

— Que voulez-vous que je vous dise ? C'est un gang. Il y en a tant.

— Nous croyons savoir que ces gangs prélèvent un pourcentage sur les recettes de tous les établissements du quartier.

— Ils ne sont jamais venus chez nous.

— Se pourrait-il qu'ils obéissent à quelqu'un qui leur aurait interdit de vous rançonner ?

— Je n'y avais jamais pensé.

— Vous ne trouvez pas étrange que dans toute la rue votre établissement soit le seul que les malfaiteurs aient épargné ?

— Nous ne sommes ouverts que depuis trois mois. Nous n'avons pas beaucoup de clients.

— Les voisins ont déclaré que ces derniers temps votre restaurant ne désemplissait pas.

— Alors ce doit être que les Quarante Voleurs n'apprécient pas ma cuisine. Je m'amuse à expérimenter des recettes inédites.

Vita s'interrompt pour demander un verre d'eau. Elle se souvient parfaitement du pistolet de Rocco. Elle le revoit, glissé dans ses mocassins. Il flotte dans l'air, soulevé par la force de son désir, il scintille dans la pénombre de la chambre de l'hôtel de Saint Paul puis retombe avec un bruit sourd. Elle se rappelle très bien la première fois où Rocco s'est assis à table avec à sa ceinture un pistolet au lieu d'un couteau. Le jour de l'an, il tirait depuis la fenêtre sur les réverbères. Quand il était de mauvaise humeur, il montait sur le toit pour cribler de balles une tête de cochon pourrie enfilée sur une canne. Le plus souvent, cependant, son pistolet lui servait pour voler. Elle l'avait entendu raconter à Nicola que le moment le plus propice est la sortie du Met. Les femmes se rendent à l'opéra couvertes de parures qui les font ressembler à une vitrine de joaillier. Rocco faisait fondre colliers et bracelets par les orfèvres de Grand Street. Il avait une passion pour l'or et pour les pierres qui brillent. Parfois, il se paraît lui-même de ces bijoux. A dix-huit ans, il portait même des boucles d'oreilles. Comme les pirates – ou comme les filles. Vita savoure l'eau, car elle a la gorge sèche. Cela fait une demi-heure qu'elle supporte les yeux insistants du policier. Elle soutient son regard – et dit exactement le contraire de ce qu'elle voudrait. Mais le veut-elle vraiment ?

— En conclusion, vous ne pensez pas que l'individu dont nous parlons soit un membre de la Main noire ?
— Non.
— Avez-vous jamais connu quelqu'un qui en fasse partie ?
— Non.
— Et savez-vous ce qu'est la Main noire ?
— C'est une légende.

En somme, le témoin protège un individu qu'elle affirme connaître depuis longtemps mais seulement de façon superficielle. Elle prétend ignorer qu'il est soupçonné d'activités criminelles et n'évoque que de vagues rumeurs, se rapportant à des épisodes qui remontent à plusieurs années en arrière, alors qu'elle n'était qu'une petite fille. Le policier se sent joué par cette belle fille qui se prélasse sur sa chaise en le tourmentant de la vision de ses seins opulents et de sa sensualité provocante. Il insiste sur le fait qu'elle porte le même nom de famille que le suspect.

Nous ne sommes pas parents. Je me souviens avoir entendu dire à mon père qu'il est venu en Amérique avec le passeport d'un cousin à moi, qui le lui avait vendu.
— Et pourquoi ne s'est-il pas servi de son propre passeport ?
— Je ne sais pas. Peut-être avait-il eu des ennuis avec la justice.
— En êtes-vous certaine ou est-ce une simple supposition de votre part ?
— Il était trop jeune pour avoir ce genre d'ennuis. Ce n'était qu'un enfant quand il est arrivé ici.
— Pourquoi donc avez-vous suggéré qu'il aurait eu des problèmes avec la justice ?
— Il me semble me souvenir que son père en avait eu.
— Quelle sorte de problèmes ?
— A cette époque, en Italie, de nombreuses personnes avaient maille à partir avec la justice. Il y avait la crise économique, des

grèves, des occupations de terres. Sans oublier les attentats. J'en entendais parler par ma mère, qui savait lire.

— Les Italiens accordaient des passeports à tous les criminels. Ils étaient ravis de les expatrier, en déversant sur nous la lie de leurs prisons.

— Mais ici, on ne voulait pas des gens ayant participé aux mouvements pour les terres. On refoulait les éléments subversifs, les anarchistes.

— Et ce Rocco avait participé à ces *mouvements,* comme vous dites ?

— Mais non. Je vous ai déjà dit qu'il n'était qu'un enfant. Il est possible que son père y ait été mêlé.

— Vous n'avez aucun souvenir plus précis ?

— On l'avait accusé d'avoir volé une brebis.

— Une brebis ?

— Son père était égorgeur. C'est-à-dire que c'était lui qui tuait les cochons. Il n'avait du travail que de décembre à mars. La brebis appartenait à son patron. Il l'a prise et l'a tuée pour la donner à manger à ses enfants. On lui a fait un procès, et cette brebis a souillé à jamais son casier judiciaire. On me l'a raconté. Moi, je n'étais pas née.

— En somme, ce monsieur Maze ne s'appelle même pas Rocco.

— Pourtant, il célébrait toujours la fête de son saint patron.

Le policier note tout, congédie Vita et archive ce témoignage. Il est résigné – un Italien préfère ne pas dénoncer un autre Italien. A moins qu'il ne soit guidé par quelque motif personnel, comme c'est manifestement le cas dans cette affaire. Cependant cette petite maligne en robe rose a beau parler un anglais hésitant, elle ne perd jamais le contrôle de la conversation et raconte sans en avoir l'air uniquement ce qu'elle veut bien raconter. Il n'a pas réussi à lui arracher un seul mot sur ses relations réelles avec le suspect. Dès qu'il aborde le sujet, elle se raidit et nie. Elle nierait même l'évidence. De toute façon, il est clair qu'elle n'a pas écrit la lettre anonyme qui signalait le 5 juillet la présence « Chez Agnello » de Richard Maze, alias Rocky, directeur de la société de pompes funèbres Bongiorno Bros, 207 Bowery, et gendre du défunt auquel il a offert trois jours plus tôt des funérailles mémorables, avec un convoi de trente automobiles et une tonne de gardénias blancs.

On peut le déduire à coup sûr d'une étrange déclaration de Vita, au paragraphe 3, soulignée au crayon rouge.

— Mais alors des tas de métiers, vous savez. Il disait que l'important, c'est de progresser. Il a toujours eu un grand esprit d'entreprise. Chacun de nous possède un talent, et *lui c'était pour les affaires qu'il était doué.*

— Ne croyez-vous pas que s'il l'avait mis au service du bien, ce talent, au lieu d'être soupçonné d'un crime odieux il serait un des hommes les plus respectés de ce pays, un de ses dignes représentants ?

— Au service de quel bien aurait-il dû s'engager ? *Il s'est mis au service de son propre bien. A mon avis, c'est là tout son crime.*

L'assassinat de Lazzaro Bongiorno n'eut que peu d'écho dans la presse. On le considéra comme un énième épisode de la lutte entre les diverses bandes qui cherchaient à contrôler les activités productives de la ville et frappaient du même coup les valeureux citoyens tentant de leur résister. Ce genre d'épisodes ne pouvaient que nuire à l'image, déjà catastrophique, de la colonie italienne. Comme il était impossible de les passer sous silence, on tenait du moins à souligner la différence entre les maîtres chanteurs et leurs victimes, avec lesquelles on proclamait sa solidarité. Dans une interview, Richard Maze, « *undertaker* estimé », affirma que « la société de Lazzaro Bongiorno, dont il était le directeur, avait été prise pour cible par les maîtres chanteurs, mais qu'ils n'avaient guère prêté attention aux menaces car ils étaient confiants dans la justice et la légalité ». Ainsi, concluait l'auteur de l'article, « on voit clairement que ce crime est dû à une rivalité professionnelle. Inutile d'ajouter qu'on n'a procédé à aucune arrestation ». Il semble effectivement que personne n'ait jamais été poursuivi pour le meurtre de Lazzaro Bongiorno. Et aucun lien ne paraît avoir été fait entre cette affaire et la bombe qui explosa le dimanche 30 juillet. Là encore, il n'y eut aucune arrestation, et on ne sut jamais qui avait lancé cette bombe et pourquoi.

Elle fut répertoriée par « L'Araldo » comme la n° 53 de l'année 1911. En décembre, on arriverait au total de soixante-dix, « un chiffre qui bat tous les records », selon le commentaire acide du « New York Times ». La bombe n° 53 mérita un entrefilet de quinze lignes. Une autre actualité s'imposait à l'attention générale : le choléra faisait rage dans la ville. Des dizaines de malades avaient déjà été admis au lazaret de Swinburne Island. Le vibrion était arrivé d'Italie, à bord d'un bateau. De quel autre pays aurait-il pu venir ? Il était originaire de Naples, pour être précis. Un hôte indésirable, clandestin et napolitain... Dans l'article, on ne trouve aucune allusion à la mort de Bongiorno, advenue dans le même restaurant quelques semaines plus tôt. Le titre était empreint de résignation et d'un dédain ennuyé : « ENCORE UNE BOMBE ! Nous y revoilà ! Après une période d'inactivité, les attentats ont repris. L'explosion s'est produite à midi moins le quart, en plein jour, devant « Chez Agnello », un restaurant italien. Pris de panique, les habitants de tout le pâté de maisons ont quitté précipitamment leurs appartements pour s'enfuir. L'agent Walfert, qui effectuait une ronde dans le quartier, constata que la déflagration avait été d'une extrême violence. » Il n'y eut pas de victimes. Au moment de l'explosion, le restaurant était fermé. Il fut détruit de fond en comble et ne rouvrit jamais ses portes.

Richard Maze et Venera Bongiorno n'ont pas eu d'enfants. Je n'ai retrouvé qu'un parent éloigné, petit-fils d'une cousine de Venera, qui vivait à C** et a conservé quelques lettres envoyées par elle à sa grand-mère, de l'autre côté de l'océan. Ces lettres brèves, écrites dans un italien hésitant, se succèdent à l'occasion d'anniversaires, de fêtes, de Pâques, de Noëls. Elles ne font jamais allusion aux personnes dont j'essaie de reconstituer l'histoire, mais à d'autres qui me sont absolument inconnues. Rien dans ces lignes ne suggère une existence autre que légale, bourgeoise et conventionnelle. Venera apparaît comme une femme assez instruite, qui n'a rien à dire à sa correspondante qu'elle ne connaît pas et n'a jamais vue. Elle ne fait référence que trois fois à son mari, lequel est toujours en voyage d'affaires. A Noël 1926, Rocco dirige une société de transports, sans autres détails. En avril 1926, il s'avère qu'il possède diverses sociétés d'import-export, une entreprise de construction et même une coopérative de taxis. Il semble qu'il se soit retiré des affaires après la Seconde Guerre mondiale, puisqu'il s'établit alors avec sa femme en Floride, où il a fait bâtir une villa de dix pièces avec vue sur la plage. En 1949, Venera se rend à C** pour faire la connaissance de sa cousine, mais son époux refuse de l'accompagner. D'après ce qu'écrit Venera, il ne garde aucun souvenir de l'Italie et n'a rien à chercher là-bas.

Après cette visite, la correspondance s'interrompit. Sans doute les deux cousines avaient-elles découvert qu'elles n'avaient rien en commun et ne savaient plus que se dire. Lorsque Venera mourut, à la fin des années soixante-dix, Rocco était encore vivant. Le petit-fils de la cousine de Venera ne se rappelle pas la date exacte de sa mort, mais elle a dû se produire en 1984 ou 1985. Il avait près de cent ans. Son parent le plus proche se révéla être ce petit-fils italien, qui pouvait donc espérer hériter de sa villa ainsi que de sa collection de tableaux et de monnaies – en somme, d'une partie des « fabuleuses richesses » qui faisaient rêver depuis toujours la famille. En réalité, il ne reçut qu'une poignée de bijoux, ne valant que quelques millions. Naïvement, j'ai demandé si par hasard « Richard », dans son testament, n'avait pas mentionné parmi ses héritiers une certaine Vita Mazzucco, ou du moins ses descendants. Il me fut répondu que Richard Maze n'avait laissé aucun testament. Je suis d'abord restée stupéfaite qu'un homme presque centenaire n'ait pas eu le temps de disposer de sa succession. Puis je me suis souvenue d'une question scandalisée d'Agnello à Dionisia, dans une des dernières lettres qu'il lui avait envoyées, en 1907. Il lui avait demandé, en parlant de Rocco : « Mais c'est donc que celui-là il veut même pas présenter ses os à l'autre monde ? »

C'est exactement ce qui s'est passé. Rocco s'est fait incinérer. Quant à sa fortune considérable, il n'en restait rien. Il n'a apporté qu'une poignée de cendres dans cet autre monde auquel il n'a jamais cru.

Aucun élément à ce jour ne peut révéler si Rocco rencontra encore Vita après l'été 1911.

Je ne suis pas parvenue à retrouver la moindre photographie de lui. Les documents du New York Police Department ont été systématiquement détruits dès qu'ils atteignaient cinquante ans d'âge. Les divers services intéressés ne conservaient que de brefs dossiers individuels, appelés *yellow sheets,* lesquels étaient jetés dès que le criminel en question mourait. Certains sont exposés dans le Police Academy Museum, mais aucun ne concerne « Rocco » ni « Richard Maze ». Au début du vingtième siècle, alors que la pègre portait le nom mythique de Main noire, les journaux imprimés en Amérique ne reproduisaient que les photos des hommes illustres, et le crime ne suffisait pas à assurer la célébrité aux Italiens. Tout le monde connaissait le visage hideux de Monk Eastman, le chef d'un des principaux gangs de New York, mais personne n'avait jamais vu ceux du beaucoup plus redoutable

Ignazio Lupo, dit Lupo the Wolf, ou de Giuseppe Morello, dit the Gray Fox, tous deux à la tête du gang de Prince Street. Pas plus que ceux de Salvatore Arrigo, chef de la Main Noire de l'Ohio, ou de Vincenzo Sabatesser, qui dirigeait celle du Connecticut. On parlait de la pègre italienne avec la terreur exagérée qu'inspire un phénomène mal connu : « human butchers », « bunch of bananas ». C'étaient des sauvages qui coupaient la langue aux cadavres et jetaient des sorts pour envoûter et réduire au silence leurs concitoyens ignorants. Lupo the Wolf, qui eut quelque temps les honneurs de la *horror literature,* fut défini comme un « pathological killer », mais l'intérêt morbide des lecteurs était surtout éveillé par son *murder stable* de Harlem : une écurie pourvue d'un croc de boucher pour torturer ses ennemis et d'un four où les brûler vifs. Quand il fut arrêté, on lui attribua ainsi qu'à sa bande 60 assassinats et 548 délits dont le moindre était celui de « bomb planting ». Il fut pourtant vite oublié. Le premier roman sur la Main noire fut écrit en 1905 par Adolfo Valeri et publié dans le « Bollettino della sera ». Le premier film date de 1906, le premier disque – *Pasquino membre de la Main noire,* gravé par l'European Phonograph Co. – de 1920, mais il fallut attendre les années trente pour que les gangsters aux noms italiens deviennent des vedettes.

J'ai trouvé aux Archives centrales de l'Etat un dossier du ministère de l'Intérieur, Direction générale de la Sûreté publique, division Police judiciaire. Intitulé *Expulsions et Extraditions des Etats-Unis,* il traite des « sujets indésirables » signalés par la magistrature ou arrêtés par la police de New York. Dans la plupart des cas, le consul se bornait à informer le ministère de leur expulsion. Parfois, cependant, les autorités américaines demandaient, par l'intermédiaire du consulat, qu'on étudie la possibilité d'un rapatriement forcé. La réponse était négative, car il apparaissait que l'individu n'avait fait l'objet précédemment d'aucune condamnation et n'était pas entré aux Etats-Unis en violation de la loi sur l'immigration. Si bien qu'une fois sa peine purgée, il avait parfaitement le droit de rester en Amérique. Tel est le cas suivant, classé avec la réponse : « Aucun antécédent pénal concernant le sujet en question ne figure dans les actes de ce service, et son nom ne fait l'objet d'aucun avis de recherche. »

Le dossier contient les empreintes digitales d'un certain *Amleto Atonito.*

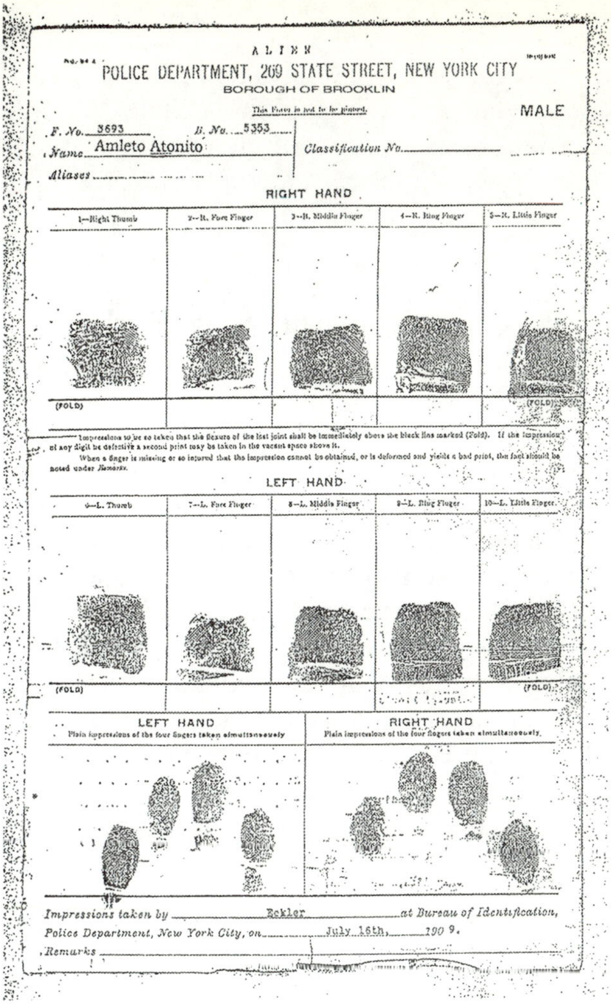

ALIEN

POLICE DEPARTMENT, 209 STATE STREET, NEW YORK CITY

BOROUGH OF BROOKLIN

MALE

F. No. 3693 B. No. 5353

Name Amleto Atonito Classification No.

Aliases

RIGHT HAND

| 1—Right Thumb | 2—R. Fore Finger | 3—R. Middle Finger | 4—R. Ring Finger | 5—R. Little Finger |
|---|---|---|---|---|
| (FOLD) | | | | (FOLD) |

Impressions to be so taken that the flexure of the last joint shall be immediately above the black line marked (Fold). If the impression of any digit be defective a second print may be taken in the vacant space above it.

When a finger is missing or so injured that the impression cannot be obtained, or is deformed and yields a bad print, the fact should be noted under Remarks.

LEFT HAND

| 6—L. Thumb | 7—L. Fore Finger | 8—L. Middle Finger | 9—L. Ring Finger | 10—L. Little Finger |
|---|---|---|---|---|
| (FOLD) | | | | (FOLD) |

| LEFT HAND<br>Plain impressions of the four fingers taken simultaneously | RIGHT HAND<br>Plain impressions of the four fingers taken simultaneously |
|---|---|

Impressions taken by Eckler at Bureau of Identification, Police Department, New York City, on July 16th, 1909.

Remarks

La fiche se présente ainsi :

L'empreinte de ces doigts, l'ombre réticente de ces mains trempées dans l'encre et pressées sans ménagement sur le papier, sont peut-être tout ce que je trouverai jamais de Rocco. J'essaie de superposer mes empreintes aux siennes. Les mains de cet homme censé être un géant semblent étrangement petites. Elles correspondent parfaitement aux miennes – aux mains d'une femme. A bien y regarder, les empreintes de ses doigts sur le papier jauni rappellent celles des pattes d'un chat qui aurait commis l'imprudence de traverser une pièce de son pas lent, nonchalant et circonspect, en laissant sur le sol, involontairement, ses traces dans la poussière.

# Un message de New York

J'ai vu pour la première fois le message gravé sur le cuivre lors d'un jour désormais impossible à déterminer de mon enfance, où je demandai à mon père de me montrer quelque chose ayant appartenu à son propre père. Il sortit une boîte à chaussures qui contenait la monture sans verres d'une paire de lunettes de lecture ainsi que la correspondance de Diamante avec sa fiancée : 458 cartes postales et lettres dont les oscillations de la réticence au mensonge, de la menace à la passion, la folie puis l'indifférence, résument le répertoire entier du discours amoureux mais que, par une sorte de respect envers mon père, je ne me décidai à lire qu'après sa mort. Il y avait également un étui de cuir noir écaillé par le temps. Et dans l'étui, une plaque de cuivre.

Comme la plaque était signée *Geremia* et n'appartenait donc pas à Diamante, je la mis de côté. C'était vraiment tout ce qui restait ? demandai-je à mon père. Il me répondit que Diamante était un homme réservé, qui ne disait jamais un mot de trop et avait cherché à effacer ses propres traces. Il s'était réfugié dans une dissimulation systématique, dans un silence qui s'était fait avec les années de plus en plus impénétrable.

Je n'arrivais même pas à me le représenter : il était mort vingt-cinq ans avant ma naissance et n'avait laissé que très peu de photographies, datant toutes de la dernière période de sa vie, quand il était déjà depuis longtemps atteint de néphrite. On y voyait un monsieur entre deux âges, toujours habillé avec un soin extrême et un grand souci des apparences. Il avait des cheveux frisés, une petite moustache grise impeccablement taillée et des yeux intimidants, d'un bleu limpide et décoloré. On avait l'impression d'un caractère coriace, autoritaire, dont le dynamisme explosif était soigneusement dissimulé derrière une expression correcte et contrôlée. La plus ancienne photographie de Diamante est collée sur la carte d'identification n° 12313 délivrée en 1920 par la Société des Tramways de Rome. Elle est criblée de cachets mensuels à trente centimes : il devait être un fidèle usager des transports publics. Ses cheveux frisés sont divisés par une raie bien marquée obliquant sur la droite, son visage apparaît de trois quarts, comme s'il voulait éviter l'objectif. Sous les sourcils touffus et imperceptiblement froncés, les yeux fixent un point indéterminé devant lui. Il a un nez droit et résolu, des lèvres charnues, une petite moustache noire très soignée qui dessine un triangle isocèle au-dessus de sa bouche. Son expression est concentrée, à la fois dure et distante. Il porte un uniforme de marin, ce qui signifie que le cliché doit remonter à l'été 1915, quand il fut appelé à rejoindre la Marine royale, après l'entrée en guerre de l'Italie, et envoyé dans l'île de La Madeleine pour être formé à la navigation sur un torpilleur. Lorsqu'il posa devant cet objectif, il avait vingt-quatre ans. Il avait déjà derrière lui l'Amérique, le service militaire, divers séjours à l'hôpital, de longues années de solitude, des fuites, des voyages, des disputes et des folies, l'exil et le retour. Et pourtant, l'image de ce marin en uniforme est tout ce qui reste de sa jeunesse. Celestina, Cure-pipe, le Diamante gamin, le Diamante vivace, anarchique et déchaîné, qui partit pour l'Amérique n'a laissé aucune trace visible, comme si cette vie avait été absorbée par les mots qui à la fois gardaient son souvenir et la travestissaient pour toujours.

Bien des années plus tard, alors que je tentais d'arracher quelques indices aux rares objets qu'il n'avait pas détruits – par oubli ou peut-être par choix –, j'ai découvert que la plaque de cuivre portait en fait un message. Il était écrit, ou plutôt gravé, au dos :

*New York 1er avril 1936*
*A mon très cher Diamante*
*tous mes vœux pour d'heureuses fêtes de Pâques*
*Geremia*
*Nous élèverons jusqu'aux nues en Amérique*
*le nom de notre Italie*

J'ignorais qui était ce Geremia, et il m'était désormais impossible de le demander à mon père qui m'avait laissé à son tour en s'en allant un monceau de papiers, une paire de lunettes et les plaques rouillées de ses trophées.

Je devais découvrir par la suite, en consultant la liste des passagers ayant débarqué à Ellis Island le 24 mai 1902, que le Geremia en question avait voyagé sur le même bateau – le *Calabria,* de l'Anchor Line – que Filippo et Genoveffa Tucciarone, Nicola Ciufo, Antonio Dell'Anno, Luciano Forte, Ferdinando, Tommaso et Antonio Mazzucco, le père de Diamante. Geremia et Antonio furent interrogés ensemble par les fonctionnaires de l'immigration et déclarèrent se rendre chez la même personne : Agnello, un parent à eux résidant au 18, Prince Street. Comme Antonio, Geremia affirma qu'il savait lire et écrire et qu'il possédait douze dollars. Il déclara lui aussi être *labourer,* c'est-à-dire ouvrier non spécialisé, manœuvre ou journalier agricole. Si les fonctionnaires refoulèrent Antonio, en faisant suivre son nom de la fatidique marque noire, en revanche ils laissèrent passer Geremia. Antonio ne revit plus jamais ce garçon de quinze ans, son fils putatif qui l'avait accompagné en Amérique et finalement y resta à sa place et à celle de son fils.

Tandis que je tourne et retourne dans mes mains la plaque oxydée par les années, je me demande à quoi fait allusion la date du cachet, le 18 novembre 1935. A la guerre d'Éthiopie ? A la conquête de Macallè ? En explorant les journaux de l'époque, je découvre que le 18 novembre est le jour où les grandes puissances – dont les Etats-Unis – ont voté les sanctions contre l'Italie. Cette date marque le début de l'autarcie en Italie, et aussi de l'éloignement entre les deux pays, qui ne se rapprocheront qu'avec la guerre et l'interminable campagne d'Italie des années 1943-1944. Puis j'apprends que les Italiens d'Amérique envoyèrent dans leur patrie des centaines de milliers de plaques identiques à celle-ci, pour un total de deux cents tonnes de cuivre. Elles faisaient partie d'une campagne de souscription en faveur de la guerre. Ces plaques servaient à procurer à l'Italie le métal dont les sanctions l'avaient privée. Que devaient faire leurs destinataires ? Les remettre aux autorités ? Les faire fondre ? En faire don ?

Diamante cacha la sienne. Le 18 novembre 1935 n'avait pas été un beau jour, pour lui. A son retour d'Amérique, il était devenu socialiste puis, à partir de 1922, viscéralement antifasciste. Il s'était fait rosser plusieurs fois en pleine rue parce qu'il s'obstinait à se promener avec un œillet rouge à sa boutonnière : on lui avait cassé une dent et couvert ses vêtements de peinture noire. Quant à son travail, il avait failli le perdre et en était maintenant réduit à des fonctions subalternes. Ce jour qui avait été celui du rachat pour tous les Italiens d'Amérique avait dû au contraire lui faire sentir avec une acuité menaçante qu'il s'était trompé de camp.

Que signifient les mots gravés dans le cachet : MIEUX VAUT VIVRE UN JOUR COMME UN LION QUE CENT COMME UN MOUTON ? Les Italiens d'Amérique étaient-ils ces moutons devenus lions, qui revendiquaient après des années d'humiliation leur dignité et leur fierté nationale ? A moins que ce ne fussent ceux d'Italie qui, grâce à la conquête de l'Empire, passaient du statut de moutons à celui de lions ? C'était peut-être ce qu'on croyait, *de l'autre côté.* Mais il est probable que Diamante prit ces mots pour lui. L'expéditeur voulait dire que c'était Diamante lui-même qui avait préféré être un mouton et non un lion.

L'étui contient également une enveloppe pliée et repliée, au point d'être invisible. J'y ai trouvé l'adresse de l'expéditeur :

*Geremia Mazzucco*
*322 E. 82 St*
*New York*

J'ignore si en 1936 la Quatre-vingt-deuxième rue, dans l'Upper East Side, était déjà ce qu'elle est aujourd'hui : une rue élégante du quartier le plus cossu de New York, à proximité du Metropolitan Museum of Arts. Probablement. Ce n'est que maintenant que je réalise que cette plaque de cuivre était un message, et que ce message, si amer fût-il pour lui, Diamante l'a conservé. Sans doute a-t-il replacé la plaque dans l'étui de cuir noir, où le vertde-gris a commencé à tacher les bords puis à effacer les mots. Il devait la ressortir de temps en temps et contempler sa surface brillante. L'espace d'un instant, il s'imaginait qu'il était à la place de Geremia et que c'était lui qui envoyait ce message à celui qui était reparti. Il se représentait ce qu'aurait été sa vie si... Il se voyait lui-même – un autre Diamante, sans néphrite ni dent manquante, sans coudes rapiécés ni pantalon maculé de peinture. Avant de mourir, il a détruit tout ce qui pouvait rappeler à ses enfants – et à ceux qui viendraient après lui – cet autre Diamante, celui qu'il avait été et n'avait pas voulu continuer d'être. Il refusait de se laisser effleurer par les regrets, par le doute d'avoir fait le mauvais choix. Il avait bâti sa vie et sa famille sur la nécessité de ce retour. Parmi les rares épaves venues de l'autre continent, il nous a laissé une boîte de lames de rasoir, quelques coupures de journaux, une poignée de mots exotiques, ses récits et ce morceau de métal coupant.

Je me rends compte que je n'ai pas encore compris qui était vraiment Geremia. Un Italien d'Amérique qui habitait en 1936 la Quatre-vingt-deuxième rue, qui avait réussi et ne voulait qu'une chose : que Diamante le sache. Qu'il soit tourmenté jour et nuit par cette certitude.

# Le monde des rêves

A vingt-quatre ans, Geremia Mazzucco devint d'une telle laideur qu'il semblait destiné à une solitude humiliante ou à une compagnie vénale. Il se croyait l'homme le plus laid du continent. Mais c'était seulement parce qu'il n'avait jamais bien regardé autour de lui : depuis plus de dix ans, il n'avait pas eu un instant pour se retourner. A l'hôpital, quand ses voisins de lit lui avaient demandé quel métier il avait fait pendant tout ce temps en Amérique, il avait répondu en souriant qu'il avait fait fortune. Et personne n'avait trouvé ce métier méprisable, alors que s'il avait dit qu'il avait été terrassier dans les égouts, manœuvre et mineur dans les puits de charbon, les autres auraient eu honte de se trouver dans la même chambre que lui. Au bout du compte, il avait un morceau d'oreille en moins, son bras gauche était hors d'usage et ses cheveux réduits à un lichen laineux, mais il avait gagné sept mille dollars. Par moments, il se disait que ce bilan était positif, car après tout il était venu ici pour ça. Le plus souvent, cependant, il était assailli par un doute atroce et se demandait s'il valait la peine de tant souffrir uniquement pour s'enrichir. Du reste, personne n'était au courant de ses sept mille dollars. Comme il se méfiait des banques, des banquiers et des étrangers en général, il les portait cousus dans la doublure de sa chemise. Malheureusement, sa laideur au contraire était aussi voyante qu'une affiche. Cela dit, Geremia avait toujours été un artisan de l'esprit, un homme constructif et peu enclin aux regrets, de sorte qu'il était sûr que son argent effacerait ses cicatrices. Il décida de rentrer en Italie pour s'acheter non pas une ferme à Tufo, comme il l'avait rêvé en partant, mais une épouse. Il aurait aimé trouver une femme capable de l'apprécier pour lui-même et non pour son argent, mais il se rendait compte qu'étant donné sa laideur native encore aggravée par son accident, et vu le triple handicap constitué par son oreille rognée, son bras mort et ses cheveux rabougris, c'était objectivement difficile. Mais au fond, l'amour n'est qu'un mot – ce n'est pas lui qui vous donne à manger. La seule chose qui compte, c'est l'argent. Il s'achèterait une femme vierge, féconde et même belle, et il vivrait à jamais riche et heureux.

Il se rendit à New York en janvier 1912. L'océan en plein hiver, les tempêtes et les montagnes de glace le terrorisaient, mais il avait hâte de rentrer chez lui. S'il l'avait pu, il serait revenu en volant. Il avait l'impression d'être à l'aube d'une renaissance. Il allait revoir son père, sa mère, sa sœur, ses frères, qui l'avaient précédé en Amérique et étaient rentrés depuis longtemps. Il retrouverait l'atelier de son père, encombré de clous, de marteaux et de pieds en bois, la cuisine sombre où sa mère préparait de mémorables soupes de poisson, la taverne où son oncle servait le café arrosé d'anisette... Quelle était sa place dans ce tableau ? S'achèterait-il une licence pour ouvrir un bureau de tabac ou un magasin de vins et spiritueux ? Ou mettrait-il sur pied une entreprise de construction ? Il y avait des carrières de bonne pierre, à Tufo. Mais il avait beau faire, il n'arrivait pas à se voir dans ce tableau. Il convenait à l'adolescent timide pendu aux lèvres de l'argousin qui devait viser son passeport, mais non à l'homme de vingt-quatre ans vêtu d'un costume gris bien coupé et contemplant la vitrine d'un magasin d'instruments de musique, à Brooklyn. Il regardait un trombone posé sur un tabouret. Son embouchure était en corne sculptée et son corps en cuivre brillait comme de l'or. Il était infiniment supérieur à celui qu'il avait vendu des années plus tôt pour se rendre dans les mines. Geremia croyait déjà en entendre le son. Aujourd'hui, il pouvait se l'acheter – mais il lui manquait un bras. Jamais plus il ne pourrait jouer du trombone.

Alors qu'il fixait l'instrument, en proie à un désir poignant de le porter à ses lèvres et de manœuvrer la coulisse – encore une fois, rien qu'une –, il vit sur la vitrine du magasin l'affiche d'une conférence sur la guerre : *L'Italie en Tripolitaine.* Chacun était libre de participer. Comme l'affirmait même la réclame : « Le thème étant d'actualité, les compatriotes sont invités à intervenir en masse. » On promettait aux assistants des aperçus réalistes sur la vie des soldats dans le désert. Geremia ne s'était jamais intéressé à la patrie et ne s'était rendu compte qu'il en avait une qu'en la perdant. Cependant, il se dit que puisqu'il allait rentrer, il ferait peut-être bien de se mettre à la page. Il s'arracha donc à la contemplation désespérée du trombone, enfonça son chapeau sur sa tête et se dirigea vers la salle des réunions de la Fédération Socialiste Italienne, sise au n° 1915 de la Troisième Avenue, entre la Cent cinquième et la Cent sixième rue. Comme il ne savait où se trouvait la Libye ni pourquoi diable les Italiens devaient la conquérir, il s'estimait heureux de ne pas être soldat là-bas. C'était pourtant vers ce front qu'était accourue sa génération, et s'il n'avait pas travaillé dans les mines il aurait dû lui aussi s'y rendre. Coca-Cola devrait y aller, lui aussi, et même Diamante, s'il était appelé.

Geremia avait eu des nouvelles fragmentaires de Coca-Cola, distillées avec hargne par l'oncle Agnello qui prétendait avoir toujours su que son fils était tellement bête que même « cette guenon nègre » l'avait roulé dans la farine. En revanche, il n'avait pas entendu parler pendant plusieurs mois de son cousin Diamante. Ils n'avaient recommencé à s'écrire que quelques semaines plus tôt. Par un étrange effet de symétrie du destin, ils s'étaient retrouvés au même moment à l'hôpital : Diamante à Denver, Geremia en Pennsylvanie. Tous les deux seuls, malades et pris du démon de l'écriture. L'aspect le plus troublant de toute cette histoire, auquel Geremia n'avait pu trouver aucune explication, c'était que Diamante affirmait être connu dans le Colorado en tant que Shimon Rosen, de sorte qu'il avait fallu lui écrire sous ce nom. Cependant, les lettres que recevait Geremia ne semblaient écrites ni par Diamante ni par Shimon Rosen, mais par un autre personnage encore. Pour mettre un comble à cette confusion, Diamante manifestait dans ces lettres mélancoliques et déprimantes une violente aversion envers l'impérialisme et la rhétorique des gouvernements, mais aussi un patriotisme ardent qui était absolument nouveau chez ce garçon qui avait tellement honte de son identité italienne qu'il avait été jusqu'à changer de nom. Son patriotisme était abstrait, cérébral. En somme : désespéré. Dans sa dernière lettre, le type qui avait été Diamante expliquait avec une impersonnalité glaçante qu'il avait écrit son testament – en cas de décès, il se trouvait à la page 47 d'un livre d'un certain Jack London –, car les guerres offrent à ceux qui ne savent comment se suicider une noble cause pour mourir. Geremia n'avait jamais songé à se suicider. Ayant survécu par miracle à une catastrophe où avaient péri trente-six hommes de son âge ou même plus jeunes que lui, il se sentait plutôt convaincu d'avoir devant lui, ne serait-ce qu'à titre de dédommagement, un bonheur tranquille et durable.

Ce jour de janvier 1912 n'a aucun intérêt historique en dehors de l'épisode sanglant de l'attaque des Bédouins, aux environs de l'oasis de Gargaresch. Ayant quitté les fortins, la colonne du 52e régiment d'infanterie, du 1er régiment de grenadiers, des sapeurs et des guides du régiment de cavalerie légère progressait avec autant d'imprudence que de tranquillité vers les carrières de pierre, où les soldats avaient reçu l'ordre de construire deux redoutes pour protéger ces carrières nécessaires aux travaux d'aménagement du port – ce fut alors que les Bédouins fondirent sur eux et les massacrèrent.

Pour Geremia, en revanche, ce jour revêtit une importance capitale. Ne sachant rien des Bédouins ni du carnage, il marchait le long de la Troisième Avenue en direction de Harlem et ne songeait qu'à panser ses blessures. Le travail avait toujours été sa guerre, et la mine sa tranchée. Soudain, il aperçut Vita sur le trottoir bondé, surgissant de derrière les piliers du métro aérien. Elle venait à sa rencontre, emmitouflée dans un pardessus d'homme et si absorbée par ses pensées qu'elle le dépassa sans même le reconnaître. Elle était plongée dans son propre monde, au point de se ficher du grésil blanchissant ses cheveux, de la circulation, des embarras : elle avait l'air invulnérable. Cette fille possédait une force qu'il ignorait, une grâce qui lui avait été refusée. Elle était la vision brune et éblouissante d'un bonheur possible, bien différent des félicités domestiques qu'il s'apprêtait à acheter. Geremia passa devant la salle des réunions, où une foule s'attroupait pour la conférence, mais il ne songea pas un instant à s'arrêter. Vita tourna à droite. Il la suivit en boitillant, d'un pâté de maisons à l'autre, jusqu'aux abords du fleuve enveloppés dans un épais brouillard d'où la silhouette de Vita surgissait puis s'évanouissait comme un mirage. Il ne savait comment lui adresser la parole. Il lui manquait un morceau d'oreille, son nez disparaissait encore sous un pansement et il craignait qu'un coup de vent ne fasse envoler son chapeau, le laissant chauve et démuni devant les yeux exigeants de la jeune fille, à laquelle il n'osait même pas rêver. Il se contenta de respirer l'odeur de poussière s'échappant de ses cheveux dépeignés et d'admirer sa démarche harmonieuse et légère. Puis Vita s'arrêta brusquement, se retourna et lui demanda en souriant : « Si tu n'as rien à me dire, Geremia, pourquoi me suis-tu ? » Elle ne lui demanda pas ce qui était arrivé à son nez, et il lui en fut à jamais reconnaissant.

Vita logeait dans une immense bâtisse de briques rouges donnant sur l'East River. C'était une ancienne brasserie et il y flottait encore des effluves de houblon. Agnello l'avait achetée quelques mois plus tôt pour la transformer en dépôt. Il était absent, car il passait ses journées à faire des déménagements avec sa charrette.

Quand Vita le poussa sous l'énorme arche de pierre et le fit entrer dans le vaste local plongé dans la pénombre, Geremia garda son chapeau en prétextant une sinusite. Ceux qui naissent favorisés du sort, dotés d'un nez de dimensions modestes, d'une denture complète, d'un teint florissant, ne connaîtront jamais les spasmes, les crampes et autres contractions atroces que peut provoquer le regard d'autrui. Comme par exemple le regard fuyant de la personne à laquelle, plus qu'à n'importe quelle autre créature terrestre, on voudrait sembler débordant de charme, de beauté et de séduction. Ce qui malheureusement ne fut pas le cas en l'occurrence : Vita le regarda avec autant d'intérêt que s'il avait été un réverbère, puis courut se réchauffer les mains sur le poêle.

Des amas insolites d'objets disparates émergeaient de la pénombre comme les épaves d'un naufrage. Protégés par des bâches maculées d'essence et par une épaisse couche de poussière, malles de voyage, bibliothèques, cages à oiseaux, machines à gaz, chapelières, échelles, divans et bureaux côtoyaient un mobilier entier de salle de cinéma, consistant en d'interminables rangées de fauteuils capitonnés de velours violet. Agnello n'avait pas voulu rouvrir un restaurant. Il n'avait aucune envie de voir sa fille trimer pour les autres en sacrifiant sa vie à des créations détruites en un instant. Cependant, confronté à cette ultime tentative pour tenter de deviner le chemin de la fortune, il avait senti les forces lui manquer. C'est alors que Vita avait eu une illumination. Les Américains passent leur temps à déménager. Rien n'est stable, dans leur vie : ni leurs villes, dont l'aspect se modifie chaque jour, ni leurs emplois, eux aussi précaires, ni leurs classes sociales, sujettes à autant de variations que des actions en Bourse. Même leurs succès sont inconstants. Pour ne rien dire de leurs mariages et de leurs familles, qui ne cessent de se désagréger et de se disperser. Quant à leurs maisons... Les Américains sont des migrateurs qui suivent les routes de l'argent ou du hasard. Incapables de se fixer, de durer, de se satisfaire, ils changent de quartier, s'installent dans une autre banlieue, une autre ville, un autre Etat... Cette époque était en proie à une frénésie de déplacements. On n'arrêtait pas de démolir et de construire villas, immeubles et gratte-ciel. Les Blancs désertaient *downtown*. Les Irlandais quittaient l'*east side*, les Chinois arrivaient de l'ouest et les Allemands s'installaient dans *midtown,* en occupant les maisons laissées vides par les Américains s'établissant en face de Central Park. Les Italiens émigraient à Chelsea et à Bryant, les Juifs dans le *west side* et les nègres à Harlem. Tandis que les Portoricains envahissaient les sous-sols abandonnés par les *dago,* les artistes colonisaient les greniers de Greenwich Village et les clandestins les masures en bois restées inoccupées sur Bowery. Inspirée par sa propre immobilité au milieu de ce mouvement perpétuel, Vita avait suggéré à son père de se faire payer pour abriter les demeures en partance des autres.

La jeune fille disparut derrière un lit monumental, en détruisant au passage le piège géométrique édifié par une araignée entre les rideaux du baldaquin. Elle dit à Geremia de s'asseoir : c'était ici qu'ils habitaient. Leurs meubles ayant été dévastés par la bombe, ils les avaient vendus comme bois de chauffage. En compensation, ils disposaient maintenant de salons variés, de dizaines de chambres à coucher et même de cinq baignoires nanties de pieds en bronze.

Afin de rester en compagnie de cette Vita que Diamante n'avait pas su ou voulu garder, Geremia fureta parmi les objets entassés dans cet immense entrepôt. Il était plein, ce qui prouvait que l'oncle Agnello avait une nouvelle fois redressé sa barque. Geremia se dit qu'ils se ressemblaient. Rien ne pouvait les abattre, et ils avaient fait peur à la mort elle-même. Vita déclara qu'elle n'avait plus besoin d'inventer des menteries, puisqu'elles se réalisaient, ni de faire bouger les objets, puisqu'ils venaient à elle. C'était ici le monde des rêves. Habitante de lieux hypothétiques, elle possédait des vies par centaines. Elle avait des trésors d'antiquaires et les rebuts de déménagements hâtifs. Des pendules, des tableaux, des tapis et des mappemondes. Des bibliothèques entières et des hiboux empaillés. Il lui suffisait de faire un pas pour passer d'une vie à l'autre. Elle pouvait vivre comme une princesse et prendre le thé dans ces demeures de la Cinquième avenue où elle ne pénétrerait jamais – quelle importance : cela revenait exactement au même. Geremia effleura du bout des doigts une glace opaque qui lui épargna le reflet de son image. Des maisons, des maisons, des maisons. Et pas une pour toi et moi.

Il avait l'impression d'errer dans un gigantesque dépôt d'objets perdus, dans une décharge de rêves ajournés, oubliés ou écroulés. Cependant, le nom du véritable objet perdu n'avait toujours pas été prononcé dans cette pénombre – Diamante... Geremia enfonça son poing dans la poche de son manteau. Il redoutait que Vita ne lui demande d'un instant à l'autre d'une voix candide : « Et ton cousin ? Où est-il ? Comment va-t-il ? Il s'est trouvé une autre amoureuse ? » Mais Vita ne posa aucune question. Il jugea plus honnête de ne pas lui dire qu'il avait reçu des lettres de Diamante, écrites sur un lit d'hôpital. Lui-même ayant été malade et l'étant peut-être encore, il savait combien la compassion des autres est insupportable. Du reste, il n'aurait su comment expliquer à Vita que Diamante dans ses lettres ait trouvé le temps de demander des nouvelles de Nicola et même d'Agnello, mais pas d'elle. Bien plus, quand Geremia lui avait proposé de se rendre avec lui à New York, Diamante avait répondu que si jamais il décidait de rentrer en Italie, il partirait de Boston, de Philadelphie ou au besoin du Canada, mais quant à New York il la haïssait et souhaitait ne jamais la revoir de sa vie. Geremia avait tout de suite compris, avec une angoisse oppressante, qu'en écrivant « New York » Diamante pensait « Vita ».

Il se contenta donc de faire allusion au départ de Diamante pour le Colorado. Avec son esprit de contradiction et sa misanthropie, c'était un vrai idéaliste. Il recherchait des batailles à perdre et des ennemis sans pitié auxquels succomber. Il s'en trouverait toujours, mais en réalité il était devenu lui-même son ennemi le plus impitoyable... Vita ne manifesta pas le moindre intérêt pour le sort de Diamante, et il fut soulagé en voyant qu'ils n'avaient été liés que par un amour de gamins, profond mais désormais oublié. Que pouvait-il deviner en cette après-midi ? Vita avait laissé tomber ce nom comme une pierre dans un puits, elle l'avait laissé sombrer dans le silence. Elle ne semblait pas troublée. Elle était semblable à elle-même : ébouriffée, énergique et distraite. D'une beauté lumineuse.

« Je ne suis pas comme mon cousin, ajouta Geremia avec une apparente modestie.

— Oui, toi, tu es l'oncle Tom ! s'exclama Vita en riant.

— Peut-être. Mais tu sais quoi ? L'oncle Tom a les pieds sur terre. Et un toit sur la tête. »

Vita haussa les épaules. A force d'avoir les pieds sur terre, les humains ont perdu leurs ailes...

A cette heure, au club « Avanti ! », le conférencier montrait des diapositives, émouvait l'assistance en illustrant les horreurs nécessaires de la guerre. Cependant Geremia continua d'errer parmi les meubles de ces maisons où il n'habiterait jamais, afin que Vita ne le renvoie pas dehors affronter le grésil. Et quand enfin il sortit du dépôt, il ne se rendit pas à l'agence de la société de navigation pour acheter son billet de retour. Il songeait qu'il n'était pas né quant à lui pour héberger les rêves écroulés des autres, mais pour les réaliser. Qu'importait que Diamante préférât mourir dans un hôpital de Denver plutôt que d'admettre qu'il ne pouvait concevoir une vie sans Vita, qu'importait qu'Agnello n'eût pas assez de force, de moyens et d'imagination pour construire les maisons et les quartiers nouveaux : lui avait sept mille dollars cousus dans sa chemise, sous la poche gauche, tout près du cœur.

Si on lui avait demandé pourquoi il s'obstinait à geler dans le féroce mois de janvier de New York alors qu'il aurait pu déjà arpenter la promenade de Tufo et choisir son épouse et sa nouvelle maison, Geremia aurait expliqué simplement qu'il n'avait pas trouvé de place sur le paquebot. Il entendait en effet voyager en seconde et non en troisième classe, afin de montrer aux gens restés au village combien il était monté en grade depuis qu'il avait quitté leur trou fangeux. Mais personne ne le lui demanda puisque Vita, avec qui il passait ses dernières après-midi désœuvrées en Amérique, ne lui posait aucune question. Elle lui permettait de l'aider à remettre en ordre les classeurs contenant les récépissés des clients. Elle appréciait la discrétion de Geremia, qui se montrait précis, ordonné et silencieux.

Au début, elle ne comprit pas pourquoi il n'allait pas se promener à travers New York, en profitant enfin de ses ultimes journées dans le Nouveau Monde. Geremia ne l'intéressait pas, mais en fait elle avait perdu tout intérêt pour les hommes en général, qu'elle jugeait violents, lâches et égoïstes. Elle n'avait pas envie de se marier, pour dépendre des humeurs et des caprices d'un époux. Elle avait déjà une famille et n'en voulait pas d'autre. Pour être heureuse, elle n'avait besoin de rien. Il lui semblait même avoir compris que le bonheur consiste précisément dans le sacrifice de soi. Si l'on recherche une satisfaction égoïste, en poursuivant l'amour, le confort, la richesse et Dieu sait quoi encore, on risque fort de voir les circonstances de la vie s'arranger de telle sorte qu'il vous sera impossible de réaliser vos rêves. Au contraire, vivre pour les autres procure un bonheur véritable. Étrangement, son père ne s'était pas opposé à son désir. Elle avait craint qu'il ne fasse des pieds et des mains pour effacer sa honte en lui achetant un mari, car il lui avait enseigné que la solitude pour une femme est synonyme de gâchis et de misère. En fait, Agnello s'était volontiers résigné à l'idée que sa fille unique se consacre à adoucir ses vieux jours. Il l'avait toujours souhaité, et c'était la vraie raison pour laquelle il avait fait venir Vita en Amérique.

Du reste, Vita n'avait pas beaucoup d'occasions de changer d'avis. Elle avait perdu de vue ses ex-camarades de collège et ne connaissait personne à New York, si bien qu'elle était presque toujours seule. Quelques clients célibataires s'étaient bien montrés au dépôt – avocats, notaires ou médecins s'apprêtant à s'installer dans quelque petite ville sur la côte. Des Italiens mais aussi des Américains, les premiers, en dehors des policiers et des travailleurs sociaux, avec lesquels elle eût échangé quelques mots. Ils éveillaient sa curiosité comme les ratites du désert qu'on voyait flâner dans le zoo de Brooklyn : c'étaient des animaux exotiques, d'une espèce qu'elle sentait étrangère à la sienne. Elle avait aussi rencontré des amis de Nicola ou des compatriotes désireux de se trouver une épouse italienne. Découragés par son indifférence, ils s'étaient éclipsés après quelques visites, en la traitant dans son dos de folle, d'orgueilleuse et de putain. Geremia Mazzucco, lui, supportait son indifférence. Il restait assis au bord du divan, raide, en se grattant machinalement la joue. La barbe dessinant une ombre sauvage sur sa mâchoire ne suffisait pas à lui donner l'air d'un dur. Geremia ne ressemblait ni à un vagabond ni à un cow-boy, mais simplement à un Italien qui devrait se raser deux fois par jour. Bien qu'il eût quitté la mine depuis des mois, son visage avait encore un teint malsain et ses yeux noirs se détachaient sur sa peau jaune comme deux pépins dans une pomme pourrie. Il avait beau avoir renouvelé sa garde-robe, il portait son complet neuf avec la même gaucherie que s'il l'avait loué au magasin de Max Willner. Cependant, personne n'aurait pu lui reprocher d'être violent, abusif, stupide, hypocrite ou mielleux. Il semblait ignorer l'orgueil, la colère et la mauvaise foi.

Un après-midi de janvier, en sentant le regard de Geremia sur ses mains et sa bouche, Vita eut l'impression de percevoir le battement de son cœur. Lui demander de s'en aller, de l'oublier, serait revenu à couper les câbles du monte-charge et à le laisser s'abîmer dans les flammes. Elle se rendit compte que Geremia lui demandait de prendre sa vie en charge. Elle n'avait pas à accepter ce poids : elle n'était pas coupable de ce qui lui était arrivé. Elle avait déjà accepté sa propre culpabilité. Le fardeau des plaintes d'autrui, qui avait creusé comme un gouffre en elle. Le désir d'être punie, de se punir, de *se sacrifier.*

Vita lui demanda s'il se souvenait de ce qu'il lui avait demandé deux ans plus tôt. Geremia acquiesça en rougissant.

« Bien. J'accepte ta proposition. Je te considérerai comme mon ami.

— Ton ami ? répéta-t-il d'une voix incertaine.

— Le reste, autant en emporte le vent. Tandis que l'amitié, c'est pour toujours. »

Pour dissimuler ses cicatrices, Geremia s'enveloppait dans des écharpes et des manteaux, et recherchait sans cesse le réconfort de la pénombre. Pourtant, aux yeux de Vita, ces marques étaient justement ce que son visage avait de plus attirant. Ce visage qui avait été banal, semblable à des millions d'autres, était maintenant devenu unique et inimitable. Spécial. Naturellement, elle ne pouvait pas le lui dire. Son dernier souvenir de Lena était une main blanche surgissant des draps de l'hôpital Bellevue. Une main couverte de griffonnages mystérieux, comme une feuille de papier. Vita savait qu'elle était l'auteur de ces dessins, et elle ne pouvait en détourner son regard. Elle aurait voulu saisir cette main, la serrer, la secouer, mais elle n'en avait rien fait. Elle n'avait pas réussi à demander à Lena de rentrer chez eux, ou du moins de lui pardonner. Lena avait tourné son visage vers le mur et, l'espace d'un instant, sa main était restée visible. Puis elle l'avait glissée de nouveau sous le drap. Pendant des années, Vita l'avait cherchée dans toute la ville, mais elle n'était pas parvenue à avoir de ses nouvelles. Elle l'avait perdue. Et avec le temps, elle avait acquis la conviction extravagante que ceux qui ont traversé les flammes et en sont revenus connaissent un secret qu'ils ne veulent pas partager. Le secret que Lena avait promis de lui révéler, mais qu'elle ne lui avait pas livré : comment vivre au-delà de la souffrance. Comment la supporter.

Un après-midi, alors que Vita époussetait les meubles avec un plumeau et que Geremia s'essoufflait à l'aider, ils se heurtèrent par mégarde et elle ne put s'empêcher de toucher son bras mort, qui avait la couleur rosée et grisâtre d'une patte de rat. Geremia recula d'un bond et fit mine de s'éloigner, mais Vita tendit la main vers la masse de chair enveloppée dans un foulard et glissa ses doigts sous l'étoffe. Depuis sa sortie de l'hôpital, c'était la première fois que quelqu'un touchait la peau de Geremia.

En sentant la désinvolture affectueuse de la caresse de Vita sur son bras mort, il s'aperçut qu'il était encore capable de pleurer. Il sut avec une certitude absolue qu'elle ne le repousserait pas et qu'un jour il lui raconterait *vraiment* l'accident de la mine, qu'il n'avait jusqu'à présent raconté à personne, pas même à lui-même. Il le revivait dans les moments où sa conscience s'affaiblissait, quand il sommeillait après deux verres de vin ou était sous le coup d'une émotion intense. Il se retrouvait alors de nouveau au fond de la galerie, laquelle après la déflagration n'était plus qu'une matrice plongée dans l'ombre, envahie de cris et de gémissements. Pris au piège à trois cents mètres sous la terre, enseveli dans un boyau encombré de boue et de corps, dans une obscurité désespérante. Vivant et fou de terreur, avec sa lampe cassée sur son casque et son visage déchiré par les pierres qui avaient jailli quand tout avait explosé. Il courait en heurtant les parois, en tombant, en se blessant, en se cognant la tête, en trébuchant, en hurlant pour se guider d'après sa propre voix. Puis, quelque part au fond des ténèbres, très loin, il avait aperçu une lueur rouge. Au début, il espéra qu'il s'agissait du soleil, que la mine s'était ouverte en leur rendant ainsi la lumière du jour. Mais c'était le feu. Tout brûlait. Une chaleur suffocante faisait fondre le métal, coupait la respiration... Il court en direction du feu, car il a entrevu à sa clarté éblouissante l'entrée du puits, là où chaque matin, à sept heures, le monte-charge les dépose avant qu'ils ne s'enfoncent dans les entrailles de la montagne. Il descend toujours le dernier, car c'est lui le chef d'équipe et il compte d'abord ses hommes. Il court vers le monte-charge et redoute que les autres, qui ont réussi d'une manière ou d'une autre à grimper dedans, ne l'attendent pas. S'ils allaient se souvenir d'un quelconque abus de sa part, lui reprocher sa tyrannie ou sa prétention et décider de se venger en pressant le bouton qui les portera à bon port, en le laissant brûler dans la mine en flammes ? Il hurle : « Attendez-moi, les gars ! » Il court, trébuche, tombe et pleure en voyant s'enfuir son ultime espoir avec le monte-charge qui s'est soulevé, commence déjà à monter et oscille à deux mètres au-dessus du sol. Il tend les mains : « Ne m'abandonnez pas, ne m'abandonnez pas... » Les autres le reconnaissent – beaucoup appartiennent à son équipe. « Saute, chef ! saute ! » crient-ils en l'attrapant par les bras. Leurs mains sont glissantes, trempées de sueur et de sang, ils vont le perdre, non, il ne lâche pas, ils tiennent bon de leur côté, il s'élève suspendu dans le vide tandis que le feu fait irruption dans le puits et se déchaîne, alimenté par l'oxygène qui vient d'en haut. Il est sur la plate-forme, maintenant, agrippé aux câbles de fer, avec les autres. Ils hurlent tous, le visage tourné vers la surface, comme si on pouvait les entendre d'aussi loin : « Tirez-nous dehors ! Faites-nous sortir, vite ! » C'est inutile, puisque la vitesse des monte-charge est préréglée et impossible à modifier. Les cordes métalliques, grincent, les flammes viennent lécher la plate-forme. Le bleu du ciel, là-haut, semble aussi lointain qu'un tableau. A moins quatre-vingt-dix mètres, le brasier assaille les pieds, fait fondre les brodequins. Tous se pressent et se bousculent, affolés. Dans la panique générale, certains tentent de défoncer la cabine et de se hisser sur les câbles – l'un d'eux tombe dans le vide. A moins soixante-dix, un homme s'affaisse, vaincu par la chaleur. Geremia et les autres le piétinent pour que son corps les protège, que sa chair fasse écran à leur propre chair. Les étincelles jaillissent et dansent dans l'appel d'air, jusqu'au moment où le feu atteint les pantalons. Le grondement de l'incendie couvre les hurlements. A moins cinquante, sa manche est en flammes. Écrasant un camarade qui s'est évanoui, il arrache sa salopette et se crache dessus, comme si sa salive pouvait éteindre le brasier. A moins quarante, le feu enveloppe la plate-forme. On dirait un bûcher. Une tornade, un cyclone au centre duquel la chaleur est moins intenable. Les câbles s'embrasent, les malheureux qui avaient réussi à grimper sur les fils métalliques, en gagnant deux mètres, tombent avec leurs mains minéralisées, réduites à la nudité des os. A moins trente, la peau de Geremia brûle comme une torche, ses cheveux se consument avec un sifflement aigu, il exhale une odeur de tison, de poulet rôti, il ne crie plus – il tombe.

Soixante-dix jours plus tard, il est déclaré hors de danger. La première chose qu'il demande n'est pas un miroir – il ne veut pas savoir ce qui reste de son corps. « Les autres ? murmure-t-il. Mon équipe ? Mes gars ? » Personne ne lui répond. L'explosion de la mine a fait trente-six morts. La catastrophe la plus meurtrière depuis celle de Pittsburgh et Marianna, qui fit cent trente-neuf victimes en novembre 1908 – ou celle de Cherry, en 1909, qui en fit plus de deux cents. Certains mineurs n'ont jamais été retrouvés. Ils sont restés enfouis sous les éboulements, quelque part dans les ténèbres de la terre. Mais ceux du monte-charge ? *Saute, chef ! Saute !* Que sont devenus ceux du monte-charge ? Sept mois plus tard, quand il sort de l'hôpital, il n'a plus de cheveux – un maigre duvet commence tout juste à repousser. Il a un bras infirme, inutilisable, autant dire mort. Sa narine droite est toute ratatinée, son oreille droite a perdu sa moitié supérieure. La lumière blesse ses yeux et les odeurs lui donnent la nausée. Ce n'est qu'alors qu'il apprendra qu'il est le seul survivant. Lorsque le monte-charge est arrivé à l'entrée du puits, enveloppé dans les flammes, les pompiers ont éteint l'incendie. Un nuage de fumée noire, huileuse et pesante s'est élevé avant de retomber sur les salopettes et les visages des sauveteurs. Quand la fumée se fut dissipée, ils aperçurent un amas de corps, des membres fondus, carbonisés, liquéfiés. Tous les hommes étaient morts. Et sur ce tas de cendre et de chair, un corps noirci fumait. C'était toi.

Vita effleura des mains le bout d'oreille mordillé par le feu, la narine ratatinée, la peau du cou lisse comme celle d'un bébé et parfaitement blanche. Elle lui sourit. Geremia ne dit rien. La journée était limpide, le vent avait transformé le ciel en émail azuré. A travers les verrières de l'ancienne usine, le soleil déversait ses rayons. Alors que l'ombre régnait de leur côté, la lumière dessinait là-bas sur les divans et les portemanteaux des présences illusoires, des silhouettes évanescentes. Quand Geremia sortit du dépôt, il ne se dirigea pas vers sa pension mais vers le môle. Il tira d'une poche de son manteau une enveloppe jaune où il conservait jalousement les photographies de ses épouses. Depuis qu'il était devenu chef d'équipe dans la mine de charbon, des mères avides de profiter de sa richesse lui avaient envoyé de Tufo et de ses environs les photos par dizaines de leurs filles, nièces ou filleules. Les jeunes personnes faisaient de leur mieux pour lui apparaître désirables. C'étaient des villageoises, des filles simples, fidèles. Des vierges rêvant d'un mari invalide mais fortuné. Avec les indemnités que la compagnie minière lui accorderait pour l'accident, ou même simplement avec les sept mille dollars qu'il avait mis de côté, il serait un homme en vue, dans sa patrie. Un notable, un propriétaire. Et cela pour toujours, car en Italie les situations sociales sont immuables et rien ne peut changer l'ordre des choses, que ce soit la fin d'un royaume, une guerre ou même la mort. C'était pour cette raison qu'il était venu en Amérique, et c'était aussi pourquoi il ne repartirait plus jamais d'Italie. Il sourit au visage souriant et embarrassé de la nièce de dix-huit ans d'il ne savait quel parent ou parrain à lui. Elle scrutait l'objectif, comme si elle cherchait du regard son futur. Ce regard doux et docile disait combien elle se sentait prédestinée, résignée et prête à l'aimer. Mais lui ne savait ce qu'il aurait fait d'une femme comme ça. Il tourna et retourna dans ses mains ce paquet couleur sépia. Non, il ne les épouserait pas. Il ne saurait même jamais leurs noms. Il était un survivant. A l'avenir, il ne pourrait plus accepter la vie qu'il avait laissée brûler sur ce monte-charge. Il voulait l'autre, celle qu'il avait entrevue dans le carré de ciel bleu, quatre-vingt-dix mètres au-dessus de sa tête. Il voulait la femme à qui il raconterait la vérité et qui serait capable de la supporter. Il ne remit pas le paquet dans la vieille enveloppe jaune : il la déchira et jeta les photographies dans le fleuve. Ses épouses partirent à la dérive au milieu de trognons de pomme et de nappes de pétrole. Elles glissèrent en oscillant sur l'eau trouble et montrèrent aux marins manœuvrant les péniches chargées de bois leurs cheveux coiffés à l'ancienne, leurs foulards blancs et leurs mains potelées. Elles présentèrent au ciel limpide et indifférent de janvier son avenir à Tufo, son retour au pays, avant d'être entraînées par le sillage d'un vapeur, de se retourner et de disparaître. Geremia fixa la poussière fine en suspension dans les rayons du soleil et qui semblait s'évaporer en s'élevant vers les hauteurs des paquebots. Dans le monde des rêves, il avait lui aussi sa place. Il était sorti indemne de la traversée des flammes, comme les héros et les guerriers des histoires qu'on raconte aux enfants. Et c'était à lui que revenait la récompense la plus convoitée : Vita.

# Le naufrage du *Republic*

L'agence immobilière sur la Lenox Avenue que Geremia tenait avec son associé, Celestino Coniglio, restait fermée le samedi après-midi. Après le déjeuner, Geremia se dirigeait lentement vers le dépôt. Il prétendait d'abord attendre que l'oncle Agnello revienne du bar où il allait jouer aux cartes, mais il finissait par perdre patience. Il emmenait Vita au cinéma, car à force de se voir tous les jours ils avaient épuisé les sujets de conversation. L'obscurité de la salle était propice à des dialogues silencieux et leur offrait à tous deux une agréable intimité : Vita était libre de penser, et Geremia de jouir de sa proximité. En Italie, il leur aurait été absolument impossible de sortir sans chaperon, mais ici, personne ne s'en étonnait. Il y avait des centaines de cinématographes, à New York. Ils virent des comédies, des drames, des histoires de gangsters. Au Fair Theatre, sur la Quatorzième rue, ils virent même *L'Enfer* de Dante, tourné par la Milano Motion Photograph. Ils regardèrent également des dizaines de films de cow-boys : *Broncho Billy's heart*, *Broncho Billy's promise*, *Broncho Billy's Mexican wife.* Vita se plaisait à songer que pendant que Broncho Billy s'éloignait sur son cheval, parmi les ombres longues du soleil couchant, quelque part derrière l'écran il y avait aussi Moe Rosen, le jeune Juif qui jadis avait peint pour elle et pour Lena une fenêtre sur le mur aveugle de la cuisine.

Au cinéma La Bella Sorrento, sur Thompson Street, on donnait en continu de neuf heures du matin à minuit – prix de l'entrée : quinze cents – les « scènes cinématographiques dépeignant la vie entière du brigand Giuseppe Musolino ». Geremia détestait les histoires de brigands. Il se sentait profondément irrité à l'idée que, dans cette partie du monde, les Italiens ne savaient faire parler d'eux qu'en se rebellant contre l'Etat, l'ordre et la loi. Ce qui n'arrivait qu'à un sur cent, tandis que les quatre-vingt-dix-neuf restants, parmi lesquels il se comptait, n'avaient jamais la vedette.

Malgré tout, quand Vita choisit Musolino, il se résigna. Ce n'était pas le seul sacrifice auquel il était disposé à consentir pour elle. Il avait calculé qu'il fallait à un ami quelques mois, une année dans le pire des cas, pour devenir un mari. Il devait repousser les attaques, combattre les autres hommes que le destin pouvait jeter dans les bras de sa bien-aimée, et démontrer par les faits qu'il était préférable à ses rivaux. Pour cela, il lui fallait se conformer à un code moral d'une rigueur ascétique, où n'existaient que la loyauté, le dévouement et la fidélité à outrance... Mais ensuite ils assistèrent au naufrage du *Republic,* et Geremia comprit que tous ses calculs étaient faux. Il devrait attendre d'avoir ses premiers cheveux blancs. Il serait un homme d'affaires, propriétaire de la société immobilière dont il ne possédait aujourd'hui qu'une modeste filiale. Vita, elle, serait une femme proche de la trentaine, qui aurait épuisé toutes les ressources de l'attente et serait tellement habituée à la solitude qu'elle finirait par désirer la partager. Il faudrait des années à Geremia pour trouver le chemin menant à Vita...

A l'origine, il y eut un documentaire sinistre sur l'Italie, intitulé *Des nouvelles de chez nous* – mais qui désignait ce « nous » ? Le film présentait les images bouleversantes du tremblement de terre de l'Irpinia. La dévastation de Sant'Angelo dei Lombardi, Lioni, Calitri. Le départ des soldats pour la Libye. En cet après-midi de février, alors qu'assise dans le noir à côté de Geremia elle s'efforçait de deviner dans quelle partie du port de Naples ces images avaient été tournées, Vita se mit à songer à Tufo, pour la première fois depuis des années. Elle s'aperçut qu'elle n'en gardait qu'une poignée de souvenirs. Quelques sons fragmentaires, comme l'appel du *tunìvularu* qui traversait le bourg en agitant son panier et en criant : « Tellines grosses et fraîches ! » Ou le crépitement de la pluie sur les toits de tuiles. Le sifflement du train filant comme une flèche dans la plaine et franchissant dans un nuage de fumée le pont sur le Garigliano. Le bruit de sabots d'un chariot remontant la voie Appienne bordée de pins. Le murmure des oliviers dans la campagne se mêlant aux cloches sonnant pour les vêpres à l'église de San Leonardo... Elle revoyait certains visages. Celui du gardien de prison, au teint bilieux. Celui du chevrier, couleur de crotte, tandis qu'il descendait du haut des montagnes, entouré d'une meute de chiens féroces et effrontés... Et des odeurs lui revenaient. L'encens dans la petite église. Une mandarine épluchée. Un citron à peine cueilli...

Le parfum âpre de ce citron savouré dans un lointain passé lui ramena du plus profond de sa mémoire, où elle était restée jusqu'alors intacte et cachée, l'image limpide d'un arbre penché sur un antique puits en pierre. Vita se rappelait clairement l'obscurité glaciale de ce puits, où la corde se perdait. Le choc sourd du seau dans l'eau invisible. Quelqu'un cueillait sur la branche la plus basse ce fruit jaune, poreux, compact, et le fendait avec un couteau. Puis elle sentait qu'on posait sur sa langue une rondelle transparente. Elle buvait l'eau glacée du puits en suçant la rondelle de citron. L'eau avait un goût frais et sauvage. Ce quelqu'un, c'était Diamante. Ses yeux bleus perçaient l'obscurité coupable de la mémoire.

Ils sont si proches qu'elle voudrait plus que tout le toucher. Mais elle hésite : elle sait malgré elle qu'en le serrant dans ses bras elle n'étreindra que le froid, que ses mains passeront à travers son corps et qu'il se dissipera comme un brouillard, une fumée, une lumière... Et d'un seul coup, Diamante a disparu. Elle sent un poids horrible oppresser son cœur. Non, non, non ! dit une voix dans sa tête. Elle l'appelle. Et quand elle ouvre les yeux, elle se retrouve au balcon d'un cinéma de Harlem, avec son cœur battant comme un métronome pris de folie, à fixer un canot se balançant sur le flanc du paquebot *Republic* et un gilet de sauvetage vide qui flotte sur les vagues de l'Atlantique et où le sel a effacé désormais les mots « White Star Line ».

Les images du naufrage du *Republic* défilaient sur l'écran. Le 23 janvier 1909, par un jour de brouillard comme celui-ci, le paquebot avait été éperonné entre six heures et sept heures du matin par un bateau italien, à soixante-dix milles au sud du phare de Nantucket. La proue du *Florida* s'était enfoncée dans le flanc du transatlantique anglais. Le merveilleux *Republic* était envahi par les eaux. En un quart d'heure, la salle des machines était complètement inondée. Le télégraphiste lança un SOS. Ordre fut donné à l'équipage d'évacuer le navire. La police maritime envoya un remorqueur pour le ramener au port, mais le temps manqua. Le *Republic* s'inclinait à bâbord, la poupe était déjà submergée. Le navire était rempli de malades, car les voyageurs partaient en groupe et revenaient presque toujours en compagnie de la pneumonie, de la tuberculose et de la syphilis. On commença par évacuer les deux cent cinquante passagers de première classe, parmi lesquels de nombreux millionnaires américains allant passer l'hiver sur la Côte d'Azur, la comtesse Pasolini et l'écrivain John Baptist Connolly. Puis ce fut le tour des deux cent onze voyageurs de troisième classe – les immigrés rentrant au pays. Des passagers transis se pressaient sur le pont. Des marins dépliaient les bâches. Après avoir rempli les canots de sauvetage, on les mettait à la mer. Les passagers endossaient des gilets de sauvetage. *Ces* gilets – avec l'étoile blanche imprimée sur le tissu. *Ce* canot – avec sa proue effilée qui pour la première et la dernière fois affrontait les vagues.

Geremia ne suivait pas les péripéties angoissantes du naufrage du *Republic,* orgueil de la White Star Line, lequel n'avait plus à bord, après l'exode sinistre des passagers, que le capitaine retranché sur le château. Le navire se cabrait, sa proue se dressait vers les étoiles, après quoi il coulait à pic dans l'océan. Pendant que les spectateurs contemplaient l'écran d'un air stupéfait, Geremia regardait Vita. Ce paquebot ne signifiait rien, pour lui. Elle lui demanda d'une voix inquiète si elle avait parlé dans son sommeil. Il déglutit, mais eut la force de répondre que non. Puis il se pencha sur elle et essuya avec son mouchoir les larmes qui ruisselaient sur le visage de Vita sans même qu'elle s'en rendît compte. Elle se souvint alors qu'elle avait crié son nom et qu'en l'entendant elle s'était mise à pleurer : Diamante...

C'était notre bateau. Celui qui nous a amenés ici. Il était si neuf, si merveilleux. Intact. Maintenant il s'enfonce dans le sable de l'océan. Éventré par la violence d'un coup imprévisible. Cassé en deux. Il doit déjà être couvert de rouille, battu par les courants. A la merci de chaque vague, de chaque marée, de chaque tempête.

« Pourquoi pleures-tu, Vita ? Ce n'est qu'une reconstitution, même pas bien faite. Un modèle réduit dans une piscine et des mannequins. »

Tu ne comprends donc pas, Geremia ? Diamante et moi, nous avons navigué pour de bon dans ce canot. Il y a dix ans. Nous voulions rester ensemble. Après la troisième cloche, nous ne nous sommes pas séparés et nous avons passé toute la nuit dans le canot de sauvetage, en nous serrant l'un contre l'autre pour nous protéger du froid. J'avais neuf ans, je ne savais rien. Nous n'avons rien fait de mal – ou de bien, je ne sais pas. Il fallait que nous quittions cet endroit, que nous allions frapper aux portes vitrées des salons de première classe. Quelqu'un nous aurait entendus, même la nuit il y avait des dizaines de stewards. On nous aurait ouvert, nous n'aurions pas été punis. J'aurais pleuré un peu et on se serait montré indulgent pour une petite fille. Nous ne pouvions pas rester. Il faisait trop froid et le vent soufflait en tempête. Les câbles grinçaient. Ces canots n'étaient absolument pas sûrs : ils pouvaient se détacher et tomber dans l'abîme. Et pourtant, nous ne sommes pas sortis. Nous n'avions pas envie de retourner en dessous, enfermés comme dans une prison. Nous avons fait à notre façon. Cet endroit nous plaisait et nous y sommes restés, blottis contre la coque. Le gilet de sauvetage sentait le moisi et la mer – et depuis lors, cette odeur pour moi est celle de Diamante. Cette nuit-là, il a décidé qu'il deviendrait marin. Essaie de nous imaginer... Deux enfants tout seuls. Une fillette aux cheveux de jais, aux mains sales, aux joues couvertes de poussière. Sa robe à fleurs tachée de sauce et de café, ses bas rapiécés, son châle troué. Et un gamin qui ne possède rien d'autre qu'une casquette, une taie d'oreiller remplie de bric-à-brac et son sourire. Nous n'avions rien à perdre et tout à découvrir. Tout à coup, nous avons éclaté de rire : nous avions compris pourquoi il était impossible de trouver l'étoile blanche dans le ciel. Nous la portions sur nous, imprimée sur les gilets de sauvetage. Rien ne pouvait nous arriver, aucun danger ne nous menaçait. Nous nous pelotonnions au fond de la chaloupe, en quête d'un peu de chaleur. Diamante épousait ma forme, se moulait à mon dos. J'ai découvert cette nuit-là combien deux corps peuvent se compléter et sembler mutilés s'ils sont séparés.

On nous a trouvés le lendemain, transis. A cause d'un chien, imagine-toi. Le chien d'un passager de première classe. Il a flairé notre présence et s'est mis à aboyer. Les officiers de bord sont venus, on a descendu le canot et nous avons été découverts. La gelée avait recouvert d'une fine couche glacée les gilets de sauvetage, nos cheveux, nos vêtements. La nuit avait été horriblement froide. Nous passions au large de Terre-Neuve et le thermomètre était descendu en dessous de zéro. Mais nous nous fichions de la géographie. Pour nous, il y avait seulement deux rives avec de l'eau au milieu et nous dessus. Nous serions peut-être morts si on ne nous avait pas trouvés. Et le plus étrange, c'est qu'aujourd'hui je me suis dit que nous aurions pu rester au fond de ce canot, si le chien n'avait pas aboyé, au début de tout – nous étions si proches en cette nuit, Diamante et moi, au cœur d'un univers vide, possible, plein d'espace, où nous étions encore intacts – et j'aurais voulu n'avoir jamais été découverte, jamais retrouvée...

Geremia se tut. Que pouvait-il dire ? Il préféra ne pas l'accompagner au dépôt. Il dit qu'il se sentait fatigué, qu'il avait toujours travaillé à l'excès. Rester avec elle était au-dessus de ses forces. Il n'avait qu'un cœur, et il était déjà brisé. Vita serra sa main valide – une poignée de main entre associés, brusque, énergique et expéditive. Puis elle s'éloigna. Il resta là, les yeux fixés sur son pardessus, ses cheveux noirs ondoyant sur ses épaules. Retourne-toi, retourne-toi, *retourne-toi.* Vita ne se retourna pas et disparut au croisement, engloutie par une marée humaine.

Mais elle ne retourna pas dans le monde des rêves. Elle se dirigea vers le port, rudoyée et désorientée par le vent balayant ces rues contre nature, sans virages, sans détours et sans surprises. Arrivée sur les quais, elle s'arrêta pour contempler le mouvement incessant des hommes déchargeant les navires.

Les entrepôts projetaient sur l'East River des ombres noires, d'une obscurité sans défaut. Une humidité glacée suintait des murs gris de cette ville à laquelle elle se sentait appartenir mais où rien ne l'attachait. Vita invisible pour les habitants de ce pays. Vita l'invitée. Vita l'inconnue. Des vagues diaprées de pétrole clapotaient en se soulevant au passage des bateaux. Il arrive que nous soyons enfermés dans d'étranges prisons, dont nous ne réussissons pas à voir les murs, les soupiraux, les portes – il est d'autant plus difficile de nous en évader.

En cet après-midi de mars, des dizaines de bâtiments croisaient sur ce bras de fleuve. Les sirènes des paquebots, des cargos et des péniches s'appelaient et se répondaient pour signaler leurs routes. La brume flottait sur les ondes comme un nuage de fumée. Un âne volait. Suspendu à un treuil, emmailloté dans des cordes et fou de terreur, il se recroquevillait sur lui-même en volant dans le brouillard épais. Un peu plus loin, un bateau de la police maritime explorait l'eau avec un projecteur, comme s'il cherchait quelque chose – ou quelqu'un. Une foule agitée gesticulait sur les quais, en indiquant un chiffon ballotté par le courant. La lumière du projecteur tournoyait en illuminant tantôt le fleuve, tantôt la foule, ou la vedette de la police, ou Vita elle-même. Elle avait la tête qui tournait. Elle essaya de retenir l'image de Diamante, mais en vain. Son esprit ne pouvait fixer le souvenir de son apparence. Il était comme la brise qui soufflait sur l'eau – Diamante se défaisait en mille remous tremblants et s'évanouissait à la surface de sa conscience. Il fallait qu'elle le revoie.

Ne serait-ce qu'une seule fois. Pour savoir. Lui demander pourquoi. Qu'il lui dise ce qui avait dévié le cours de leur existence, à quel endroit les rails soudés ensemble pour toujours s'étaient séparés. Mais non, à quoi bon désormais l'interroger, lui expliquer, se justifier ? Elle voulait l'étreindre, le regarder. Le toucher. Une lueur scintillante entourait son nom. Ce scintillement était son absence – mais pour elle, c'était comme la lumière... Ce n'était que le fanal du bateau qui s'éloignait, illuminant maintenant toute chose – le brouillard et les navires, le treuil et l'eau, jusqu'aux moindres chiffons, aux moindres passants, murs et fenêtres.

# Je t'écris d'un endroit où tu n'es jamais allée

Sur les murs du bungalow, des chevaux aux queues vertes et touffues galopaient, des oiseaux blancs s'élevaient dans un ciel pourpre criblé d'étoiles noires et des épouses ondoyantes dansaient dans les abysses d'un océan violet. Ces créatures extravagantes étaient l'œuvre de Moe Rosen, qui les avait peintes pour masquer la nudité de son logis et combler tous les désirs de la femme qui y serait venue. Au fil des ans, ces fresques avaient fini par recouvrir le bois, conquérir les fenêtres et transformer la baraque en un monde surpeuplé et subversif, où rien ne semblait impossible, ou tout rapprochement paraissait avoir un sens et tout croisement réussir heureusement. Quand la pluie s'abattait sur les planches, elle suintait du fond de l'océan sur le lit de camp, et il neigeait sur les croupes des chevaux. Cette baraque vous protégeait de la réalité en la repoussant au loin.

Chaque fois que Diamante rentrait du travail, il s'asseyait sur les marches de bois – peintes elles aussi, en bleu –, et la liberté paradoxale de cet univers le rassurait. Elle semblait lui suggérer que tout avait un sens, si on le regardait à l'envers ou en changeant de perspective. Il scrutait l'horizon en silence, jusqu'au moment où l'obscurité engloutissait toute chose et où il oubliait lui-même qu'il existait. Souvent, il se demandait dans quel endroit se trouvait Moe Rosen et s'il peindrait un jour d'autres images de ce genre. Quelques mois après son arrivée à Denver, la compagnie de Broncho Billy s'était installée encore plus à l'ouest, en Californie. La peinture s'écaillait, désormais, les épouses perdaient leurs yeux et l'océan se décolorait. Diamante aurait aimé raviver les couleurs rongées par le froid et le soleil de Denver, mais il ne s'y risqua pas car cette maison n'avait pas été rêvée pour lui.

En laissant partir Moe Rosen, il avait perdu son unique ami et le seul Américain – neuf, récent, volontaire – qu'il eût jamais connu. Ils s'étaient serré la main devant la grille du jardin, sur la route poussiéreuse descendant la colline et que le soleil couchant empourprait. Que cette région était donc belle. On disait souvent qu'elle ressemblait aux plateaux de l'Italie. Mais Diamante n'avait jamais vu l'Italie. Pour lui, elle se réduisait à Tufo ainsi qu'à Minturno le samedi, jour du marché. Moe avait levé sa main bronzée, en se protégeant les yeux et en esquissant un salut maladroit. Il avait son sourire à la fois ironique et confiant. Dès cette époque, les fresques commençaient à s'écailler car Moe avait jeté un beau jour ses pinceaux et ses couleurs. Il n'avait plus envie de peindre ou de devenir un grand artiste. Cette passion n'avait été qu'une lubie libératrice et s'était éteinte quand elle ne lui avait plus servi à fuir son passé. L'art est ou n'est pas. Il exige une réponse claire : Moe avait décidé que c'était non, même si Diamante pensait qu'il se trompait. Comme les épouses, les têtes des chevaux finiraient par être effacées par le vent, car Moe était parti pour Niles avec des acteurs qui n'étaient que des simulacres de cow-boys.

« Merci, Moe ! avait lancé Diamante en agitant la main.

— Why merci ? Qu'est-ce que tu racontes ? » avait marmonné Moe pour couper court aux effusions.

Puis il lui avait tourné le dos et s'était avancé lentement vers la route. A cet instant, Diamante s'était soudain rendu compte qu'il marchait avec les genoux légèrement écartés, comme s'il venait à peine de descendre de cheval. Il avait fini par ressembler à Broncho Billy : comme lui, il était maladroit, candide et inébranlable. Diamante continua à crier « merci » alors qu'il ne pouvait plus l'entendre. Son ami disgracieux repartait seul, lui aussi, car Lena ne l'avait pas rejoint dans le Colorado. Moe l'avait cherchée dans tout New York avant de la trouver enfin. Elle travaillait au Haymarket, un dancing renommé sur la Sixième Avenue. Pour dix cents, les hommes pouvaient danser avec elle. Elle était la danseuse la plus demandée. Moe lui avait demandé de l'épouser. Lena avait accepté, mais déclaré qu'elle devait d'abord arranger certaines affaires. Elle n'était jamais venue. Moe devint une ombre, qui s'allongeait au soleil couchant au point d'engloutir sa maison peinte. Il arborait maintenant des bottes, un foulard de couleur vive et un chapeau de cow-boy.

Diamante devait le suivre à Niles, sur la route de San José, dès qu'il aurait mis de côté l'argent du billet. Il aimait bien les amis de Moe Rosen, les chasseurs de rêves pour lesquels il avait cloué des fonds et peint des décors. Il aurait pu devenir l'un d'entre eux, s'associer à ces gens industrieux et accoutumés aux revers de fortune, à la brièveté des triomphes et aux conséquences des insuccès. Mais Diamante n'était pas allé à Niles. Pendant des mois, les figures peintes sur la baraque qui avait été celle de Moe Rosen constituèrent sa seule compagnie. Il vivait isolé, aussi silencieux qu'un arbre. Il ne répondait que par monosyllabes à ses employeurs – propriétaires d'usines de briques, tenanciers de night-clubs et gérants de centres de loisirs pour oisifs fortunés, au service desquels il remettait des paquets, déchargeait des camions, badigeonnait des murs ou arrosait pelouses et jardins. Le silence étoilé des nuits de Denver et un sommeil profond comme un vertige lui semblaient suffire à tous ses besoins. Il reçut plus d'une fille dans la baraque de Moe, mais aucune ne resta. Aucun médecin ne vint jamais, car Diamante s'obstinait à croire qu'il n'était pas malade mais simplement fatigué. Il ne se soigna pas. Il pensait qu'il lui fallait seulement trouver la chaux et le ciment nécessaires pour recoller les débris et relever les ruines de son amour-propre blessé.

Parfois, lorsque la compagnie muette des silhouettes peintes l'angoissait comme une promesse non tenue, il descendait en ville et entrait dans un théâtre où pour quelques sous il pouvait assister au spectacle à la fois drôle et pathétique d'une troupe miteuse de cabotins de seconde zone, regorgeant de grosses trapézistes, de clowns décrépits et de comiques inconnus, trop souvent vulgaires à force d'avoir conscience de ne pas savoir faire rire. Il comprenait les répliques échangées par les acteurs, maintenant, et il parvenait malgré tout à s'amuser. Durant l'hiver 1912, il assista à la représentation d'une troupe anglaise dont il avait oublié de lire le nom en entrant. Le théâtre était glacé par les courants d'air soufflant de la scène et la salle était à moitié vide. La vedette du spectacle jouissait peut-être d'une certaine renommée dans les villes de la côte Est, mais ici personne ne le connaissait. Il jouait le rôle d'un vieil ivrogne et s'appliquait à faire son numéro avec un professionnalisme exemplaire, en s'efforçant d'ignorer la vision déprimante des rangées de sièges vides ponctuées çà et là de quelques silhouettes transies. Peu à peu, Diamante se rendit compte qu'il avait la gorge sèche et horriblement soif. Ses muscles, ses tendons, ses os et même ses veines lui faisaient mal. Il devait avoir la fièvre – une fièvre si forte, même, que ses pensées s'embrouillaient et que son corps était secoué par des frissons incontrôlables. Il avait l'impression d'être plus ivre que l'ivrogne titubant sur la scène. Il cacha son visage dans le col de son manteau et s'abandonna sur le dossier de son siège, indifférent aux éclats de rire des spectateurs.

Quand les employés vinrent éteindre l'électricité et fermer la salle, ils aperçurent un garçon endormi, gisant entre les fauteuils du parterre. Ils essayèrent de le réveiller en le secouant énergiquement, mais en vain. L'agitation qui gagna le théâtre vide parvint jusqu'aux loges, où les acteurs apprirent qu'un spectateur était mort dans la salle pendant qu'ils jouaient. Les gens de théâtre sont très superstitieux. Ce genre d'accident jette un jour funeste sur toute une carrière. La vedette du spectacle retira son nez postiche et le rembourrage de coton qui gonflait son pantalon. Sur la scène, on lui donnait soixante ans, mais en réalité il avait à peine plus de vingt ans. Bouleversé, il se pencha du haut des planches. Le fard blanc recouvrant la moitié de son visage faisait ressortir sa petite moustache noire et ses yeux d'un bleu intense.

Le cadavre du spectateur était étendu par terre. Sa tête reposait sur un tapis de pop-corn et de noisettes grillées. Le jeune acteur entrevit un pantalon noir trop long, des chaussures percées aux semelles semées de trous. Il fut saisi d'un sombre pressentiment. Irrésistiblement attiré par l'ombre néfaste où cette mort plongeait son avenir, il bondit de la scène et s'agenouilla près du garçon. Celui-ci ouvrit un instant les yeux, il semblait à l'agonie. L'acteur se rendit compte avec horreur qu'ils devaient être du même âge. Le mourant avait les yeux bleus, une moustache noire, des traits fins, aristocratiques. Son regard tendre et féroce, rusé et vaincu, illuminait un visage mélancolique, trop sérieux pour sa jeunesse. Il sembla à l'homme penché sur lui que non seulement il lui ressemblait mais qu'en réalité, c'était lui-même.

Les employés du théâtre fouillèrent dans les poches de Diamante. Ils n'y trouvèrent pas un sou. Rien qu'une feuille portant un texte dans une langue inconnue, et dont les premières lignes disaient : *Je t'écris d'un endroit où tu n'es jamais allée / où les trains ne s'arrêtent pas, où les navires / n'appareillent jamais, un lieu à l'occident, / où de muettes parois de neige...* L'acteur anglais suivit du regard le corps inanimé qu'on traînait vers la sortie. Quand la porte du théâtre s'ouvrit, un vent glacé s'engouffra à l'intérieur. Les deux employés déposèrent le corps du vagabond de l'autre côté de la rue, entre des tas de neige. Il neigeait sans discontinuer depuis deux jours. Des flocons recouvrirent le visage de l'inconnu comme du sable blanc et dur. L'acteur se dit que si ce garçon mourait, ce serait aussi la mort de son espoir de quitter un jour les planches vermoulues des théâtres américains de seconde zone. Il ne rencontrerait jamais quelqu'un capable de le comprendre, d'investir dans son talent, et assez courageux pour parier sur l'étranger qu'il était – inconnu mais orgueilleux et conscient de ne pas être le médiocre que les autres voyaient en lui. Depuis des mois qu'il se démenait en Amérique, il avait été frappé par la hâte expéditive avec laquelle ce pays liquidait les actes, les objets, les personnes, au point qu'il s'y était senti désespérément seul. Mais il y avait aussi puisé l'espoir d'un changement, et une inquiétude qui ne l'avait pas quitté à son retour en Angleterre. Il s'était rendu compte que, dans sa patrie, il était condamné à dégringoler en bas de l'échelle sociale sans avoir jamais la possibilité de se relever. Il serait voué à un quelconque travail manuel jusqu'à la fin de ses jours. Il avait donc décidé de repartir, et il était retourné en Amérique. Mais en cette soirée d'hiver à Denver, il lui semblait voir mourir avec ce garçon l'espoir de se sauver. D'être sauvé.

Il traversa la rue. Il portait encore les guenilles du vieil ivrogne qu'il venait d'interpréter et, quand il tenta de héler une voiture, les cochers fouettèrent leurs chevaux et inondèrent de boue ses chaussures. Il dut presque se faire écraser pour en forcer une à s'arrêter. Se hissant sur le siège, il ordonna au cocher de conduire le garçon à l'hôpital. Pour être sûr qu'il l'amènerait bien à destination, il lui paya la course.

La troupe resta encore trois jours dans la ville. L'acteur anglais alla trois fois s'informer de la santé du jeune inconnu. On lui dit qu'il n'avait pas repris conscience. Il était étranger, mais le seul papier qu'il avait dans sa poche était une sorte de poème...

*Je t'écris d'un endroit où tu n'es jamais allée / où les trains ne s'arrêtent pas, où les navires / n'appareillent jamais, un lieu à l'occident, / où de muettes parois de neige entourent chaque maison, / où le froid malmène le corps nu de la terre, / où les gens sont nouveaux, et les souvenirs, / quand ils arrivent, arrivent par la poste / sans invitation comme des fantômes. / C'est ici un endroit qui ne se réchauffe pas au soleil / mais la nuit je fonds comme glace dans la chambre ardente des rêves / pour recueillir les plaisirs venus du passé – / jours arrachés comme des pages / et je cherche le chat noir, les tablées sans fin, le chœur discordant autour de notre chanson, / effaré.*

L'acteur anglais était lui aussi un étranger, à Denver. Il déclara qu'il paierait les soins pour le garçon et recommanda de ne pas lésiner sur les médicaments, car il n'avait pas de problèmes d'argent pour le moment. Après tout, il était la vedette de la troupe, et son contrat durait encore quelques mois. Le quatrième jour, il devait prendre un train pour poursuivre leur *tournée** dans l'Ouest. Il allait retrouver des théâtres de seconde zone, des planches vermoulues et ce personnage rebattu d'ivrogne... Pour combien de temps encore ? Pour toujours ? Cependant, le médecin lui annonça que le garçon s'était repris et que son état s'améliorait. Voulait-il le voir ? L'acteur demanda s'il était hors de danger. On lui assura que oui. Il sourit, approuva et dit qu'il n'était pas nécessaire de déranger le malade. Soulagé, il laissa quelques billets afin qu'on continue de s'en occuper. Comme le médecin le regardait d'un air perplexe, il affirma qu'il reviendrait. Bien entendu, il ne revint jamais.

Quand Diamante demanda ce qui lui était arrivé, on lui répondit qu'il avait eu un malaise pendant le spectacle. Son frère l'avait fait transporter à l'hôpital. « Mon frère ? s'écria Diamante, stupéfait. — Mais oui, celui qui jouait l'ivrogne dans la troupe des comiques anglais, au théâtre Sullivan & Considine. » Diamante se tut, car il était trop désorienté pour penser. Lorsqu'il quitta l'hôpital, beaucoup plus tard, tout le monde avait oublié cette troupe anglaise. Il ne put savoir comment s'appelaient les clowns ou le vieil ivrogne. Personne n'avait fait attention à ces acteurs de seconde zone. On en voyait tellement défiler, à Denver, durant la saison. Seule la caissière lui affirma que le jeune Anglais se nommait Charlie, ou Chas. Ou plutôt Charles. Quant à son nom de famille, il commençait par un C. Quelque chose comme Chaliapin, Chapin... Chaplin.

Nous possédions un projecteur fatigué et capricieux, pour passer des films de huit millimètres. L'écran semblait fait dans une sorte de plastique rugueux. On le déroulait comme par magie hors d'un cylindre en fer et on le suspendait grâce à un anneau cannelé grisâtre au sommet d'un pied dépliable. Le dimanche, en émergeant des travaux qui me privaient de lui pendant la semaine, mon père décidait de transformer le salon – mot peut-être un peu trop précis pour désigner cette pièce qui faisait aussi office de salle à manger, de bibliothèque et de bureau – en salle de cinéma. Notre choix de films était limité, peut-être parce que nous étions tous deux aussi fidèles qu'obsessionnels dans nos passions, et nous regardions toujours les mêmes. Ils avaient été tournés au moins un demi-siècle avant ma naissance, et donc également bien des années avant la sienne. C'étaient tous des courts métrages – comiques – de l'époque du muet. Nous avons commencé à les regarder durant les après-midi de l'hiver 1971, et nous avons continué tout au long des années 1972 et 1973, jusqu'au moment où ils cessèrent de m'amuser et où Roberto n'eut plus envie de les projeter. Ces dimanches me paraissaient vides et interminables tant que la projection n'avait pas débuté. Lui les trouvait trop courts, car le dimanche était le jour consacré à la famille, après une semaine où il n'était guère présent pour elle. Il devait en effet travailler pour nous nourrir sans négliger pour autant le travail qui le nourrissait, lui – c'est-à-dire l'écriture. Mais cela, à l'époque, je l'ignorais. Je savais seulement que mon père faisait un métier qui éveillait chez mes camarades de classe à la fois la perplexité (parce qu'ils n'en avaient jamais entendu parler) et l'envie (parce qu'il n'était ni boucher, ni policier, ni avocat). Quant à moi, il m'emplissait de stupeur mais aussi d'inquiétude, car malgré l'adoration que je lui vouais mon père n'avait pas de succès. Jusqu'au jour où je découvris que, tout en étant écrivain, il continuait de travailler aux chemins de fer. J'étais également au courant de l'existence d'un cinéma différent de celui de nos dimanches d'hiver. Un cinéma avec les paroles et la musique, le montage et les couleurs. On m'avait emmenée voir *2001 : l'odyssée de l'espace* et les autres nouveautés de la saison. Mais, chez nous, le cinéma était celui des années dix, et nous ne nous sommes jamais demandé ni expliqué pourquoi.

Les images tremblaient, le projecteur émettait un grésillement strident et il arrivait que la pellicule se coince et se mette à brûler. Une image alarmante envahissait alors l'écran : un petit trou enflammé qui ne cessait de s'élargir. La vision de ce brasier miniature, dévorant avec un appétit de plus en plus insatiable les histoires que nous aimions tant, avait quelque chose de terrifiant. Au fil des années, nos films devinrent inutilisables à force d'être rongés et percés par le feu. L'écran se déchira et les images furent irrémédiablement déformées, les visages des acteurs étant balafrés par la cicatrice profonde qui sillonnait le plastique. Finalement, le projecteur sauta, et il fut impossible de le faire réparer car la marque avait fait faillite, sans compter que les premiers magnétoscopes entraient déjà en circulation. Je n'ai plus jamais pu voir les courts métrages que me projetait mon père, et pendant longtemps je ne me suis pas souciée de savoir ce qu'ils étaient devenus. Ils avaient simplement disparu avec les dimanches du début des années soixante-dix, ma solitude et la sienne, les questions jamais posées et les choix jamais expliqués. Disparu avec notre éloignement et la séparation définitive. Avec lui. Quand je me suis mise à les chercher, je n'en ai trouvé qu'un seul, encore glissé dans son étui. L'étiquette représente l'inimitable vagabond à la canne et aux chaussures trop longues. Le petit homme arrive, ou s'en va – en tout cas, il bouge et semble sur le point de nous quitter. Sa silhouette sombre se détache sur le papier blanc et brillant. Je n'ai jamais tenté de dénicher chez un collectionneur un projecteur semblable au nôtre, et je n'ai pas voulu revoir ce film. Sans lui, je ne le supporterais pas. Mais je n'en ai pas besoin. Chaque image de ce court-métrage est gravée dans ma mémoire. Il s'intitulait *The Immigrant.*

En Italie, il fut distribué en 1917 avec pour titre *Charlot emigrante.* Au début, on voit Charlot sur le bateau qui l'emmène en Amérique. Chargé d'émigrants, le navire tangue si fort qu'il attrape le mal de mer. Sur le pont de troisième classe, il rencontre une mère et sa fille, deux malheureuses aussi pauvres et mal fichues que lui. La mère s'est fait voler son argent. Charlot joue au poker avec le voleur et récupère la somme dérobée. Il rend l'argent à la fille, au risque d'être pris lui-même pour le voleur. La première image que leur présente l'Amérique est encourageante : la statue de la Liberté. Mais ensuite les émigrants sont parqués au pied même de ce monument, avant d'être soumis aux procédures déprimantes nécessaires pour pouvoir débarquer. Arrivés à New York, Charlot et la jeune fille se perdent de vue. Au bout de quelque temps, Charlot se met à errer dans les rues, aussi affamé que sur le bateau, et trouve une pièce de monnaie providentielle sur le trottoir. Il entre dans un restaurant, où il subit les vexations et le mépris du serveur pour son ignorance, sa pauvreté et son incapacité à déchiffrer le menu. C'est alors qu'il aperçoit la jeune fille : elle est seule, comme lui, et n'a pas fait davantage fortune que lui. Charlot l'invite et lui offre un déjeuner. Pendant qu'ils discutent, elle se mouche dans un mouchoir bordé de noir et il comprend que sa mère est morte. Cependant, la pièce de monnaie trouvée sur le trottoir se révèle fausse. Charlot est alors pris d'une panique sans bornes, mais il est sauvé par un imprésario (de cinéma ?) qui leur propose à tous deux de poser pour lui. L'imprésario va changer leur vie – peut-être – mais il ne paie pas leur déjeuner, si bien que le problème de l'addition reste intact. Mais Charlot remarque qu'en sortant, leur bienfaiteur a laissé un pourboire si généreux qu'il lui permettrait d'offrir ce déjeuner à sa compagne. Il le ramasse d'un air désinvolte, se libère enfin du serveur agressif et s'en va avec elle, heureux. Les deux protagonistes finissent par se marier mélancoliquement, par une triste journée de pluie.

Diamante se maria lui aussi par une triste journée de pluie, en octobre 1919. Il avait vu plus d'une fois *The Immigrant.* Ce film le faisait rire et le touchait. Je ne sais s'il se revoyait lui-même dans le petit homme, ni si cette histoire, qui pour Chaplin au fond était autobiographique, lui semblait aussi la sienne. En tout cas, dans les années trente, il amena à plusieurs reprises son fils Roberto la voir au cinéma. Et mon père, comme je l'aurais fait moi-même, ne lui demanda jamais pourquoi. Nos pères aimaient raconter, mais ils parlaient peu, ou peut-être même pas du tout. Les dîners chez Diamante se déroulaient dans un tel silence que ses enfants entendaient distinctement les dents en train de mâcher et que, pour tuer le temps, ils faisaient des concours à qui finirait avant d'avoir mâché douze bouchées. Les dîners chez nous auraient été tout aussi silencieux, si à nous trois nous n'avions pas tant parlé que nous délivrions Roberto du fardeau de devoir nous dire quelque chose.

Quoi qu'il en soit, Diamante ne manqua pas un film de Chaplin et ne l'abandonna pas quand Charlot, devenu célèbre, se transforma en un millionnaire aussi vaniteux qu'un roi. Il eut beau tourner à l'intellectuel et cesser de faire rire, être poursuivi en justice pour ses débordements érotiques et blâmé pour son inclination pour les filles trop jeunes, finir même par se faire communiste et tomber en disgrâce aux Etats-Unis, Diamante lui resta fidèle jusqu'au bout. Il le suivit comme un compagnon d'aventures, comme le frère mystérieux qu'il n'avait jamais rencontré. Il connaissait par cœur Charlot dentiste, Charlot peintre, Charlot à la plage, Charlot noctambule, vagabond, pompier, gentleman ivre, émigrant, évadé, soldat, vitrier ambulant, chercheur d'or, clown, chômeur... Ses fils regardèrent à leur tour comme un personnage familier le vagabond à la petite moustache noire et au regard rusé, vaincu et azuré. Mais Roberto n'avait pas compris pourquoi, seul au milieu d'un public plié en deux de rire, son père restait immobile, pétrifié dans l'obscurité, les yeux fixés sur l'écran. Pourquoi diable, à la vue de cette canne tournoyante et de cette démarche incertaine, empreinte d'une morgue pathétique et d'une dignité inébranlable, Diamante – cet homme rigide et impassible, que personne n'avait jamais vu pleurer ni même s'émouvoir – sortait un mouchoir de son gousset et se mouchait furtivement.

Le médecin de l'hôpital de Denver lui trouva une maladie difficile à diagnostiquer. Diamante ne l'aida pas à l'aider, car il n'ouvrit pas la bouche durant l'examen et refusa de répondre à toute question concernant son passé ou son identité. Il se tut quand le médecin lui demanda où il avait attrapé cette cicatrice à la lèvre, pourquoi il avait des rhumatismes et un début d'arthrite aux mains, comme s'il avait serré trop fort une pelle ou une corde, et comment il se faisait qu'il présentât tous les symptômes d'une exposition prolongée à l'humidité et au froid. Il nia obstinément être italien. Il affirma que la feuille trouvée dans sa poche n'était pas à lui. Le médecin émit l'hypothèse d'un « épuisement psychophysique ». Diamante le laissa parler et ne se trahit pas. Il aurait voulu lui dire qu'il ne se sentait pas épuisé mais vide, sans consistance. Suspendu entre deux rives, sans appuis, léger. Pareil à un morceau de liège, qui peut se rendre n'importe où, en suivant le courant et la marée, mais non choisir sa direction. Ce qui est léger ne coule pas mais a du mal à aborder au rivage... Le docteur lui incisa le dos pour laisser s'écouler le sang et lança : « Tu sais peut-être mieux que moi comment s'appelle ta maladie. » Diamante répondit qu'il ne le savait pas.

Sa maladie, c'est d'avoir rêvé une autre vie et d'avoir été trahi par elle. Et en la perdant, d'avoir perdu même son rêve. Nc plus pouvoir se souvenir, croire que ses années en Amérique n'ont jamais existé et faire comme s'il les avait rêvées. Car lorsqu'une chose est passée, en quoi diffère-t-elle, dans la réalité présente, d'une illusion ou d'une lubie ? Même si elle a bel et bien existé, elle ne subsistera plus par la suite que dans la mémoire. Et si la mémoire elle-même ne parvient pas à la retenir, alors ce sera comme si cette chose n'avait jamais été. Perdre les souvenirs jour après jour, dans l'immobilité figée du ciel derrière la fenêtre. Les attribuer à la vie d'un autre, et non à la sienne. Oublier le mal pour survivre, réduire le vécu, effacer les faits les plus atroces, les blessures, la douleur. Et plus tard, pour ne pas vivre de mensonges et de nostalgies, opérer une sélection encore plus sévère. Éliminer les gestes les plus intimes, les visages les mieux aimés. Car la souffrance d'un souvenir vague est moins intense. C'était la première chose qu'il avait apprise en Amérique. Quand il ne parvenait pas à éviter d'imaginer son père en train de lui taper l'épaule, il plissait les yeux et tâchait de se concentrer sur les objets qui l'entouraient. Il s'arrachait de force au passé, le chassait en fermant les paupières. Et ça marchait. Avec le temps, sans même qu'il s'en aperçût, son père, sa mère et ses frères étaient devenus des fantômes. Il fallait qu'il recommence, maintenant. Qu'il efface le son majestueux et grotesque du trombone de Geremia qui l'accompagne pendant qu'il rase sa première moustache dans l'évier de la cuisine. Les doigts rouges de peinture de Moe, juché sur une échelle, en train de peindre sur la porte de la baraque l'épouse sous-marine dont le sourire évanescent l'accueillera des mois durant. Le sourire de Rocco pédalant sur le pont de Brooklyn et regardant avec tendresse le gamin agrippé au cadre de sa bicyclette, avec son chapeau trop grand qui lui retombe sur le front. La petite main de Vita étreignant la sienne tandis que la foule les entraîne sur les quais du port de New York. Sa bouche rêche lorsqu'elle attend, les yeux fermés, qu'il se penche pour l'embrasser. Tout effacer, jusqu'au moment où il finira par ruminer des noms ne correspondant plus à des personnes réelles mais aux personnages d'un récit oublié. Oublier qu'il les a connus, qu'il a partagé avec eux des jours, des nuits, des espérances. Oublier Vita. Oublier le garçon qu'on a été, son sourire, son dynamisme, son allégresse téméraire, et devenir quelqu'un qu'on ne connaît pas. Un cas clinique, recroquevillé sous les draps, un vagabond si lointain et contemplatif que tout le monde le croit traumatisé par un choc. Un étranger anonyme, abandonné dans l'hôpital de Denver, ne sachant plus son nom ni le sens de son destin. Ignorant si son avenir sera semblable à ces limbes insupportables, et n'ayant même pas envie de le savoir.

« Tu ne te libéreras jamais de ta maladie, conclut le médecin. Tu guériras, tu te sentiras mieux, tu pourras de nouveau travailler. Mais tant que tu vivras, la maladie reviendra. Elle te suivra et tu apprendras à vivre avec elle. Tu ne pourrais en venir à bout que si quelqu'un te donnait un organe sain et t'enlevait ton rein malade, ta mine inépuisable de poison. Mais ce n'est pas possible. Tu t'y feras, à ta maladie, tu la supporteras, tu cesseras de la craindre. Elle sera la seule chose que tu ne pourras pas oublier, et elle finira par devenir la part la plus authentique de ton être. »

Sa maladie s'appelait l'Amérique.

En 1912, cependant, les médecins de l'hôpital de Denver l'appelèrent NÉPHRITE. Ils retirèrent de son corps de pleines poches de sang empoisonné, afin qu'il ne contamine pas les organes sains. Comme si le poison pouvait s'écouler avec son sang, comme s'il n'était pas lui-même le poison. Les frais pour son traitement augmentèrent au point de dépasser les deux cents dollars. Le patient avait ignoré le rapport le concernant et semblait n'éprouver aucun intérêt pour sa propre santé. En fait, rien ne semblait l'intéresser. Mais qui allait payer ces frais ? Même s'il le niait et s'obstinait à parler un américain étrange, avec des inflexions de Juif d'Europe orientale, le malade était italien. La direction de l'hôpital avertit le consulat qu'un jeune homme sans moyens financiers était alité depuis plusieurs mois dans l'établissement. Puisqu'il était gravement malade et incapable de subvenir à ses besoins, ne pourrait-on pas engager une procédure de « rapatriement d'indigent en situation de misère extrême » ? Le patient avait refusé de dire son nom. C'était un garçon singulièrement taciturne, impatient et agressif, qui réagissait avec violence à la moindre provocation. Sa méfiance l'empêchait d'établir des rapports avec quiconque et son orgueil lui interdisait d'accepter de l'aide. Il tendait à considérer qu'il était injustement persécuté, tenu à l'écart et sous-évalué. Sa seule vraie qualité semblait résider dans sa *magnifique écriture* – si du moins c'était lui qui avait écrit ou recopié le poème sans titre qu'il avait dans la poche de son manteau.

Le consulat envoya un collaborateur rémunéré au forfait – tant de dollars pour tant d'identifications – afin de vérifier le signalement du patient. Il était impossible d'engager la procédure pour indigence, car les fonds n'étaient pas suffisants pour prendre en charge les vagabonds disséminés à travers les Etats-Unis. Le consulat de Denver devait s'occuper de trente mille Italiens (sans compter les clandestins) dispersés sur un territoire immense, plus vaste que l'Europe. Il n'était pas question de les rapatrier ni de les entretenir : ils n'avaient qu'à s'arranger. Du reste, le consul n'était plus cet Adolfo Rossi qui avait été ouvrier et avait vécu trente ans plus tôt une situation similaire. Oreste da Vella, son successeur, était un diplomate de bonne famille, un bourgeois ne pouvant même pas imaginer à la suite de quels événements un garçon de vingt et un ans avait pu finir à l'hôpital et dans la misère. Il avait fourni à son collaborateur une liste de noms d'hommes recherchés par les polices américaine et italienne pour des délits commis en Italie ou à l'étranger au cours des trois premières années de leur séjour – période après laquelle ils ne pouvaient plus être expulsés. Les délits allaient de l'immigration clandestine au vol, aux atteintes à la propriété privée ou à l'abandon du toit conjugal.

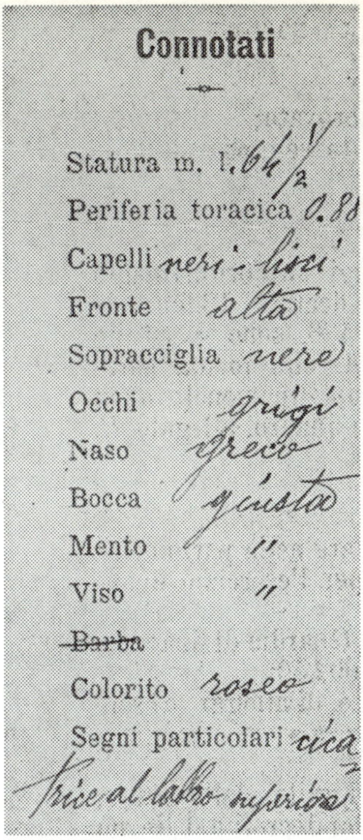

**Connotati**

Statura m. 1,64 1/2
Periferia toracica 0.88
Capelli neri - lisci
Fronte alta
Sopracciglia nere
Occhi grigi
Naso greco
Bocca giusta
Mento "
Viso "
~~Barba~~
Colorito roseo
Segni particolari cicatrice al labbro superiore

Le signalement du garçon ne correspondait à celui d'aucun suspect. Il n'était pas recherché et la venue du collaborateur du consul n'avait donc servi à rien. Diamante avait à peine jeté un coup d'œil sur le formulaire où le fonctionnaire cochait des cases censées décrire son aspect. Ses cheveux n'étaient pas lisses mais frisés. Ses yeux n'étaient pas gris mais bleus. Il n'avait pas le nez grec. Et sa bouche n'était pas « normale ». Elle était belle – elle l'avait toujours été. L'homme dont l'émissaire du consulat établissait le signalement à l'hôpital de Denver n'était pas lui. Lui, il n'était plus personne. Il n'avait plus de nom, de domicile. Personne ne pourrait jamais le chercher – ni le retrouver.

L'émissaire avait également apporté une feuille couverte de noms masculins. Diamante ne lui accorda qu'un regard distrait.

« Qui sont ces hommes ? demanda-t-il en rendant la feuille au fonctionnaire.

— Les garçons nés en 1891. Tout le monde les recherche désespérément : leurs familles, les journaux, le ministère de la Guerre. L'armée italienne les réclame, car ils doivent faire leur service militaire. Il leur reste trente jours pour se présenter à la caserne. Ensuite, ils seront considérés comme déserteurs et ne pourront plus rentrer en Italie.

— Tiens... » dit Diamante en détournant la tête.

Il ne pouvait voir par la fenêtre le plateau, les montagnes et le ciel. Elle n'était qu'un carré grisâtre, rayé de pluie. Il avait appris à connaître toutes les nuances du gris : couleur de fumée, de cendres, de perle, d'acier, d'anthracite, de pluie... Il ne voulait pas mourir, mais il n'était pas certain d'avoir envie de vivre. Il ne désirait ni rester ni repartir. Ce n'était pas un simulateur, comme l'insinuaient les infirmiers, pas plus qu'un moribond. Il n'était même pas un homme en bonne santé : il n'était rien. Ou trop de choses à la fois, peut-être, qui combattaient en lui sans parvenir à cohabiter.

« Tous les consulats d'Italie sont en alerte, mais ces garçons restent introuvables, expliqua le fonctionnaire résigné à ne retirer aucun bénéfice de cette visite. Qu'est-ce que tu veux, l'Amérique est grande. On a perdu leur trace. »

Bien sûr qu'ils restent introuvables, aurait voulu lui répondre Diamante. Pourquoi diable un garçon né en 1891 devrait-il retourner en Italie pour faire son service militaire ou même la guerre ? Quant à lui, il haïssait les soldats, la docilité obtuse des subalternes, la tyrannie des autorités, la stupidité inflexible de la discipline. Sans oublier les armes – car elles étaient comme les femmes : elles avaient tendance à se laisser manier par la mauvaise personne...

« Pourtant, continua son vis-à-vis en se grattant la barbiche avec désespoir, s'ils sont dans une situation difficile, ils ont là une occasion unique de rentrer au pays. L'Etat italien leur paie le voyage.

— C'est vrai ? » demanda Diamante, hypnotisé par l'obstination d'une mouche se heurtant à la vitre dans sa vaine recherche d'une issue.

Elle tomba sur le rebord de la fenêtre, assommée, en bourdonnant faiblement.

« L'Etat italien tient à ses garçons... »

Diamante ne s'en était jamais aperçu. En dehors de trois années d'école et d'un passeport délivré en échange de huit lires, l'État italien ne lui avait jamais rien offert, à lui. Il détourna son regard de l'agonie de la mouche.

« Notre Etat leur offre un aller en troisième classe pour la ville dont ils sont partis », dit le collaborateur du consulat, qui ajouta en ricanant : « Sans oublier trois années de vivre et de couvert assurés dans une caserne de notre cher et beau pays ! »

Diamante ferma les yeux. Vers le milieu de cette longue liste, il avait lu son nom.

## Ce qui reste

C'est ainsi que Diamante revint. Il la chercha à ce qu'il croyait être son adresse, mais elle avait déménagé et personne ne savait où elle vivait maintenant. Il décida de demander des nouvelles au cousin Geremia, dans son bureau de la Lenox Avenue. Il le trouva en compagnie de son associé, un ancien collègue de la mine resté paralysé et trônant sur un fauteuil roulant. Derrière une table, Geremia tapait des contrats à la machine. Diamante l'envia, car devenir employé dans un bureau comme celui-ci avait été son rêve de gamin. Vita, quant à elle, trouvait les bureaux aussi engageants que les prisons. Mais il ne savait plus qui elle était. Une jeune Italienne de dix-huit ans à New York... Geremia ne fut pas heureux de le revoir, et tenta vainement de cacher son déplaisir. Pendant qu'il se demandait quel mensonge inventer pour tenir à distance son cousin et l'empêcher de revoir Vita, Diamante contemplait les grandes affiches tapissant les murs de l'agence.

*MALAGA CITY. Vente spéciale extraordinaire de lots à 5 dollars chacun. La ville idéale destinée à devenir l'agglomération italienne la plus importante d'Amérique.*

Un dessin représentait une locomotive arrêtée dans une gare proprette, au milieu de pavillons attrayants aux fenêtres égayées de pots de fleurs et aux gazons tondus de près. Ce paysage hypothétique accroché au mur avait quelque chose de louche, comme le boniment d'une prostituée.

*Site enchanteur. Climat salubre et délicieux. Terrain élevé, sec et nivelé. Voie électrifiée passant par la gare de Malaga City avec une centaine de trains s'arrêtant quotidiennement. Fermes, commerces, écoles, église, hôtel, poste, télégraphe, téléphone. A proximité de Philadelphie, d'Atlantic City et d'autres centres commerciaux et industriels. Building & Development Co. 2302.04. Visite du domaine conseillée. Excursions payées. Plans envoyés sur demande.*

Celestino Coniglio, inconscient des tourments de Geremia, demanda à Diamante s'il n'avait pas envie par hasard de visiter lui aussi les lots. « Nous avons ouvert depuis peu, annonça-t-il, et nous vendons à des prix avantageux. La Building & Development Company dispose de terrains proches ou éloignés du centre. Vous pouvez choisir entre le Bronx, Bay Shore, Rutherford, Sheepshead Bay... » Diamante fut tenté de lui dire nettement qu'il se fichait éperdument de devenir propriétaire. Acheter une terre, ou n'importe quoi d'autre, c'est s'enchaîner. Si on lui avait demandé ce qu'était la liberté, qu'il avait si longtemps cherchée, il aurait su quoi répondre, maintenant : ne pas avoir honte de soi-même. Telle est la seule liberté authentique. Tout le reste rend esclave. Il était sur le point d'expliquer qu'il n'était venu dans ce trou à rats que pour retrouver Vita, mais en voyant le visage livide de Geremia il jugea plus sage de se taire. Il resta immobile, les yeux fixés sur les bibelots dont la table était couverte. La cigarette allumée de son cousin se consumait dans le cendrier, une huître dont la forme, troublante comme la bouche d'une femme, éveillait en lui des pensées indécentes. Il se sentait brûlant d'un feu intérieur – d'une obsession... Voilà des années qu'il rêve d'elle, et même en rêve il ne l'a jamais touchée. Elle flotte à sa rencontre, radieuse, mais chaque fois qu'il cherche à l'étreindre elle se dissipe comme un reflet sur l'eau. Cette fille s'est enfuie avec un autre. Elle a trahi tous ses projets, ses efforts, ses raisons de vivre. Elle l'a laissé seul dans le vide sidéral des nuits de Denver, à se demander ce qu'il fabriquait dans cette partie du monde et pourquoi diable il n'était pas encore parti. Mais il lui serait impossible de s'en aller sans la revoir afin de comprendre, en la revoyant, si elle est morte pour lui, comme il s'est efforcé de le croire, ou au contraire vivante, vibrante, sous les blessures qu'il a tenté de lui infliger. Il ne lui a pas pardonné, car il en est incapable. Mais le souvenir de ce qui est arrivé s'est éloigné de lui à une vitesse prodigieuse, en lui laissant une vague sensation de souffrance et de rancœur, alors que celui des années fulgurantes des promesses s'est rapproché, en grandissant et en lui laissant un héritage intact de désir et de nostalgie. Sans Vita, il ne serait jamais venu en Amérique et rien de tout cela n'aurait existé. C'est elle qui l'a amené ici.

Diamante affecta de s'intéresser aux réclames tapissant les murs. *Italiens d'Amérique ! Il est temps de quitter l'air pollué de la métropole ! Achetez votre rêve au soleil du New Jersey.* Il y avait des planimétries de terrains lotis à West Hoboken, Grant Tomb ou Cortlandt Crest, à neuf stations de métro seulement de

la Cent cinquante-cinquième rue. La Building & Develop
Company offrait des terrains aux prix et aux dimensions ac
à toutes les bourses. Des terres en friche ou des domaines dominés par des villas géorgiennes aux blanches colonnes. Des cottages en pierre balayés par le vent de l'Atlantique ou donnant sur un étang hanté par la rumeur des foulques... Il chercha le piège – il ne croyait plus aux occasions. Sans aucun doute, il s'agissait d'une gigantesque escroquerie. Ces terrains devaient être situés au-dessous du niveau d'un fleuve, à deux pas d'un égout, dans des lieux sans espoir, cernés de routes et de voies ferrées ou perdus dans une forêt impénétrable, à trois heures de la gare la plus proche. Les propriétaires astucieux de cette agence vendaient des lots d'illusions. Et ils prospéraient, car on a beau élaguer, extirper et détruire les illusions, elles repoussent toujours, comme le chiendent.

Geremia se demandait probablement s'il était venu pour donner une leçon à Vita, comme il l'aurait fait s'il avait été vraiment un dur, ou pour lui pardonner, ce qu'il aurait fait s'il avait pu la comprendre. Par moments, il semble à Diamante qu'il sera impossible de recoudre ce qui a été déchiré – puis il se dit que Vita et lui ne se sont jamais déchirés, que ce n'est qu'une métaphore, une convention. Vita lui appartient comme il s'appartenait à lui-même avant de se perdre dans la chambre secrète d'un fabricant de cercueils ou le long des rails d'une voie ferrée.

« Vita est allée à Bensonhurst », dit enfin Geremia. En cet instant, il haïssait à la fois Diamante et lui-même, qui n'avait jamais été capable de mentir. Il pensa qu'il ne reverrait jamais ni son cousin ni la fille pour laquelle il était resté en Amérique, et qu'il venait de jeter sa vie par la fenêtre. Diamante fila sans même le remercier. Sept ans et six mois plus tard, il lui envoya de Rome le faire-part de son mariage avec Emma Trulli, et Geremia comprit que Diamante avait voulu régler sa dette : il lui avait rendu le don reçu en cette lointaine matinée d'avril.

La jeune fille précédait les clients sur l'étroit sentier. Elle marchait vite, en écartant d'un geste impérieux buissons et débris, afin que le groupe d'acquéreurs la suivant péniblement n'eût pas le temps de se plaindre que la gare ne se trouvât pas à dix minutes de la colline, comme le promettait la réclame, mais à près de trois quarts d'heure. Ils dépassèrent les hangars abandonnés d'une fonderie et s'engagèrent en file indienne dans un chemin infesté de ronces. La savonnerie voisine répandait dans l'atmosphère une odeur douceâtre qui soulevait le cœur à cette heure matinale. Il tombait une pluie fine et le brouillard s'accrochait aux branches des arbres. Pour Vita, ces excursions constituaient un dérivatif bienvenu à ses journées solitaires. Les associés avaient recours à elle, car la plupart des clients vivaient en Amérique depuis plus de trente ans et ne comprenaient plus l'italien. Peut-être aussi se disaient-ils que personne n'aurait l'idée d'acheter un rêve à un homme comme Geremia, aux mains noircies par le charbon. Vita, elle, avait vendu des mots et des baisers. Maintenant, elle vendait l'Amérique aux Italiens. De la terre, des collines, du sable. Un lambeau de ciel...

Le mois précédent, elle avait écrit à sa mère, en lui envoyant la somme nécessaire pour qu'elle puisse la rejoindre. Même si Dionisia était désormais complètement aveugle, elle se débrouillerait bien pour arriver en Amérique. Geremia avait des relations qui pourraient la faire entrer par le Canada et Vita s'offrait à aller la chercher à Toronto. Elle la conjurait de venir. Si elle venait, tout aurait un sens. La famille serait enfin réunie. « Tu vivras comme une dame », lui promettait Vita dans sa lettre. Dionisia avait répondu que c'était trop tard. Elle aurait été incapable de renoncer à ses habitudes. Depuis que Vita lui envoyait ponctuellement de l'argent chaque mois, à Tufo aussi elle vivait comme une dame. Cela faisait trop d'années qu'elle habitait dans sa maison en face de l'église San Leonardo, elle ne pourrait jamais la quitter. En fait, elle ne manquait de rien. « J'ai toujours été seule et libre, et ce n'est pas maintenant que je suis vieille que je vais mc mettre dans une prison. Ma petite Vita, je t'aime comme au jour où tu es partie et je pense à toi à tout instant, mais je ne viendrai pas. Ta mère. » Vita lut et relut avec incrédulité la petite lettre de Dionisia. Ce refus décisif de sa mère lui fit soudain prendre conscience que ce qui était séparé ne serait pas réuni, et qu'aucune blessure ne se refermerait.

Elle ne se retourna pas pour s'assurer qu'ils la suivaient, car les clients faisaient certainement la grimace en voyant les ronces et les fumées industrielles. « Les usines sont en train de fermer », dit-elle en prenant son ton le plus persuasif. Elle qui avait toujours su donner un air de vérité à ses mensonges, il lui fallait maintenant rendre crédible la réalité. Et aussi bizarre que cela puisse sembler, c'était nettement plus difficile. « Dans quelques années, il n'y aura plus d'usines par ici. Qu'est-ce que cinq dollars ? Cela ne vous paraît rien du tout, n'est-ce pas ? Et pourtant, ils vont vous permettre de nous acheter un terrain constructible dans un quartier qui sera bientôt un paradis. »

Diamante déboucha du chemin à l'improviste. Le chapeau à la main, il courait. Son pardessus était taché de boue et ses lèvres figées en une moue dubitative. Il semblait offensé par ce ciel de cendres, par la désolation de ce paysage industriel qui n'était plus la campagne mais pas encore la ville et qu'enlaidissaient les miasmes d'un marais et la fumée de centaines d'usines. Comment les deux associés avaient-ils le toupet de prétendre refiler à des gens un pareil attrape-nigaud ? Une colline bosselée, des dunes escarpées, infestées de ronces, à une heure de voiture de la gare la plus proche – il se demanda qui accepterait de payer pour acquérir une poignée de sable...

Bien des gens. Tout le monde. Des pères et des mères élevés sur les échelles anti-incendie des ghettos de New York, dans des caves surpeuplées et des pièces bruyantes et puantes, prisonniers de taudis sans lumière s'ouvrant entre la fonte et les briques sombres, marchent dans les rues de ce quartier encore à naître en se disant que leur désir le plus secret va enfin se réaliser. Ils ne voient ni ronces ni détritus, mais des vérandas, des jardins, des garages et des maisons éclairées à l'électricité.

Des dizaines de visages transis, surpris par son apparition, se tournèrent vers lui. Un rassemblement d'hommes entre deux âges, arborant les grosses mains et la fatigue de ceux qui ont travaillé toute une vie. Des ouvrières, des mères, des cigarières, des madones rubicondes : aucune d'elle n'est Vita. Elles ont des figures ordinaires, avides, indistinctes. Il ne ferait même pas un kilomètre pour les retrouver, alors qu'il a traversé quatre fois l'Amérique pour une fille comme Vita. Et peut-être Vita est-elle comme ces femmes, une parmi tant d'autres. Si seulement c'était vrai... Une énorme matrone calcule à voix haute : avec cinq dollars par mois et cinquante en comptant, elle peut s'assurer un lot d'une valeur de cinq cents dollars, à vingt minutes de Coney Island et à une demi-heure de train du City Hall. La terre est parsemée de papiers sales et de bouteilles vides. L'odeur de l'herbe se mêle à des relents de détersif. Le regard de Vita l'atteint comme un coup de fouet. Elle le reconnaît, car Diamante n'a pas changé. Il est resté petit, comme elle.

Et pourtant, elle ne court pas à sa rencontre. Elle ne lui sourit pas et ne lui fait pas même signe de la rejoindre. Peut-être est-il arrivé trop tard, une fois encore. Elle se contente de le fixer d'un air méfiant, comme s'il n'était pas réel, comme si sa silhouette n'était qu'une ombre ou un reflet. C'est bien elle, debout devant la malle en osier contenant les paniers du pique-nique offert par l'agence. Elle a un foulard sur la tête et une carte à la main. Elle est plus sombre qu'il ne se la rappelait, plus opulente – plus charnelle. Seigneur, combien de fois a-t-il imaginé cet instant. Elle se serait jetée à ses pieds, implorante...

Comme Vita ne fait pas mine de bouger, il s'approche en esquivant les clients qui le regardent avec hostilité, comme s'il était venu leur enlever leur morceau de terre. Il enjambe des orties, des flaques et des parapluies noirs sur lesquels tambourine le jour. Tous remarquent son expression arrogante, son prétentieux complet à rayures, sa chemise de soie et ses souliers vernis – sans le savoir, il est déjà prêt à incarner un authentique Américain aux yeux de ceux qui ne verront jamais l'Amérique. Par où commencer ? Faut-il se répandre en plaintes, en accusations ? Passer l'éponge ? Le hasard m'a amené à New York, et j'ai buté contre ton souvenir...

« Qu'as-tu fait de Prince ? » lui demande-t-il, déçu car il n'y a ni vengeance ni tragédie dans son histoire.

Vita rougit enfin, mais seulement parce que les clients la regardent, interdits, comme pour lui demander ce que ce voyou vient fabriquer ici.

« Un beau jour, il s'est lassé de t'attendre et il est mort de chagrin », répond Vita en le fixant avec des yeux lourds de reproche.

Se peut-il qu'il pense à ce chien avant toute chose...

« Tu ne me demandes pas depuis combien de temps je suis de retour ? s'emporte Diamante, qui se rend compte qu'il a tout raté.

— Pourquoi faire ? réplique Vita. De toute façon, tu n'es jamais parti.

— Tu parles que je suis parti ! explose-t-il. J'ai transporté des tonnes d'eau, je me suis ruiné la santé pendant que tu courais après les dollars de Rocco ! »

Son regard se brouille. Il aimerait la gifler, ou se jeter à ses pieds – peut-être les deux à la fois.

« Pourquoi ne m'as-tu pas emmenée avec toi ? crie-t-elle. Pourquoi ?

— Je l'ai fait pour toi ! hurle-t-il à son tour. Tu ne comprends pas ? Comment aurais-je pu conserver le moindre respect pour moi-même si je t'avais fait vivre ce que j'ai enduré ? »

Bon Dieu, il ne sait pas quoi faire de ses mains, son visage est en feu, sa gorge se serre. Il n'a pas envie de se jeter sur elle, mais c'est ce qu'il va faire. Ou du moins c'est ce que Vita croit, car elle fait un pas en arrière. Elle butte contre la malle en osier, qui se renverse. Les paniers roulent sur l'herbe, même l'huilier est tombé. La malchance les poursuivra à jamais. Elle tend les mains pour le repousser, se défendre, sans comprendre que Diamante lutte seulement pour ne pas perdre l'équilibre.

« Et le respect qu'on me doit ? crie-t-elle. Ça ne compte pas ? »

Diamante s'imagine un bref instant qu'elle a tendu les bras pour le serrer contre elle, et il se laisse attirer, comme le clou obéissant à l'aimant. Mais cette émotion intense, imprévue, est suivie d'une douleur lancinante. Elle est en train de lui mordre le nez de toutes ses forces, comme si elle voulait le détacher. Elle a planté ses ongles dans son visage et un objet glacial dans son flanc – un objet métallique, acéré. Diamante hurle tandis que deux hommes l'empoignent sous les aisselles et l'arrachent à la jeune fille. Il roule dans les buissons et tombe à genoux, incrédule, étourdi, avec du sang qui jaillit sur son complet d'Américain.

« Allez-vous-en, lui lance d'un air menaçant le client le plus robuste. Laissez la demoiselle tranquille, ou j'appelle la police. »

Oh, Vita, comment as-tu pu me faire ça ? Son veston s'est déchiré net, comme sous un coup de ciseaux. Diamante attrape le mouchoir de sa pochette, car le sang lui dégouline des paupières aux lèvres, et il sent son goût douceâtre de rouille. Un de ses yeux est blessé à la paupière. Et son amour-propre aussi est blessé. Il voit rouge – rouge comme la jeune fille plantée au sommet de la colline, avec cet objet acéré à la main. Un couteau, ou peut-être un compas. En tout cas, c'est une lame que les yeux de Vita n'ont pas fait plier – et qu'elle n'aurait pas saisie, si elle avait été si indifférente. Le visage enflammé, le foulard de travers derrière l'oreille, une mèche de cheveux sur le front, elle murmure : « Diamà, ô mon Dieu, Diamà... » Elle répète comme une mélopée : « Va-t'en. Qu'est-ce que tu cherches ? Va-t'en. » Non, il ne s'en ira pas. Il se relève. Il songe qu'autrefois il avait confiance en cette fille – une confiance aveugle et absolue, plus inébranlable que celle qu'il avait en lui-même. C'était elle, sa sûreté. Devant elle, il pouvait mettre à nu son monde, s'exposer sans craindre d'être détruit. Pourquoi avait-elle brisé tout cela ? Il époussette son pantalon. Elle l'a manqué – la lame n'a fait que déchirer la veste et égratigner légèrement sa peau. La cheminée de l'usine exhale une telle puanteur qu'il en est offusqué. Vita la furieuse ne bouge pas. C'était mon amoureuse. Elle était à moi, à moi. O mon Dieu, pourquoi as-tu permis une chose pareille ? Comment peux-tu tolérer qu'un garçon de vingt et un ans se mette à pleurer comme un enfant en présence de cette créature rouge et noire qui ne fait pas un pas vers lui et se contente, en le regardant se frotter les yeux avec la manche de son pardessus, de le haïr pour son manque de ponctualité ?

Sa main froide effleure la cicatrice qui plisse la lèvre de Diamante, en un geste si intime et inattendu qu'il l'enlace et pose son visage mis à mal sur son épaule. Sa nuque brune, les fils noirs sur sa peau... Ils ne savent par où commencer, si bien qu'ils restent raides et figés dans une étreinte circonspecte, sur cette colline puant le homard pourri et sous la bruine hostile qui pince la peau, en fixant les fines gouttes réfractées par la lumière tombant des arbres. A cet instant, Diamante aussi serait capable d'acheter un lot de sable à Vita.

*Hope,* dit-elle soudain en serrant sa main. Et Diamante prend appui sur le roc surgissant à fleur de terre, les jambes vacillantes. Car vraiment, il n'est pas correct du tout de reprendre à l'endroit même où ils ont été interrompus par l'obtuse vulgarité du monde. Quand elle répète *hope,* cependant, il se penche machinalement pour embrasser ses paupières. *Light* – un baiser sur le front. *Friend,* sur les cheveux, *river,* sur le grain de beauté de la joue droite, *railroad...*

Les clients s'approchent pour demander à Vita si elle n'a pas besoin d'aide. La demoiselle est leur guide. Elle a beau n'avoir que dix-huit ans, c'est elle la gardienne de leur avenir. Elle ne peut se permettre de rester là à se disputer avec son amoureux sous la pluie. Les clients sont vraiment intéressés par cette terre, ils tiennent absolument à l'acheter – ils ont passé leur vie à en rêver. Les gens de l'agence doivent tout faire pour les contenter. Il faut que leurs clients repartent satisfaits, heureux. C'est leur job, et Vita est ici pour ça.

« Pourquoi ne reviens-tu pas demain ? propose-t-elle. Aujourd'hui, je dois emmener ces messieurs dames pour qu'ils choisissent leurs lots. Demain, je serai libre. La prochaine excursion n'a lieu que dimanche, à Huntington, Long Island. »

Diamante serre entre ses lèvres une mèche des cheveux de Vita. Elle lui semble si familière, ainsi pressée contre sa poitrine, le cœur battant, avec son petit nez impertinent et ses yeux noirs soulignés par une ombre. Si différente et si pareille à celle que sa mémoire garde comme un secret.

« Je suis là, maintenant, réplique Diamante. Viens avec moi. »

Ils marchent le long de ce qui n'est pas encore une route et semble ne mener nulle part. Où l'emmène-t-elle ? Ils longent un étang, dont les eaux reflètent fugitivement un garçon vêtu comme pour une fête, le visage égratigné comme s'il s'était querellé avec un puma, et une fille aux bottines maculées de boue – il a une main dans sa poche, elle abandonne sa tête sur son épaule. Il ne fait même pas beau. Une bruine ténue s'obstine à tomber et les rafales de vent font tourbillonner des papiers sales et des grains de sable importuns. On n'arrive même pas à deviner l'océan de l'autre côté de la brume épaisse. Mais il doit être proche, car Diamante l'entend et le respire. Un triangle de papier dépasse de sa poche : c'est le billet qu'il a reçu au consulat. Le paquebot part mardi. On est aujourd'hui jeudi. Il reste donc cinq jours. Cinq jours pour comprendre ce qui reste.

Vita s'est arrêtée. Elle lève le bras et tourne sur elle-même, comme pour lui montrer les limites de quelque chose qu'il n'arrive pas à voir.

« Ça te plaît ? demande-t-elle. C'est ici.

— Quoi donc ? » s'étonne Diamante.

Il ne voit que des dunes de sable et la ligne opaque de l'océan. Souriante, Vita semble sur le point de lui confier un secret – peut-être l'endroit où elle a enterré son trésor. Et dans un sens, c'est exactement ça. Elle lui explique qu'elle n'est pas venue à Bensonhurst pour vendre un attrape-nigaud auquel elle-même aurait su résister. Le terrain a été divisé en cent lots : certains clients achètent pour construire, d'autres pour revendre quand les prix des secteurs voisins augmenteront. Pour le moment, l'acre est à six mille dollars, mais dans quelques années, étant donné qu'il est prévu de construire le *subway,* il pourrait monter jusqu'à dix mille voire vingt mille dollars. Vita se penche et plonge ses mains dans le sable.

« Je me suis acheté un lot, Diamante. Avec mes économies. Je n'en ai parlé à personne, parce que c'était toi celui avec qui je voulais vivre ici. Si tu ne m'étais pas revenu, il n'y aurait jamais rien eu à cet endroit. Alors que maintenant, je te prédis qu'on verra un jour sur cette colline la maison des Mazzucco. La nôtre, en tout cas. »

Elle laisse couler le sable sur les paumes de Diamante : il est blanc, fin et froid. Après avoir arraché une branche à un arbuste, elle trace un trait, puis un autre – une forêt de lignes entrecroisées. Les sillons représentent les murs, les carrés les pièces, les rayures les fenêtres. Il s'est toujours demandé à qui s'adressent les enfants quand ils écrivent sur le sable. Il le sait, maintenant. Entre les quatre sillons les plus profonds, ce sera le jardin. La véranda s'étendra entre ces deux lignes parallèles. Ces trois carrés sont les chambres des enfants. Diamante poursuit Vita, en piétinant la cuisine et en dévastant le grenier, et réussit à s'emparer de la branche. Mais elle n'a pas terminé. Elle se débat en essayant de fermer la porte, il l'attrape par un bras et ils finissent par tomber en plein milieu du rectangle qui sera un jour leur chambre à coucher. En l'embrassant, il se rend compte que rien d'autre n'est resté. Ce qui reste, c'est cette fille aimée, haïe, aimée... Il se dit soudain que seules les promesses qu'on a faites ne sont pas tenues, qu'on ne renie que les serments qu'on a prononcés – les mots *ne sont pas* la vie – et que la trahison n'existe que là où règnent la confiance, la loyauté et l'abandon. Et toute trahison est grande à proportion de l'amour – de son ardeur, de son engagement, de son dévouement. Vivre là où nous ne pouvons pas être blessés, hors d'atteinte de la souffrance et du désenchantement, ce n'est pas vivre. Donner et se donner en demandant en échange la garantie qu'on en sortira intact ou même récompensé, ce n'est pas un don. Seuls ceux que nous aimons peuvent vraiment nous trahir.

Le 18 avril 1912, à New York, c'était encore l'hiver. Il faisait un brouillard à couper au couteau, et ils attendirent pendant des heures un bac qui les ramènerait à Manhattan. Ils étaient assis sur la balustrade de la gare maritime, enlacés et tremblant de froid. Vita se demandait pourquoi elle n'avait pas attendu pour lui montrer son trésor enfoui dans le sable – elle avait toujours été pressée, alors que la patience de l'eau creuse les montagnes. Diamante ne savait comment lui annoncer, après leur séjour dans la maison dessinée sur le sable, que dès mardi il monterait à bord du *Louisiana,* une coquille de noix du Lloyd Italiano, pour rentrer en Italie. Il avait si peu de temps à dérober à cette nouvelle séparation qu'il sentait son cœur s'arrêter chaque fois que l'aiguille des minutes progressait d'un cran sur l'énorme cadran de la pendule suspendue au-dessus des guichets de la gare maritime de Coney Island.

Il le lui dit sur le bateau. Quel autre endroit pouvait-il choisir ? Le lieu même dont il venait s'appelait « Traetto » – « le bac » –, ancien nom de Minturno, qui désignait en fait à l'époque un ponton reliant les deux rives du Garigliano. C'était alors l'unique point de passage pour les voyageurs qui, longeant la voie Appienne, descendaient de Rome et des Etats pontificaux en direction de Naples et du royaume des Deux-Siciles. Ce bac suspendu entre deux mondes, cette parenthèse mobile entre les rives, surgissant presque du néant après des centaines de kilomètres de solitude, de marais et de dévastation, en cette terre en déshérence qui n'avait même pas de nom – au point que les féodaux qui la possédaient l'appelaient Terre de Travail –, ce ponton était tout ce qui restait d'une ancienne cité romaine. Puis les Bourbons avaient fait construire le pont de fer, et le bac avait disparu en emportant avec lui le nom du village. Mais l'âme instable est restée comme l'eau, le fleuve, les deux rives. Pour la première fois depuis dix ans, Diamante se dit que l'eau allait le ramener chez lui.

Au moment où il lui annonça son départ, Vita lui montrait un rassemblement argenté de mouettes dans la brume. En respirant l'odeur du métal trempé de pluie, il sentit dans sa bouche comme un goût de sang. Il s'attendait à ce qu'elle lui plante de nouveau les ongles en plein visage, à la voir saisir son compas et s'efforcer cette fois de ne pas rater son coup. Il craignait qu'elle ne le haïsse à jamais, en croyant que son retour n'était qu'une froide vengeance. Il était prêt à tout, sauf aux larmes de Vita. Alors qu'il les avait désirées pendant des années, et presque exigées comme un dû, il n'aurait pu maintenant les supporter. Mais Vita ne pleura pas. Un froid glacé la saisit. Elle lui demanda simplement pourquoi. Sans Diamante, l'Amérique n'était plus l'Amérique.

« On m'a payé le billet, Vita, répondit-il. L'Etat italien me l'a offert pour me récupérer, il m'a acheté. Je lui ai vendu la seule chose qui me reste : mon corps. »

Il cherchait la lueur de ses yeux comme un repère dans ce brouillard.

« Je dois faire mon service militaire, continua-t-il.

— Tu vas entrer dans l'armée ? Mais quel besoin as-tu de te faire soldat ? »

Vita l'étreignit, en frottant son visage contre l'étoffe rugueuse de sa veste à rayures. Si seulement son nez pouvait retenir l'odeur de Diamante, ses yeux la forme de sa nuque, ses lèvres la caresse râpeuse de sa moustache. Comme l'Amérique est vide, sans lui, comme tout cela est inutile, s'il renonce. En le perdant, elle se perdra elle-même. S'il la quitte, elle ne sera plus la même, et plus rien ne pourra jamais les réunir, ils ne seront plus jamais proches, que ce soit au milieu des cages à lapins parsemant le toit d'un immeuble vétuste ou sur les bancs du bateau les ramenant à Manhattan.

Diamante déclara qu'il avait besoin de s'intégrer, d'appartenir à une communauté. Il voulait trouver sa place. Il tenterait de s'enrôler dans le corps des agents de la répression des fraudes. La douane surveille la mer, et la mer est le seul lieu au monde qui lui paraisse habitable et où il ne se sente pas déplacé. Et puis, il faut penser au traitement. Un élève reçoit 1,85 lire par jour. S'il devient douanier, il a droit à 2,35 lires. Comme le service dure trois ans, il pourra économiser suffisamment pour envisager sans angoisse l'avenir, qui aujourd'hui lui fait l'effet d'un rideau de fer baissé.

« Mais tu n'as jamais supporté les douaniers ! observe Vita d'un ton incrédule. Ne réponds pas à l'appel, déserte.

— Non, c'est impossible. D'ailleurs, je ne veux pas déserter. Ils me lâcheront en mai 1915. A ce moment, j'aurai fait mon devoir et je serai libre.

— Tu es déjà libre, répond Vita. Tu ne seras plus jamais aussi libre qu'aujourd'hui, Diamà. »

Tu ne peux pas t'en aller... Cela fait dix ans que tu es en Amérique : habituellement, c'est la limite qui sépare une tentative velléitaire d'un possible succès. Ceux qui renoncent avant d'avoir franchi ce seuil des dix ans de séjour se contentent d'ordinaire d'un résultat modeste – cinq cents dollars ? huit cents ? Le prix d'un corps sans vie. D'un cadavre. Un butin ni maigre ni considérable : respectable. Un butin qui est le fruit d'une rapine d'un genre particulier, puisqu'on en est à la fois l'auteur et la victime. A moins qu'on ne rapporte chez soi qu'un échec, qu'on ne pourra jamais se pardonner. Il faut dix années pour commencer à comprendre comment fonctionne l'Amérique, ce dont on a besoin et ce dont on doit se garder. Il en a été ainsi pour Vita. S'en aller maintenant reviendrait à changer de métier après un long et pénible apprentissage. Ce serait une erreur. Elle y a mis dix ans, mais elle a appris la grande leçon de l'Amérique : la foi en un avenir meilleur.

Mais c'est ici que le bât blesse. Diamante sait que son apprentissage est fini. L'Amérique n'a plus rien à lui enseigner ou à lui cacher. Elle n'a plus de secrets, de mirages ni d'attraits pour lui. Dans un sens, ce n'est plus l'Amérique, mais un endroit comme un autre, qui est cc qu'il est...

« Une fois expédié le service militaire, je reviendrai. La prochaine fois sera la bonne. Plus rien ne s'opposera à ma réussite.

— Tu ne reviendras pas », dit Vita.

Elle a un coup au cœur en s'apercevant que les yeux bleus se décolorent. D'un bleu turquoise pendant l'enfance, ils deviennent avec les années d'un azur insipide, qui vire au gris. Ceux de Diamante ne sont plus qu'à peine bleutés, comme un ciel qui s'embrume. S'agit-il d'un processus irréversible ?

« Je suis en train de te demander de m'attendre, chuchote Diamante. Je ne reviendrai que si tu m'épouses, Vita... » ajoute-t-il avec solennité.

« Je vais t'épouser dès maintenant », réplique-t-elle.

Ils débarquent la main dans la main, le visage tourné vers la silhouette tremblante de la ville bâtie sur l'eau. Désormais, eux aussi font partie de ces millions d'hommes qui ont donné à cette cité quelque chose de leur âme, de leurs pensées, de leurs sentiments et de leurs rêves. L'immense mer de pierre les engloutit et, au cours des siècles, se transforme mystérieusement, comme un banc de corail, en recréant chaque destin à partir de cet anéantissement. Diamante serre la main de Vita de crainte de la perdre dans la foule hystérique qui se presse sur les môles. A cet instant, il se rend compte soudain qu'il ne lui a pas demandé de le suivre. Il a besoin de ces trois ans pour consolider ses souvenirs et la retrouver telle qu'il la désirait. Le rêve de son enfance est aussi cabossé qu'une vieille boîte en fer-blanc. Il faut qu'il la réinvente, car il ne parvient plus à la croire et se demande chaque fois que leurs regards se croisent ce qu'elle voit à son insu. Il aimerait lui dévisser la tête et fouiller dedans pour s'assurer qu'il n'y a rien ni personne, que Diamante est tout son monde – c'est alors seulement qu'il la croirait.

Vita sait qu'il se fourvoie. Il n'a pas besoin de preuves, car avoir foi en quelque chose ou quelqu'un ne signifie pas vouloir toucher du doigt sa blessure, mais vouloir la guérir. De toute façon, qu'il la croie ou non, elle l'aime. Pourquoi donc attendre ? A quoi bon ? La vie, c'est maintenant. Non pas dans l'avenir qui peut-être ne sera pas, non pas dans le passé désormais dissipé, mais ici, en cet instant, nous deux tels que nous nous sommes retrouvés. C'est nous avec ce que nous sentons aujourd'hui, dix-huit avril mil neuf cent douze – car il se pourrait que nous cessions de le sentir, que nous changions ou soyons changés et qu'enfin nous nous dispersions dans des directions différentes, comme des gouttes de pluie sur la vitre d'une fenêtre. Les sentiments s'effilochent et les promesses sont faites pour être trahies. Ce présent passera, jamais plus nous ne pourrons le rappeler. Pourquoi attendre ? N'avons-nous pas assez attendu ? Que nous importent un anneau en or, la bénédiction de la loi, l'approbation de l'Église ?... Vita se moque de la réalité d'une maison, d'un salaire et d'une clé semblable dans leurs poches. Tout cela ne fera pas d'elle l'épouse de Diamante. Elle le sera par le plaisir illuminant son visage à la vue de sa bien-aimée, par la nostalgie le poussant à chercher, entre des millions de regards, ses yeux sans pareils. C'est ainsi, dès aujourd'hui, qu'elle sera sa femme.

Ils prennent une chambre dans un hôtel borgne donnant sur les quais du port. Ils prétendent être deux jeunes mariés en voyage de noces. Le portier n'y croit pas, mais il s'en fiche. Il les jauge avec une compétence revêche, dans le seul but de déterminer s'ils feront du grabuge. Il regarde le garçon appuyé au comptoir, avec son visage sanguinolent, son nez amoché et sa chemise couverte de taches rouges, et la fille qui sourit un peu en retrait et dont les dents blanches brillent dans la pénombre de l'entrée. Il en déduit que c'est un couple de bagarreurs prêt à recommencer à se taper dessus. Comme la police ne vient pas dans ces parages du port, il se passerait bien de ce genre de clients. Il demande d'entrée de jeu combien d'heures ils comptent rester.

« Il n'est pas question de quelques heures, le corrige poliment Vita dans un américain impeccable qui sidère Diamante. Nous prenons la chambre jusqu'à mardi. Comme nous l'avons dit, nous sommes en voyage de noces. »

(Notre voyage de noces, cependant, se déroulera dans les environs de notre lit, et les bras de Diamante seront le pays le plus doux où je débarquerai. Il aura onze nuits de voyage, pour dormir. Trente-six mois pour se reposer.)

« Écoute-moi, mon gars, grogne le portier en ignorant Vita. Ici, on prend les chambres à l'heure. C'est un hôtel pour les putains et les marins. Je te demande pas si ta gosse est mineure et je me fous de savoir si tu as déserté ton bateau et violé ton contrat avec ta compagnie. Si tu veux rester dans la chambre une semaine, un mois ou un an, ça te regarde. Mais ici, on paie d'avance. »

Pendant que Vita s'engage dans l'escalier de bois, Diamante pose triomphalement cinq dollars sur le comptoir cerné par l'ombre de vieux verres. Il la regarde monter – ses jambes sont lestes, son buste presque immobile, sa démarche donne une impression d'harmonie invulnérable. Arrivée sur le palier du premier étage, elle se retourne.

« Tu viens ? s'écrie-t-elle. Qu'est-ce que tu attends ? »

Diamante fait tinter joyeusement la clé.

Il l'épouse devant le Dieu qui n'a pas reconnu cette nuit désormais engloutie dans l'abîme du temps, sur la plage de Coney Island. Il la prend comme elle est et se laisse prendre comme il est, dans une chambre d'hôtel borgne donnant sur les môles où les treuils grincent, les chaînes crissent et les hurlements des dockers retentissent du fond des quais brumeux pendant que les sirènes des navires sifflent et s'appellent sur l'eau disparaissant dans le brouillard. Ils se marient dans la tiédeur d'un lit miteux, où il est en sueur et où elle se couvre de perles en l'étreignant et en le serrant contre elle, sans rien lui promettre sinon sa chair docile, son sein soyeux, ses morsures pleines de vengeance et de pitié sur la cicatrice plissant sa lèvre, et l'écho obsédant de sa joie tandis qu'ils oscillent en se heurtant à la tête rouillée du lit, au rythme d'une mélopée gémissante qui ressemble à un chant.

Le soir tombe, puis la nuit, puis une aube bleue comme la flamme du gaz commence à filtrer derrière les rideaux, jusqu'au moment où le disque rougeoyant du soleil dissipe les brumes et où le jour inonde la chambre. Diamante se laisse aller sur l'oreiller et s'enveloppe dans la couverture, tandis que Vita, vêtue de sa seule nudité éblouissante, traverse la pièce baignée de lumière, noue ses cheveux sur sa nuque, en découvrant son cou mince et brun, lave avec l'eau du broc la semence opaque sur sa peau et se pare d'une goutte de parfum.

Dans les chambres voisines, à partir de onze heures du matin, le trafic des amours de passage, éphémères et économiques, bat de nouveau son plein. Les pas lourds de marins et les toux de filles ennuyées et distraites sont suivis de gémissements houleux auxquels succèdent protestations bruyantes, discussions vénales, accusations de vol et marchandages acharnés. Embarrassé, Diamante bouche les oreilles de Vita et chuchote afin d'essayer de repousser l'assaut du monde de l'autre côté de ces quatre murs si minces et si précaires. Il voudrait empêcher Vita d'écouter, de se distraire, de s'absenter encore. Mais elle rit... Que nous importe que cet hôtel soit un bordel et que nos voisins manquent d'imagination ? Nous ne sommes pas ici, nous sommes sur le train de l'Union Pacific qui file vers la Californie, nous sommes dans une cabine de première classe du paquebot *Cretic,* dans un canot de sauvetage du *Republic* – partout où ça nous chante, mais pas ici.

Le lundi soir, il est repris par les doutes, l'amertume, la rancœur, le goût âcre d'un rêve brisé. Il lui vient l'envie de la mettre de nouveau à l'épreuve, car si Vita a laissé tomber l'excursion et le pique-nique de l'agence, si elle a inventé un prétexte pour ne pas rentrer chez elle cette semaine et l'a suivi dans cet hôtel du port afin de passer avec lui sa dernière aussi bien que sa première nuit en Amérique, il se pourrait qu'elle l'oublie demain pour le cousin Geremia ou un autre qu'elle suivrait lui aussi dans un hôtel du port, dans une autre ville, n'importe où, uniquement pour l'empêcher de se sentir seul et pour le rendre heureux – « C'est notre travail, nous sommes ici pour ça... » Car Vita est incapable de se torturer et de s'affliger trop longtemps, et en y réfléchissant il se rend compte qu'il ne l'a jamais vue pleurer, sauf le jour où ils ont débarqué, il y a une éternité, à une époque où elle ne savait pas elle-même qui elle était.

« Mais si je décidais de ne pas rentrer en Amérique, lui demande-t-il en haussant la voix pour couvrir le vacarme des sirènes et des engins du port, si je choisissais de rester en Italie, Vita, tu traverserais l'océan pour me rejoindre ? »

Elle repousse la couverture, se lève d'un bond et va tirer le rideau. Soulevant la fenêtre à guillotine, elle glisse la tête dessous et regarde comme pour la dernière fois les bateaux alignés sur les môles, les proues plus hautes que le troisième étage de l'immeuble, la profusion de caisses, de marchandises et de bagages, les treuils immenses. Elle contemple les vedettes des policiers, le va-et-vient des commissaires, les piquets et les clôtures pour le débarquement des troupeaux humains, les enseignes, les publicités aux sourires éclatants et la beauté d'un monde où chacun connaît son rôle, constitue le rouage délicat d'un mécanisme le transcendant et n'a qu'à faire ce qu'on lui demande pour être accepté.

« L'Amérique me plaît. Je m'y trouve bien. On m'apprécie pour ce que je suis, ici, et on ne me demande pas pourquoi je ne suis pas encore mariée à dix-huit ans. En Italie, je devrais retrouver tout ce à quoi j'ai échappé. »

Diamante s'adosse à la tête du lit et allume une cigarette, car il veut qu'elle le prenne pour un dur, méprisant et orgueilleux – alors qu'en réalité, il sera toujours un cave. Il serre la cigarette entre ses lèvres. Vita cherche le reflet turquoise dans l'iris bleu de ses yeux. Non, elle ne croit pas que le processus de décoloration soit irréversible. Mais comment l'inverser ? Où libérer cet azur ?

« Cela dit, oui, Diamante, conclut-elle en effleurant des lèvres sa cicatrice. Je traverserais l'Atlantique. »

Diamante sourit. C'est lui qui l'a retrouvée, la jeune Italienne disparue, et elle est à lui. Vita laisse retomber sa tête sur la poitrine de Diamante – il est devenu fort, d'une maigreur musculeuse. Elle palpe sur ses épaules la marque durcie des seaux d'eau, sur son dos le sceau rougi des piqûres, à la découverte de son corps nouveau, parsemé de signes, de codes et d'histoires, comme un livre.

« Je voudrais que tu sois malade, chuchote-t-elle. Comme ça, tu serais réformé et tu pourrais revenir plus vite auprès de moi. Je sens déjà ton absence. »

La joue râpeuse de Diamante se presse contre la sienne. Combien de temps a passé ? Combien lui en reste-t-il ? Sa barbe commence déjà à repousser. Il regarde sa montre à la dérobée : encore sept heures. Une poignée d'instants, rien peut-être – mais élastiques, qui se transformeront en heures longues, savourées jusqu'à la dernière goutte. Cependant l'aiguille des minutes progresse sur le cadran, vite, trop vite... Alarmé par ce tic-tac, Diamante tend la main, retourne la montre. Pendant un instant, ils sont seuls avec le silence – et avec le temps qui s'écoule et les sépare. Vita se dit que le temps ne pouvait qu'être masculin. *Le* temps, quelque chose qui brûle, court et consume.

A tâtons, Diamante essaie de bloquer le mécanisme, de faire taire ce maudit bourdonnement qui l'obsède. En vain. Pour y parvenir, il devrait faire tournoyer la montre au bout de sa chaîne et la fracasser contre le mur. Alors Vita le fait de nouveau, après si longtemps. Elle en est encore capable. Ce jour n'aura pas de fin. Elle regarde les aiguilles de métal courant dans le cercle des heures. Elle les regarde jusqu'à ce qu'elles se mettent à bouger, mais pas dans la direction prévue. Elles repartent en arrière : il reste dix, onze, douze heures, c'est de nouveau la nuit passée, l'aube, plus tôt encore... Diamante sourit. Ses yeux – ce n'était qu'une question de volonté. Vita n'a pas accepté de faire partie de la réalité banale et coupable, du mal héréditaire du monde. Elle n'a pas changé, son don est intact. Ce qu'elle possède ne lui sera jamais enlevé. Sous son regard, les aiguilles s'amollissent. Maintenant, elles pendent sur l'écran blanc comme des cierges fondus. Dans le silence, on n'entend que le souffle accéléré de Vita et la sirène lointaine d'un bateau. Le tic-tac s'interrompt. Le bourdonnement se tait. Le temps, lui aussi, s'est arrêté.

Il éteint la lumière. Assez de regards. Il reste les mains, les corps, la peau. Le toucher vient avant la vue, le goût et la parole. C'est le seul langage qui ignore le mensonge. Assez de promesses. Assez de récits, de souvenirs, d'histoires. Tout a été dit. Les mots, Diamante les met dans sa valise : il n'aura pas d'autre bagage, pas d'autre richesse en quittant l'Amérique. Peut-être n'ont-ils aucune valeur, mais c'est sans importance. Il laisse à Vita tout ce qu'il a trouvé et perdu. Il lui laisse le garçon qu'il a été et l'homme qu'il ne sera jamais. Et même son nom. Mais les mots – les mots, il les emporte avec lui.

## *Mes lieux déserts*

L'histoire d'une famille sans histoire est sa légende. Légende qui, de génération en génération, s'enrichit de détails, de noms, d'épisodes. Légende transmise dans la distraite indifférence de l'enfance, puis retrouvée trop tard, quand nul ne peut répondre aux questions les plus simples, nécessaires et obsédantes qui soient : qui es-tu, d'où viens-tu, de quel destin es-tu le maillon ultime. Personne n'étant né après moi, la chaîne se brise avec moi, le nom se perd et nous tous, surgis du néant, nous y retournons avec mon existence. La légende de l'origine se fait alors d'autant plus urgente, et la volonté de la mémoire devient presque impérative. Notre légende s'appelait Federico. C'était un officier, le grand-père de mon grand-père, descendu dans le Sud avec l'armée piémontaise à l'époque de la guerre de 1860. Cet officier est blessé lors de la bataille du Volturno, la dernière opposant les garibaldiens aux troupes des Bourbons fuyant vers Gaète, où le roi François II capitulera et assistera à la naissance de l'Italie. Resté paralysé, Federico est soigné à Minturno. Minturno, qui avait été jusqu'alors « une petite cité non sans mérite du royaume de Naples », deviendra fidèle au royaume d'Italie, comme l'officier. Ce dernier ne quittera plus la petite cité et se perdra dans ses campagnes méditerranéennes, aussi luxuriantes que desséchées par le soleil. Federico possède un don peut-être superflu dans la région du Pô, de la Stura et de la Dora, mais précieux dans une contrée paysanne du Midi en proie à une soif perpétuelle : il est sourcier. Il devine la présence de la source. Elle lui est révélée par une vibration de son corps, une secousse presque magnétique. Il erre avec son bâton et s'arrête toujours à l'endroit précis où il faut creuser un puits. Il sait où trouver l'eau, et donc la vie.

Je ne suis pas venue à Tufo di Minturno pour chercher Federico le Sourcier – c'est une autre histoire – mais Diamante et Vita. Je cherche des renseignements, des témoignages, des preuves. Je veux savoir s'il est vrai qu'Antonio a racheté avec l'argent américain de Diamante le lopin de terre qu'il avait perdu à la suite de la crise agricole dévastatrice des années quatre-vingt. Si Diamante l'a vraiment revendu dès son retour, car après avoir tant souffert pour ce lopin qui avait été l'espoir et la damnation de sa famille, il s'était rendu compte qu'il n'avait pas envie d'une terre mais d'une vie nouvelle. S'il est vrai que Vita voulait le racheter pour Diamante, trente ans plus tard, afin peut-être d'y vivre avec lui. Et surtout, je veux apprendre ce qu'est devenue Vita, où et quand elle a disparu. Après sa dernière visite en Italie, en effet, j'ai perdu sa trace. Je ne pense pas un instant au sourcier, souche mythique de notre famille.

Au cours de mon enquête, je tombe sur des histoires que je ne cherchais pas. Comme celle d'un dénommé Froncillo, mort centenaire en l'an 2000. Pendant plus de quarante ans, il avait été l'obscur officier de l'état civil de la commune de Minturno. Aujourd'hui, le bureau de l'état civil donne sur la cour du vieux couvent attenant à l'église San Francesco – une cour qui semble être le puits de l'histoire, où l'on aperçoit encore au fond d'un gouffre les vestiges séculaires d'arches mystérieuses. Il occupe deux pièces austères, officielles au sens le plus amer du terme, où les meubles ont vieilli avec les employés et le plancher avec la poussière. Les registres des naissances, des mariages et des décès s'entassent sur les étagères ou dans de petits fichiers métalliques. Mais tout cela, que j'explore avec anxiété à la recherche de Vita, n'existerait plus sans le dénommé Froncillo. En janvier 1944, en effet, quand l'armée allemande établie sur la ligne Gustav livra des combats furieux aux troupes alliées tentant de remonter la Péninsule, Minturno fut conquis, occupé, perdu et détruit. Maisons, routes, ponts, tout sauta. M. Froncillo, sans demander la permission à personne, chargea tous les dossiers sur une carriole et les emporta à Latina. Quelques jours plus tard, la commune de Minturno était entièrement rasée – mais sa mémoire était sauve. Ces fichiers, aujourd'hui encore, renferment l'histoire du père de Vita, le premier à demander un passeport pour l'Amérique, celle d'Antonio, qui ne réussit même pas à débarquer, celle de la malheureuse Angela et de ses cinq fils, tous destinés à périr avant leur douzième année. En revanche, je n'ai trouvé aucune trace de Federico le Sourcier ni de Vita.

Pourtant, en suivant les traces légères laissées un siècle plus tôt par les deux enfants fugitifs, je finis par ressaisir le fil même de cette légende et par en découvrir la fausseté et l'artifice. J'apprends finalement que dans la fiction du sourcier, inventée par

Diamante qui la raconta à ses enfants, lesquels me la transmirent à leur tour, réside son secret, sa véritable identité – et la mienne.

Les Mazzucco ne sont pas venus du Piémont. Ils ne sont pas arrivés avec l'armée des Piémontais, guidés par l'ambition – ou saisissant le prétexte – de libérer le Midi du joug des Bourbons. Ils ne faisaient pas partie de ces soldats dont beaucoup désiraient simplement voir la même couleur recouvrir la Péninsule sur les cartes de géographie tandis que d'autres, tel le sourcier, rêvaient de l'arracher à sa misère millénaire. En fait, ils ne différaient en rien des millions de paysans et de journaliers sans terres dont regorgeaient les campagnes du sud de l'Italie... Quand je demande au père Gennaro de consulter les registres de baptême de la paroisse de San Leonardo, je sais parfaitement ce que je cherche : la date de naissance de Vita, qui devrait me permettre de trouver celle de sa mort. L'église San Leonardo est un des rares édifices de Tufo à avoir survécu aux bombardements de 1944. Il y a un monument plutôt insolite sur la place qui a succédé aux maisons désormais réduites en poussière où grandit Vita. Diamante y menait ses enfants l'été, en se sentant désormais un visiteur en contrée étrangère, un touriste libéré du souvenir et de la nostalgie. Une stèle de facture récente, surmontée d'une femme en bronze arborant une couronne de laurier (la Patrie), rappelle ceux qui sont morts pour l'Italie. Chaque côté porte les noms des hommes tombés pendant la Première Guerre mondiale, la guerre d'Afrique, la guerre d'Espagne, la Seconde Guerre mondiale. Mais c'est le quatrième côté qui présente la liste la plus longue : celle des morts sans uniforme de soldat ou d'officier, simples civils habitant dans le village et tués par leurs tyrans mais aussi par leurs libérateurs. En tout cas, par un miracle moins inventif que celui du sauvetage de l'employé municipal Froncillo, une bonne partie des registres paroissiaux ont échappé aux flammes et ont été retrouvés intacts sous les décombres du village. C'est là qu'est conservée l'histoire des Mazzucco.

Le bureau de la paroisse de San Leonardo est une pièce sombre et minuscule en haut d'un escalier branlant. Les murs grisâtres, dépourvus de tout ornement, les chaises bancales et la table en métal rouillé donnent une impression d'abandon, de pauvreté presque évangélique. C'est un lieu anonyme, à l'image du village qui n'a plus rien du délabrement pittoresque de Minturno, dont l'aspect rappelle Procida et les bourgades de la région de Naples. Tufo, lui, a été rasé jusqu'à la dernière pierre, puis reconstruit en hâte et en désordre, sous le signe de l'anarchie et de l'improvisation. Au point qu'en me promenant dans les ruelles, dans l'attente que la cloche sonne l'heure de mon rendez-vous avec le curé, je suis arrêtée par une vieille femme édentée, ayant peut-être connu Diamante et portant presque à coup sûr le même nom que moi, qui s'excuse en souriant car il n'y a rien à voir ici pour une étrangère comme moi... Même l'armoire abritant les précieux registres n'est qu'un vulgaire chiffonnier en métal, qui a manifestement connu des jours meilleurs. Aussi volumineux que des dictionnaires ou d'anciennes encyclopédies, les livres ont des centaines de pages en parchemin, écrites à la main en latin. Ils sont dans un état pitoyable : leurs couvertures sont gonflées et moisies, leur encre pâlie, leurs pages couvertes de taches d'humidité et d'empreintes digitales de lecteurs peu soigneux.

Le premier volume – le *Liber Baptesimarum* – contient des milliers de noms, correspondant à l'ensemble de baptêmes ayant eu lieu à Tufo de 1848 à 1908. A cette époque, les enfants s'obstinaient à naître par dizaines. Ils étaient peu nombreux à survivre, mais tous baptisés. Différents curés se succèdent pour accomplir cette tâche. Les écritures changent – certaines soignées, d'autres brouillonnes ou tarabiscotées –, de même que les prénoms donnés et les noms des sages-femmes, des parrains et des marraines. Je vois se dessiner sous mes yeux l'histoire d'un village et des cinq familles qui le composent : les Mazzucco, les Tucciarone, les Basile, les Ciufo et les Fusco. Je découvre des entrecroisements matrimoniaux, des parentés, et aussi des personnages que je connais déjà, comme Dionisia l'écrivain public, Petronilla la sage-femme, Agnello et Nicola. Çà et là, entre deux baptêmes, je surprends la coutume à l'œuvre, l'obsession répressive de la morale. En deux siècles, le *Liber* ne comprend que deux naissances illégitimes – deux femmes contraintes de baptiser leurs enfants *ex patre ignoto*. Il est aisé d'imaginer le destin de ces malheureuses. Elles portent le même nom que moi. A vrai dire, tout le monde porte mon nom, dans ces pages à demi effacées. On dirait un rêve indistinct, une ville surpeuplée d'homonymes, de doubles, d'identités interchangeables, d'âmes sans visages. Mais il y a quelque chose de plus, dans les pages du *Liber*. L'histoire de ces pauvres noms de baptême, attribués à des enfants morts depuis si longtemps, reflète ou illustre des événements plus importants, des changements décisifs – des illusions. Cent cinquante mille personnes, de Toronto à New York, sont persuadées de venir d'ici, qu'il s'agisse d'un souvenir ou d'une supposition. Le téléphone de la mairie ne cesse de sonner et, de l'autre côté de l'océan, des étudiants et des étudiantes américains demandent à effectuer une recherche afin de découvrir le nom de leur parent parti d'ici il y a cent ans. Dans le *Liber Baptesimarum,* après tant de Maria, Lucia, Genoveffa, Judith, Agata, Adalgisa, et de Virgilio, Desiderio, Filippo, Ignazio, Giovanni, apparaît une fille à qui ses parents – la mère est la sage-femme du village, une Tucciarone – donnent le nom d'Amerinda. Nous sommes en 1895. C'est le début d'un rêve collectif, aussi intense que bref, semblable à une flambée éphémère. En 1897 naît Americo, suivi d'un homonyme en 1898. Almerinda naît en 1900, Amerinda Mazzucco en 1904. Ensuite, plus rien. Ceux qui sont partis sont partis, ceux qui sont revenus oublieront l'Amérique. C'est déjà fini.

*Nell'anno Domini Mill.mo octing.mo nonag.mo primo die sexto novembris ego subparochus huius ecclesiae S. Leonardi Tufi pagi Minturnarum baptisavi infantem die tertio dicti mensis natum cui impositum fuit nomen Benedictus. Obst. Petronilla Tucciarone.*
*Joseph Conte Larochas*

Benedetto était le nom de baptême de Diamante. En revanche, il n'y a aucune trace du baptême de Vita. Je me mets à feuilleter le registre à l'envers, en remontant ces noms comme le courant d'un fleuve. Je trouve l'acte de baptême d'Antonio, fils de Benedetto, né en 1851, à l'époque ou Tufo était encore appelé *pagus Trajecti.* Puis celui d'Angela Larocca, née en 1854. Je pars en quête de l'origine dans le *Liber* le plus ancien, tenu par un curé dont l'écriture révèle davantage de soin et d'instruction. Je trouve les actes de baptême de la mère d'Angela, Maria Mazzucco, née en 1818, et de Benedetto, fils d'Antonio, né le 28 avril 1814. Ceux d'Antonio, né en 1792, et de celle qui devait devenir sa femme, Rosa Ciufo, née en 1791. Je remonte ainsi l'arbre en grimpant le long du tronc principal et sur les branches maternelles, en reculant toujours, jusqu'aux premières pages du *Liber* le plus ancien, tenu de 1696 à 1792. Je chemine ainsi vers le début, sept, neuf, dix générations en arrière. Je trouve Ferdinando Mazzucco né en 1769, Pietro et Maria en 1762, Agnello en 1738, Biagio en 1723, Nicola en 1713, Bartolomeo en 1704. Je trouve une Apollonia née en 1699, un Giovanni Mazzucco né vers 1690, un Agnello du même âge, un Stefano Mazzucco né vers 1680, un Giuseppe Mazzucco père d'Apollonia et donc né entre 1660 et 1670. Jusqu'au moment où le *Liber* s'interrompt : je suis arrivée à la première page. Ensuite, c'est le silence.

Il n'existe pas de registres plus anciens. Il fallut attendre l'acquisition du fief de Traetto par don Antonio Carafa pour que le curé commençât à noter l'« état des âmes ». Auparavant, Tufo n'était qu'un « hameau » de dix feux et moins de cinquante habitants. Et pendant que j'essaie de m'orienter en esquissant le réseau d'ancêtres, de fils et de filles, de pères et de mères, semblables aux méridiens et aux parallèles sur une carte, je réalise soudain que je me suis enfoncée dans le marais du temps. Nous sommes en pleine floraison baroque, au siècle de l'enchantement et de la surprise, de Marino et de Della Valle, de l'éruption du Vésuve et des armées s'ébattant dans la Péninsule, des Espagnols et de la peste – et toujours aucune trace du sourcier Federico. Les Mazzucco étaient déjà là plusieurs siècles avant sa venue. Ils surgissent du néant à la fin du seizième siècle – corsaires arabes, peut-être, soldats espagnols, souabes ou normands dispersés, métissés –, et ils n'ont plus bougé depuis. Ils ont vécu sur cette colline éloignée des capitales et proche des solitudes, des marais, de la malaria, de la voie Appienne abandonnée et impraticable. Ancrés sur ce mamelon de tuf – pierre dure et pourtant malléable, à la fois solide et friable, radioactive et même mortelle – sur cette hauteur verdoyante et escarpée qui n'éveillait d'autre convoitise que celle des pirates sarrasins. Ils ont vécu en ces lieux, liés à la glèbe comme les serfs qu'ils étaient sans doute depuis la nuit des temps. Pas un d'entre eux n'a quitté ce lambeau de terre qui n'était même pas à eux – les registres cadastraux des Bourbons ne révèlent pas un seul acte de propriété au cours de tant de siècles. Aucun n'est inscrit sur les listes électorales – ils n'étaient pas assez aisés. Antonio n'a jamais perdu sa terre par suite de la crise agricole, car il n'a jamais possédé de terre. Ces gens n'avaient rien, en dehors de leur nom. Et même ce nom ne leur appartenait pas : il avait toujours été celui d'un autre, avant eux. Ils en héritaient comme de leur seule richesse, et le transmettaient comme l'unique dot qu'ils pouvaient apporter. Ils croyaient en une certaine forme d'immortalité. Cependant, ils ne bougèrent pas. Ils ne s'éloignèrent jamais. Les naissances se suivent, inexorables, les générations disparaissent, englouties, effacées, dispersées, les noms restent et reviennent sans cesse. C'est une meule, une chaîne, qui les broie et les entraîne avec moi en un vertige à la fois exaltant et douloureux. Il y a quelque chose d'atroce et d'inexplicable dans la fixité de leur destin.

Ce n'est que maintenant que je me rends compte qu'en serrant la main d'une fillette, Diamante fut le premier à s'ouvrir un passage dans ce filet aux mailles serrées de baptêmes et d'actes de décès, aussi impénétrable qu'une grille ou une prison. Ce fut lui, ce gamin de douze ans, nanti pour seul héritage du nom infortuné de deux frères morts, l'un à trois mois, l'autre à quatre ans, avec ses yeux bleus, son certificat d'études primaires et dix dollars cousus dans son caleçon, qui le premier, en s'appropriant le rêve inaccompli de son père, réussit à fuir. Son geste l'exalte et le fragilise à la fois. C'est un baptême et une blessure, qui le transforme et le détruit. Mais ce geste le libère – et nous libère. Federico Mazzucco le Sourcier naquit avec sa fuite afin de bouleverser l'ordre des pages d'un livre déjà écrit, d'ennoblir le passé, de le changer et aussi de le racheter. Il nous permit de nous dire venus de loin, arrivés avec l'Histoire et tout entiers tournés vers elle – sans nous soucier du retard.

Il se fait tard et le père Gennaro doit fermer le bureau de la paroisse pour aller dire la messe. Je lui rends ces livres précieux et angoissants, le remercie, sors sur la place inondée de soleil. Derrière le monument aux morts, accoudée à la balustrade suspendue au-dessus du précipice, je contemple le panorama enchanteur. Le bourg médiéval de Minturno, apparaissant intact au loin, se dresse sur le rocher, cerné par la luxuriance méditerranéenne des figuiers de Barbarie, lauriers-roses, bougainvillées, rosiers sauvages, glycines, palmiers, oliviers et citronniers. Les ruines de la colonie romaine – quelques colonnes, le squelette du théâtre, des vestiges de temples et d'autels – se perdent dans une lointaine étendue de pins. Les eaux vertes du fleuve coulent vers l'embouchure entre des bosquets de roseaux et des barques ancrées dans le courant. Les ponts jetés sur le Garigliano – l'un métallique, l'autre en béton armé, sans oublier celui du chemin de fer – sillonnent la plaine criblée de petites villas et de rubans d'asphalte noir qui scintille au soleil. A l'arrière-plan surgissent des crêtes menaçantes, aiguës, arides et désolées comme les monts de la Grèce. Mais la côte est toute proche – en tendant la main, on croirait effleurer la plage. Une île se détache sur l'azur. Verte, montueuse et escarpée, c'est Ischia, forteresse imprenable malgré sa proximité trompeuse. Et la mer à perte de vue, jusqu'à la courbe de l'horizon.

« Vous avez trouvé quelque chose ? » m'a demandé le père Gennaro en chaussant d'épaisses lunettes de myope et en ouvrant tout grand le portail de l'église. « Oui », ai-je répondu. Et c'est la vérité. Justement parce que je n'ai trouvé aucune trace de Federico – ni de Vita. Son existence n'est pas restée prise au piège de ces registres impitoyables. Elle a échappé aux listes de la mort, aux vieux papiers, aux archives bien ordonnées du temps et de la mémoire. Par une journée de printemps bleue et limpide comme celle-ci, elle a laissé Diamante prendre sa main. Elle l'a suivi sur cette mer proche et inexpugnable, qu'elle avait dû regarder chaque jour de la fenêtre de sa maison comme une promesse, ils se sont élancés la tête la première dans la seule brèche trouant le filet et, ensemble, les deux fugitifs ont inventé une autre histoire.

## *Sauvetage*

La cloche sonne pour la troisième fois. C'est la dernière. Ensuite les écoutilles seront fermées de l'extérieur, les bâcles glisseront dans leurs crochets et le dortoir sera plongé dans l'obscurité. Vita est cachée en haut de l'escalier, enfoncée jusqu'au nez dans la sciure. Les jours de mal de mer, la caisse est vide et la sciure répandue à pleines poignées sur le plancher, entre les couchettes et même sur les oreillers, afin d'absorber les mares de vomissement et de diarrhée. Électrisée par son propre courage, elle respire à peine. On lui avait annoncé qu'elle devrait traverser un océan de larmes, mais ce voyage s'est révélé en fait une aventure exaltante. Quand la lampe dessine une auréole autour du visage renfrogné du gardien, Vita sent les relents de son haleine malveillante. Elle ne bouge pas. Elle attend que les marins aient terminé de faire leur ronde sur le pont pour débusquer d'éventuels réfractaires. Les marins sont jeunes, sans entrain, ennuyés par la pluie cinglant les ponts et par les prévisions météorologiques exécrables. Ils sont italiens. Leurs visages luisent sous leurs bérets et leurs cirés sont trempés. L'un d'eux agite sa torche, capture une silhouette récalcitrante, l'empoigne et l'encourage à coups de pied à rejoindre l'écoutille. La silhouette roule en bas de l'escalier... Les marins rient puis disparaissent, engloutis par l'ombre. Le gardien siffle. Tout semble en ordre. Les portillons claquent sur leurs gonds, les serrures fermées coupent la cale du reste du monde. Les voilà prisonniers de la nuit. Tous, sauf elle. Elle qui les a défiés et s'est échappée de ce trou puant. Maintenant, le pont n'est plus qu'une étendue pâle, déserte. Les lunes des fanaux effrangent le brouillard. Le bastingage ruisselant dessine comme une route de métal, fragile barrière entre tout et rien, entre elle et l'océan. Le navire lui appartient.

Elle émerge de la caisse, secoue la sciure restée sur ses cheveux et sa jupe. Elle respire profondément – l'air sent la fumée, le sel

et le pétrole. C'est son premier voyage, elle n'avait enco
mis le pied sur un navire. Elle devrait se sentir terr
l'heure tardive, par la conscience de n'avoir pas répondu
de la troisième cloche et d'avoir ainsi désobéi à la Compagn
Mais non : elle est heureuse. Deux mille personnes dorment, prisonnières, et elle est libre. Elle se hisse sur le bastingage et reste un instant immobile, suspendue au-dessus du gouffre obscur qui mugit une centaine de mètres plus bas. L'océan n'est pas une mer mais un chemin, une route, une piste. L'escalier monte à l'assaut des ténèbres puis s'interrompt. On enferme les passagers derrière des cadenas et des grilles. Et ces grilles ne peuvent être franchies que dans un sens – qui n'est pas le sien. Elle regarde autour d'elle. Des uniformes blancs d'officier, des bottes en caoutchouc, des pas feutrés puis plus rien. Le vent enroule autour du pilier une chaînette de fer. Le cadenas pend maintenant tristement dans le vide, on dirait qu'il a fondu. Il suffit à Vita de pousser la grille pour monter sur le pont interdit.

Tel est donc le royaume des autres. Il ressemble à un château retranché sur la plaine du pont, entouré de remparts hauts et raides : une forteresse inexpugnable. On dit que les deux cents passagers d'en haut lisent étendus sur des chaises longues, en observant l'horizon et aussi, parfois, les deux mille passagers d'en bas. Les uns constituent le théâtre des autres. On dit qu'ils jouent aux cartes dans les salons et dansent le soir venu. Les échos de la musique parviennent en bas, mais les danses demeurent un mystère. Tout cela est terminé, cependant. Il pleut depuis trois jours et les marins ont retiré parasols et chaises longues. Les salons sont éteints. Elle a beau coller son nez aux verrières, elle n'aperçoit que les ombres des divans déserts, le parquet luisant, les chaises alignées et la silhouette obscure du piano. Le pont latéral longe des rangées de hublots qu'éclaire de l'intérieur la lumière électrique. Mais tous les rideaux sont tirés, et quand elle essaie de jeter un coup d'œil elle ne distingue que la surface grenue d'un couvre-lit. Dehors, dans le vent, quelques cicatrices de lumière sur les vitres sont tout ce qui s'offre à son regard.

Vita marche à grands pas sur le pont, en se serrant dans son châle. Elle a un rendez-vous, et il ne faut jamais faire attendre un homme – les hommes n'ont pas de patience. La pluie perce le brouillard. L'eau monte de l'océan et descend du ciel. On est le neuf avril, mais ce pourrait être aussi bien l'hiver, en ce néant entouré de néant. Vita serait incapable de dire depuis combien de temps dure son voyage. Elle a oublié d'en prendre note, le jour du départ, et ensuite il était trop tard, le temps a pris la forme d'un éternel retour. Les aubes se répètent, et les nuits aussi. Se lever, se rincer le visage dans les lavabos, faire la queue pour obtenir sa tasse de café et son morceau de pain, attendre Dieu sait quoi, meubler le temps de son mieux, chercher le responsable du groupe auquel on appartient par choix ou par nécessité, se soumettre à son autorité, faire de nouveau la queue pour le déjeuner, passer les heures tant bien que mal, dîner, dormir, se lever... Il semble qu'il n'y ait rien d'autre à faire. Que le seul but de l'existence soit manger, dormir, se lever et ainsi de suite jusqu'à la fin du voyage. On avance dans le temps comme le bateau dans la mer : sans s'en apercevoir. La traversée approche de son terme. Vita, elle, voudrait qu'elle ne finisse jamais. Au-delà du parapet, une immensité obscure s'étend de tous côtés, à perte de vue. Vita est immobile au milieu du néant. Elle ne se rend nulle part et ne vient de nulle part. En fait, elle est arrivée.

Comme elle n'a jamais possédé de montre, elle ignore si l'heure du rendez-vous est déjà passée ou si, comme d'habitude, elle est en avance. Elle n'a encore jamais osé défier la troisième cloche et s'évader de la prison nocturne. Elle a dit à Diamante : « On se retrouve après la troisième cloche. » Il s'est contenté de demander : « Où ? » Comme si rien n'était plus simple et possible que de prendre ce à quoi on n'a pas droit. Comme si rester ensemble allait de soi – alors que ç'avait été tout sauf évident. Elle occupe la pire couchette du dortoir, la dernière, écrasée contre le plafond. Moins de quatre-vingts centimètres séparent son nez de l'horrible odeur du bois neuf. Il lui faut rester dix heures sans espace, sans air et sans lumière, pendant que son estomac se révolte dans l'atmosphère empestée du dortoir où sueur, pisse, vomi, lait acide et suc de femme se mêlent à l'envi. Elle a dû échapper à la vigilance non seulement des gardiens mais aussi de ses compagnons de voyage, sans quoi une commère quelconque, envieuse, fouineuse ou bigote, l'aurait vendue aux marins-argousins ou au médecin-espion, qui l'auraient attrapée et encouragée à coups de pied pour qu'elle se résigne au destin la vouant à l'obscurité. Une demi-heure a passé, peut-être, ou une minute... En tout cas, Diamante n'est pas venu. Que va-t-elle faire, maintenant, seule en pleine nuit au milieu de l'océan, à la belle étoile, sans un trou où se cacher, face à des portes fermées avec des barres de fer ? Tous les hublots scintillent sous la pluie et elle claque des dents, appuyée au bastingage enduit de sel, avec son châle crasseux sur ses cheveux. Elle ne sait ce qu'elle fabrique ici, pourquoi elle est venue, où elle se dirige. Les canots de sauvetage oscillent en grinçant sur les câbles métalliques qui les retiennent, au gré des mouvements de la coque. Ça va danser, cette nuit. La météo maritime prévoit une tempête. Il n'y a qu'une ombre, sur le pont, toute noire. Vita frissonne un instant puis se rend compte que c'est la sienne.

La première cloche sonne pour séparer les époux. Même eux n'ont pas le droit de dormir ensemble, ici. La deuxième cloche sonne pour séparer les amoureux. Ils ont toujours l'impression de manquer de temps, ceux-là, de ne pas s'être encore dit tout ce qu'ils avaient à se dire. Ils restent accroupis où ils sont et s'attardent à se caresser les mains, à s'effleurer les lèvres ou simplement à se regarder dans les yeux. Le gardien vient les réveiller en braquant sa lampe sur eux. Pour lui, si le monde était un bateau, la solitude serait une maladie éradiquée, comme la peste. La troisième cloche est pour les amants. Les amants sont sourds, aveugles et obstinés. Ils n'entendent pas la sonnerie censée les contraindre à se séparer, ils ne voient pas la lumière qui se rapproche et ils refusent de se soumettre. La clandestinité est déjà la norme, pour eux, et la tromperie, la fuite et le mensonge leur sont coutumiers. Le gardien et les marins fouillent les moindres recoins du pont. Ils soulèvent chaque couverture et explorent chaque tas de cordes, d'aussières ou de déchets. Ils fourrent leurs lampes dans les soupentes, dans les seaux et même dans les lavabos et les cabinets malodorants. Mais les amants ont découvert des passages secrets, écarté des planches, creusé des abris sous des pyramides de boîtes de conserve. Ils se cachent dans les cuisines, en se glissant dans des marmites gigantesques et des chaudrons assez vastes pour contenir un ou deux corps. Vita ne sait pas quelle force désespérée entraîne les amants dans les cachettes les plus repoussantes du navire. Elle ignore ce qu'ils cherchent ainsi, et qui ils fuient. Elle sait seulement que la nuit, après la troisième cloche, ceux qui s'empressent de se laisser enfermer dans les coursives fétides des cales n'espèrent plus rien de l'avenir.

Les amants finissent toujours par être découverts. Débusqués, séparés, contraints de descendre dans le dortoir. La Compagnie interdit et punit sévèrement toute promiscuité. Elle assure le respect et la continuité des valeurs, c'est-à-dire le contrôle et le bien-être de la société. Elle veille à maintenir la division des sexes – et des classes. Quand ils ont embarqué, les vingt-cinq passagers en provenance de Minturno ont été partagés sans ménagement en deux files : les hommes à gauche, les femmes et les enfants à droite. Les amis de Diamante ont pris place à gauche – tous sont destinés à la pioche et à la pelle, engagés par le *boss* d'Agnello dans les chemins de fer de l'Ohio. Ils portent tous les mêmes habits, les mêmes prénoms et les mêmes noms de famille. Peut-être sont-ils parents, peut-être pas : personne ne s'en souvient. Mais tous acceptent leur place sans discuter. Au contraire, Vita et Diamante se tiennent par la main et refusent d'être séparés. Elle s'est mise à hurler qu'ils doivent voyager ensemble, que son père en a décidé ainsi. Cependant les commissaires de bord estiment que Diamante n'a plus le droit de demeurer avec les femmes et les enfants. Ils les ont séparés. Diamante a l'impression d'avoir obtenu une promotion importante : à onze ans et cinq mois, le voilà rangé parmi les hommes. Afin que personne ne profite de l'obscurité pour l'importuner, on le fait dormir entre Pasquale Tucciarone et un prêtre. Cependant, Diamante a raconté à Vita qu'une nuit, après la troisième cloche, le prêtre n'est pas rentré.

Il pleut à torrents, maintenant. Des vagues de plus en plus hautes se brisent contre la coque. Le sel a rendu le pont glissant, de sorte qu'il n'est pas facile de garder l'équilibre. Le navire s'incline, grince, assailli sur ses deux flancs. Il est très long et étroit, comme une cosse de haricot. Son unique cheminée est si haute qu'on croirait un clocher. Les bateaux italiens sont immondes. Ils étaient déjà trop vieux il y a vingt ans pour embarquer des passagers et ne servaient plus que pour le transport de marchandises. Les êtres humains étant plus rentables et plus nombreux que les bœufs, cependant, ces coquilles de noix ont été pourvues de couchettes et repeintes – même si sous la peinture fraîche le bois est pourri. Mais ce bateau-ci est anglais. Il est flambant neuf, splendide, et même son nom semble beau comme une promesse : il s'appelle *Republic.* Il est sorti des chantiers de Belfast quelques semaines plus tôt. Les Anglais l'ont construit pour transporter les Italiens, puisque ce sont ces derniers désormais, et non les Britanniques, qui veulent aller en Amérique. A la différence de ses compagnons, qui prient et recommandent leur âme aux saints, Vita n'a pas peur de faire naufrage. Elle a confiance dans la compagnie anglaise : à ses yeux, tout ce qui est étranger est en soi meilleur. Et puis, l'océan la rassure. Sa mère lui disait toujours qu'il fallait regarder la mer quand on se sentait désemparé. La ligne de l'horizon aide à clarifier la pensée : un trait limpide sépare nettement le ciel et l'eau, le bien et le mal, l'avenir et le passé, la vie et la mort.

Peut-être s'est-elle assoupie, car elle est réveillée en sursaut par le cri de la grenouille. Comme il n'y a pas de grenouilles au milieu de l'océan, cela signifie que Diamante est dans les parages.

« Où tu es, Vita ? demande-t-il en chuchotant car il n'oublie pas qu'il faut se cacher.

— Tu me vois pas ? Quel idiot. Je suis ici.

— Où ici ? » implore-t-il.

Depuis qu'on a éteint les fanaux, l'obscurité règne sans partage. Le pont n'est plus qu'une immense flaque d'eau. Tout est noir : le ciel, l'océan, la fumée de la cheminée... Je voudrais te voir, je voudrais te chercher, mais j'ai honte d'être à ta recherche. J'ai honte de t'avouer que si je suis monté là-haut, c'est uniquement parce que tu me l'as demandé... Enfin, il l'aperçoit. Ici. La troisième cloche ne les a pas séparés. Ceux qui voulaient les désunir ont échoué. Vita lui a été confiée – ou peut-être est-ce l'inverse, qui sait.

Elle est dans un canot de sauvetage. Le premier de la rangée, celui qui se balance dans le vide. Assise sur le banc de la proue, elle scrute l'océan. Elle tourne et retourne dans ses mains le couteau d'argent, pour l'aiguiser sur le tolet. Son regard absorbé fixe les ténèbres où s'enfonce le navire. Dieu sait à quelle distance se trouve l'Amérique... Diamante se hisse à côté d'elle. Il enfonce sa casquette sur sa tête et regarde Vita. Ses yeux d'un bleu intense, couleur turquoise, ont l'éclat vif d'un diamant brillant au creux d'une main. Dieu sait où se trouve le trait horizontal, cette nuit, où se situe la limite entre ce qui est juste et ce qui est fautif... Ils sont assis dans le canot, sans terre et sans ciel, suspendus au milieu des eaux de la pluie et de l'océan.

« Et maintenant, qu'est-ce qu'on fait ? demande Diamante non sans inquiétude car la petite pluie d'avril est devenue un déluge et la température est en train de tomber à zéro.

— Si on reste l'un près de l'autre, on sentira pas le froid », répond Vita.

Diamante s'approche d'un air hésitant, en glissant le long du banc humide. Leurs jambes se touchent. Celles de Vita effleurent à peine le fond du canot : elle n'est encore qu'une fillette. Elle claque des dents car elle est vêtue d'une robe à fleurs en coton et d'un châle crasseux criblé de trous, alors que par une nuit pareille il faudrait avoir un manteau ou une couverture, ou du moins un imperméable comme les marins. Mais quelle importance ? Il n'y a rien à voir ni à écouter. L'océan est une tempête lointaine, l'air est saturé de brouillard et aucune étoile, aucune constellation ne brille pour leur indiquer s'ils ont changé de ciel et progressent dans la bonne direction.

Nous nous sommes échappés et nous ne savons même pas quoi faire de cette nuit. Elle est arrivée trop tôt. A onze ans, Diamante n'est pas un homme, même si on l'a mis dans leur groupe. A présent, Vita aurait presque envie qu'il fasse déjà jour. La liberté a l'odeur de sel qui imprègne la veste de Diamante. Les passagers ne voulaient pas croire qu'elle fît avec lui un voyage aussi lointain, aussi dangereux. Il y a deux mille personnes, sur ce bateau. Chaque fois qu'elle rencontre quelqu'un, Vita raconte qu'elle est restée seule au monde avec Diamante, qu'ils sont orphelins. C'est une sacrée menteuse, mais tout le monde la croit. Dans l'Ancien Monde, les mensonges ne constituent pas un délit. Ils sont comme les dollars et les pièces d'or : ils éblouissent. Et ils consolent, aussi. Alors que les passagers se détestent et se nuisent autant qu'ils peuvent, en se volant de l'espace, de l'argent, des espérances, ils font tout pour s'attirer la sympathie de Vita. Ils lui apportent avec empressement une pomme, une orange, une portion supplémentaire de viande salée ou de soupe à l'oignon. Les mousses volent pour elle en cuisine et lui servent les plats que les cuisiniers préparent pour les gens du château. Un steward lui a offert des couverts du restaurant d'en haut, en lui disant de les cacher car ils sont en argent et elle pourra se faire un joli magot en les revendant. Diamante lui a conseillé de ne pas les accepter, sous prétexte que si on les trouve on l'accusera de les avoir dérobés, mais Vita se moque de ses avis. Elle a dissimulé les couverts dans ses bas, de sorte qu'elle se promène avec un couteau sur elle. Elle est armée – comme tout le monde, ici. Ils s'arment sans même savoir contre qui, ne parviennent pas à identifier l'ennemi et finissent par se battre entre eux... Le médecin de bord se fait l'espion de la Compagnie et dénonce les amants à l'équipage et les malades aux fonctionnaires américains, afin qu'ils puissent les refouler. Mais lorsque Vita tombe malade et souffre de toux, de fièvre et même d'un début de pneumonie, cet ignoble individu, qui n'hésite pas à signaler les malheureux affligés d'une cornée opaque ou d'une pustule sur le sexe, n'écrit pas le nom de Vita dans son registre. Elle possède quelque chose que Diamante n'a pas, qu'il est incapable de reconnaître mais dont il ne saurait lui non plus se passer. C'est comme si elle était phosphorescente, semblable aux algues invisibles qui font scintiller la surface de l'océan. Plus l'eau où elle est plongée est sombre, plus Vita semble lumineuse. Au lieu de sombrer, elle resplendit.

Vita soulève la toile cirée qui recouvre le canot. Elle se blottit au fond, en se glissant sous les bancs.

« Viens, Diamà. Il pleut pas, là-dessous. On y sera au chaud. »

Ils tirent la bâche et l'accrochent à la proue et à la poupe. C'est un jeu, comme s'ils construisaient une cabane dans les branches d'un arbre – sauf que cette cabane est un canot suspendu par deux câbles au flanc d'un paquebot. Un canot qui n'a jamais navigué, et ne le fera qu'en cas de naufrage. A présent, c'est sûr, personne ne les trouvera. Ils pourront rester ici jusqu'au moment où la pluie cessera, où il fera jour et où ils débarqueront enfin sur l'autre rive. Ils y demeureront à l'abri tant que l'eau étendra son immensité et que le voyage ne sera pas fini. Aussi longtemps qu'ils en auront envie. Ils resteront ensemble, et personne ne pourra les en empêcher.

Ils s'allongent sous les sièges, en appuyant leur tête sur les bouées. Pour se protéger du froid, ils enfilent des gilets de sauvetage et se couvrent avec ceux qui restent. Les gilets portent l'inscription : White Star Line. Cependant, Vita ignore où se trouve l'Étoile blanche. Elle n'est jamais parvenue à la voir. Le navire paraît immobile. Il ne se dirige nulle part, se balance dans les ténèbres en grinçant et en gémissant, plonge dans les vagues, dans les abysses, dans le vide. Il n'y a aucune rive à atteindre, aucun espace à traverser. Il fait si sombre, dans le ventre du canot, que Vita n'arrive pas à voir Diamante. Elle prend sa main afin de s'assurer de sa présence. La lueur des fanaux pénètre par les trous de la toile cirée. Les lettres peintes sur les flancs du canot répètent obstinément les syllabes qu'elle n'a jamais su lire. A côté d'elle, blotti contre son corps, se trouve un garçon coiffé d'une casquette. Elle serre sa main.

« Pourquoi tu me regardes comme ça, Vita ? dit Diamante. Je t'avais bien dit que je viendrais.

— Pourquoi t'es pas arrivé plus tôt ? demande-t-elle.

— Je suis arrivé, maintenant. »

Ce livre n'aurait pu être écrit sans les mots de mon père, Roberto. Il m'a dit un jour : « Souviens-toi de te souvenir. » J'ai mis plus de trente ans à comprendre de quoi. Je suis cependant seule responsable des omissions, déductions, suppositions, trahisons et déformations de ce roman. Merci à Amedeo Mazzucco qui s'est efforcé, malgré la forme douloureuse de cécité dont il souffrait, de ressusciter pour moi des lambeaux de souvenirs lointains et de repenser à des épisodes que son père lui avait racontés plus de soixante-dix ans plus tôt. J'aurais voulu lui lire ce livre, pour lequel il aurait été le plus juste des juges. Mais j'ai mis trop longtemps à l'écrire. Il est mort en octobre 2002, alors que je corrigeais les premières épreuves. J'espère qu'il peut me comprendre, où qu'il soit, et me pardonner. Merci à Marcella D'Ascenzo, qui m'a offert les uniques photographies existant de sa mère, et à ma propre mère, Andreina Ciapparoni, qui n'a jamais rien jeté, malgré les montagnes de papiers et de poussière l'assiégeant, et qui conserve toujours des liasses de lettres et de cartes postales écrites par des gens qu'elle n'a jamais connus. Merci à Brigida Mazzucco, Agnello Mazzucco, Antonio Mazzucco, Antonia Rasile, Genoveffa Mazzucco, Pasquale Mazzucco, Elisabetta Mazzucco, Benedetto Mazzucco jr., dont les histoires et les récits ont fini par converger dans ces pages. Je remercie Mme Gemma Mazzucco, qui m'a procuré le savant ouvrage de Mario Rasile, *Cenni storici di Tufo* (Arti Grafiche Kolbe, 1987), ainsi que le père Gennaro, de la paroisse de San Leonardo, à Tufo, M. Catenaccio et Mme Colacicco, du bureau de l'état civil de la commune de Minturno, qui m'ont permis de découvrir un fil dans le labyrinthe des parentés unissant les habitants de Tufo. Merci aux responsables des Archives d'Ellis Island, New York, grâce à qui j'ai pu débusquer certains des « mensonges » s'étant glissés dans les récits familiaux : les archives de la mémoire ne possèdent pas d'index, mais tout au plus quelques mots clés. Ce mot était « Vita », et le reste n'a peut-être aucune importance. Merci au professeur Carlo Vallauri, prodigue de conseils, à Mme De Simone, des Archives centrales de l'Etat, à Mme Puglisi, responsable du Département des journaux de la Bibliothèque nationale de Rome, et à Antonella Fischetti, de la Discothèque d'Etat de Rome, qui m'a guidée parmi les enregistrements les plus anciens d'Enrico Caruso. Je suis redevable à de nombreux auteurs d'études sur New York à l'aube du vingtième siècle, sur l'émigration et sur la construction des chemins de fer aux Etats-Unis : leurs recherches m'ont permis de fixer le cadre des diverses histoires de mes personnages. Je veux rappeler ici, entre autres, Amy

A. Bernardy, Betty Boyd Caroli, Luisa Cetti, Miriam Cohen, Nando Fasca, William Foote Whyte, Emilio Franzina, Robert F. Harney, S. Hartman Strom, Don Hofsommer, Eric Homberger, Kenneth Jackson, John F. Kasson, Salvatore Legumina, Cecilia Lupi, Augusta Molinari, Louise Odenkranz, Nicoletta Serio, John F. Stover, Nadia Venturini, Elisabetta Vezzosi. Pour le conte circassien de la femme-arbre et du dieu Lhepsch, j'ai utilisé la variante proposée par Asker Hedeghalhe Maikop, dans *The Narts : Circassian epos,* vol. 1. The Circassian research and science institute, 1968. Merci à la Fondation Bellonci, à Annamaria Rimoaldi, à la Municipalité de Rome, à la Maison des Littératures et à sa directrice, Maria Ida Gaeta, ainsi qu'au professeur Francesco Ersparmer, de l'Université de New York, et à la Library of Congress de Washington, qui en m'invitant à New York, en 1997 et en l'an 2000, m'ont aidée à commencer et à poursuivre ce livre : sans eux, je ne me serais jamais décidée à me rendre aux Etats-Unis et je n'aurais jamais renoué le fil rompu de mon histoire. Il m'est impossible de ne pas évoquer ici deux amies que j'ai perdues en 2002, Antonella Sangregorio et Sebastiana Papa : leur intelligence, leur avis et leur compréhension me manqueront. Pour les prières qu'elle a fait dire pour le repos de l'âme de mon grand-père au Sacred Heart Monastery of the Holy Trinity Fathers de Pikesville, Baltimore, merci à Mafalda S** : je ne suis pas arrivée à temps pour le lui dire. Pour leur aide linguistique, leur hospitalité et leur amitié, merci à Rebecca Ann Wright, Dora Pentimalli-Melacrino et Miriam Levi, Francesca Cersosimo et Corrado Formigli, Benedetta Centovalli, Alexis Schwarzenbach, Silvia et, pour tout ce qu'il sait, à Luigi Guarnieri. Merci à Malcolm Ferguson et à Margaret Taylor, de la Royal British Legion, qui m'ont mise en contact avec les associations d'anciens combattants britanniques de la Seconde Guerre mondiale, à Graham Swain, secrétaire national de la Italy Star Association de New Milton, ainsi qu'au commandant Shaw, secrétaire du régiment des Royal Highland Fusiliers, qui m'a envoyé le mémoire du colonel J. C. Kemp, grâce auquel j'ai pu reconstituer l'épisode de la reconquête de Tufo en janvier 1944. Merci au soldat Jack Hassard de Dungamon, Irlande du Nord, combattant du 2$^{nd}$ Bataillon des Royal Inniskinning Fusiliers, 13th Brigade : bien qu'il m'ait annoncé d'emblée que « the memory is failing », il m'a écrit ce qu'il se rappelait de cette époque. Il se trouvait dans la première embarcation qui franchit le Garigliano, le 17 janvier 1944. Quelques jours plus tard, il fut envoyé sur la plage avec sa patrouille afin de chercher leurs camarades disparus, de les identifier et de certifier leur mort. Il récupéra 60 corps. Que tous ceux qui m'ont aidée en souvenir de leurs amis tombés sur la ligne Gustav en 1944, lesquels reposent aujourd'hui dans le cimetière militaire de Minturno, trouvent ici l'expression de ma reconnaissance.

Octobre 2002.

## Crédits illustrations

1. Le *Republic* (coupure de presse). Reproduit avec l'aimable autorisation des familles Capranica et Trulli.
2. Vue de Minturno (carte postale). Collection privée Ciapparoni-Mazzucco.
3. La Main noire (coupure de presse). Reproduit avec l'aimable autorisation des familles Capranica et Trulli.
4. Tufo di Minturno (carte postale). Collection privée Ciapparoni-Mazzucco.
5. La jeune italienne disparue. Reproduit avec l'aimable autorisation des familles Capranica et Trulli.
6. Le marin (photographie). Collection privée Ciapparoni-Mazzucco.
7. Empreintes digitales (reproduction). Archives centrales du Ministère de l'intérieur (Rome), Direction générale de la Sécurité publique, référence 10900-12900.
8. La plaque de cuivre (reproduction). Collection privée Ciapparoni-Mazzucco.
9. La fiche de signalement. Collection privée Ciapparoni-Mazzucco.

# *TABLE*

*Mes lieux déserts* ........ 11

PREMIÈRE PARTIE

La ligne de feu

Good for father ........ 19
Un voyage à New York ........ 46
Welcome to America ........ 52
Bad boys ........ 55
Le frère américain ........ 78
Le jumeau de James Earl Jones ........ 92
La Main noire ........ 95
Les nouvelles chaussures de Cesare Cuzzopuoti ........ 100
Le cas Vita M. ........ 113
Le don ........ 139
Le parfum opiniâtre du citronnier ........ 147
Bongiorno Bros ........ 156
La lampe ........ 173
L'étoile blanche ........ 176

DEUXIÈME PARTIE

Le chemin du retour

Mes lieux déserts ........ 207
Le fils de la Femme-arbre ........ 224
Good for father ........ 240
Jeune Italienne disparue ........ 249

TROISIÈME PARTIE

Le fil de l'eau


Waterboy ........ 271
Le droit au bonheur ........ 290
The track gang ........ 305
Les hésitations d'Amleto Attonito ........ 317
Un billet pour l'Ohio ........ 323
Jeune Italienne disparue ........ 332
La bombe n° 53 ........ 343
Un message de New York ........ 364
Le monde des rêves ........ 369
Le naufrage du *Republic* ........ 383
Je t'écris d'un endroit où tu n'es jamais allée ........ 389
Ce qui reste ........ 403
*Mes lieux déserts* ........ 420

*Sauvetage* ........ 428

Composition et mise en page

NORD COMPO
multimédia

CET OUVRAGE
A ÉTÉ REPRODUIT
ET ACHEVÉ D'IMPRIMER
SUR ROTO-PAGE
PAR L'IMPRIMERIE FLOCH
À MAYENNE EN AVRIL 2004

N° d'éd. FF859001. N° d'impr. 59938.
D. L. : mai 2004.

*(Imprimé en France)*